《人民文库》编委会

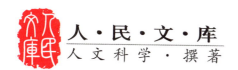

人·民·文·库

人文科学·撰著

中国思想通史

【第三卷】

侯外庐 赵纪彬 杜国庠 邱汉生 著

人民出版社

《人民文库》出版前言

人民出版社是党的第一家出版机构，始创于1921年9月，重建于1950年12月，伴随着党的历史、新中国的发展、改革开放的巨变一路走来，成为新中国出版业的见证和缩影！

"指示新潮底趋向，测定潮势底迟速"，这十四个大字就赫然写在人民出版社创设通告上，成为办社宗旨。在不同的历史时期，出版宗旨的表述也许有所不同，但宗旨的精髓却始终未变！无论是在传播马列、宣传真理方面，还是在繁荣学术、探索未来方面，人民版图书都秉承这一宗旨。几十年来，特别是新中国成立以来，人民出版社出版了大批为世人所公认的精品力作。有的图书眼光犀利，独具卓识；有的图书取材宏富，考索赅博；有的图书大题小做，简明精悍。它们引领着当时的思想、理论、学术潮流，一版再版，不仅在当时享誉图书界，即使在今天，仍然具有重要影响。

为挖掘人民出版社蕴藏的丰富出版资源，在广泛征求相关专家学者和老一辈出版家意见的基础上，我社决定从历年出版的2万多种作品中（包括我社副牌东方出版社和曾作为我社副牌的三联书店出版的图书），精选出一批在当时产生过历史作用，在当下仍具思想性、原创性、学术性以及珍贵史料价值的优秀作品，汇聚成《人民文库》，以满足广大读者的阅读收藏需求，积累传承优秀文化。

《人民文库》第一批以20世纪80年代末以前出版的图书为主，

分为以下类别：（1）马克思主义理论，（2）中共党史及党史资料，（3）人文科学（包括撰著、译著），（4）人物，（5）文化。首批出版100余种，准备用两年时间出齐。此后，我们还将根据读者需求，精选出20世纪90年代以来的优秀作品陆续出版。

由于文库入选作品出版于不同年代，一方面为满足当代读者特别是年轻读者的阅读需要，在保证质量的前提下，我们将原来的繁体字、竖排本改为简体字、横排本；另一方面，为尽可能保留原书风貌，对于有些入选文库作品的版式、编排，姑仍其旧。这样做，也许有"偷懒"之嫌，但却是我们让读者在不影响阅读的情况下，体味优秀作品恒久价值的一片用心。

在社会主义文化大发展大繁荣的今天，作为公益性出版单位，我们深知人民出版社在坚持社会主义文化前进方向，为人民多出书、出好书所担当的社会责任。我们将从新的历史起点出发，再创人民出版社的辉煌。

《人民文库》编委会

目　　录

第 一 章

魏晋南北朝社会经济的构成

第一节　魏晋继承汉制的传统及其意义

本书第二卷第一章,已经说明汉因秦制,奠定了封建所有制的基础,这里要概括地说明魏晋因循汉制的历史演进。

汉代在经济政治文化各方面都创立了封建制社会的形态,魏晋以来的各代虽有损益变通,但其因袭汉迹是显明的。马克思说:"在封建时代,军事上诉讼上的裁决权是土地所有权的属性。"①所以以封建制法律的表现形式来研究,就能掌握着中国典型的封建社会的性质。《晋书·刑法志》说:"叔世多变,秦立重辟,汉文修之,大魏承秦汉之弊,未及革制。"又说:"是时(魏武)承用秦汉旧律。……汉承秦制,萧何定律,……合为九篇。叔孙通益律所不及,傍章十八章。张汤越宫律二十七篇。赵禹朝律六篇,合六十篇。……凡断罪所当由用者,合二万六千七百十二条,七百七十三万余言。……天子下诏,但用郑(玄)氏

———————————
① 《资本论》第一卷,第398页。

— 1 —

章句,不得杂用余家。"晋代也不越汉律的规格,同《晋书·刑法志》说:"(晋)武帝(泰始三年)诏曰:昔萧何以定律令受封,叔孙通制仪为奉常赐五百斤。……夫立功立事,古今之所重。……武帝亲自临讲,使裴楷执读,四年,……乃班新律。"直到东晋,论法律大体都赞扬"汉创画一之法,故能阐宏大道,以至刑厝(措),律令之作,由来尚矣,经贤智,历夷险,随时斟酌,最为周备。"《晋书·刑法志》

上面所说的两汉魏晋的传统,仅集中地从法律形式来显示出魏晋因循汉制的一个重要环节,概括地指明汉代社会不能和魏晋社会在基本性质上区别开来。至于魏晋以来怎样依据汉制演变和发展,还须进一步研究。

应该指出,中国的封建制所走的路径和罗马因野蛮民族的入侵而形成的封建制所走的路径是不相同的。罗马的灭亡和秦汉五朝的灭亡更是不相同的。秦汉五朝的灭亡是由于大规模的农民暴动;在统治阶级和被统治阶级的内战中,统治阶级内部的斗争,也是历时悠久而尖锐的,如秦汉之际的六国强宗、汉末的豪族地主同皇族地主的矛盾,在争夺土地,特别是在争夺劳动人口上,表现出统治阶级之间复杂的内讧关系。秦汉之际既有陈涉吴广的起义,又有楚汉的战争;新莽东汉之际,既有赤眉的起义,又有豪族地主反对王莽"王田"制的地方武装;汉末三国之际,既有黄巾的起义,又有率领宗族部曲(或省作宗部)筑坞自保的八方豪族的武装力量。在统治阶级掠夺农民起义的果实和镇压农民暴动的反动中,身份性地主阶级都扮演着重要的角色。三国鼎峙局面形成的时候,曹操、刘备和孙权取得统治阶级的地位,都是从镇压农民暴动而起家的。但不论他们的出身如何,一旦他们掌握封建政权,都是继承秦汉的最高地主的传统,以土地国有制为主要形式,对身份性的豪族地主不同程度地施行既斗争而又妥协的政策,特别在争取依附性劳动户口的编制方面表现得更加突出。所谓魏晋南北朝封建统制的加强,不是说它们比汉代更繁荣,而是说它们对于依附农民的军事和政治的统治更加严酷,对于地租剥削率更加增大。正如西欧封建制时代的皇帝们,是特别对于军事和农业熟习的。魏晋统治阶级受了汉代农民推翻封建王朝的教训,不得不在劳动力的编制方面实行更有利于其统治的方法,这种野蛮式的统治曾强制劳动力依附于土地,但农民生活更加贫困,并影响了社会生产力的发展。在那近四百年的时期内,统治阶级制订了一套严密的军事上诉讼上的法权形式,主要在于使流徙的农民束缚于土地。因此,我们不同意那种认曹魏屯田有进步意义的意见,反之,我们注意的是"昔破黄巾,因为屯田"(《晋书·食货志》)的真实意义。在军事编制之下屯田式的国有土地制(史称公田)不是曹魏所创始的,它是远法秦汉的"良式"(《晋书·食货志》所谓"秦人以急农兼天下,孝武以屯田定西域,此前世之良式也"),近法豪族地主的武装"坞壁"。通过这样的土地所有制形式,一方面防止农民的流亡浮动,另一方面也对付了豪族的"为兼并之计"。

由于封建主的军事法律的加强,魏晋以来,农民暴动不得不采用"流民"、"流人"的"叛变"形式,而难于出现如汉代大规模的起义。魏晋以来军户制和兵役制,曾达到"五丁取三"的程度,逃亡和荫附的现象遍载史册,不胜征引,这里仅举二例。《晋书·王羲之传》说:"征役、充运、死亡、叛散、不返者众。……上命所差,上道多叛,则吏及叛者席卷同去。又有常制辄令其家及同伍课补;课补不擒,家及同伍,寻复亡叛。"《南史·郭祖深传》说:"梁兴以来,发人征役,号为'三五'。……或有身陷战伤,而名在叛目。监符下讨,称为逋逃。录质家丁,合家又叛,则取同籍;同籍又叛,则取比伍;比伍又叛,则望村而取;一人有犯,则合村皆空。"

列宁的阶级的定义是从一定的生产资料和一定的社会劳动组织两方面来考察的,他说:"各个阶级,就是在历史上一定社会生产体系中所处的地位不同,对生产资料的关系(这种关系大部分都是在法律上明文规定了的)不同,在社会劳动组织中所起的作用不同,因而领得自己所支配的那份社会财富的方式和多寡各不相同的几个集团。所谓阶级,就是由于彼此在一定社会经济结构中,所处地位不同,而有某一集团占得另一集团劳动的各个集团。"①我们这里研究的是封建制的生产体制,也应该具体分析那种以法律规定了的生产资料的关系和社会劳动组织,从而研究在法律规定之下的这些因素对不同的阶级集团的关系。

魏(三国割据势力的代表者)晋(凭借曹魏势力而用以篡魏并结束三国割据局面的西晋)承汉末农民战争之后,其时的土地财富,特别是无主土地,须加以法律的规定,"占得另一集团劳动"的那种农民户口,更须加以合法的编制。这时,所谓"县、乡、亭制"这样的统制机构,因农民战争,失却了它的作用,所谓郡县制,因"土断人户"的户口制的丧乱和侨立郡州的杂糅,也失却了作用。《宋书·诸志总序》说:"魏晋以来,迁徙百计。一郡分为四五,一县割成两三。或昨荆豫,今隶司兖。朝为零桂之士,夕为庐九之民。去来纷扰,无暂止息。版籍之浑淆,职方所不能计。自戎狄内侮,有晋东迁,中土遗氓,播迁江外,莫不各树邦邑,思复旧井。既而民单户约,不可独建。……且废置交加,日回月徙,寄寓迁流,讫无定托,邦名邑号,难或详书。"

因此,在窃取了农民战争成果的统治者看来,首先必须使脱离户籍或编户的"流民"重新与土地结合而恢复封建的生产力,重新把封建统治的基础即农业和手工业的结合恢复起来。曹魏以及晋初的屯田制,就是根据法律的规定把生产资料的关系以及社会劳动组织更约束于军事体制的影响之下,从而使支配社会财产的方式和多寡更受军事裁决权的约束,即更封建化。应该肯定,它是汉代土地国有制的延续和扩大。这一方面有利于曹魏的中央集权,另一方面也如王莽的"王田"制,遭到豪族地主的反抗。以儒学豪门起家的司马晋之篡魏并不是偶然的。

魏晋以来的军事体制的强化是一步扩大一步的,这不能不说是为了巩固土地所有制的形式而形成的。我们仅举都督制度的变化就可以

① 《列宁文选》第二卷,第592页。

— 4 —

明白了。《晋书·职官志》说:"……持节都督无定员。前汉遣使,始有持节。光武建武初,征伐四方,始权时置督军御史,事竟罢。建安中魏武为相,始遣大将军督之,二十一年征孙权还夏侯惇督二十六军是也。魏文帝黄初三年,始置都督诸州军事,或领刺史。又上军大将军曹真都督中外诸军事,假黄钺,则总统内外诸军矣。魏明帝太和四年秋,征蜀,加号大都督。高贵乡公正元二年,文帝都督中外诸军,寻加大都督。及晋受禅,都督诸军为上,监诸军次之,督诸军为下。使持节为上,持节次之,假节为下。使持节得杀二千石以下,持节杀无官位人,若军事得与使持节同,假持节惟军事得杀犯军令者。江左以来,都督中外尤重,唯王导等权重者乃居之。"《齐书·百官志》补充说:"魏晋世州牧隆重,刺史任重者为使持节都督,轻者为持节都督。起汉顺帝时御史中丞冯赦讨九江贼,督扬徐二州军事。……晋太康中,都督知军事,刺史治民,各用人。惠帝末乃并任,非要州则单为刺史。"从这里我们可以知道,军事体制的加强,是和剿灭农民的"叛乱"分不开的,也和郡县制基础的散乱分不开,更和土地所有制的军事监督分不开。从军事的裁决权之隆重来看,这正反映了国家土地所有制的封建属性。

另一方面,最高统治者实行这样的军事体制,不但常借助于豪门强族的势力,如汉魏以来的大族武装,而且豪族地主也利用这种体制,专制一方,甚至有所谓"送故之格"。《晋书·范宁传》指出:"方镇去官,皆割精兵器仗,以为送故。米布之属,不可胜计,监司相容,初无弹纠。……送兵多者,至于千余家,少者数十户。既力入私门,复资官廪布。……若是功勋之臣,则已享裂土之祚,岂应封外复置吏兵?送故之格,宜为节制,以三年为断。"由此可见,豪族的土地占有制也是和方镇军权相互关联着的。

晋武帝平吴之后,政治上出现了统一,修改了广泛军事意味的屯田制,利用了大屯田制的经验,而以占田制的法律宣布了西晋对于生产资料所有的关系,对于社会劳动组织领有的关系,以户调制的法律更普及地巩固了农业和手工业的结合,同时,对于身份性的豪族集团采用了让步的政策,以"官品占田"和"荫其亲属"的方式,规定了土地国有制以外的辅助制度;继承了九品中正制度,规定了身份性地主阶级的等级性的特权(这种特权将于下章详论)。

由于身份性的阶级地位的和政治的特权,必然要在文化学术上也形成特权的地位,这就是魏晋以来统治阶级意识形态的支配形式——流品——所以形成的社会根源。基础是通过政治法律等来间接地或曲折地反映到思想领域的,所谓"九品中正"制的法律和流品评价的道德形式就是统治阶级支配思想所依据的折射的道路。

因为晋室的政权有赖于强宗豪族的拥护,所以,占田制的土地国有制形式和两汉以来所谓名田限田以及王田一样,并不能实现防止兼并的理想。不久发生了八王之乱,同时引起了五胡乱华的一连串的动乱。晋元帝南渡,形成了东晋偏安的局面,尤须倚赖于中原同来的所谓"行主"以及南方土著的宗主的力量,因而身份性地主凌驾皇权,连西晋的占田制也名存实亡了。后来宋齐梁陈四代迭起,依然继续着这一倾向;虽因了统治阶级的领民制的必要,施行着田租户调的老办法,但在南朝统治的期间,南方始终成为豪门地主阶级发展的温床,成为土地兼并者强宗的竞争场。西晋复灭以后,到了拓拔魏统一北方,结束了五胡十六国的大混乱的局面,地旷人稀,租税无出,统治者不能不把那些无主的荒地以"份地"形式给与贫民使用,一面阻止流民的南渡,一面搜括荫户劳动力,这就产生了北魏文帝的均田式的土地国有制。北魏施行均田法的同时也颁布了所谓"邻里党的三长制",这显示了它不但上继西晋的占田法,而且也在远追着秦汉以来的县乡亭制。法律的规定依然要和身份性地主阶级妥协,给他们以特权。不过从它的结果说来,正和屯田制有助于魏晋,使它们能够建立霸权统一了三国割据一样,均田法也巩固了北朝皇权统治的基础,让其后继的隋朝(文帝)具有条件,可能平陈,结束了南北朝对峙之局。土地所有制度的这一变迁,是封建统治者的兴衰关键,到了唐代中叶,才从两税制的变革,土地国有制在形式上发生了一些变化。

　　各阶级集团的矛盾比汉末更加尖锐。首先是地主和农民之间的斗争,在这时期,农民人口或农户家族虽然遭到统治阶级的残酷的剥削和军事制度的束缚,虽然统治者以所谓授田或均田的欺骗方式强制地使农民人户回到生产,但国家因此来直接统辖的劳动人户却比汉代大大地减少了,"流民"从编户名数里逃亡,形成了"流民"暴动的组织形式,严重地威胁着封建统治权。其次,按法律规定的对于生产资料占有的关系和对于社会劳动组织领有的关系,并没有缓和皇权与豪权、豪权与豪权、皇权与皇族之间的内部矛盾,相反地,所谓"魏晋天下多故,名士少有全者",统治阶级内部展开了400年的内讧,豪门和豪门之间的杀戮、强宗对皇族的篡代或美其名曰"禅代"以及特权势力的割据,都是异常明显的。同时北方落后民族的入侵,更形成长期的社会动乱。有名的北魏均田制,实际上是依靠着军事组织的所有制形式,甚至连"奴任耕、婢任绩"(《魏书·食货志》)的法规,耕牛和奴婢的等价以及间接和匹夫匹妇家族成员的等价的法规,都见之于律令了。在"均田"的美名之下,骨子里通过"租调"或"课调"的劳役或工役式的地租形态,巩固了农业和手工业的结合,"若一匹之滥,一斤之恶,则鞭户主,连三长。"(《魏书·张普传》)从劳动组织上来讲,如《魏书·高祖纪》说:"遣使者十八,循行州郡,检括户口,其有仍隐不出者,州郡县户主,并论如律。"从租调的剥削形态来讲,如《资治通鉴·梁纪》引高欢的话:"其语鲜卑则曰:汉民是汝奴,夫为汝耕,妇为汝织,输汝粟帛。……其语华人则曰:鲜卑是汝作客,得汝一斛粟,一匹绢。"这显然说明,南北朝统治者继承了汉魏以来的租调制,而更把自然经济的基础巩固了。

第二节　魏晋至北魏土地国有制形式的发展

　　三国时代,经过统治阶级对农民的镇压和统治者内部的混战,人民或死于锋镝,或毙于沟壑,或变成流民,或沦为奴隶,能够安于乡土者盖甚稀;以致良田荒芜,人烟稀少,而统治者也感到财政上的窘绌。《晋书》说:"魏武之初,九州云扰,攻城略地,……军旅之资,权时调给,于时袁绍军人,皆资椹枣,袁术战士,取给赢蒲。"(《魏书·食货志》)这从天下户口的减少,也可概见。史载东汉桓帝时,天下的户口计户1000万,人口5600余万;到了晋武帝太康元年(公元280年)的调查,仅有户245万,口1600万而已。由此可知自汉桓到晋武的统一,约120年间,户口比前减为1/4左右。这种骤减的程度,不完全是由于人民的死亡,实在是由于豪门剧烈的兼并。随着土地的占有,自然会争取到劳动人口的荫附,结果从国有土地流亡出来的农民或逃役畏罪的叛户,变成了豪门的佃客或奴隶。因此,逃役逃课而托庇于豪门势族的户口就被隐蔽起来,所谓"抱子并居,竟不编户"。当时漏户的名目很多,到了后来,"僧祇户"也出现了。特别是在政治混乱、兵戈迭起的时候,豪族的部曲家兵或宗部武力,也形成了地方的武装势力,他们利用农村公社的家族的经济因素,夺取了乡里的劳动户口,以筑坞自保,打击农民起义,并进而成为政治的资本。

劳动户口的编制所谓编户名数,是汉代的传统。不但魏晋继承着这种传统,而且北魏颁布的有名的均田制,也继承这种传统,《魏书·食货志》说:"晋末天下大乱,生民道尽,或死于干戈,或毙于饥馑,其幸而存者,盖十五焉。"又说:"魏初不立三长,故民多荫附,荫附者皆无官役,豪强征敛倍于公赋。"所以,取消宗主督护制而实行三长制,主要在于实行重新编制劳动力的政策,从而相对地阻止了"逃户"。因为最高地主在把一国占领之后,接着就是占领一国的劳动人口。

现在分别论述魏晋南北朝的屯田、占田、户调与均田三长诸制度。

第一,屯田制。秦汉移民屯垦,特别是汉武帝经营西域,尝令屯田车师、渠犁,当为屯田之始,它是土地国有制的一种形式,也是军事体制影响所有制的形式。垦田的性质也属于这一类型。经过东汉光武对这一制度的发展,屯田施行于内地;及汉末大乱,四方豪杰的坞壁家兵的组织更是这样军事体制的豪族化的形式。因为"部曲"在国有土地的屯田中或豪族占有土地的割据中,都是统治阶级集团所领有劳动力的形式。曹操募民屯田内地，兵屯之外，又有民屯，其目的固然在于解决军食，而更主要的则在于利用军事体制以完成土地国有制以及巩固农业和手工业的结合。《晋书·司马孚传》说，"关中连遭贼寇，谷帛不足，遣冀州农五千屯上邦"，《魏志·司马芝传》说，"武帝特开屯田之官，专以农桑为业"。吴蜀尤而效之，推行渐广。后来，晋武帝的占田制及北魏文帝的均田制，其形式虽然不同，但犹隐然本其精神，师其经验。《晋书·食货志》说：

"魏武之初，九州云扰，攻城略地，……军旅之资，权时调给。……魏武于是乃募良民屯田许下，又于州郡列置田官，岁有数千万斛，以充兵戎之用。……于时三方(三国)之人，志相吞灭，战胜攻取，耕夫释耒，江淮之乡，尤缺储峙。吴上大将军陆逊抗疏，请令诸将各广其田。权报曰：'甚善。今孤父子亲自受田，车中八牛以为四耦。虽未及古人，亦欲与众均其劳也。'

"汉自董卓之乱，百姓流离，谷食至五十余万，人多相食。魏武既破黄巾，欲经略四方，而苦军食不足。羽林监颍川枣祗建置屯田议。魏武有令曰：'夫定国之术，在于强兵足食。秦人以急农兼天下，(汉)孝武以屯田定西域，此前世之良式也。'于是以任峻为典农中郎将，募百姓屯田许下，得谷百万斛。郡国列置田官。数年之中，所在积粟，仓廪皆满。"

其后又以沛国刘馥为扬州刺史，镇合肥，广屯田，修芍陂茹陂七门吴塘诸堨，以溉稻田，公私有蓄，历代为利。贾逵之为豫州，颜斐为京兆太守，郑浑为沛郡太守，徐邈为凉州，皇甫隆为敦煌太守，都修水利，课佃耕，因此，屯田制在全国范围推行起来，而典型的则为邓艾的屯田两淮：

"正始四年，宣帝(司马懿)又督诸军伐吴将诸葛恪，焚其积聚，恪弃城遁走。帝因欲广田积谷，为兼并之计，乃使邓艾行陈项以东，至寿春地。艾以为田良水少，不足以尽地利，宜开河渠，可以大积军粮，又通运漕之道；乃著《济河论》，以喻其指。又以为昔破

黄巾,因为屯田,积谷许都,以制四方。今三隅已定,事在淮南。每
大军征举,运兵过半,功费巨亿,以为大役,陈蔡之间,土下田良,可
省许昌左右诸稻田,并水东下,令淮北二万人淮南三万人分休。且
佃且守。兼修广淮阳百尺二渠,上引河流,下通淮颍,大治诸陂于
颍南颍北,穿渠三百余里,溉田二万顷,淮南淮北,皆相连接,自寿
春到京师,农官田兵,鸡犬之声,阡陌相属;每东南有事,大军出征,
泛舟而下,达于江淮,资食有储,而无水害,艾所建也。"(《晋书·
食货志》)

这样屯田开垦出来的淮南淮北诸地方,后来都入司马氏之手,成为
他用以代魏的资本。在这种屯田制度之下,田兵之外,也用奴隶。
例如:

"咸宁元年(公元 275 年)十二月,诏曰:出战入耕,虽自古之
常,然事力未息,未尝不以战士为念也。今以邺奚官奴婢著新城,
代田兵种稻,奴婢各五十人为一屯,屯置司马,使皆如屯田法。"
(同上)

由上所述,我们知道:其一,魏初屯田,募民为之,所谓"于是乃募
民屯田许下","以任峻为典农中郎将,募百姓屯田许下"。"募"是强迫
式的劳役,从"昔破黄巾,因为屯田"以及《魏志·任峻传》说的"及破黄
巾,定许,得贼资业,当兴立屯田"。看来,这是一种迫使流民回归劳动
组织队伍的方式,尤其在户口散亡的时候,这又是解除农民武装的毒辣
的方法。汉末豪族所组织的"家族部曲"起过分散农民战争力量的作
用,这是曹魏所深知的。其二,屯田起自兵屯,富有军事性质。如它的
首长为"典农中郎将",为"司马",通称"农官"。在农官管制之下,把
所得的黄巾的"资业",包括土地、劳动力和劳动工具如耕牛农具等,都
加以编制起来,特别是"屯田客"的劳力,完全被控制在军法之下,成为
"领客"(《魏志·梁习传》)。如用奴婢"代田兵种稻"时,也是"奴婢各
五十人为一屯,屯置司马,使如屯田法"。由此推知应募百姓,当然也
"如屯田法",是以军法来部署的。这样就使"百姓"、"奴婢"在土地国

有制之下国家农奴化了。其三，屯田的国有土地制，并没有完全防止了豪族的兼并，相反地由于军事组织影响了所有制形式，不但曹魏亡于督军制，而且三国的统治者都受制于领兵和役客的制度，例如"孙权已殁，……吴名宗大族，皆有部曲，阻兵仗势，足以违命。"（《魏志·邓艾传》）其四，屯田的结果，也使曹魏成为三国的首霸，当曹操下江南时，便使刘备和孙权不得不联合起来抵抗；也使司马氏凭借以代魏及削平蜀吴，统一中国（司马昭代懿为魏相，公元260年封晋公，领有十郡，264年进为晋王，封二十郡，几占魏郡三分之一。这封地包括着淮北的屯田，西晋权力之充实和统一的基础实在于此）。这是因为在魏晋的屯田制还能由最高统治者支配的缘故。

现在我们再看屯田制之下的剥削率。《晋书·傅玄传》说：

"泰始四年（公元268年）以（玄）为御史中丞。时颇有水旱之灾，玄复上疏……上便宜五事：其一曰，……又旧，兵持（用）官牛者，官得六分，士（即田兵——引者按）得四分；自持私牛者，与官中分；施行未久，众心安之（安固未必然，但要请求增加士分，故如此说——引者按）。今一朝者减：持官牛者，官得八分，士得二分；持私牛及无牛者（以人力代牛力——引者按），官得七分，士得三分；人失其所，必不欢乐。臣愚以为宜佃兵持官牛者得四分，持私牛（者）与官中分，则天下兵作欢然悦乐，爱惜成谷，无有损弃之忧（即是感到劳动的兴趣——引者按）。……其四曰，古以步百为亩，今以二百四十步为一亩，所觉过倍。近魏初课田，不务多其顷亩，但务修其功力，故白田收至十余斛，水田收数十斛。自顷以来，日增田顷之课，而田兵益甚，功不能修理，至亩数斛已还，或不足以偿种，非与曩时异天地，横遇灾害也，其病正在于务多顷亩而功不修耳。"

由傅玄这疏，可以知道两件事：其一，国有土地制的屯田的剥削率，越来越高。汉初田租，大抵是对分的，所谓"或耕豪民之田，见租十五"。魏时屯田租率，犹是"旧（时），兵持牛者，官得六分，士得四分，自持私牛者,与官中分",用官牛者,已不止"十五"的了。及玄上疏时,官分又提高了,即士分减少至:"持官牛者,官得八分,士得二分;持私牛者及无牛者,官得七分,士得三分"了。所以,"人失其所,必不欢乐"的。

按成分配必要劳动和剩余劳动,基本上是两汉以来的劳役地租或工役制的形态,即傅玄所陈第四事指出的魏初的"不务多其顷亩,但务多其功力",功力就是劳役的代名词。劳役制或工役制是野蛮的剥削形态,特别在军事组织指挥之下,它必然要产生使劳动力难以维持其再生产的结果,故"日增田顷之课",而"田兵为甚";以至收获减少,"或不足以偿种"。《魏志·司马芝传》也说,"宗田计课其力",以至产生了额外剥削。同时,劳动农民既处于极端贫困之下,由于田兵生活太苦而"不欢乐",而逃亡,结果一部分必然为豪门地主所诱致。

屯田国有土地制之下的剥削率,从100%或150%,竟然达到200%或400%,这就说明劳役地租的粗暴形态是如何地惊人了。到了这个地步,已经失去它的作用,就是说,已经不能达到束缚土著农民和增加租入的目的,官也无利可图了(甚"或不足以偿种")。所以,及晋武平吴(公元280年)之后,屯田制便不能不为占田制所代替了。

又:魏晋推行屯田制时,还有"户调"制,留在下面和占田法一道说明。

第二,晋武的占田法,现在只能知其大略。据《晋书·食货志》载:

"及平吴之后,有司又奏:诏书'王公以国为家,京城不宜复有田宅。'今未暇作诸国邸,当使城中有往来处,近郊有刍藁之田,今可限之。国王公侯,京城得有一宅之处。近郊田,大国十五顷,次国十顷,小国七顷。城内无宅城外有宅者皆听留之。……

"男子一人占田七十亩。女子三十亩;其外,丁男课田五十亩,丁女二十亩;次丁男半之,女则不课。男女年十六以上至六十为正丁;十五以下至十三,六十一以上至六十五,为次丁;十二以下,六十六以上,为老小,不事。远夷不课田者输义米,户三斛;远者五斗;极远者输算钱,人二十八文。

"其官品第一至第九,各以贵贱占田,品第一,占五十顷;第二品,四十五顷;第三品,四十顷;第四品,三十五顷;第五品,三十顷;第六品,二十五顷;第七品,二十顷;第八品,十五顷;第九品,十顷。

"而又各以品之高卑,荫其亲属,多者及九族,少者三世,宗室国宾先贤之后,及士人子孙亦如之。而又得荫人以为衣食客及佃客:品第六以上,得衣食客三人;第七第八品,二人;第九品及举辇、迹禽、前驱、由基、强弩、司马、羽林郎、殿中冗从武贲、殿中武贲、持椎斧武骑武贲、持铍冗丛武贲、武骑,一人。

"其应有佃客者:官品第一第二者,佃客无过十五户;第三品,十户;第四品,七户;第五品,五户;第六品,三户;第七品,二户;第八第九品,一户。"

《晋书》关于占田制度,记载虽甚简略,但是还可看出若干特点:

其一,它把王公、官僚及人民的占田数量分别由法律形式规定,显示出土地国有制形式是配合着豪族土地占有制的形式。所谓"王公以国为家",就是说,在其封地,不加制限,这里所规定的,只是在京师"近郊",他们犹得"有刍藁之田","大国十五顷,次国十顷,小国七顷"。据《晋书·地理志》:"武帝泰始元年,封诸王,以郡为国,邑二万户为大国,邑万户为次国,五千户为小国。……罢五等之制,公侯邑万户以上为大国,五千户为次国,不满五千户为小国。"王和公侯,大国和小国,是以领有的劳动户口多寡为区别的,这依然是汉代领户制的传统。官僚占田则依官品高低或身份高低自五十顷以至十顷;还得"各以品之高卑荫其亲属,多者及九族,少者三世。宗室国宾先贤之后及士人子孙亦如之。"因此,所谓"男子一人占田七十亩,女子三十亩",是对国有土地而说的劳动者的使用制,而作为身份性地主特权的官品的占田和领户,是"占有权"的法律形式(应和"私有权"区别开来)。

其二,占田法是国有土地制的另一种形式。汉以来,"占"田之"占"是土地使用面积和劳动人口的呈报制度,第二卷第一章已经说明。晋代占田制的规定更加法典化了。我们以为,占田百亩之限,不在于所谓"占",而在于所谓"课"。据上引傅玄疏,说到"近魏初课田","自顷以来,日增田顷之课,而田兵益甚"以及上引司马芝的"宗田计课其力",可见魏时屯田即重在课田,晋在颁布占田法前,也实行屯田和课田(这里,我们不要以为土地是按人口来分配的,相反地在占田制之下,人口是按课田的户口数来计算的;人口的登录是以课调的征收为基础的)。这就显示出占田制是继承了曹魏以来的课田和屯田的经验,是依据官田形式而超经济地榨取农民的剩余劳动的。所以,占田法从表面看来,好像在实现汉代以来的限田理论,其实,这种土地国有制的形式是国家领有劳动户口的强制政策,把家族(户)的经济因素更加调动起来而服务于统治阶级,使男耕女织的农业手工业的结合更加固定起来而约束于自然经济。农民是在身份性的豪族的特权之外,他们使用土地的唯一代价是向国家贡纳劳役式的地租。

其三,由"男子一人占田七十亩,女子一人三十亩;其外,丁男课田五十亩,丁女二十亩"的法律规定看来,似乎也注意到当时农民的劳动力所能耕耘的土地面积,然而正如余逊所曾说,它是把屯田形式更向垦田形式的发展(《由占田课田制看西晋的土地与农民》,《进步日报》1951年2月16日)。至于其中占田和课田的区分,历来学者因文献说明简略,有各种解释。作者同意这种制度是一种劳役地租形态。占田之数是属于必要劳动部分,所谓"其外"的课田之数是属于剩余劳动部分,其剥削率是接近于屯田的规定的。这是特别的农奴制度,它把屯田课田的比例制,修订得更为明显了。这种对于国有生产资料和国家支配的劳动组织的规定,似与贵者占田领户的规定是不调和的,不但佃客一户耕种不了一二十顷田地(第八第九品),就是在第一第二品,要以十五户去耕种五十顷地,也是地余于力。这样,其不足的劳动力,势将用奴隶补充。从这里我们可以知道,占田法之所以吝啬佃客不肯多分给官僚贵族,表示了最高统治者要多使男女劳动力直接为官家所领有。这是占田制接受了屯田制经验的证据。

第三，户调制度。晋武帝颁布了占田法，同时也把两汉曹魏以来的所谓"户调"更法制化和定式化了。按魏自曹操略定北方自为汉的司空时，仿效汉制，新定田租之率，每亩征粟四升，又按户征收绢 2 匹，绵 2 斤。这种租调的结合，如前所述，巩固了农业和家庭手工业的结合。曹魏的这种法律便是后来户调制的直接渊源。原来这一法律的普遍施行，是当做对豪族占有制的压制的手段而开始的。《三国志·魏志·武帝纪》建安九年九月条注引《魏书》说：

> "公令曰：有国有家者，不患寡而患不均，不患贫而患不安，袁氏（绍）之治也，使豪强擅恣，亲戚兼并，下民贫弱，代出租赋，炫鬻家财，不足应命。审配宗族至乃藏匿罪人为逋逃主；欲望百姓亲附，甲兵强盛，岂可得邪？其收田租，亩四升；户出绢二匹，绵二斤而已，他不得擅兴发，郡国守相明检察之，无令强民有所隐藏而弱民兼赋也。"

此令虽系于建安九年，但由《何夔传》及《赵俨传》（《赵俨传》已有阳安都尉李通急录"户调"之语。按李通为阳安都尉，在建安三年，即公元 198 年）所载观之，曹魏户调的法律，当更早于是，或许在许都已经施行了。

如果说汉时的"调度"或租调制还在雏形阶段，那么，魏时的租调就更完整了；到了晋武帝公布占田法时，它同时更用法令的形式，施行于全国。《晋书·食货志》说：

> "平吴之后，……又制户调之式：丁男之户，岁输绢三匹，绵三斤，（丁）女及次丁男为户者半输；其诸边郡，或三分之二，远者三分之一；夷人输賨布，户一匹，远者或一丈。"

把此制和魏武的户调比较，虽丁次、远近、华夷、所输之额有差等，但丁男之为户者，剥削率却比魏制增重了。

关于田租的条文，不见规定，因之有人疑晋制不征田租（像马端临在《文献通考》所说），实则这仅由于《食货志》记载缺略，我们证诸下引文字，就可看出晋制是田租户调合并征收的：

"太康三年,冬十二月景申(按景申即丙申,唐人避高祖父讳炳改,下同)诏:四方水旱甚者,无出田租。"(《晋书·武帝纪》)

"太康四年,秋七月景寅,兖州大水,复其田租。"(《晋书·武帝纪》)

"永兴元年,十二月丁亥,诏:户调田租三分减一。"(《晋书·惠帝纪》)

观上引第三例中,"户调田租"并举,尤为明显。大概田租用课名,布租用调名,所谓"课调"。据《初学记》引《晋故事》说:

"《晋故事》:凡民丁课田,夫五十亩,亩收租四斛(按斛的容量唐以前等于一石,唐以后等于八斗);绢三匹,绵三斤。凡属诸侯皆减租谷亩一斗(升),计所减以增诸侯绢户一匹,以为诸侯秩。又分民租户二斛,以为诸侯奉。其余租及旧调绢二(二字疑衍)户三匹,绵三斤,书(当作尽)为公赋。九品相通,皆输入于官,自如旧制。"(《初学记》卷二十九《宝器部·绢第九》)

据此,不是很明白地表示户调和田租一并征收吗?这里课田五十亩当即亩收租四斛的同义语。重要的问题是,租调制正是以法律形式把男耕女织的农业和手工业的结合形式更加巩固起来。在二卷第一章已经说明,这是东方封建制度的广阔的基础。不论是从史料那一方面看,户调出来的手织工业品是魏晋统治阶级的重要的权力手段,魏晋争取财富的多寡和贿赂财富的多寡,大量出现丝帛绢织的数量记载,甚至职官表上还以法律规定了颁赐绢帛的多寡是官品高低的标准;后代官制也大都仿效这一法规,见于各史的职官志。从晋之户调制至唐之租庸调,一直是国家征取地租的重要法规。南朝宋孝武有"天下民户岁输布四匹"之制,齐武帝有"户调三分,二分取现布,一分取钱"之制,北魏均田制的民调更规定得完整,租调合输。统治阶级更用币调尺度加大的方式,不断地增加剥削率。王国维说,"尺度之制,由短而长,……而其增率之速,莫剧于西晋后魏之间,三百年间几增十分之三。……由魏晋以后,以绢布为调,官吏惧其短耗,又欲多取于民,故其增大之率,至大且速。"(《遗书释币》)其他如用折变等各种方式增加剥削率,例子更多,不胜列举。

第四,均田制度。西晋自八王之乱(公元 301 年),经五胡乱华,直至北魏击灭北凉(太武帝太延五年〈公元 439 年〉)才结束了五胡十六国的混乱而形成南北朝对峙的局面。是时北方经过约 140 年的混乱,田园荒废,统治者继承占田制的收集劳动力的传统,于孝文帝太和九年(公元 485 年)遂颁布了均田制度。这种制度一直延续到初唐。据《魏书·食货志》、《通典》及《册府元龟》的记载,综合起来,所谓均田制,大概是这样的。《魏书·食货志》:

"太和九年,下诏均给天下民田。

"诸男夫十五以上,受露田四十亩(不栽树者,谓之露田),妇人二十亩,奴婢依良丁,牛一头受田三十亩,限四牛。所授之田,率倍之,三易之田,再倍之(所授之田下疑脱"一易之田"四字。胡三省曰:"倍之者,合受四十亩,授以八十亩,此一易之田也;三易之田,三年耕然后复故,故再倍以授之",可证),以供耕休("休"原作"作",依《通典》改)及还受之盈缩。

"诸民年及课则受田,老、免及身没则还田,奴婢、随有无以还受。

"诸桑田不在还受之限,但通入倍田分,于分虽盈,没则还田(《通典》及《册府元龟》无此四字),不得以充露田之数,不足者以露田充倍。

"诸初受田者,男夫一人给田二十亩,课莳余种桑五十树(《册府元龟》无莳余二字),枣五株,榆三根;非桑之土,夫给一亩,依法课莳榆枣;奴各依良(《册府元龟》作各依限,无奴字)。限三年种毕,不毕,夺其不毕之地。于桑榆地分,杂莳余果及多种桑榆者不禁。

"诸应还之田,不得种桑榆枣果,种者以违令论,地入还分。

"诸桑田皆为世业,身终不还,恒从见口,有盈者无受无还,不

— 17 —

足者受种如法,盈者得卖其盈,不足者得买所不足,不得卖其分,亦不得买过所足。

"诸麻布之土,男夫及课,别给麻田四十亩,妇人五亩,奴婢依良,皆从还受之法。

"诸有举户癃残(《通典》作举户老小残疾),无授田者,年十一已上及癃者,各授以半夫田,年逾七十者,不还所受;寡妇守志者,虽免课亦授妇田。

"诸还受民田,恒以正月,若始受田而身亡,及卖买奴婢牛者,皆至明年正月乃得还受。

"诸土广民稀之处,随力所及,官借民种莳,役有土居者(《通典》及《册府元龟》作后有来居者),依法封授。

"诸地狭之处有进丁授田而不乐迁者,则以其家桑田为正田分,又不足(此三字疑衍文),不给倍田,又不足,家内人别减分。无桑之乡,准此为法。乐迁者听逐空荒,不限异州他郡,唯不听避劳就逸;其地足之处,不得无故而移。

"诸民有新居者,三口给地一亩,以为居室,奴婢五口给一亩。男女十五以上,因其地分,口课种菜五分亩之一。

"诸一人之分,正从正,倍从倍,不得隔越他畔。进丁受田者,恒从所近,若同时俱受,先贫后富,再倍之田,放此为法。

"诸远流配谪,无子孙,及户绝,墟宅桑榆尽为公田,以供授受;授受之次,给其所亲,未给之间,亦借其所亲。

"诸宰民之官,各随地给公田,刺史十五顷,太守十顷,治中别驾各八顷,县令郡丞六顷,更代相付,卖者坐如律。"

这就是北魏均田制见于史籍的大略。虽其实施的情形不可得而详知,但由上引的规定中可以看出:其一,这是土地国有制的另一形式,它的目的在于"无令人有余力,地有遗利"(太和元年——公元470年——诏书上的话),也在于"其地足之处,不得无故而移",这即是说使劳动力束缚于土地。为要实行这种政策,必须从国有的土地划出份地来为农民使用,以鼓励耕者的兴趣。其二,在均田制实行之前,北魏统治者采用和豪族妥协的方法,立"宗主督护"制,身份性的宗主可以控制几百家以至几千家,在依附农户头上榨取租调,其中一部分交纳政府。因此,"宗主"和国家最高地主是势力相埒的。到了北魏的中央政权势力强大的时候,才采用均田制,才从"宗主"手中挤出了许多荫户劳动力,同时在法令中给了宗主以相当大的利益,或以公田赐给的方式安定他们,或事实上承认他们既得的占有土地的权利,因此授田的范围不能不定出"远流谪配,无子孙,及户绝",这和王莽宣布天下之田为"王田"的立法就不相同了。均田法规定奴婢和牛均得受田,而对于人数并无限制,自然便利了有力拥有奴婢和耕牛的豪贵;同时,奴婢4人或牛20头,才纳相当于一夫一妇的户调,益发助长了贫富的悬隔。其三,均田法在施行上比较占田法便利的,那就是先之以所谓"三长制"。接三长制是由于李冲的建议,文明太后(孝文帝的祖母)的支持而建立起来的。这种依靠农村公社的制度,以五家为单位,谓之邻,置一邻长;五邻(二十五家)为一里,置一里长;五里(百二十五家)为一党,置一党长。由其建立的动机看来,在于防止"隐冒"和"苞荫",以期租税之归公;所以调查户籍与征收租税为三长的主要任务,所谓"三长既立,(民)始反旧墟"。这有《魏书·李冲传》的话可以为证:

> "(冲)迁内秘书令南部给事中。旧无三长,惟立宗主督护,所以民多隐冒,五十、三十家方为一户。冲以三正治民,所由来远;于是创三长之制而上之。……(文明)太后曰:'立三长则课有常准,赋有恒分,苞荫之户可出,侥幸之人可止,何为不可?'……遂立三长,公私便之。"

从"苞荫之户可出,侥幸之人可止"看来,三长制是皇权对豪权斗争的手段,在于防止豪族荫附佃客,从而有利于实现中央专制主义。然而,正因为这样,中央政权便和豪族特权发生冲突了。

其四,均田制之下的国家地租大体上相似于占田制,不过在劳役地租中混合了实物地租。"其民调一夫一妇帛一匹,粟二石。民年十五以上未娶者,四人出一夫一妇之调。奴任耕,婢任织者,八口当未娶者四。"(《魏书·食货志》)李冲也说,"宜及课调之月,令知赋税之均。"男耕女织的粟米布帛是均田制的榨取对象。

总之,屯田、占田以至均田,是封建社会土地国有制形式的发展,是东方专制主义的秘密,正如马克思所指出的,一切政治宗教史,都应从这样的经济基础着手分析。

第三节　身份性地主阶级占有制的发展

汉室创业之始,就发生了土地兼并的现象。当"汉之为汉几四十年"时,贾谊已经看到了土地兼并的严重。最高地主和身份性地主的矛盾和斗争,终汉代没有间断。逮及汉末大乱,人民流亡,强宗豪族常率其宗族部曲的武装,或自筑坞壁,打击农民起义,或带领依附的农户,归附大的军阀。西晋统一不久,即有八王五胡之难,中原鼎沸,民不聊生,当时豪强之留于本地者,拥众自卫,自称"坞主","宗主",其行者也以"行主"资格偕其亲党及部曲同行,动辄数百家。例如《晋书·郭默传》:"永嘉之乱,默率遗众自为坞主,以渔舟抄东归行旅,积年遂致巨富,流人依附者渐众,抚循将士,甚得其欢心。"又如《祖逖传》:"及京师大乱,逖率亲党数百家,避地淮泗,以所乘车马载同行老疾,躬自徒步,药物衣粮,与众共之,又多权略,是以少长咸宗之,推为行主。达泗口,……居丹徒之京口。"这样形成的地主武力,又被用为兼并土地和占有劳动力的工具。所谓豪强,不仅借其身份性来和政治力量勾结,构成封建制国家机器的一个统治的因素,而且本身还具有军事的力量,通过诉讼上军事上的裁决权而巩固他们的财产占有权。因了豪强势力的强大,曹魏和孙吴的复灭不消说,即西晋的占田法以及素采抑制豪强政策的北魏的均田法,都不能贯彻土地国有制,不同程度地要和身份性的地主妥协。并且由于无分南北都形成了若干著姓巨族,也可以证明它们是有着农村公社的物质根据的,因为家族或宗族是上层建筑,同时也是经济基础,没有这样的基础,豪族巨姓是不会产生的。旧史所载这类事例很多,《新唐书·柳冲传》说:"过江则为侨姓,王谢袁萧为大。东南则为吴姓,朱张顾陆为大。山东则为郡姓,崔卢李郑为大。关中亦号郡姓,韦裴柳薛杨杜首之。代北则为虏姓,元、长孙、宇文、陆、源、窦首之。郡姓者,以中国士人差第阀阅为之制。"至于农村公社和豪族的关系以及庶族地主的发展及其难以彻底向"非身份性"地主的转化,另在第四卷专章说明。

在这样的情势之下,九品中正便是反映身份性地主占有权的典型的制度。到了晋室南渡以后,江东遂成为豪宗强族发育的温床。因为这些地方,比较有许多还未开发的空地,而开发所需的劳动力就依靠北方的流民来供给。豪族依靠特权随意占有了肥饶的土地,强制地把自己控制的亲党家族和流落到当地来的农民农奴化了。特别是南朝,历代的政权都建筑在豪门巨族的拥护上面,豪贵尤恣其所欲地广占顷亩,即所谓清谈之流文学之士也不能免俗。试举数例,以见一斑:

梁(公元502—556年)的竟陵王子良,虽是一个佛教的热烈拥护者(曾领导僧俗和范缜关于神灭问题作理论的斗争),但也并未忘情于俗界的物欲;宗教主的最后要求,还是地租。他利用当时县界的不明,封闭了连亘数百里的山泽,设立了五所屯田,而严禁人民的樵采。

宋时长沙景王道怜,曾修治芍陂(安徽省中部,淮水上游),得到水田万余顷。后来梁朝裴之横使役了僮属数百人于这陂埋没湖田,经营耕垦,遂成殷富;可见陂池的独占,为当时有力者竞争的目标。

作为争占陂池的著例,则有宋文帝(公元424—453年)的名臣谢灵运,他虽以诗人见称于后世,但实为利欲熏心的俗物。他承袭父祖所遗的丰富的资财,役使众多的属隶,填埋陂池,广扩湖田。他向文帝乞会稽郡治山阴县(浙江省绍兴府),东郭的回踵湖,企图泻其水以为湖田,碰了会稽太守周颙的钉子(颙以湖近郡治,有重要的作用,不宜填为湖田);但他贪念不息,又求同郡如宁县的岅瑝湖,也遭周颙的拒绝,两人遂成仇敌。这种变湖为田的工事,在占有劳动力的豪族,固属轻而易举,然而它将使水流发生变化,可能泛滥成灾。

大约是苦于豪强的霸占吧,到了大明年间(公元457——464年)宋室也以法令规定山泽的种类,禁止森林及渔猎场的增设,只依官品限定最多不得超过三顷。然而这一法令,在另一意义上却等于承认权门势家占有权之合法而已。

在南方,白米是普遍食用的,因而水碓实为一种厚利的独占设备。西晋时,洛阳的贵族,早已引洛水于西郭设立水碓,而以精米供给洛阳市以牟利。巨富如石崇拥有水碓至三十余区。据说被称为名流的王戎,他的园田和水碓遍于天下。山阴孔氏以富强自立,产业甚广,仅永兴一处别墅,就占田二百六十五顷。

身份性地主阶级在中国封建史中是十分突出的,它阻碍了土地进入流通过程,即对于封建解体过程时期的资本主义因素的成长起了反动的作用。它虽然从唐代中叶以后,因了半"非身份性"的庶族地主的兴起而受到些打击,但它依然是一个巨大的阶级集团,一直到明代还是这样。中国封建制度的"主""客"之分别是一个阶级集团领有另一阶级集团的说明,而汉魏以来所谓"宗主"、"坞主"、宗族领兵之"主"以及率领家族亡命的"行主",就是身份性地主阶级集团的传统名称。和这样做"主"的阶级集团的对立者,便是被压迫阶级的"客"——依附农民,因此,分析主客关系及其斗争,是研究中国封建史的重要课题。

第 二 章

魏晋南北朝思想的性格与相貌

第一节 清谈思想的历代评价

中国历史自公元3世纪初至7世纪初的400年之间,史家称为魏晋南北朝,在此时期的支配思想,称为"清谈"或称为"玄学"。所谓清谈与玄学,历来论者多未指明其含义何在,简言之,清谈与玄学即烦琐的三玄与名辩之综合复古。

代表了中世纪400年间的思潮学风,不能不说是中国思想史洪流里的一个划期的阶段,正因如此,我们就要研究从汉代"端委搢绅"博士的意识生产到魏晋南北朝"玉柄麈尾"名流的精神发抒了。

这一阶段的思想,历来各家对之颇有极其相反的评价,见仁见智,取舍不同。在未进入我们的研讨之前,这里不妨概举古今各派研究者的几种意见,作为导引。

魏晋时代,对于清谈与玄学,有三种反对意见:一为反对派;二为骑墙派;三为抹杀派。第一,反对派多以儒学正统自命,心里存着异端之见来看待正始之音,主观上的好恶和客观上的批评是混合在一起的。

例如作《崇有论》的裴頠说：

> "唱而有和，多往弗反。遂薄综世之务，贱功烈之用，高浮游之业，卑经实之贤。人情所徇，笃夫名利，于是文者衍其辞，讷者赞其旨，染其众也。是以立言借其虚无，谓之'玄妙'；处官不亲所司，谓之'雅远'；奉身散其廉操，谓之'旷达'。故砥砺之风弥以陵迟，放者因斯，或悖吉凶之礼，而忽容止之表，渎弃长幼之序，混漫贵贱之级，其甚者至于裸裎，言笑忘宜，以不惜为弘，士行又亏矣！"（《晋书》卷三五）

裴頠的批评并非言之无物，但他的出发点是立于尊儒术与遵礼法的观点而攻乎"异端"的。据《晋书》说：

> "頠深患时俗放荡，不尊儒术，何晏阮籍素有高名于世，口谈浮虚，不遵礼法，尸禄耽宠，仕不事事。至王衍之徒，声誉太盛，位高势重，不以物务自婴，遂相放效，风教陵迟，乃著《崇有》之论，以释其蔽。"

裴頠的《崇有论》积极的因素是反对唯心主义的思想，他更在逻辑的道理上部分地指出了魏晋清谈的形式，所谓"辞喻不相负，正始之音，正当尔耳。"（《世说新语·文学》）他说：

> "有讲言之具者，深列有形之故，盛称空无之美，形器之故有征，空无之义难检，辩巧之文可悦，似象之言足惑，众听眩焉，溺其成说，虽颇有异此心者，辞不获济，屈于所狎，因谓虚无之理诚不可盖，唱而有和，多往弗反。"（《晋书》卷三五）

晋人根据"礼教"而反对清谈者甚多，惟这一根据实际上是异常薄弱的。有的反对派就自己放弃观点而投降名士，例如：

> "初咸和中，贵游子弟能谈嘲者，慕王平子谢幼舆等为'达'，壶（按卞壶，字望之）厉色于朝曰：'悖礼伤教，罪莫斯甚！中朝倾复，实由于此。'欲奏治之王导庾亮不从，乃止。其后皆折节为名士。"（《世说新语·赏誉》注引邓粲《晋纪》）

第二，葛洪是一位晋代的儒道两面论者，他的《抱朴子》内外篇，可以内篇之矛攻外篇之盾,又可以外篇之矛攻内篇之盾。因此,葛洪对于清谈的批评,多以不能折中的事实为根据。他仿效王充《论衡》的作风,有《正郭》、《弹祢》、《诘鲍》诸篇,似在渊源处,批评清谈、任达以及老庄剧辩。他对于嵇生所崇拜的清谈的前行者郭林宗(《世说新语·德行篇》以陈仲举郭林宗开场,《文学篇》以马融郑玄开场,都有穷源之义),攻击说:

> "此人有机辩风姿,又巧自抗遇而善用,且好事者为之羽翼,延其声誉于四方,故能挟之见准慕于乱世,而为过听不核实者所推策。……盖欲立朝则世已大乱,欲潜伏则闷而不堪,或跃则畏祸害,确尔则非所安,彰偟不定,载肥载臞,而世人逐其华而莫研其实,玩其形而不究其神,故遭雨巾坏,犹复见效,不觉其短。……林宗才非应朝,器不绝伦,出不能安上治民,移风易俗,入不能挥毫属笔,祖述六艺,行自炫耀,亦既过差,收名赫赫,受饶颇多。……遨集京邑,交关贵游,轮刌笑弊,匪遑启处,遂使声誉翕熠,秦胡景附。"(《抱朴子·正郭》)

葛洪对于汉末祢衡之才士任诞,更尽其诽骂之能事,他说:

> "虽言行轻人,密愿荣显。是以高游凤林,不能幽翳蒿莱。然修己驳刺,迷而不觉,故开口见憎,举足蹈祸,赍如此之伎俩,亦何理容于天下而得其死哉?……盖欲之而不能得,非能得而弗用者矣。于戏,才士可勿戒哉!"(《弹祢》)

按葛洪居于晋代清谈最盛时代,略后于王衍乐广,他评论郭林宗、祢衡、鲍敬言(详见后),实是借题发挥,似欲由阐明开风气者有所蔽,而暗示祖述者之每况愈下。因此,他在《疾谬》、《讥惑》、《刺骄》、《尚博》等篇,讽刺当世清谈之"谬惑",虽句句多有事实作背景,而惮于潮流,常回避当代人物,则甚明著。请看他的非难:

> "汉之末世,吴之晚年,……望冠盖以选用,任朋党之华誉。……故其讲说,非道德也,其所贡进,非忠益也;唯在于新声艳色,轻体妙手,评歌讴之清浊,理管弦之长短,相狗马之剿骜,议遨

游之处所,比错涂之好恶,方雕琢之精粗,校弹棋樗蒲之巧拙,计渔猎相捔之胜负,品藻妓妾之妍蚩,指摘衣服之鄙野,争骑乘之善否,论弓剑之疏密。招奇合异,至于无限,盈溢之过,日增月甚。……机事废而不修,赏罚弃而不治。"(《崇教》)

"其利口谀辞也似辩,其道听涂说也似学,其心险貌柔也似仁,其行污言洁也似廉,其好说人短也似忠,其不知忌讳也似直,故多'通'也。

"人技未易知,真伪或相似。士有颜貌修丽,风表闲雅,望之溢目,接之适意,威仪如龙虎,盘旋成规矩,然心蔽神否,才无所堪,心中所有,尽附皮肤,……入不能宰民,出不能用兵,治事则事废,衔命则命辱,动静无宜,出处莫可。……士有机变清锐,巧言绮粲,擎引譬喻,渊涌风厉,然而口之所谈,身不能行,长于识古,短于理今,为政政乱,牧民民怨。……士有控弦命中,空拳入白,倒乘立骑,五兵毕习;而体轻虑浅,手剿心怯,虚试无对,而实用无验,望尘奔北,闻敌失魄。……士有含弘旷济,虚己受物,藏疾匿瑕,温恭廉洁,劳谦冲退,救危全信,寄命不疑,托孤可保;而纯良暗权,仁而不断,善不能赏,恶不忍罚,……操柯犹豫,废法效非,枉直混错,终于负败。"(按所言诸端,史事有证,末指何晏派。)(《行品》)

"世人闻戴叔鸾阮嗣宗傲俗自放,见谓大度,而不量其材力非傲生之匹而慕学之,或乱项科头,或裸袒蹲夷,或濯脚于稠众,或溲便于人前,或停客而独食,或行酒而止所亲。……闻之汉末诸无行,自相品藻次第,群骄慢傲不入道检者,为都魁雄伯,四通八达,皆背叛礼教而从肆邪僻,讪毁真正,中伤非党,口习丑言,身行弊事。……夫古人所谓'通''达'者,谓通于道德、达于仁义耳,岂谓通乎亵黩而达于淫邪哉?"(《刺骄》)

以上葛洪的话,颇有史实可证,如果我们取《魏志·晋书·世说新语》来逐段注解,便可以知道他是言之有物的。最有综合批评性质的,是《抱朴子·疾谬篇》,全文几乎是对于清谈的结算,我们且选录几段于下面：

"嘲戏之谈，或上及祖考，或下逮妇女。往者务其必深焉，报者恐其不重焉；唱之者不虑见答之后患，和之者耻于言轻之不塞。……利口者扶强而党势，辩给者借铄以刺譏，以不应者为拙劣，以先止者为负败。……其有才思者之为之也，犹善于依因机会，准拟体例，引古喻今，言微理举，雅而可笑，中而不伤，不振人之所讳，不犯人之所惜；若夫拙者之为之也，则枉曲直凑，使人愕愕然，妍之与媸，其于宜绝，岂惟无益而已哉？乃有使酒之客，及于难侵之性，不能堪之，拂衣拔棘，而手足相及，丑言加于所尊，欢心变而为仇，绝交坏身，搆隙致祸，以杯螺相掷者有矣，以阴私相讦者有矣。……

"迷谬者无自见之明，触性者讳逆耳之规。疾美而无直亮之针艾，群惑而无指南以自反。谄媚小人欢笑以赞善，面从之徒拊节以称功。益使惑者不觉其非，自谓有端晏之捷、过人之辩而不悟。……

"然敢为此者，非必笃顽也；率多冠盖之后，势援之门。素颇力行善事，以窃虚名，名既粗立，本情便放，或假财色以交权豪，或因时运以佻荣位，或以婚姻而连贵戚，或弄毁誉以合威柄。器盈志溢，态发病出，党成交广，道通步高。……

"蓬发乱鬓，横挟不带，或亵衣以接人，或裸袒而箕踞。朋友之集，类味之游，莫切切进德，闾闾修业，改过弼违，讲道精义。……宾则入门而呼奴，主则望客而唤狗；其或不尔，不成亲至，而弃之不与为党。……终日无及义之言，彻夜无箴规之益，诬引老庄，贵于率任，大行不顾细礼，至人不拘检括，啸傲纵逸，谓之体道，呜呼惜乎，岂不哀哉！于是'嘲族'以叙欢交，极黩以结情款，以倾倚申脚者为妖妍标秀，……以蚩镇抗指者为剿令鲜奇。……虽便辟偶俗，广结伴流，更相推扬，取达速易；然率皆皮肤狡泽，而怀空抱虚。……若问以坟索之微言、鬼神之情状、万物之变化、殊方之奇怪、朝庭宗庙之大礼、郊祀禘祫之仪品、三正四始之原本、阴阳律历之道度、军国社稷之典式、古今因革之异同,则悦悸自失,喑呜俛仰。……强张大谈,曰:'杂碎故事,盖是穷巷诸生章句之士,吟咏而向枯简,匍匐以守黄卷者所宜识,不足以问吾徒也。'"

葛洪的批评虽带着主观的厌恶心,如《自叙》说:"洪之为人也,□□骏野,性钝口讷,形貌丑陋,冠履垢弊,衣或缊缕",被称之为"抱朴",显示出他与当时的名门豪族的子弟行径不能合流,但他所说的却于史实有证。

第三,晋人对于清谈的抹杀派只有言伪行僻之诋诬,如范宁就以汉代搢绅博士之变为晋朝麈尾名流,叹为江河日下。《晋书》说他以当时浮虚相扇,儒雅日替,以为其源始于王弼、何晏,二人之罪深于桀纣,他的著论中这样说:

"或曰:'平叔(何晏)神怀超绝,辅嗣(王弼)妙思通微,……尝闻夫子之论以为罪过桀纣,何哉?'答曰:'……王何蔑弃典文,不遵礼度,游辞浮说,波荡后生,饰华言以翳实,骋繁文以惑世。'搢绅'之徒,翻然改辙,洙泗之风,缅焉将堕。遂令仁义幽沦,儒雅蒙尘,礼坏乐崩,中原倾复,古之所谓言伪而辩、行僻而坚者,其斯人之徒欤!昔夫子斩少正于鲁,太公戮华士于齐,岂非旷世而同诛乎?桀纣暴虐,正足以灭身复国,为后世鉴戒耳,岂能回百姓之视听哉!王何叨海内之浮誉,资膏粱之傲诞,画魑魅以为巧,扇无检以为俗,郑声之乱乐,利口之复邦。信矣哉,吾固以为一世之祸轻,历代之罪重,自丧之衅小,迷众之愆大也!'"(《晋书》卷七五《本传》)

范宁的"搢绅"遗少态度,实在抑止不住"麈尾"风流之俗尚,但他从"土断人户",恢复汉代乡亭长制的户口政策,却针对了"东西流迁,人人易处"的东晋指责,对于所谓"凡庸竞驰,傲诞成俗"的倾向,指出了其中有社会的原因。这点,我们将在后面详论,现在要知道的是他把中原倾复和儒教蒙尘混同起来,并把罪过完全责之于王何的利口。按桓温曾慨叹"使神州陆沈,百年丘墟,王夷甫(衍)诸人不得不任其责"

(《晋书》卷九八),这话似有些道理。袁宏所谓"运有兴废,岂必诸人之过"的运命观是不足为训的,而范宁所论桀纣之喻更纯为谩骂。如王衍被石勒活埋之前,自谓"少不豫事",以求自免,而以其死归因于诡辩浮虚,说:"呜乎,吾曹虽不如古人,向若不祖尚浮虚,戮力以匡天下,犹可不至今日!"(详见《晋书》卷四三)而他在世间却被品题为"处众如珠玉在瓦石间"(王敦语)或"岩岩清峙,壁立千仞"(顾恺之语)的名流,实际不过是善谈老庄,每捉玉柄麈尾,雅崇拱默,以遗事为高。这正可证明范书所赞的"晋家求士,乃构仙台"了。

对于晋代"在儒而非儒,非道而有道"(王坦之语)的玄谈,北齐颜之推也斥之为"高谈虚论,左琴右书,以费人君禄位",对这些人物则斥之为"厚貌深奸","浮华虚称",是窃名的下士。他说:

"何晏王弼祖述玄宗(老庄),递相夸尚,景附草靡,皆以农黄之化在乎己身,周孔之业弃之度外,而平叔以党曹爽见诛,触死权之网也;辅嗣以多笑人被疾,陷好胜之阱也;山巨源以蓄积取讥,背多藏厚亡之文也;夏侯玄以才望被戮,无支离臃肿之鉴也;荀奉倩丧妻,神伤而卒,非鼓缶之情也;王夷甫悼子,悲不自胜,异东门之达也;嵇叔夜排俗取祸,岂和光同尘之流也?郭子玄以倾动专势,宁后身外己之风也?阮嗣宗沈酒荒迷,乖畏途相诫之譬也;谢幼舆赃贿黜削,违弃其余鱼之旨也。彼诸人者,并其领袖,玄宗所归。其余桎梏尘滓之中,颠仆名利之下者,岂可备言乎?直取其清谈雅论,辞锋理窟,剖玄析微,妙得入神,宾主往复,娱心悦耳,然而济世成俗,终非急务。"(《颜氏家训·勉学》)

"晋朝南渡,优借士族。故江南冠带,……多迂诞浮华,不涉世务,……所以处于清高,盖护其短也。……江南朝士,因晋中兴南渡,……未尝目观起一垅土,耘一株苗,不知几月当下,几月当收,安识世间余务乎?故治官则不了,营家则不办,皆'优闲'之过也。"(《颜氏家训·涉务》)

颜氏多根据实务济世,以成上说,故一再说"江南闲士大夫,或不

学问,羞为鄙朴,道听途说,强事饰辞",这种批评,有其一面的道理,不能以他是儒者而以人废言。他更对南北朝的学风批评说:

"洎于梁世,兹风复阐,《庄老周易》,总谓'三玄'。武皇简文躬自讲论,周宏正奉赞大猷,化行都邑。……元帝在江荆间,复所爱习,……废寝忘食,以夜继朝,至乃倦剧愁愤,辄以讲自释。"(《颜氏家训·勉学》)

"今世(齐)相承,趋末弃本,率多浮艳,辞与理竞,辞胜而理伏,事与才争,事繁而才损。放逸者流宕而忘归,穿凿者补缀而不足。时俗如此,安能独违?"(《颜氏家训·文章》)

史家评论,首有干宝《晋纪》,总论说:

"风俗淫僻,耻尚失所。学者以庄老为宗,而绌六经;谈者以虚薄为辨,而贱名检;行身者以放浊为通,而斥节信;进仕者以苟得为贵,而鄙居正;当官者以望空为高,而笑勤恪。"

唐太宗御撰《晋书·儒林传》说:

"有晋始自中朝迄于江左,莫不崇饰华竞,祖述虚玄。摈阙里之典经,习正始之余论;指礼法为流俗,目纵诞以清高。遂使宪章弛废,名教颓毁,五胡乘间而竞逐,二京继踵以沦胥。"

唐刘知几深慕中国古代氏族制度,以为晋代士族,替乱地望,而不知名门豪族的过江子弟,正以浮飘的门阀为背景,才发出浮华玄虚之音。然他在客观上揭发了魏晋清谈名士的阶级性质,颇值得注意。他说:

"异哉晋氏之有天下也!自雒阳荡复,衣冠南渡,江左侨立州县,不存桑梓,由是斗牛之野,郡有青徐,吴越之乡,州编冀豫。……系虚名于本土者,虽百代无易。……且自世重高门,人轻寒族,竞以姓望所出,邑里相矜。……爰及近古,其言多伪。"(《史通·邑里》)

"……始以夸尚为宗;至魏文帝、傅玄、陶梅(按或当作梅陶)、葛洪之徒,则又逾于此者矣。何则?身兼片善,行有微能,皆剖析具言,一二必载,岂所谓宪章前圣,谦以自牧者欤?又近古人伦,喜称阀阅,其荜门寒族,百代无闻,而驵侩挺生,一朝暴贵,无不追述本系,妄承先哲。"(《史通·序传》)

宋程明道说:

"东汉之士知名节,并不知节之以礼,遂至苦节。苦节已极,故魏晋之士变而为旷达。"

宋吕东莱《晋论》说:

"晋室南迁,士大夫袭中朝之旧,贤者以游谈自逸,愚者以放诞为娱,庶政陵迟,风俗大坏。"

宋叶适《水心文集》说:

"世之悦而好之(《庄子》)者有四焉:好文者资其辞,求道者意其妙,泊俗者遣其虑,奸邪者济其欲。"

叶适此说,多指魏晋六朝。明人杨慎则一反过去评价,为魏晋六朝学风辩护,其说颇颠倒辞理,但可备参考:

"六朝风气,论者以为浮薄,败名检,伤风化,固亦有之。然予核其实,复有不可及者数事。一曰尊严家讳也,二曰矜尚门第也,三曰慎重婚姻也,四曰区别流品也,五曰主持清议也。盖当时士大夫,虽祖尚玄虚,师心放达,而以名节相高,风义自矢者,咸得径行其志。至于冗末之品,凡琐之材,虽有陶猗之资,不敢妄参乎时彦,虽有董邓之宠,不敢肆志于清流,而朝议之所不及,乡评巷议犹足倚以为轻重,故虽居偏安之区,当陆沉之后,而人心国势犹有与立,未必非此数者补救之功、维持之效也。"

明末顾炎武对杨氏之说不以为然,在《日知录·正始》条,详斥魏晋清谈足以亡天下,举山涛荐嵇绍仕晋的例子,指为无父无君的诡言伤行。亭林立论,颇欲明末士大夫有所借鉴,故主观上的好恶倾向,溢于言表。他说:

"孟德……崇奖跅弛之士,……至于求负污辱之名、见笑之行,不仁不孝,而有治国用兵之术者。于是权诈迭进,奸逆萌生,故董昭太和之疏,已谓当今年少不复以学问为本,专更以交游为业,国士不以孝悌清修为首,乃以趋势求利为先。至正始之际,而一二浮诞之徒,骋其智识,蔑周孔之书,习老庄之教,风俗又为之一变。"(《西汉风俗》)

"(正始)名士风流,盛于雒下,乃其弃经典而尚老庄,蔑礼法而崇放达,视其主之颠危若路人然,即此诸贤为之倡也。自此以后,竞相祖述。……以至国亡于上,教沦于下,羌戎互僭,君臣屡易,非林下诸贤之咎而谁咎哉?"(《日知录·正始》)

按清以前各家对清谈的评价,有一点是共同的,即多不究其学术内容,而将之与所谓内乱外患相系在一起,以明因果。这个弱点,到了清代汉学家,便起了反动,多为魏晋学者辩诬。朱彝尊《王弼论》说:

"孔颖达有言:'传《易》者更相祖述,惟魏世王辅嗣之注,独冠古今。'汉儒言《易》,或流入阴阳灾异之说,弼始畅其义理。惟因范宁一言,诋其'罪深桀纣',学者过信之,读其书者,先横高谈理教、祖尚清虚八字于胸中,谓其以老庄解《易》。"

钱大昕《何晏论》说:

"典午之世,士大夫以清谈为经济,以放达为盛德,竞事虚浮,不修边幅,在家则纲纪废,在朝则公务废。……然以是咎嵇阮可,以是罪王何不可。……(按下引何晏奏言)自古以经训颛门者,列于儒林,若辅嗣之《易》、平叔之《论语》,当时重之,更数千载不废,方之汉儒即或有间,魏晋说经之家,未能或之先也。(范)宁既志崇儒雅,固宜尸而祝之,顾诬以'罪深桀纣',吾见其蔑儒,未见其崇儒也。论者又以王何好老庄,非儒者之学,然二家之书具在,初未尝援儒以入庄老,于儒乎何损?"

朱钱以为王弼的《易注》和何晏的《论语集解》在宋以前说经家中地位颇高,实为的论,但其他辩护之文皆不能成立。清末章炳麟以钱氏为何晏辩诬,堪称千载难遇之知己,他在《五朝学》一文中,比较汉魏晋唐之得失,极贬前人数责魏晋学风之过当,因而他不顾及学术之支配性

质,以清谈玄学不但非六朝所专有,而且值得重视。他说:

> "夫驰说者,不务综终始,苟以玄学为诟;其惟大雅,推见至隐,知风之自,玄学者固不与艺术文行悟,且翼扶之。……夫经莫穹乎礼乐,政莫要乎律令,技莫微乎算术,形莫急乎药石,五朝诸名士皆综之。其言循虚,其艺控实,故可贵也。……五朝有玄学,知与恬交相养,而和理出其性(按此二句引《庄子》语),故骄淫息乎上,躁竞弭乎下。……世人见五朝在帝位日浅,国又削弱,因遗其学术行义弗道。五朝所以不竞,由任世贵,又以言貌举人,不在玄学。"

他复在《菿汉微言》中,称道魏王弼、梁皇侃(《论语》皇侃《义疏》,即根据何晏《集解》),说:

> "《周易》、《论语》,辅嗣之注、皇生之义,近古莫能尚也。余说胜义,复更玄远,……若夫专家说经者,自有仪法,当如王皇而止。"

刘师培更说:

> "两晋六朝之学,不滞于拘墟,宅心高远,崇尚自然,独标远致,学贵自得。……故一时学士大夫,其自视既高,超然有出尘之想,不为浮荣所束,不为尘网所撄,由放旷而为高尚,由厌世而为乐天。……虽曰无益于治国,然学风之善犹有数端,何则? 以高隐为贵,则躁进之风衰,以相忘为高,则猜忌之心泯,以清言相尚,则尘俗之念不生,以游览歌咏相矜,则贪残之风自革,故托身虽鄙,立志则高。被以一言,则魏晋六朝之学不域于卑近者也,魏晋六朝之臣不染于污时者也。"(《左盦外集》卷九)

刘氏此论近于独断,比章氏称引史实以佐其强辩者,相差更远了。近人因了清代学者对于玄学的辩护,颇有为玄学说教者,有的说它是"几百年间精神上的大解放,人格上思想上的大自由",媲美于西洋史的文艺复兴思想;有的说晋人人格之美,使他"得到空前绝后的精神解放";有的说魏晋思想代表精神自由的自然主义;有的说魏晋玄学是内圣外王之学尤精微者;有的说它是中国思想史上最伟大的本体之学。这些论断都是偏见。

历史的兼理论的研究,和上面古今各家的批评或崇拜都不相同。我们将要在下节试作综合的答案,看清谈和玄学是封建制社会的什么精神生产。

第二节　玄谈思想的历史背景

我们在上面曾说到章炳麟的《五朝学》为文甚辩,他指出魏晋社会的腐朽现象,在两汉社会并不例外,以范书崇汉,近于耳食,如果拿《抱朴子·汉过篇》的史料来看汉魏两晋,则前人以为晋过者,同时可为汉过,不能以史家盛世衰世的成见,来区别汉晋。这个论断,在清末确是新奇之说,批判了囿于汉唐盛世的偶像崇拜的历史见解,因此纠正了传统的观念的谬失。然而,中世纪社会在一般的特征之外,更具有各时代的特殊的特征,因此,各代社会以及社会思潮都有它的特点,与前代相比较,即显示出种种区别。故经学之于两汉,玄学之于魏晋,各有其历史背景的特别所在。如不把各代加以辨别,则对于问题只会暧昧不解。著者认为章炳麟在近代有开创中国学术史研究的功绩,但我们认为他所主张的魏晋"玄学""其言循虚,其艺控实"的理论,是错误的。首先,我们就要从章氏所特别论究的社会史,剥抉汉晋封建制社会之异同与其思潮所以异趣的历史原因。

魏晋南北朝玄学的社会根源是什么呢? 根据本篇前章所论,我们知道汉末有魏晋的前行现象,但我们应从"法典"形成来区分时代。

秦汉的县乡亭制,以农村为出发点,给封建制社会打下了法制的基础;土断人户的户籍制度则为汉代奠定了农业和手工业结合的稳固的物质条件。土地所有制的国有形式和豪族占有形式,形成了统治阶级的各种集团,他们通过法律道德的折射,创立出为统治阶级服务的学术,政治思想的大一统《春秋》对策、神学思想的灾异谶纬、伦理思想的孝悌力田、经学思想的章句烦琐，凡在古代第一次以悲剧出现者，都可以在汉代编成喜剧为第二次的再现。所谓"为汉制法"的经义"复古"是以《春秋》的形式教条做了蓝本，方正博士就披上"搢绅"衣冠，"为汉家用"。没有萧何的法律，没有叔孙通的礼乐，没有武帝的法度，就没有董仲舒的《春秋》学；没有光武的谶纬国教的法律，就没有《白虎通义》的神权典章；没有贤良博士，就没有经学师法。

汉末三国之际，经过农民暴动，户籍制度大坏，农民离开户籍而逃亡，这就便利于所谓"宗部"和"部曲"领民的组织。这种豪族半军事半生产的游离经济，由于"豪强擅恣，亲戚兼并，下民贫弱，代出租赋，炫鬻家财，不足应命，审配宗族，至乃藏匿罪人，为逋逃主"（《魏志·曹操传》注引《魏书》），瓜分了劳动户口，推翻了安土重迁的汉县乡亭的旧法，因此，曹魏不得不实行"相土处民，计民置吏"（魏国渊语）的临时办法。显然的，"屯田"以至"户调"，就在于争取流动的农民人口，通过军事的编制来满足统治者的"课调"。其理由正如毛玠对曹操所说："天下分崩，国主迁移，生民废业，饥馑流亡，公家无经岁之储，百姓无安固之志，难以持久。"（《毛玠传》）因此，游离失所的部曲农民，被游离播迁的豪族地主领带着，随军事的变动，而暂时和土地相结合，以最高的租佃制度来养育军事首长兼地主豪门的生活。三国的统治者都不能不依仗这些率领部曲的地主，并从他们的领民方式学会了一套经验，产生了屯田的"领客"制。这样世界，和两汉的乡县亭制度不同，必然要使得安固形态下的搢绅礼仪渐形破产，必然要给博士意识中的古典章句的师法以噩梦的打击，代之而兴的意识形态，就是清谈玄虚了。魏晋社会名门博士受了农民战争的打击，于是，通过法律道德的门阀标榜以及名门品题，反映于思想，便成为浮华任诞。不要说魏晋代表人物，就是汉末经学章句主义的集成者马融郑康成，已经在思想上要变卦，"通古今学，好研精而不守章句"了。《后汉书·马融传》说（《世说新语·文学》注引马融《自叙》略同。）：

"融既饥困，乃悔而叹息，谓其友人曰：'古人有言，左手据天下之图,右手刿其喉,愚夫不为,所以然者,生贵于天下也。今以曲俗咫尺之羞,灭无资之躯,殆非老庄所谓也。'故往应(邓)骘召。"

范晔论曰:

"马融……既而羞曲士之节,惜不资之躯(注:庄子曰:曲士不可语于道者,束于教也),终以奢乐恣性,党附成讥,固知识能匡欲者鲜矣。夫事苦则矜全之情薄,生厚故安存之虑深。……原其大略,归于所安而已矣,物我异观,亦更相笑也。"

学无常师的马融,不为经典所束缚(达生任意,不拘儒者之节),以"生贵于天下",归于所安,不能不放下有汉一代的师法,去寻出"老庄所谓",这不是由汉代师法有常(通过博士弟子制而反映县乡亭制的农村编制),转化而为天地无常(通过九品中正制而反映土地财产的流动不安)的意识反动么? 物质的条件经农民暴动拆散了一次以后,地主阶级的保障有些不安,因而通过统治阶级九品中正的法律,从品题中产生了意识上的虚诞清谈,以代替汉代的经学烦琐。

郑玄《戒子书》说(《后汉书》卷六五):

"念述先圣之玄意,思整百家之不齐,亦庶几以竭吾才。……而黄巾为害,萍浮南北,复归邦乡。……末所愤愤者,徒以亡亲坟垄未成,所好群书,率皆腐敝,不得于礼堂写定,传与其人。日西方暮,其可图乎!"

萍浮南北的并感到"日西方暮"的郑玄作了袁绍的上宾,也就清谈起来了。同书本传记着:

"玄最后至,乃延升上坐,身长八尺,饮酒一斛,秀眉明目,容仪温伟。绍客多豪俊,并有才说,见玄儒者,未以'通'人许之,竞设异端,百家互起。玄依方辩对,咸出问表,皆得所未闻,莫不嗟服。"

焦循解释说:"盖以儒者执一不能通,故各为异端以难之,是为竞设异端。康成本通儒,不执一,故依方辩对,谓于众异之中而衷之以道也,是即康成之攻乎异端矣。"(《论语补疏》卷二)按"依方辩对",以驳所难,就是"正始之音"的清谈方式(见后说)。由这里可以知道,郑玄综合了经学笺注之后,在萍浮的环境中,居然清谈"玄"理,"通"而"达"之,把经学自我否定,形成魏晋的先驱人物。

"浮华不务本"之本,即汉代"强本"之本,原来是本于县乡亭制之下的农村自治体,由这一本源处选拔的士大夫贤良方正,便也有"本"了,其本在于思想传统上有一套"师法""家法"的基尔特规矩,不能逾越。到汉末以至魏晋,这个"本"被农民战争所打破了,农村自治体的组织离开了相对安固的土壤,借助于军事体制而游离起来,尤其到了所谓"衣冠南渡",侨居江左,完全依于血统宗族纽带之相接,来维持身份性传统的门第,在意识上就不能不"末求浮华",此所谓"末",乃相对于"理平者先仁义",而"理乱者以权谋"(蒯通对刘表语)之谓。凡一"权"即百权,当是今人所误认的魏晋的"自由自然主义"。然而,要知道,魏晋对汉代师法而作权变,是特定的一种思想权变,而不是本格意义的思想自由,今人不识此义,以至附会什么文艺复兴,判案不确,应加纠正。

汉定儒学于一尊,博士满朝,司马迁早已说尊儒不过是俳优之蓄,排演第二次再现的喜剧罢了。在汉末社会的真正悲剧实现时,喜剧舞台如鸿都门,反而成了悲剧主人翁的遁逃所,据《后汉书》与《魏志》,那里不是贪鄙恶少,就是避役诸子。一方面逃难于"本"之金字塔尖,浮华交游,"合党连群,互相褒叹",而他方面则逃难于"本"之金字塔以外(如竹林),巧避现实,任性放达,废弃礼法。于是乎,形式喜剧的搢绅服装,就在现实的悲剧暴露之下,被讥为"何物尘垢囊"、"颠倒衣裳",发展而为内心喜剧的麈尾仙态。汉之"本"反映于支配思想以师法家法的名物训诂为根据,而在农村自治体一度被动摇之时,此师法家法的地基早已失去效力,礼法便成了枯朽的东西,连经师马融也"学无常师",郑玄也"依方辩对"了。在魏晋看西汉经师,"皮之不存,毛将焉附",反而要颠倒本末,以汉之章句烦琐为末,而魏晋之理趣烦琐为本了。

因了魏晋的"屯田""占田",虽暂时把劳动力再编制起来,但豪门大族在大江南北依靠特权自由圈地侵占,不得不为法律所承认,这自由是自然主义么? 这里的问题,首先要明白自然名胜与豪族"名胜"(当时人用语,指清谈名流)的产生。我们可以这样说,由闾里农村选举出来的贤良方正,走了"通经致用"的途径,而由浮萍世族品题出来的通达名流,则走了"游刃皆虚"的途径。前者守经,后者权变,前者的笺注走向经学谶纬化,后者的笺注走向经学形而上学化。名流们越和地理自然游离,越会形容山水的名胜;实际实物的自然越不可把握,概念形象的自然越能增加语汇;自然的对象越离开认识上的点滴占有,则人类对于自然一般就越在虚处开刀,以至于全人格的活动走向以天灭人,投降自然。如果拿《汉书·地理志》作为汉人对于现实世界的意识代表来看,则魏晋"慕通达"(魏文政策)者的自然意识就是这样:

"诸名士共至洛水戏,还,乐令(广)问王夷甫(衍)曰:'今日戏乐乎?'王曰:'裴仆射(颜)善谈名理,混混有雅致。张茂先(华)论《史汉》,靡靡可听。我与王安丰(戎)说延陵子房,亦超超玄箸。王武子(济)孙子荆(楚)各言其土地人物之美,王云:其地(太原晋阳)坦而平,其水淡而清,其人廉且贞;孙云:其山(吴地)崔巍以嵯峨,其水㳌渫而扬波,其人磊砢而英多。'"(《世说新语·言语》)

按此时太原吴地在王孙公子的心理上只成为自然的名词,太原已成胡骑世界,吴国则为晋人所灭,王姓吴姓诸豪族,在意识上的通达,尽是不可捉摸的自然的"美"。老实说,清谈是概念的游戏,是形式逻辑的玩弄,不过把汉人另一种形式烦琐(训诂章句)扬弃,而走向概念形式的烦琐罢了,前人所谓汉儒实学、晋人义理之说,实在是皮相的分别。当祖国灭亡,离开郡县地望的诸"名胜"人物,更有这样不常处世的话:

"蔡洪赴洛,洛中人问曰:'……君吴楚之士,亡国之余,有何异才,而应斯举?'蔡答曰:'夜光之珠,不必出于孟津之河;盈握之璧,不必采于昆仑之山。大禹生于东夷,文王生于西羌,圣贤所出,何必常处？昔武王伐纣,迁顽民于洛邑,得无诸君是其苗裔乎?'"
(《世说新语·言语》)

以辩才著称的蔡洪的游戏逻辑,竟敢把国土的概念,还原于自然地理的概念,巧辞诡辩,这实在是一个典型的清谈例子。所谓"绝妙好辞"背后的真理是什么呢？这里面是所谓自然主义呢？还是对自然的投降呢？元帝过江,以寄人国土,心常怀惭,而顾荣对曰："臣闻王者以天下为家,……愿陛下勿以迁都为念。"(《世说新语·言语》)这是同一路数的诡辩"通达"。"与时浮沈","浮者自浮,沈者自沈",要在没有"地望"的自然一般中取得心理上的虚义吧！卧于自然,并非占有自然,犹之乎羞于抵抗并非抵抗主义。下面的"名言"更可以参考：

"庾公(亮)尝入佛图,见卧佛,曰:此子疲于津梁。'于时以为名言。"(《世说新语·言语》)

拿"疲于津梁"讲出宗教的道理,其"自我淘空"的空虚,表现出亡国大夫的自然宗教观,而其历史的根源正在于：

"自中原丧乱,民离本域,江左造创,豪族并兼,或客寓流离,名籍不立。"(《世说新语·政事》注引《续晋阳秋》)

对于现实疲乏了的灵魂,虽然没有把握着一点自然,但在玄学的思辨中却幻变出自然全体。汉代谶纬宗教的世界观及其唯心主义不是变成了佛道相合的宗教观和唯心主义了么？失去郡国的流离侨姓、忧疑世祚不长的帝王,不妨自称幕天席地,通古达今,而与自然合一。下面的对话,就是好例：

"何次道往瓦官寺礼拜甚勤,阮思旷语之曰:'卿志大宇宙,勇迈终古。'何曰:'卿今日何故忽见推?'阮曰:'我图数千户郡尚不能得,卿乃图作佛,不亦大乎?'"(《世说新语·排调》)

"晋武帝始登阼,探策得'一',王者世数系此多少,帝既不说,群臣失色,莫能有言者。侍中裴楷进曰:'臣闻天得一以清,地得一以宁,侯王得一以为天下贞。'(《老子》)帝说,群臣叹服。"(《世说新语·言语》)

空间与时间,数量与质量,都经过还原,一般地离实就虚,一切真实的对象,都化而为概念的"浮游"。更重要的问题是宗教的世界观,从豪族贪恋而难得的"数千户郡"的占有,居然能得出志大宇宙的佛世界;从短命帝王对王祚的恐惧,又居然能得出其大天地的"一"神论来。统治阶级的神学在形式上和汉代不同了。这种思想倾向,在当时的支配力甚大,其为后人所最讪议的例子,是嵇康被法,康子绍咨山涛出处,山举绍为秘书丞,对绍说"为君思之久矣,天地四时,犹有消息,而况人乎?"这又是什么样的以天灭人的"自然主义"!? 除了把"自然"规定为"神"的代用语外,没有别的东西!

第三节　玄学思想的阶级根源

我们知道,汉末编户编民之制被农民战争一度动摇以来,天下户口不及盛汉之一郡,这些编民一部分起而为"流寇"或"流人",一部分则附庸为豪右的部曲。因此,最高地主不能不在制度上搜括"屯田"式的劳动力和"占田"式的劳动力。同时,统治阶级因了迁移流亡,除把汉代"任子"制度普及化外,更尽量使古代氏族公社死灰复燃,这就是魏晋的名门世族所夸耀的族谱,如言"沈为孔家金,颛为魏家玉,虞为长琳宗,谢为弘道伏"之类。刘知几所谓"世重高门,人轻寒微,竞以姓望所出,邑里相矜",《史通通释》按:"都邑则略具于地理,非同舆服之无附,……至如氏族一门,自是魏晋相沿四姓尚官之习。"如实言之,只有县乡亭制邑里地望有了式微之征候,贵族地主才有必要更加竞相标榜门阀。他们之间的内部斗争是残酷的,但他们毕竟是魏晋政权的阶级支柱。当时如"河南尹,内掌帝都,外统京畿,……其民异方杂居,多豪门大族,商贾胡貊,天下四方会利之所聚,而奸之所生。"(《魏志·傅嘏传》注引傅子)于是汉之"乡举里选",才变而为魏晋之"九品中正"。赵翼《陔余丛考谱学》说:

"至魏九品中正法行,于是权归右姓。州有大中正主簿,郡中

— 40 —

正功曹,皆取著姓士族为之。有司选举,必稽谱牒,故官有世胄,谱有世官,于是贾氏王氏谱学出焉。"

《新唐书·柳冲传》说:

"魏氏立九品,置中正,尊世胄,卑寒士,权归右姓,……晋宋因之,始尚姓已。……夫文之弊至于尚官,官之弊至于尚姓,姓之弊至于尚诈。"

晋自衣冠南渡,江左侨立,地望在习惯上已经成了商标,贴在右姓大族的实际门第之上,其浮飘不实,有如旧中国地主官僚在大城市公馆门墙上标以某姓生地者然,所不同的是,如琅琊王、新野庾等豪门,以小流亡政府的封建地主资格,纷纷占地。豪族身份性的分类,多炫姓氏,"侨姓"、"吴姓"、"郡姓"、"虏姓",其区别是严格的。甚至适应这个现实,东晋王朝,出现了名实相离的侨立州郡,凡幽冀青并雍凉兖豫之名,错寄南朝(见《晋书·地理志》)。所谓九品中正的举士法制,即建立于游离的名族著姓之这一历史实际上。傅嘏卫瓘刘裕范宁反对九品中正和游辞浮说,同时主张安土之实,土断人户,就是这个道理。卫瓘说:

"魏氏承颠复之运,起丧乱之后,人士流移,考详无地,故立九品之制。……计资定品,使天下观望,唯以居位为贵,……争多少于锥刀之末。……宜皆荡除末法,……以土断定。"

刘毅说九品中正有八条损政,其重要的言论如下:

"高下任意,荣辱在手。……爱憎决于心,情伪由于己。……用心百态,求者万端。……

"今之中正,不精才实,务依党利,不均称尺,务随爱憎。所欲与者获虚以成誉,所欲下者吹毛以求疵。高下逐强弱,是非由爱憎。……

"或以货赂自通,或以计协登进,附托者必达,守道者困悴。……是以上品无寒门,下品无势族。……

"人伦交争而部党兴,刑狱滋生而祸根结。……

"今一国之士,多者千数,或流徙异邦,或取给殊方。……既无乡老纪行之誉，又非朝廷考绩之课，遂使进官之人，弃近求远，背本逐末。……

　　"今九品所疏则削其长，所亲则饰其短。"（《晋书》卷四五）

　　据此，可以论究"名流"或"名胜"的阶级。当时土地的兼并，比汉更凶的所在，是附加了军事的强占，其得其失，不是依于经济的买卖，而是靠特权的掠夺。范宁所谓"人姓无涯，奢俭由势。今并兼之士，亦多不赡，非力不足以厚身，非禄不足以富家，是得之有由，而用之无节。"以力厚身者，如祖约本幽州冠族，占夺乡里先人田地，以禄富家者，如周伯仁母说"吾本谓渡江托足无所，尔家有相，尔等并罗列吾前，复何忧！"晋人好蒲博，也是"取给殊方"的财产占有的活动，如刘尹谓桓温必能克蜀，原因是"观其蒲博，不必得则不为。"（见《世说新语》）魏晋六朝所以形成奢华之风俗，正由于财产的占有更依靠特权的方便了。在得失方便的经济之上（取给殊方），产生了高下任意的人品选拔，复以著姓豪族的爱憎品价，产生了依方辩对的巧辞胜理。著者大胆地说，晋代的思想在于一个"名"字，这"名"字在阶级集团而言，是离了地望的名门，而反映于思想则是遗了事实的"名胜"。故"名胜"二字，是魏晋以来封建等级的理论抽象，一登"名胜"，身价百倍。什么叫做"名胜"呢？"名"即古代名辩之名，在本书第一卷已讲过名辩学派，此处不再重复；"胜"即名理胜负之胜，魏晋人称至理为胜理或第一理。故"名胜"也者，是名流（有第一流、第二流、第三流之分别）的各级身份，从清谈诘辩，辞喻取胜，以显示身份高人一等。例如《世说新语》中说：

　　"宣武集诸'名胜'讲《易》，日说一卦。

　　支道林辩圣人之逍遥，当时'名胜'，咸味其音旨。

　　郄超与傅瑗周旋，瑗见其二子，……谓瑗曰：'小者才名皆胜。'

　　王领军（洽）与法汰周旋行，来往'名胜'许，辄与俱。"

　　"名胜"以正始中的人物为代表，兹举二例如下：

　　"何晏闻王弼'名'，因条问'胜'理，语弼曰：'此理，仆以为极可,得复难不?'弼便作难,一坐人便以为屈;于是弼自为客主数番,皆一坐所不及。

傅嘏善言虚'胜',荀粲谈尚玄远,每至共语,有争而不相喻。裴冀州释二家之义,通彼我之怀,常使两情皆得,彼此俱畅。"(《世说新语·文学》)

名胜有时亦称"名通"或"名达",例如:

"殷中军(浩)问:'自然无心于禀受,何以正善人少,恶人多?'诸人莫有言者。刘尹答曰:'譬如写水著地,正自纵横流漫,略无正方圆者。'一时绝叹,以为'名通'。(按这里名通讲的道理,是以天灭人的还元诡辩。)"(同上)

"人有问殷中军:'何以将得位而梦棺器,将得财而梦矢秽?'殷曰:'官本是臭腐,所以将得而梦棺尸;财本是粪土,所以将得而梦秽污。'时人以为'名通'。(按这里名通讲的道理,是定义法的诡辩。)"(《世说新语·文学》)

"孙兴公许玄度,……共商略先往'名达'。"(《世说新语·赏誉》)

《老》、《庄》、《周易》三玄,是玄学的主题,这在题目内容方面而言,确无问题,《向秀传》所谓"儒墨之迹见鄙,道家之言遂盛焉。"但在论理上而言,魏晋清谈又是"名辩"的复古,这就须研究清楚了。此所谓复古,并无诸子复兴的性质,不过由汉儒复古于《春秋》者,而变为"名胜""名通"复古于战国的神秘唯心主义与诡辩唯心主义之混合罢了。原来老庄与名辩,在战国,是春秋搢绅与孔墨显学的批判者,他们创出一套形而上学与形式名理。从两汉到魏晋南北朝,烦琐主义的复古流变,形式上也很顺当地产生了第二次的再现。搢绅经学的章句烦琐主义,被名流玄学的名理烦琐主义所批判,二者都是烦琐,一在章句,一在概念,然而其变化递嬗的历史,却不同于古代,而是有封建制社会变动的具体情况为其背景的。

上面我们说过,魏晋玄学主要在于一"名"字,所以然者,应从浮离游闲的名族豪门的阶级性方面来找寻秘密。不要说王谢裴庾之家的人物,即何晏王弼山涛诸名流代表,哪一个不是出身皇亲豪门呢? 至若王戎和峤下及石崇王恺,哪一个不是在富贵生活中善言浮华呢? 老庄尚无为,诡辩尚无不为,二者结合成了中世纪名胜的教条,由人性还元于自然,即"天地四时尚有消息,而况人乎",山涛以此教训嵇绍,就可不至"以人灭天",就可以在杀了他的父亲的晋朝做官,在大自然中(没有社会法则)无为而无不为。其实,绍父嵇康在他的有名的《声无哀乐论》所用的名理,被过江的王大将军(敦)推崇为"三理"之一,其中这样说,"夫殊方异俗,歌笑不同,使错而用之,或闻哭而欢,或听歌而戚;然哀乐之情均也,今用均同之情,而发万殊之声,斯非声音之无常哉?"可见人们在无常的社会制度中(等于自然法则),可以无不为而无为。康绍父子都是名通理胜的名士,在老庄与名辩的综合复古之下,就有这样难受实践检证的"名"之牺牲者。有闲之士的烦琐概念的游戏,比埋葬于训诂六经章句的考据优游,更为遗失个性,那里有文艺复兴的历史呢? 这样的"名胜",对于腐败的皇帝政权是最有利益的。嵇康之杀夺与嵇绍之生予,同于天地四时的消息,均于歌哭哀乐的情绪,这样就对于非法之法的皇权说来,是头头是道的。在不断的"禅代"无常交替之时,魏晋南北朝的"名"正"言"顺只靠辞句之铺张典丽,上至曹操以来的九锡文,下至贵族的交游,都在于名言浮辞。司马昭之让九锡表,正是竹林七贤阮籍"辞甚清壮"的名文。宋叶适所谓"奸邪者济其欲",便是因为"名"之方便附丽,可以歪曲现实。

魏晋以来的名士是把清谈老庄与善言名理,二者兼综的。钟会、裴頠、卫玠、王敦、谢玄,史皆称为"名理"能手,究实言之,"名理"正是此时代的思想灵魂,世仅知三玄之于魏晋为中心思想,而不知名辩更为其中心思想的指示器。何晏"能清言","好辩而无诚",王弼"通辩能言","辞才逸辩",向秀"最有清辞遒旨",阮裕"甚精论难",郭象"言类悬河",支道林以"支理"名家,殷浩"能言理",这样看来,善辩与精练名理,实相同训。正因如此,当时,惠施、公孙龙、墨辩才成为名胜的宝筏,例如：

　　"谢安年少时，请阮光禄（裕）道《白马论》，为论以示谢，于时谢不即解阮语，重相咨尽，阮乃叹曰：'非但能言人不可得，正索解人亦不可得。'"（《世说新语·文学》）

　　"司马太傅（道子）问谢车骑（玄）：'惠子其书五车，何以无一言入玄？'谢曰：'故当是其妙处不传。'"（《世说新语·文学》）

　　鲁胜的《墨辩叙》，并不合后期墨家之经说，颜曰墨学，实则名辩。请看他如何崇拜古代的诡辩学派：

　　"名者所以别同异，明是非，道义之门，政化之准绳也。孔子曰：'必也正名，名不正则事不成。'墨子著书，作《辩经》以立名本。惠施公孙龙祖述其学，以正刑名，显于世。孟子非墨子，其辩言正辞，则与墨同。荀卿庄周等皆非毁名家，而不能易其论也。名必有形，察形莫如别色，故有坚白之辩。名必有分明，分明莫如有无，故有无序之辩。是有不是，可有不可，是名'两可'。同而有异，异而有同，是之谓'辩同异'。至同无不同，至异无不异，是谓'辩同辩异'。同异生是非，是非生吉凶，取辩于一物，而原极天下之污隆，'名之至'也。自邓析至秦时，名家者世有篇籍，率颇难知，后学莫复传习，于今五百岁，遂亡绝。"（《晋书》卷九四本传）

　　上面分别的名辩派系，将在后几章详论，这里先记住："两可"、"辩同异"、"辩同辩异"、"名之至"正是魏晋名通的学派分野法。

　　除名辩而外，更有外来的佛理助长辩风。例如：

　　"支道林造《即色论》（如支道林集《妙观章》说，夫色之性也，不自有色。色不自有，虽色而空），论成，示王中郎（坦之）。……王曰：'既无文殊，谁能见赏？'

　　支（道林）为法师，许（掾）为都讲。支通一义，四坐莫不厌心，许送一难，众人莫不抃舞。但共嗟咏二家之美，不辩其理之所在。"（《世说新语·文学》）

　　上面史实，仅指明名辩在当时学风中的重要性，所谓"两可"、"辩同异"、"辩同辩异"以及万能的"名之至",指导律,实在贯串了当时思想界的主要倾向,所谓"正始之音",就在这里获得解答(下章专论)。现在我们特举当时代表名辩"四本"、"三理"、"三玄"等,试为诠释。王僧虔《诫子书》说:"才性四本,声无哀乐,皆言家口实"(《南齐书》本传),可知《四本论》和"三理"("声无哀乐"即三理之一),是当时的"言家口实",而"谈何容易"?殷中军虽思虑通长,然于才性偏精,忽言及"四本",便苦汤池铁城,无可攻之势。(《世说新语·文学》)殷仲堪精核玄论,人谓莫不研究,但殷叹:"使我解《四本》,谈不翅尔!"(同上)

一,按《四本论》为钟会所撰,是"正始之音"的代表作,惟此论已不传,据《三国志·魏志》及《世说新语》说:

"会尝论《易》无互体,才性同异。及会死后,于会家得书二十篇,名曰《道论》,而实刑名家也,其文似会。"(《魏志》卷二十八)

"钟会撰《四本论》始毕,甚欲使嵇公(康)一见,置怀中既定,畏其难,怀不敢出,于户外遥掷,便回急走。"(《世说新语·文学》)

"《魏志》曰:会论才性同异传于世。四本者,言才性同、才性异、才性合、才性离也。尚书傅嘏论'同',中书令李丰论'异',侍郎钟会论'合',屯骑校尉王广论'离',文多不载。"(同上梁刘孝标注)

"嘏常论才性同异,钟会集而论之。(裴松之注引《傅子》曰:……嘏好论才性,原本精微,鲜能及之。……又嘏以钟会明智,交之。……又嘏与李丰同州,评李饰伪而多疑,矜小失而昧于权利,不与友善。)"(《魏志》卷二十一)

从上面简略的史料来研究《四本论》的内容,实在有些困难。但综合了史料,我们便可能推寻其要点,首先我们必须究明下列二点:

第一,性才二者,大约是讲本体与功用的关系。"性"言本体一元,"才"言事功杂多。和傅嘏相友善的荀粲就如此说明"性"字:

"子贡称夫子之言'性'与天道不可得而闻也。然则六籍虽存,固圣人之糠粃。——(此说)能言者(亦)不能屈。"(《世说新

语·文学》注引粲别传)

何晏《论语集解》关于此章说:

"性者,人之所受以生之理。"

魏晋人善论《易》继善成性的天人之际,故性命之学被当作最高义看待。"才"指事功,汉末以来,多见求"非常之才"之文,刘表、袁绍、曹操都在利用"非常之才",以禅非常之代,甚至曹操令求不仁不义而有治国用兵之才术者。史称三国人才特盛,或称人才集于许下,当是所谓"非常之业"的号召所致。一方面史籍或以异才、奇才、隽才、大才,或以才学、才文、才识、才辩、才行兼备来形容当时人物,而他方面"魏晋之际,天下多故,名士少有全者","魏晋去就,易生嫌疑,贵贱并没",才却可以导人走向悲剧。《晋书》卷九四《孙登传》说:

"孙登尝谓嵇康曰:……用才在乎识真,所以全其年。今子才多识寡,难乎免于今之世矣。"(《世说新语·栖逸》略同:"君才则高矣,保身之道不足。"注引《文士传》:"子识火乎?生而有光,而不用其光,……人生有才,而不用其才。……故用光在乎得薪,所以保其曜,用才在乎识物,所以全其年。")

这里就发生了问题:性与才二者的同异离合究竟如何?在名辩方面讲来,这就成了"同异生是非,是非生吉凶,取辩于一物,而原极天下之污隆"了。在天性与人才的天人之际,发生了争辩"是不是,可不可"的"两可"么?"同而有异,异而有同"的"辩同异"么?"至同无不同,至异无不异"的"辩同辩异"么?这些都是有待解答的重大课题。九品中正举才的制度,正在取辩的四本论上刻下了是非吉凶的名障,而刘劭的《人物志》就成了历史的证件了。它反映了豪门大族阶级内部纠纷的同异离合,而在超现实的概念方面标榜身份。

第二,我们虽仅知道傅嘏论才性"同",李丰论才性"异",钟会论才性"合",王广论才性"离",而无法知道他们的论旨何在,但傅嘏与钟会相异而实为合同派,李丰与王广相异而实为离异派,似乎有古代"合同异"与"离坚白"的分野。

这里面有比周朋党的内幕。蒋济所谓"大舜佐治,戒在比周,周公辅政,慎于其朋",这话表面上是痛心当时豪门不能和睦,实际上暗示着阶级的内讧。傅钟二人崇尚事功,走了左祖司马晋的政治路线;曹爽何晏邓飏一系是曹魏宗室派的中心;李丰与王凌王广父子则是骑墙于二者的投机派。他们中间的政权争夺的同异离合,决定了才性思想的同异离合。

这三派人除了傅嘏享年仅 47 岁,增封至千二百户善终外,皆死于司马氏的淫威之下。连傅嘏最后也戒钟会说:"子志大其量,而勋业难为之也,可不慎哉!"三派在权势同异离合的钩心斗角中,仅留下了"四本论"的概念题目,而现实却对于理论成了讽刺。所谓同异离合四方形的对角线,操在司马氏晋宣王与景王之手,这就是史书所称司马氏尽诛名族。上述三派人物都是食几千户、以至万户以上的领主。

(一)曹魏宗室派的曹爽是曹操的族孙,食邑万二千户,与司马宣王争权,平分秋色。何晏是汉大将军何进之孙,曹操的养子(其母为操所纳,随母入宫,服饰拟于太子)。曹爽秉政,何晏邓飏(邓禹之后)李胜等为其心腹,时称浮华执政,"轻改法度"。"晏等专政,共分割洛阳野王典农部桑田数百顷,及坏汤沐地以为产业,承势窃取官物,因缘求欲。"《魏志》更载其与曹爽等淫乐纵酒骄侈盈溢。陈寿裴松之所记或有偏见,但《世说新语》也载:"何邓二尚书独步于魏朝"(《言语》注),"以官易富邓玄茂","何晏以才辩显于贵戚之间,邓飏好交通,合徒党,鬻声名于闾阎"(《识鉴》注)。松之注谓何邓丁(谧)为"爽门三狗",固然是刻薄之词,而此辈不长事务,浮华成党,颇为事实。何晏在《论语集解》德不孤章说:"方以类聚,同志相求",可以证明他的主张。傅嘏恨其"贵同恶异",不完全是攻击。爽败,何邓等皆被司马宣王所族诛。

从史实再回求于思想,按《四本论》中的才性之辩,没有此派人物参加。原因是"才"不为他们所重视,这不是说他们轻视功利,而是说他们外静恬而内多欲,所谓"言远而性近"。何晏说:

"唯深也故能通天下之志,夏侯泰初(玄)是也;唯几也故能成天下之务,司马子元(师,景王)是也;惟神也不疾而速,不行而至,吾闻其语,未见其人。"(《魏志》注引《魏氏春秋》,按云:"盖欲以神况诸己也。")

三人年少时本风采齐名,何晏看不起"唯几也故成天下之务"的唯事功独长的性格,而以"神"自况,则其独尊"性者,人之所受以生之理"为势所当然。例如他说《易》穷理尽性,而王弼则说《易》以"几""神"为教(见《论语集解》加我数年章)。故何既尊"神"薄"几",必言性遗才,而王则神几合一言之。史载"何平叔巧累于理"(简文语)。他注《论语》"一以贯之"说:

"善有元,事有会,天下殊涂而同归,百虑而一致,知其元则众善举矣,故不待多学,一以知之也。"(《论语集解》)

"善"指《易》继善成性之善,事指功业,重善轻事,似有重神轻功的主张。参证他解《论语》游于艺章之"游",说"不足依据故曰游",其轻视才艺更明。他与王弼所辩者是性情同异,他主张"圣人无喜怒哀乐",王弼主张圣人"性其情","圣人茂于人者神明也,同于人者五情也。神明茂,故能体冲和以通无,五情同,故不能无哀乐以应物,然则圣人之情应物而无累于物者也。今以其无累,便谓不复应物,失之多矣。"(《魏志·钟会传》注引何劭作《王弼传》)从性情之辩转为性才之辩,似为《四本论》的流变。何劭所谓何晏的圣人无喜怒哀乐论,钟会等述之,语虽不明,但既曰不仅钟会一人,又曰述之,至少在取辩方面有其源流。且钟会与王弼友善,"会论议以校练为家,然每服弼之高致"(同上),因此,王弼论性情合的逻辑,当对会论性才合有所影响。

(二)傅嘏是傅介子之后,世为冠族。正始初为黄门侍郎,以攻击何晏"外静而内铦巧,好利不念务本",被何免官。曹爽诛,取得河南尹要职,后因有功于司马氏,晋封为武乡亭侯。著论难刘劭考课法,以为选拔重实才,苟非其才则道不虚行。他趋向事功,与何晏派不睦,这由他与荀粲的辩论可知:

"嘏尚名理,而粲尚玄远,宗致虽同,仓卒时或有格而不相得意。……粲尝谓嘏玄曰:'子等在世涂间功名必胜我,但识劣我耳。'嘏难曰:'能盛功名者识也,天下孰有本不足而末有余者邪?'粲曰:'功名者志局之所奖也,然则志局自一物耳,固非识之所独济也。我以能使子等为贵,然未必齐子等所为也。'"(《魏志·荀彧传注》)

陈书评傅嘏说:"用才达显"。他的主张近于实才至上论,显然与何晏的天性论相左。由于政见的不同,反映在思辨方面,就成了他的才性同论,他似乎认为性无本体,才之外现都是性。因此,他批评他的反对派说:

"夏侯太初志大其量,能合虚声,而无实才。何平叔(晏)言远而情近,好辩而无诚,所谓利口复邦家之人也。邓玄茂(飏)有为而无终,外要名利,内无关钥,贵同恶异,多言而妒。……以吾观此三人者,皆败德也;远之犹恐祸及,况昵之乎?"(《魏志》卷二十一本传注)

"李丰饰伪而多疑,矜小失而昧于权利,若处庸庸者可也,自任机事,遭明者必死。"(《魏志》卷二十一本传注)

钟会是钟太傅繇的幼子。蒋济识会于童年,赏鉴他为"非常人",及壮有才数技艺,而博学精练名理。司马景王叹他为王佐之材。正始中为尚书中书侍郎,后以战功食万户侯。终因谋反遭杀。《世说新语》注引《魏氏春秋》:"会名公子,以才能贵幸,乘肥衣轻,宾从如云。嵇康方箕踞而锻,会至不为之礼。""钟起去,康曰:'何所闻而来,何所见而去?'钟曰:'闻所闻而来,见所见而去。'"

钟会在名理方面受了王弼的影响,在事业方面又与傅嘏一致。嘏以会明智结交,嘏在临终时,又以"志大其量,而勋业难为"戒会谨慎。按"志大其量,能合虚声"是嘏评夏侯玄的话,钟会似也倾向于深远一路,然复因才艺过人而奔竞勋业。这里就是他论才性合的说明,他似乎以性才是内外相济的,是体用相合的。他和傅嘏接近,如裴松之评说:

"嘏料夏侯之必败,不与之交,而此云与钟会善。愚以为夏侯玄以名重致患,衅由外至,钟会以利动取败,祸自己出。……嘏若料夏侯之必危,而不见钟会之将败,则为识有所蔽,难以言通;若皆知其不终而情有彼此,是为厚薄由于爱憎,奚豫于成败哉? 以爱憎为厚薄,又亏于雅体矣!"

上面已经指出,傅嘏品鉴玄会皆有"志大其量"之语,故交往正以厚薄爱憎之间的名门朋党为标志,和何邓派之"贵同恶异"(此语在《世说新语》稍异于《魏志》注,统评何邓),毫无区别。

(三)李丰是李卫尉义的儿子,名被吴越,有中国名士之号。历仕魏氏三朝。据《魏略》所纪,正始中丰迁侍中尚书仆射,在台省常多托疾,暂起复卧,如是数岁(时台制疾满百日当解禄,故丰未满数十日暂起而复托疾)。他以这种手法,在曹爽专政时,周旋于曹魏与司马晋二大势力之间,"依违二公,无有适莫,故于时有谤书曰:曹爽之势热如汤,太傅父子冷如浆,李丰兄弟如游光。"爽杀,遂为中书令。又据《魏志》,丰虽宿为司马景王所亲侍,然私心在夏侯玄。玄为夏侯渊之孙,曹氏外戚,曹爽之姑子,但因爽抑绌而不得意。爽败,玄渐徙太常。李丰等谋以玄辅政,为司马师所忌,以莫须有之罪名,将玄丰等一同族诛。此事件为当时一大疑案,名族深为不安,故师问许允:"自我收丰等,不知士大夫何为匆匆乎?"此点当让历史家寻论,这里所要研究的,是李丰的派系性。他依违两可的政治倾向,史载确切,不待考证。故他在思想方面便和以上二派不同,他"论性才异",似为一种两面双栖论,所谓"是有不是,可有不可,是名两可",性才二者两立皆是,依违适莫,存乎其人。傅嘏评其"多疑",《世说新语·容止篇》称时人目之为"颓唐如玉山之将崩",可以作为此一理论的注脚。总之,他的实际生活与他的名门派系以及他的政治路线,决定了他的名辩意识,政治上的骑墙派之流于理论上的两可之说,是相适应的。

王广是王凌之子,汉司徒王允之侄孙。凌讨吴有功,封为征东将军,假节都督扬州诸军事,封南乡侯,食邑千三百五十户;后迁车骑将军,与其外舅令狐愚并典兵专淮南之重。爽诛,由司空迁为太尉,假节钺。因谋拥立楚王彪,被司马宣王夷三族,子广同死。广有志尚学行,蒋济曾说:"凌文武俱赡,当今无双,广等志力有美于父耳",退而悔之,告人说:"吾此言灭人门宗矣!"(《魏志》卷二八注引《魏氏春秋》)当凌谋废立事,使人告广,广答"勿为祸先",据注引《汉晋春秋》说:

> "广曰:'凡举大事,应本人情。今曹爽以骄奢失民,何平叔虚而不治,丁毕桓邓虽并有宿望,皆专竞于世,加变易朝典,政令数改,所存虽高,而事不下接,民习于旧,众莫之从,故虽势倾四海,声振天下,同日斩戮,名士减半,而百姓安之,莫或之哀,失民故也。今懿情虽难量,事未有逆,而擢用贤能,广树胜己,⋯⋯父子兄弟并握兵要,未易亡也。'"

由此一段两面皆有是非利害的话看来,可知王广对于魏晋两派之间,对虚高一面与对实利一面,两皆无肯定或否定的是非,两皆未能同异,不敢从一面而攻他一面,"勿为祸先"。因此,这就在他"论性才离"的时候,助长了二元论的取辩,和"论性才异"的李丰比较,李依违两可,王则依违两不可,而游离性的立场是他们的同点。以上政派、学派的分歧可列为下表:(见下)

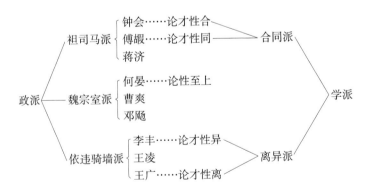

这就是我们研究名胜的四本论所得的结论。因为正始至熹平之间,是魏晋政权斗争最尖锐的阶段,名门豪族对垒森严(即章炳麟所谓"任世贵"),所以在思想上反映出了四角形的"辩者之尤",性才同异离

合的概念,实在是名族同异离合的代数学。但名辩也有不一定如四本论之与现实密切相关,在复杂的政治关系方面有各种不同的角度,因而有的理论也不一定直接就和政治主张相互划出明显的迹象。

二,我们再研究一下过江以后的王导作为"三理"来看的名辩。其一即欧阳建(字坚石,冀方右族,雅有理思)的《言尽意论》:

> "夫理得于心,非言不畅,物定于彼,非名不辩,名逐物而迁,言因理而变,不得相与为二矣;苟无其二,言无不尽矣。"(《世说新语·文学》注引)

此论讲名实相符的形式逻辑,主张逻辑的名言可诠性。按"言尽意"之辩,取《易》"圣人立象以尽意,系辞焉以尽言"为题,显然在"言尽意"的反面有"言不尽意论",如何晏的《无名论》,所谓"处有名之域,而没其无名之象。……夫唯无名,故可得遍以天下之名名之,然岂其名也哉?"(《列子仲尼篇》注引)"知者,言未必尽也。"(《论语集解》)王弼的《易》注:"得意在忘象,得象在忘言",他的《体无论》,更谓"圣人体无,无又不可以训,故不说也。老子是有者也,故恒言无所不足。"(《钟会传》注引)更著名者为"当时能言者不能屈"的荀粲的言意在表象以外说,所谓"理之微者非物象之所举也,今称立象以尽意,此非通于意外者也,系辞焉以尽言,此非言乎系表者也,斯则象外之意,系表之言,固蕴而不出矣。"(《荀彧传》注引)其他如向秀郭象以"至理无言"注解《庄子》,无不和《言尽意论》相反。这当是当时名理界的一个原则性的论难,其中带有唯物主义和唯心主义在认识论方面的斗争。

其二,即嵇康的《声无哀乐论》:

> "夫殊方异俗,歌哭不同,使错而用之,或闻哭而欢,或听歌而戚,然哀乐之情均也。今用均同之情,而发万殊之声,斯非音声之无常哉?"

如果说欧阳建论名实可相符,何晏等论名不能符实而存在,则嵇康此说则在论名实两离(所谓"声之于心,殊涂异轨,不相经纬")。情均同而声杂异,以杂多无常的声音,表达不出真正哀乐的情意,故情真而音假。按何晏王弼有性情同异之辩,《四本论》有性才之辩,嵇康盖衍情于理,转为定理先天说,"理已定,然后借古义以明之耳;今未得于心,而多恃前言,以为谈证,自此以往,恐巧历不能纪"(详见《嵇中散集》,别章专论)。

其三,即嵇康的《养生论》:

> "夫虱著头而黑,麝食柏而香,颈处险而瘿,齿居晋而黄,……岂惟蒸之使重而无使轻,……芬之使香勿使延哉?……蒸以灵芝,润以醴泉,……无为自得,体妙心玄,……庶可与羡门比寿,王乔争年,何为其无有哉?"

以上引句仅依《世说新语》注引,其详有他的《养生论》与《答难养生论》(《嵇中散集》)。按此说,力辩自足于内,遇物而当,反对智用于外,随物排遣。在名理方面而言,他以为虽名实两离异轨,但达观处理,则又可以使名实随在偶合,他说:

> "君子知形恃神以立,神须形以存。悟生理之易失,知一过之害生,故修性以保神,安心以全身。……使形神相亲,表里俱济也。"(《养生论》)

这叫做"和理日济,同乎大顺"。反之,"仁义务于礼伪,非真之要术,廉谦生于争夺,非自然之所出"。向秀有《难养生论》,说他"追虚徼幸,功不答劳",他往返诘难,答辩不屈,可知这一命题在当时是重要的。按他是曹魏宗室的外戚,爽败,权归司马氏,他正是在"进不敢言同,退不敢言异"之下,假《声无哀乐论》,讽刺了当时的心声异轨,假《养生论》表示了消极足意的人生观,但他是敢于"俊伤于道"的人,居然大胆地"非汤武而薄周孔",被司马昭借吕安事致于死地。他的思想背景,可以用祖司马晋而论性才合的钟会骂他的话来说明:

> "今皇道开明,四海风靡,边鄙无诡随之民,街巷无异口之议。而康上不臣天子,下不事王侯,轻时傲世,不为物用,无益于今,有败于俗。……其负才,乱群惑众也。今不诛康,无以清洁王道。"(《世说新语·雅量》注引)

钟会在审判嵇康时,有此庭论,可当做"论性才合"的自我介绍,其辞句之粗野颠倒,显示名族阶级内讧的党同灭异到了何等程度! 岂不是早已在钟会答"闻所闻而来,见所见而去",反诘嵇康之问"何所闻而来,何所见而去"时,伏下一笔名族间的异同公案么?

三,"四本"、"三理"之外,还有更普遍的"三玄"。三玄指《周易》、《老庄》,约之又谓儒道。从名辩上看来,儒道的异同离合也是当时的最大争辩。

(一)论儒道"同"者为何晏。他所作的《道德论》说:"自儒者论,以老子非圣人,绝礼弃学;晏说与圣人同,著论行于世也"(《文学篇》引注)。又如王夷甫问阮宣子(修):"老庄与圣教,同异?"阮对曰:"将'无'同",世谓之三语掾(同上,《晋书》所载问答者人名不同)。

(二)论儒道"合"者为王弼。他好论儒道,裴徽问他:"夫无者诚万物之所资,圣人莫肯致言,而老子申之无已,何耶?"弼曰:"圣人体无,无又不可以训,故言必及有;老庄未免于有,恒训其所不足。"(同上)向秀(著《儒道论》)等皆走此路。

(三)论儒道"离"者为裴頠等。頠疾世俗尚虚无之理,著《崇有论》,他和著《言尽意论》的欧阳建是名理中的反对派,含有若干唯物主义的因素。他认为道家崇虚体无,外形遗制,忽防忘礼,与儒家离而不能相合。他说:"至无者无以能生,故始生者自生也。自生而必体有,则有遗而生亏矣。生以有为己分,则虚无是有之所谓遗者也。故养既化之有,非无用之所能全也。理既有之众,非无为之所能循也。心非事也,而制事必由于心,然不可以制事以非事,谓心为无也;匠非器也,而制器必须于匠,然不可以制器以非器,谓匠非有也。是以欲收重泉之鳞,非偃息之所能获也,陨高墉之禽,非静拱之所能捷也,审投弦饵之用,非无知之所能览也。由此而观,济有者皆有也,虚无奚益于已有之群生哉?"王衍之徒攻难交至,并莫能屈。(《晋书》卷三十五,并参看《世说新语·文学》)

(四)论儒道"异"者为葛洪等。洪所著《抱朴子》,其内篇多属道

家(《自叙》),而外篇则为儒家辩护,如此相异而两可之论,内外并存,自相矛盾。(详说见专章)

其他如儒道佛三角的同异诘辩,多见于《弘明集》、《广弘明集》,应专章研究,此处从略。

第四节　玄学的社会意义

《老》、《庄》、《易》三玄与佛教之成为魏晋人的支配思想,尽人皆知,这里要研究的是它的历史源流及其所以支配学术的社会意义。

关于三玄在汉魏之际从潜滋暗长以至沛然莫之能御的历史流变,前面已有论述,这里所欲究明的,在于由搢绅儒学至麈尾玄学为什么各有支配时代思潮的分野?

在第二卷论两汉学术时,我们已经指出:汉代的支配思想是在朝经学,而在野的"异端"之学从司马迁经过王充以至仲长统,都在不同的角度高扬了道家。不但如此,当时农民叛乱所依据的旗号也是黄老道教,张陵张鲁张角等五斗米教与太平道(皆用粗野的具体象征,如"神君种民"、"米民米性"之类),以他们的"廉价"宗教对抗汉廷贵族的谶纬宗教,曾起了极大的作用。及至汉末,社会阶级的斗争,统治阶级的分化(如由党锢到三国割据),暴露出社会的危机。现实历史的教训,影响了意识的重新编制,即使经学家如马郑,士大夫如清议人物,也要在自己的正宗的系统内开始修正了。普列汉诺夫曾从王朝改变最基本的对角线竞走,说明思潮必然有些改变。汉魏之际的士大夫对于道家和名辩的传统,从形式上接受,而从内容上改变,正是这样。从为低级的谶纬宗教而服务的搢绅儒学,转变为理论化的神学而说教的玄学,如王僧虔《诫子书》说:

"见诸玄,志为之逸,肠为之抽,专一书,转诵数十家注,自少至老,手不释卷,尚未敢轻言。汝开《老子》卷头五尺许,未知辅嗣(王弼)何所道,平叔(何晏)何所说,马(融)郑(玄)何所异,指例

何所明,而便盛于麈尾,自呼谈士,此最险事!"(《南齐书》卷三三)

然而学术的形成并不是自流自变的,也要看执行学术任务的人物,有没有受了社会风尚和政治意图的影响。如果汉魏之际学术仍然被那些以家法师法号召的宿儒所支配,则搢绅端委实在脱化不出异说来。名流名胜之所以能走向学术,在我们看来,有一点确为不可忽视的变化,即汉末魏晋以来的人物,大体上都是被当时反对者指斥的所谓"高门子弟"、"浮华少年"、"当今年少"、"荒教废业"而"轻毁礼法"的后起之秀。其所以有这样的变化,曹魏政权的奖励那种权变起家的人物以及九品中正制的高下任意品题的风尚,是有作用的。而党派朋比的清议正是这种人物起家的先奏。下面就是这种早熟凤悟的代表人物的简表:

人名	早　熟	才　性
马融	少而好问,学无师。	美辞貌,有俊才。
郑玄	少好学书数,13岁诵五经。	须眉美秀,威容甚伟,身长八尺。
孔融	4岁有识,10岁知名。	幼有异才。
徐稺	9岁知名。	清妙高踔,超世绝俗。
祢衡	未满20与孔融(50)交。	逸才飘举。
何晏	少以才秀知名,七岁明惠若神。	粉白不去手,行步顾影,以神自况。
夏侯玄	少知名,弱冠即官。	尚玄远,惟深也故能通天下之志。
傅嘏	弱冠知名。	达治好正,而有清理识要。
管辂	号神童。	好天文地理。
刘廙	年十岁知名。	好论刑礼。
嵇康	少有俊才。	旷迈不群。
阮籍	少能论道。	旷远不羁。
王弼	幼察而惠,10岁通辩能言。	事物雅非所长。
钟会	少敏慧凤成,5岁即知名。	有才数技艺,博学好辩。
向秀	少为人所知。	有拔俗之韵。
郭象	年少有才理。	薄行有俊才。
谢仁祖	8岁神悟。	有颜回之誉。

（续表）

人名	早　　熟	才　　性
山涛	少有器量。	介然不群。
王戎	幼而颖悟,7岁神童。	神彩秀彻。
王衍	幼年知名,辩谈不屈。	神清明秀,风姿详雅。
乐广	8岁被认为名士。	神姿朗彻。
卫玠	5岁知名。	明识清允。
谢万	早知名。	才气高俊。
杜育	神童。	美风姿,有才藻。
王右军		
王安期		
王长豫	以上王氏三子,称王家三年少。	

　　由上面不完全的表看来,人物大都是少年显名的,甚至很多是被称
为"神童"的。他们少不更事的幻想,的确可以跳出了皓首穷经的圈
子,别寻玄远的抽象概念世界,在中世纪时代,翻云覆雨,再没有比此时
厉害;但因了他们的早熟,也就容易早衰,异常娇弱,敌不住残酷的现
实。在他们的思想体系里,有追求天道的一套唯心主义的系统,代表着
中世纪形而上学对于事物片面或断片加以夸大的烦琐形式,所谓"非
至精者不能与之析理,非渊静者不能与之闲止"。玄学感于汉代统治
阶级的旧思想武器的破产,修正了汉代庸俗的宗教世界观,从唯心主义
的解释上,更把宗教世界观唯理地夸大,以适应封建统治者的要求。玄
学家所谓"虽不能休明一世,足以映彻九泉"。
　　不仅魏晋社会人物的出身年龄与汉不同(其出身世家相同),即社
会仪式也与汉代有异。这样的豪族名门之间的风习和教养的改变,并
非从性质上变革,反而是期在兴宗,所谓"吾家麒麟,必兴吾宗","不意
衰宗复生此宝","大宗虽衰,魏氏已复有人","小者才名皆胜,然保卿
家终当在兄"等等,这些都是经过八王之乱衣冠南渡的名族的权变想
法。离乱的客观条件打破了豪族一向所倚仗的礼法,因而脱离了经学

权变起来,"学之所益者浅,体之所安者深,闲习礼度,不如式瞻仪式,讽味遗言,不如亲承音旨"。若仍拘执过去的礼法,则如支道林批评王坦之说:

"箸腻颜帢,缞布单衣,挟《左传》,逐郑康成车后,问是何物尘垢囊!"(《世说新语·轻诋》)

社会风俗习惯的变移,《抱朴子·讥惑篇》说:

"安逸触情,丧乱日久,风颓教沮,抑断之仪废,简脱之俗成,近人值政化之蠹役,庸民遭道网之绝紊。……丧乱以来,事物屡变,冠履衣服,袖袂财制,日月改易,无复一定,乍长乍短,一广一狭,忽高忽卑,或粗或细,所饰无常,以同为快。其好事者,朝夕放效,所谓京辇贵大眉,远方皆半额也。"

按冠带衣服与肤发修饰,从古就有一定的礼制,古代的式瞻或威仪,是贵族君子的标志,甚至孔子还以披发左衽来区别社会制度。清阮元有周人尚威仪之说,可以参考。汉代袭古春秋,故博士儒者的服饰,即采春秋的端委搢绅,魏晋丧乱,此种威仪,因萍浮南北而自然非简脱改易不可,葛洪所讲的确是实事。代替礼法遗言的,就是魏晋人士的辞色,如何晏粉白美仪,卫玠号为璧人,庾亮风姿神貌,杜弘治清标最美,甚有以骑马回策的妙姿、蒲博下棋的容止来定人格的,这即是章炳麟所说的"以貌举人"。葛洪所以愤愤不平,似因他貌丑形粗,不足以方大雅。因了当时"所饰无常",朝夕改易,在威仪方面须有一定的象征,以为威仪之式瞻、音旨之表符,于是"玉柄麈尾"与名流理致,成为不可分离的风习。上面我们曾说,两汉之"端委搢绅"转变为魏晋之"玉柄麈尾",就指此义。

按麈为麇之一种,体大尾长。相传,麈与群鹿并行,摇尾左右,可指导群鹿的行向,有群伦领袖之概。麈尾用为拂尘,犹是后起之义,麈尾之所以重要在于引人入胜,清谈家执之,足为仪瞻之表率。端饰玉柄,别于寒微,以表示"上品无寒门"。我们且把当时握此仪物的风尚,列述于下:

"王衍善玄言,每捉玉柄麈尾,与手同色。"(《衍传》)

"庾法畅造庾太尉,握麈尾至佳。公曰:'此至佳,那得在?'法畅曰:'廉者不求,贪者不与,故得在耳。'"(《世说新语·言语》)

"客问乐令'指不至'者,乐亦不复剖析文句,直以麈尾柄确几曰:'至不?'客曰:'至。'乐因又举麈尾曰:'若至者那得去?'"(《世说新语·文学》)

"孙盛与殷浩共论,往反精苦,客主无间,左右进食,冷而复暖者数四。彼我奋掷,麈尾悉脱,落满饭中。"(《世说新语·文学》)

"蔡充诋王澄曰:'不闻余物,唯闻有短辕犊车,长柄麈尾。'"(《世说新语·轻诋》)

"王濛每举麈尾,常领数百言,而情理俱畅。"(《世说新语·赏誉》)

"王濛病笃,灯下视麈尾而叹。既殁,刘惔以犀把麈尾纳之棺中。"(《濛传》)

"王凌从麈尾遗石勒,勒伪为不敢执,悬于壁而拜之。"(《勒载记》)

"何充诣王导,导以麈尾指其床,曰:'此是君坐也。'"(《充传》)

"王僧虔戒子:'……便盛于麈尾,自呼谈士,此最险事。'"(《南齐书·王僧虔传》)

"戴容著《三宗论》,智林道人曰:'贫道捉麈尾三十年,此一涂无人能解,今始遇之。'"(《齐书·容传》)

"卢广发讲时,谢举屡折之,广愧服,以所执麈尾荐之,以况重席。"(《梁书·举传》)

"张孝秀谈义,尝手执栟榈皮麈尾。"(《秀传》)

"陈后主所造玉柄麈尾新成,曰:'当今堪捉此者,惟张讥耳。'即以赐讥。后主幸开善寺,使讥竖义,时麈尾未至,命取松枝代之。"(《陈书讥传》)

　　由上面史实看来,我们知道,玉柄麈尾是优闲之士的代表仪式,指导思想向"虚处开刀",远处着墨。玄家引津,如此其神秘,上品执符,如此其高深,粗看之,似如《颜氏家训》所评:"江南朝士,因晋中兴南渡江,卒为羁旅,……未有力田。……未尝目观起一塚土,耘一株苗,不知几月当下,几月当收,……皆优闲之过也";然而"虚价"是崇,也有其他原因。《世说新语·轻诋篇注》对谢安虚伪之评:"所好生羽毛,所恶成疮痏。谢相一言,挫成美于千载,及其所与,崇虚价于百金。上之爱憎与夺,可不慎哉!"虚之对面为实,远之对面为近,深之对面为浅,清之对面为浊。汉末以来,在统治阶级看来,最"下流"的是黄巾五斗米的现实道教,其浅近秽杂,为"风德雅重,深达危乱"者(周伯仁之例)所鄙弃,故麈尾引津,实有理论教条化的社会意义。不管这种思想和仪貌有厌世的不利因素,但明白"天地四时之消息"者,并不是完全空想,正有诱骗愚民同化之取义。仪表的瞻视和三玄的精苦,都具有阶级斗争的作用。六朝佛教盛行,经过儒释道的诘辩以后,融化合流,其在人民方面起最大欺骗作用的则为高其尊瞻的佛寺金像。中世纪农民战争的历史是无例外地以争取宗教的现实利益为目标(如太平道、五斗米道、火道、紫道、鬼神师、鬼民等),而统治阶级的神学则以农民战争的阶级心理为对象(真假正邪之辩)。中国农民战争的具体的历史虽有前期与后期的划分,前期的口号在于争生存条件,后期的口号在于争土地的所有,但都通过宗教信仰的对立斗争。《世说新语·自新篇》有一段史实:

　　　　"戴渊少时游侠,不治行检,尝在江淮间攻掠商旅。陆机赴假还洛,渊使少年掠劫。渊在岸上,据胡床,指麾左右,皆得其宜。渊既神姿峰颖,虽处鄙事,神气犹异。机于船屋上遥谓之曰:'卿才如此,亦复作劫耶?'渊便泣涕,投剑归机,辞厉非常。机弥重之,定交作笔荐焉。过江仕至征西将军。"

　　品藻赏识之功用,居然能使侠士投剑,投降统治阶级,这话自然是统治阶级的宣传,但其用意是自明的。实在讲来,魏晋名门的名士莫不想对于当时"流人"以玄道作投剑的说服。这和九品分类同样,都有极重大的阶级斗争的社会意义。皇侃《论语义疏》说:"九品为教化法也。"何晏解释"民可使由之",说:"由者用也",义即民可使用之。他解释"君子有三畏"说:"小人直而不肆,故狎之(大人)也;不可小知,故侮之(圣人之言)也。"若化之以无为,就能有所谓"不肖恃以免身。"王弼说:"推诚训俗,则民俗自化,求其情伪,则俭心兹应。"又说:"贯犹统也。夫事有归,理有会,故得其归,事虽殷大,可以一名举,总其会,理虽博,可以至约穷也:譬犹以君御民,执一统众之道也。"(皆见《论语集解义疏》引)

汉末方士道教在农民暴动中发生了极大作用,他们不在体无,而以太上老君神仙与方术作号召,曹魏在思想上安抚他们,有曹植的《辩道论》可作证明:

> "世有方士,吾王悉所招致:甘陵有甘始,庐江有左慈,阳城有郄俭。始能行气导引,慈晓房中之术,俭善辟谷,悉号三百岁卒。所以集之魏国者,诚恐斯人之徒,接奸诡以欺众,行妖慝以惑人,故聚而禁之。……桀纣殊世而齐恶,奸人异代而等伪,乃如此耶!……而顾为匹夫所䛴,纳虚妄之词,信眩惑之说,隆礼以招弗臣,倾产以供虚求,散王爵以荣之,清闲馆以居之。经年累稔,终无一效,或殁于沙丘,或崩乎五柞,临时虽诛其身,灭其族,纷然足为天下笑矣!"(《广弘明集》卷五)

当时集于魏国的方术之士,在野道教和在朝道家,自然要有所诘辩。曹植"辩道"二字,显明地具有阶级斗争的意义,并说到农民廉价的宗教"为虚妄甚矣哉!"左慈祢衡等人都是动摇分子,虽不友王侯,傲慢权势,而其游士纵横的行为,实不足以代表农民意识。曹操不杀他们,验其方术,正欲在真假道学的究辨上去折服他们罢了(参看《抱朴子·弹祢篇》)。王弼"求其情伪,俭心兹应"之意,于此始有注脚。这样看来,不管统治阶级思想是怎样空远不可捉摸,归根结柢,它必然刻上阶级的烙印。

葛洪这位人物比较天真,他的玄学思想饱含教化之意,而谋以道反道。他站在地主阶级的立场,"不在其位",叹惜农民道教猖狂,用求真正"富贵"的玄道,作为压服农民战争的武器。按民间道教是墨侠的变化发展,《弘明集》卷八《辩惑论序》所谓"侠道作乱,四逆",即是这种道教。汉人伪作《墨子枕中五行记》等,即说明这一点。葛洪说:

"玄者自然之始祖,而万殊之大宗也。眇昧乎其深也,故称微焉;绵邈乎其远也,故称妙焉。……夫玄道者,得之者内,守之者外,用之者神,忘之者器。……得之者贵,不待黄钺之威,体之者富,不须难得之货。"(《畅玄篇》)

"俗所谓率皆妖伪,转相诳惑,久而弥甚。……巫祝小人,妄说祸祟,……或起为劫剽,或穿窬斯滥,丧身于锋镝之端,自陷于丑恶之刑,皆此之由也。……淫祀妖邪,礼律所禁,然而凡夫,结不可悟。唯宜王者,更峻其法制。……曩者有张角柳根王歆李申之徒,或称千岁,假托小术,坐而立亡,变形易说,诳惑黎庶,纠合群愚。进不以延年益寿为务,退不以消灾治病为业,遂以招集奸党,称合逆乱。……威倾邦君,势凌有司,亡命逃逋,因为窟薮。……吾徒匹夫,虽见此理,不在其位,末如之何!……令人扼腕发愤者也。"(《道意篇》)

很明显的,葛洪是以富贵地主的玄道反对农民战争的"廉价"道教。这里就暴露了真理:意识形态是有阶级性的。同样是宗教,统治者可以利用了渲染成为苦难世界的灵光,而被统治者也可以利用来作为对苦难世界的抗议。《抱朴子》内篇主张道本儒末,但各篇皆在以道反道,和他的《诘鲍篇》反对鲍敬言无君思想而主张君统天设,相为表里。他说:

"曩古纯朴,巧伪未萌,其信道者,则勤而学之,其不信者,则嘿然而已,谤毁之言不吐乎口,中伤之心不存乎胸也。……末俗偷薄,雕伪弥深,玄淡之化废,而邪俗之党繁,既不信道,好为讪毁,谓真正为妖讹,以神仙为诞妄。……道家所习者,遣情之教戒也。夫

> 道者,其为也善自修以成务,其居也善取人所不争,其治也善绝祸
> 于未起,其施也善济物而不德,其动也善观民以用心,其静也善居
> 慎而无闷:此所以为百家之君长,仁义之祖宗也。"(《明本篇》)

这样看来,道学或玄学不是别的,正是一种高明的宗教,它是消灭
农民战争的法宝,居然能和"邪妖"的思想展开斗争,不但能使农民放
下武器(不争),而且还能在心灵的深处防止暴动于未起。好一个玄化
的妙用呀!原来魏晋玄学,是在农民暴动打击之下企图兴起衰宗,以巩
固封建政权!

佛教渗入玄学以后,这种以玄学反对民间道教的理论,更加显著,
值得我们注意的是:还更明白提出了"休风冥被,彼我情判"的阶级斗
争,以严峻的"戡乱"法,辅助意识上的斗争。在《弘明集·广弘明集》
中保存了许多宝贵的材料,举其重要者如下:

> "道家之极,极在长生,呼吸太一,吐故纳新,子欲劣之,其可
> 得乎?答曰:老氏之旨,盖虚无为本,柔弱为用,浑思天元,恬高人
> 世,浩气养和,得失无变,穷不谋通,达不谋己,此学者之所以询仰
> 余流,其道若存者也。若乃炼服金丹,餐霞饵玉,灵升羽蜕,尸解形
> 化,斯皆尤乖老庄立言本理,其致流渐,非道之俦,虽记奇者有之,
> 而言道者莫取。……为方技不入坎流,人为方士何关雅正?吾子
> 曷为舍大而从小,背理而趣诞乎!"(《广弘明集》卷八释道安《二教
> 论道仙优劣》第六)

> "矫诈谋荣,必行'五逆',威强导蒙,必施'六极',虫气霾满,
> 致患非一。……忠贤抚叹,民治凌歇,揽地沙草,宁数其罪!涓流
> 末学,莫知宗本,世教诡辞,诡蔽'三宝'(按指《老子》三宝:慈、俭、
> 不敢为天下先。——引者按)。老鬼民等(按指农民战争的旗
> 号),咏嗟盈路,皆是炎山之煨烬,河雏之渣糁,沦湑险难,余甚悼
> 焉!聊诠往迹,庶镜未然,照迷童于互乡,显妙趣于尘外,休风冥
> 被,彼我情判。(按五逆者,禁经上价一逆,妄称真道二逆,合气释
> 罪三逆,侠道作乱四逆,章书代德五逆。六极者,畏鬼带符、妖法之

极一,制民课输、欺巧之极二,解厨篡门、不仁之极三,度厄苦生、虚妄之极四,梦中作罪、顽痴之极五,轻作寒暑、凶佞之极六。凡所指斥,皆汉末以至魏晋之民间道家。详见本论,兹不赘述。)"(《弘明集》卷八释玄光《辩惑论序》)

从玄化到佛化,问题更明白了,这即是说,统治阶级的大道理原来是讨农民檄,宗教不论是道是佛,其所以要代替汉代儒书的谶纬,就在于反对农民战争的武器应加改良而已。反之范缜的神灭论之所以有斗争性,不正因为它是统治阶级眼中的"惑"乱群众的武器么? 正如马克思说,在封建制社会,"对宗教的批判是一切批判的前提"。

另一方面,在汉魏之际,例如曹操,"任性放荡,不治行业",陈寿评其取得政权之道,"官方授材,各因其器,矫情任算,不念旧恶,终能总御皇机,克成洪业。……可谓非常之人,超世之杰也"。一个"非常"时代,建立"非常"之业,要"非常"之人,执行"非常"之策,这一口头禅成了三国人的常套。曹魏政权创始者曹操的"度外用人",在政策上是和在朝玄学息息相通的,所谓"度外"者,即不拘于汉代博士制度的法"度",而以"九品"题目,争取新的进取的清谈少年,以对抗当时其他豪族政权。尤其值得重视的是他招抚在野的豪杰方士,使民间道教同化于朝士的玄学。他前后数次所下的求贤令,实有重大的社会意义。例如:

"今天下尚未定,此时求贤之急务也。……若必廉士而后可用,则齐桓其何以霸世? ……二三子其佐我明扬仄陋,唯才是举!"(《魏志·操纪》建安十五年)

"夫有行之士,未必能进取,进取之士,未必能有行也。……士有偏短,庸可废乎? 有司明思此义,则士无遗滞,官无废业矣。"(《魏志·操纪》建安十九年)

"若文俗之吏,高才异质,或堪为将守,负污辱之名,见笑之行,或不仁不孝而有治国用兵之术,其各举所知,勿有所遗。"(《魏志·操纪》注引《魏书》建安二二年)

　　这样看来,污辱见笑"不仁不孝"之人所以值得拔举,就因为和缓阶级的对立,争取农民领袖的归顺,特别在"天下尚未定"的时候,统治者更要这样做。无行而进取的少年们之所以值得登用,就因为要推翻地方割据的豪族势力,必须依赖那些"廉士"以外的冒险家。然而到了天下已定呢? 自然要被司马晋逐次收尽了。由晋以至南北朝,都是"非常"的时代,不管名门名流是怎样因内部斗争而遭族诛,但他们是"非常"的人物,和汉代循规蹈矩的儒林的人物是不同的。儒林变为清流就是经学的人物转为玄学的人物。这就是说,儒林的经学家能附会谶纬,为统治者设计宗教,而清流的玄学家更会虚出玄化,为统治者设计新的宗教。

第 三 章

正始之音与清谈源流

第一节　什么叫做"正始之音"

正始是魏邵陵厉公(齐王芳)的年号,共九载,自公元240年至248年。这一时期的学风,上承汉末的渊源,下启六朝的流变,有转捩点的代表意思,故历史上名之曰"正始之音"。这是一种普通的了解,然而它究竟是什么一种音旨? 它的形式与内容怎样规定? 这就不是清谈二字的泛称所可明白的了。著者自我作古,简名"正始之音"为"理赌"。这里首先引顾亭林对于正始之风的历史评论如下:

　　"正始时名士风流,盛于雒下。乃其弃经典而尚《老》《庄》,蔑礼法而崇放达,视其主之颠危,若路人然,即此诸贤之倡也。自此以后,竞相祖述。如《晋书》言:王敦见卫玠,谓长史谢鲲曰:'不意永嘉之末,复闻正始之音!'沙门支遁,以清谈著名于时,莫不崇敬,以为造微之功,足参诸正始。《宋书》言:羊玄保二子,太祖赐名,曰咸曰粲,谓玄保曰:'欲令卿二子有林下正始余风。'王微与何晏书曰:'卿少陶玄风,淹雅修畅,自是正始中人。'《南齐书》言:

袁粲言于帝曰:'臣观张绪有正始遗风。'《南史》言:何尚之谓王球,正始之风尚在。"(《日知录》卷十三)

从这里已经可以看出正始之风的地位,至于正始的代表人物,应当首推何晏、王弼,这是有史实可据的:

"魏正始中,何晏、王弼等祖述老庄,立论以为天地万物皆以'无为'为本,无也者开物成务,无往不存者也。阴阳恃以化生,万物恃以成形,贤者恃以成德,不肖恃以免身,故无为之为用,无爵而贵矣。衍甚重之。……声名籍甚,倾动当世。……后进之士,莫不景慕放效,选举登朝,皆以为称首,矜高浮诞,遂成风俗焉。"(《晋书》卷四三《王衍传》)

"卫瓘见乐广曰,昔何平叔诸人没,常谓清言尽矣,今复闻之于君。"(《世说新语·赏誉》)

"王敦谓谢鲲曰:昔王辅嗣吐金声于中朝,此子(卫玠)复玉振于江表。"(《晋书》卷三六《卫玠传》)

"郭象善《老》《庄》,时人以为王弼之亚。"(《晋书》卷五〇《庚敳传》)

"王僧虔戒子书曰:'汝未知辅嗣何所道,平叔何所说,……而便盛于麈尾,自呼谈士,此最险事。'"(《南齐书·王僧虔传》)

"何晏、王弼祖述玄宗,递相夸尚,景附草靡。"(《颜氏家训》)

学术风尚的源流以及代表人物的偶像性既如上述,但是使后代景附草靡的那种金声玉振之音,究竟是什么东西呢?

我们可以这样说,"正始之音"是清谈论辩的典型,它是在特别的题目、特定的内容、一定的方式、共认的评判之下,展开胜理的辩论,所谓"清谈"仅指其名,而重在于"理赌"。这一商讨的形式,是不论年辈而平等会友的,与两汉师授之由上而下的传业,完全不同。应该指出,这就是区别儒林和谈士的要点之一。

上面曾说到后起的乐广有何晏之绪,卫玠有王弼之音。这二位人物有一段诘理故事如下:

"卫玠总角时,尝问广'梦',广云:'是想'。玠曰:'神形所不接,而梦岂是想耶?'广曰:'因也。'玠思之经月不得,遂以成疾。广闻故命驾为剖析之,玠病即愈。"(《晋书·乐广传》并参看《世说新语·文学》)

卫玠少有名理,善通《庄》《老》(一说善《易》《老》),这是"正始之音"的形式与内容。以王弼嗣音而著名的卫玠,时人传说,"卫君谈道,平子三倒。"他和王敦或达旦微言,或谈话弥日,以至于病笃不起。他所以能如此骄傲,因为他析理至审,"尝以人有不及,可以情恕,非意相干,可以理遣"(《晋书》本传)。这样看来,析理是正始之音的要件。但究竟如何析理呢?《世说新语·文学篇》曾指出:

"殷中军(浩)为庾公(亮)下都,王丞相(导)为之集,桓公(温)王长史(濛)王蓝田(述)谢镇西(尚)并在。丞相自起解帐,带麈尾语殷曰:'身今日当与君共谈析理。'既共清言,遂达三更。丞相与殷共相往反,其余诸贤略无所关。既彼我相尽,丞相乃叹曰:'向来语,乃竟未知理源所归,至于辞喻不相负,正始之音,正当尔耳!'明旦,桓宣武语人曰,'昨夜听殷王清言,甚佳。仁祖亦不寂寞,我亦时复造心,顾两王掾,辄翣如生母狗馨。'"

此次析理的方式,王导为主谈,殷浩为宾谈,桓谢等为陪谈。这里重要的注意点是"辞喻不相负"。换言之,即诘辩求胜不服输,是"正始之音"的要旨。懂得了此义,就知道《四本论》与"三理"在正始中是如何重要的析理标本了。四本三理之为晋人模范之音,也就有了渊源。

上章我们已经把《四本论》交待清楚,现在再从"正始之音"方面加以说明。按傅嘏(论性才同)钟会(论性才合)是一政派名族,李丰(论性才异)王广(论性才离)是另一政派名族,四本论者虽没有文献可证其必如上面王丞相集会胜场的局面,但大致是事有当然的。傅嘏派不与何晏派论交,经荀粲说合,亦未友善,故难于交手看题,几番通理,但李丰、王广既为依违派,就可能和傅钟等在洛下集会相苦(傅嘏虽评李丰多疑,不与之善,而同州齐名,似与对何派之不相容有别),因此"四本"析理之辩,必有几番对通(论战),"辞喻不相负","依方辩对",才被钟会集之而成,各存其本论。

卫玠被称为续王弼之绝绪者,王敦赞玠,"何平叔若在,当复绝倒",故何王名理相"通",确为正始中的代表。可惜陈寿修《三国志》,以偏见不为他们立传,何晏附于曹爽之后,王弼附于钟会之末,略提其名而已;裴松之注则多取他们的败迹,加以曲笔。我们现在想知他们的事迹,就必须曲折推断,论其大略。中国中世纪社会,秦汉是一个阶段,魏晋又是一个阶段,过去的人只会咒骂始皇,而不知汉武之因袭秦制,才划出法度的时代,过去的人只会讽刺曹操,而不知司马父子之保存魏风,才另辟一梦想世界。何王玄理之散失与秦人制度之湮没,事虽不同,理实一路。知此,我们就必须论究"正始之音"的代表者:

何晏与王弼——

"王弼论道,附会文辞,不如何晏;自然有所拔得,多晏也。(《魏志》注引何劭《王弼传》)(按《世说新语》注引《魏氏春秋》则说:'弼论道约,美不如晏,自然出拔过之。')"

"何晏……谈客盈坐,王弼……往见之。晏……因条向者胜理,语弼曰:'此理仆以为极可,得复难不?'弼便作一难,一坐人便以为屈。于是弼自为客主数番,皆一坐所不及。"(《世说新语·文学》)

就以上二条看来,何王析理的胜场,有"通"有"难",有"胜"有"屈",有"主客"有"番数",并有诘辩的评判名士。唯所谓"道"或"理",不知是什么"题目",兹根据二家的理论,推究他们所看的题目大约不外:

(一)《老子》章句,因为"何晏注《老子》未毕,见王弼自说注《老子》旨,何意多所短,不复得作声,但应诺诺,遂不复注,因作《道德论》。"(《世说新语·文学》)

(二)《周易》之旨,因为"何晏甚奇弼,叹之曰:仲尼称后生可畏,若斯人者,可与言天人之际乎!"(《魏志》注引)

（三）《论语》章旨，因为"何晏以为圣人无喜怒哀乐，其论甚精，弼与不同。"（《世说新语·文学》。文见前引，下章专论。）

按简文以"何平叔巧累于理"，孙盛以"王辅嗣附会之辩，而欲笼统玄旨"，他们二人的"正始之音"的优劣长短，虽不能尽知，但弼理既经晏所倾倒，胜场似常在弼。

何晏等与管辂——

"管辂为何晏所请，果共论《易》九事（裴徽谓辂曰："何邓二尚书有经国才略，于物理无不精也，何尚书神明清彻，殆破秋毫，君当慎之！自言不解《易》九事，必当相问"），九事皆明，晏曰：'君论阴阳，此世无双。'时邓飏与晏共坐，飏言'君见谓善《易》而语初不及《易》中辞义，何故耶？'辂寻声答之曰：'夫善《易》者，不论《易》也。'晏含笑而赞之：'可谓要言不烦也。'"（《魏志》卷二九《辂传》注引）

"辂既称引古义，戒何飏'变化虽相生，极则有害，虚满虽相受，溢则有竭'，邓飏曰：'此老生之常谈。'辂答曰：'夫老生者见不生，常谈者见不谈！'晏以为明德。"（《魏志·辂传》及《世说新语·规箴》）

上面的诘辩，题目为《易》九事，通者为管辂，难者为邓飏，评者为何晏，数番而辂理胜。

王弼与钟会——

"弼与钟会善，会论议以校练为家，然每服弼之高致。（按会论性才合，受弼影响，见前。）"（《魏志》注引《弼传》）

王弼与荀融——

"弼注《易》，荀融难弼大衍义。弼答曰：'夫明足以寻极幽微，而不能去自然之性，颜子之量，孔父之所预在，然遇之不能无乐，丧之不能无哀。又常狭斯人以为未能以情从理者也，而今乃知自然之不可革，是足下之量，虽已定乎胸怀之内，然而隔逾旬朔，何其相思之多乎？故知尼父之于颜子，可以无大过矣'。"（《魏志》注引

《弼传》)

王荀之辩,题目为《易》大衍义,荀难王通。按王论大衍义有韩康伯注《易系辞上》引文:

> "王弼曰:'演天地之数,所赖者五十也。其用四十有九,则其一不用也。不用而用以之通,非数而数以之成,斯《易》之太极也。四十有九,数之极也。夫无不可以无明,必因于有,故常于有物之极,而必明其所由之宗也'。"

大衍义"天地之数五十有五,大衍之数五十,其用四十有九",为古今注《易》家所资以傅会的材料,王弼通四十有九为"有",而通其不用之"一"为"无",显与汉儒比附自然之说大异其趣。荀融所难者,史阙有间,不得而考知,但似倾向于"体无"无限扩大,以至灭用的主张,而王弼则既非汉儒,又非时人之不"通",似求一多兼综。后来孙盛评王《易注》,就有这种消息,例如:

> "《易》之为书,穷神知化,非天下之至精,其孰能与于此? ……弼以附会之辩,而欲笼统玄旨者乎? 故其叙浮义,则丽辞溢目;造阴阳,则妙赜无间。至于六爻变化,群象所效,日时岁月,五气相推,弼皆摈落,多所不关。虽有可观者焉,恐将泥夫大道。"(《魏志》注引《弼传》)

傅嘏与荀粲——

> "傅嘏善言虚胜,荀粲谈尚玄远,每至共语,有争而不相喻。裴冀州释二家之义,通彼我之怀,常使两情皆得,彼此俱畅。"(《世说新语·文学》)

> "荀粲谓傅嘏曰:'子等在世途间,功名必胜我,但识劣我耳。'嘏难曰:'能盛功名者识也,天下孰有本不足而末有余者耶?'粲曰:'功名者,志局之所奖也,然则志局自一物耳,固非识所独济也,我以能使子等为贵,然未必齐子等所为也。'"(《魏志·荀彧传》注)

林下诸贤——

"始向秀欲注(《庄子》),嵇康曰:'此书讵复须注? 正是妨人作乐耳。'及成示康,曰:'殊复胜不?'又与康论养生,辞难往复。"(《晋书》卷四九《秀传》)

按嵇向论难文字尚存,嵇主以内乐外,否定外感;秀则谓其"不病而自灸,无忧而自默,无丧而疏食,无罪而自幽,追虚徼幸,功不答劳。"(详见下面专章。)

此外,嵇康与阮德如有辩论宅吉凶与摄生的问题。阮信卜相说和命定论,主张宅无吉凶而难摄生;嵇虽反对命定论,而以为宅之吉凶与摄生皆可信证。可注意的是嵇康在论难中,捉住了阮德如逻辑上的弱点,即违背了拒中律,于是他说:"既曰寿夭不可求甚于贵贱,而复曰善求寿强者,必先知灾疾之所自来。然后可防也。然则寿夭果可求耶? 不可求也?"又如他说:"按如所论,甚有则愚,甚无则诞。今使小有便得不愚耶? 了无乃得离之也。若小有则不愚,吾未知小有其限所止也,若了无乃得离之,则甚无者无为谓之诞也。……中央可得而居,恐辞辩虽巧,难可俱通,又非望于核论也。"(《答释难宅无吉凶摄生论》)

由上面诸例看来,所谓"正始之音"多以三玄为通难的题目,往返诘难,依方辩对,各通胜理,辞喻不负,如果经通若干番,四坐皆服者,名胜名通传为美谈,理上冠族姓,名之曰某理;而自认理屈者则可以至于绝倒。世仅知"清谈"之名,而不知尚有这样的一种表里。王僧虔所谓"谈故如射,前人得破,后人应解,不解即输赌矣"。是知清谈,亦可名之曰:"理赌"。魏晋社会有四个战场,第一战场是农民或流人的暴动,第二战场是五胡的入侵,第三战场是名族的政争,而第四战场即概念世界的名理赌场。从上面两章的分析看来,这个赌场是和前三战场直接地或间接地相联系着的。

正始开风气之先倡于前,六朝继其绪而不坠,乃至变本加厉,谈至伤生(如谢朗幼时,与林道人苦谈,其母恐谈死,急遣之还,曰,"一生所寄,唯在此儿!")。我们且把正始音绪的例子列举如下:

(一)裴成公(頠)作《崇有论》,时人攻难之莫能折,唯王夷甫来,如小屈。时人即以王理难裴,理还复申(《世说新语》)。

(二)孙安国(盛)往殷中军许共论,往返精苦,客主无闲。左右进食,冷而复暖者数四,彼我奋掷,麈尾悉脱落,满餐饭中,宾主遂至暮忘食。殷乃语孙曰:"卿莫作强口马,我当穿卿鼻!"孙曰:"卿不见决鼻牛,人当穿卿颊!"(同上)

(三)《庄子·逍遥篇》,旧是难处,诸名贤所可钻味,而不能拔理于郭(象)向(秀)之外。支道林在白马寺中将冯太常(怀)共语,因及《逍遥》。支卓然标新理于二家之表,立异义于众贤之外,皆是诸名贤寻味之所不得,后遂用支理(《世说新语》)。

(四)诸人士及于法师并在会稽西寺讲。……许意甚忿,便往西寺与王(修)论理,共决优劣,苦相折挫,王遂大屈。许复执王理,王执许理,更相复疏,王复屈。许谓支……支从容曰:"君语佳则佳矣,何至相苦耶? 岂是求理中之谈哉?"(同上)

(五)支道林许珣诸人共在会稽王(简文)斋头。……支通一义,四坐莫不厌心;许送一难,众人莫不抃舞。但共嗟咏二家之美,不辩理之所在!(同上)

(六)支道林许(珣)谢(安)盛德共进王(濛)家。谢顾谓诸人:"今日可谓彦会,时既不可留,此集固亦难常,当共言咏,以写其怀。"许便问主人,"有《庄子》不?"正得《渔父》一篇,谢看题,便各使四坐通。支道林先通,作七百许语,叙致精丽,才藻奇拔,众咸称善。于是四坐各言怀毕,……谢后粗难,因自叙其意,作万余语,才峰秀逸。(同上)

(七)殷中军孙安国王谢能言诸贤悉在会稽王许。殷与孙共论《易象》"妙于见形"。孙语道合,意气干云,一坐咸不安孙理,而辞不能屈。会稽王叹曰:"使真长来,故应有以制彼!"即迎真长,孙意已不如。真长既至,先令孙自叙本理,……刘便作二百许语,辞难简切,孙理遂屈。一坐同时抃掌而笑,称美良久。(同上)

(八)太叔广甚辩给,而挚仲治长于翰墨。……名位略同,每至公坐,广谈,仲治不能对;退著笔难广,广又不能答。……于是更相嗤笑,

74

纷然于世。(同上并注)

我们已经知道"依方辩对"的"正始之音",是辞喻皆不相负的。大概辞藻以翰墨,辩给以唱喻(如"唱理"),二者都是运"理"的手段。所谓"未知理源所归,而辞喻不相负,正始之音,正当尔耳",所谓"共嗟咏二家之美(辞喻),不辩其理之所在",指示出正始以后清谈的倾向。我们可以这样来讲:"正始之音"的第一阶段,是以"谈中之理"为先,永嘉前后的第二阶段,是以"理中之谈"为先,换言之,前者仅巧累于理,后者则巧伤其理(如颜之推所谓辞与理争,辞胜而理伏)。这点区别,读者细按上面所述的原委而加考究,便可了然了。然而到了南渡名士的末流第三阶段,理之所在可以不顾,而"谈中之谈"就代表了一切。葛洪已觉到此种末流,所谓"嘲戏之谈,或上及祖考,或下逮妇女,往者务其必深焉,报者恐其不重焉,唱之者不虑见答之后患,和之者耻于言轻之不塞,……利口者扶强而党势,辩给者借镵以刺戳,以不应者为拙劣,以先止者为负败"(见前)。兹举几例如下:

"桓南郡与道曜讲《老子》,王侍中(祯,字思道)为主簿在坐。桓曰:'王主簿可顾名思义!'王未答,且大笑。桓曰:'王思道能作大家笑儿!'"(《世说新语·排调》)

"荀鸣鹤陆士龙俱会张茂先坐。张令共语,以其并有大才,可勿作常语。陆举手曰:'云间陆士龙。'荀答曰:'日下荀鸣鹤。'陆曰:'既开青云,睹白雉,何不张尔弓,布尔矢?'荀答曰:'本谓云龙骙骙,定是山鹿野麋,兽弱弩强,是以发迟!'张乃抚掌大笑。"(《世说新语·排调》)

"何次道庾季坚二人并为元辅。成帝初崩,于时嗣君未定,何欲立嗣子,庾及朝议以外寇方强,嗣子冲幼,乃立康帝。康帝登阼,会群臣,谓何曰:'朕今所以承大业,为谁之议?'何答曰:'陛下龙飞,此是庾冰之功,非臣之力。于时用微臣之议,今不睹盛明之世!'"(《世说新语·方正》)

"王子猷(徽之)作桓车骑(冲)骑兵参军,桓问曰:'卿何署?'

答曰:'不知何署,时见牵马来,似是马曹。'桓又问:'官有几马?'答曰:'不问马,何由知其数?'(不问马,出《论语》——引者按)又问:'马比死多少?'答曰:'未知生,焉知死?'(按亦出《论语》)"(《世说新语·简傲》)

末流之弊,已经不是"理赌"了,近于所谓"利口谀辞",所谓顾名思义则是顾名思名。甚至更有盛于麈尾,自呼谈士,夸其门族,自欺欺人,王僧虔《戒子书》就指出此种末流,他说:

"未知辅嗣何所道,平叔何所说,……而便盛于麈尾,自呼谈士,此最险事!……且论注百氏,荆州八袠,又才性四本,声无哀乐,皆言家口实,如客至之有设也,汝皆未经拂耳瞥目,岂有庖厨不修,而欲延大宾者哉?……六十四卦未知何名,《庄子》众篇何者内外?'八袠'所载凡有几家?'四本'之称以何为长?而终日欺人,人亦不受汝欺也!"(《南齐书·王僧虔传》)

在南北朝,正始之音绪,虽有变化,而仍为学风之主潮,赵翼《廿二史劄记》卷八《六朝清谈之习》条论其概略:

"至梁武帝,始崇尚经学,……所谓经学者亦皆以为谈辨之资。武帝召岑之敬升讲座,敕朱异执《孝经》,唱《士孝章》,帝亲与论难,之敬剖释纵横,应对如响。(《之敬传》)简文为太子时,出士林馆,发《孝经》题,张讥议论往复,甚见嗟赏。其后周宏正在国子监,发《周易》题,讥与之论辨,宏正谓人曰:吾每登座,见张讥在席,使人凛然(《讥传》)。……(中例略)……袁宪与岑文豪同候周宏正,宏正将登讲座,适宪至,即令宪树义。……递起义端,宪辩论有余。(《宪传》)……(中例略)……是当时虽从事于经义,亦皆口耳之学,开堂升坐,以才辩相争胜,与晋人清谈无异,特所谈者不同耳。况梁时所谈亦不专讲五经。武帝尝于重云殿自讲《老子》,徐勉举顾越论义,越音响若钟,咸叹美之。(《越传》)……邵陵王纶讲《大品经》,使马枢讲《维摩》、《老子》,同日发题,道俗听者二千人。王谓众曰:'马学士论义,必使屈伏,不得空具主客。'

于是,各起辨端,枢转变无穷,论者咸服。(《枢传》)则梁时五经之外,仍不废《老》《庄》,且又增佛义。……风气所趋,积重难返,直至隋平陈之后,始扫除之。"

论难赌理,在南北朝,因了佛义渗入之深,更出现许多新的题目,举其最要者,如儒佛道三教之同异离合,如夏夷论难,沙门踞食论难,沙门敬事论难等等,这将在下面详述,这里从略。有一点应知道的是,三教辩论,多有妥协的折中理论,而唯对于民间道教,则三教一致,皆认为迷执不道;对于范缜的神灭论"异端",更相互援引经义佛典,皆证其背经乖理,摈之不与通"文学"(所谓文学,在当时人视之,略当学术的名称,《世说新语》撰者为宋人刘义庆,注者为梁人刘孝标。书首列《德行》、《言语》、《政事》、《文学》四篇,仿孔门四科之古代形式,而附以中世纪的内容,其《文学》一篇代表当时思潮)。

佛经与三玄融合以后,稍变"正始之音"的形式,除了对谈赌理以外,更设座唱导,"唱导"是什么呢?《高僧传》卷一五《唱导论》说:

"唱导者,盖所以宣唱法理,开导众心也。昔佛法初传,于时齐集,止宣唱佛名,依文致礼;至中宵疲极,事资启悟,乃别请宿德,升座说法,或杂序因缘,或傍引譬喻。其后庐山释慧远,道业贞华,风才秀发,每至斋集,辄自升高座,躬为唱导,首广明三世因果,却辩一斋大意。后代传受,遂成永则。……夫唱导所贵,其事四焉,谓:声、辩、才、博。非'声'则无以警众,非'辩'则无以适时,非'才'则言无可采,非'博'则语无依据。至若响韵钟鼓,则四众警心,'声'之为用也;辞吐俊发,适会无差,'辩'之为用也;绮制雕华,文藻横逸,'才'之为用也;商榷经论,采撮书史,'博'之为用也。若能善兹四事,而适以人时,……与事而兴,可谓知时知众,又能善说。"

由此可知,自"唱导"永则成立以来,对辩、言才渐为四事之二,而说法就将形成主体了,演化至于有唐,复转为师法传授,魏晋"正始之音"才告结局。"正始之音"是名门清流之间会友的依方辩对,而"唱导"为师徒授法的宣理,惟犹与辩给相为混合,到了唐代,传道、授业、解惑(韩愈语),便把取辩的形式否定了。

第二节　清谈资格与品题思想

汉人在数字上颇重"三"字,法律言约法"三章",官制言"三公",乡亭长制言"三老",京师强本之地言"三辅",统治阶级的意识言"一贯三谓之王",《春秋》的复古言"三世"、"三统"。到了汉魏之际,"三"字落伍,多重七八九之数了。伪袭《禹贡》分中国为"九州",符引纬书锡权臣以"九锡",权拔人才题为"九品",党锢名士有"八俊"、"八顾"、"八及"、"八厨",建安文才有"七子",竹林谈士有"七贤"。

不要以为上面的一段数字的比较是编排古人,这里面正有一番消息,隐约潜伏于抽象数字的背后。一句话讲来,盛汉人士引经据典,言之有本,而汉魏之际,离经叛道,权变其法。又重说一句,三字意识在于安固(如贾谊《治安策》列三义),而七八九字意识则偏于"非常"(如三国人讲的非常之世和非常之才)。再简略说一句,前者守经,而后者执权。

时代既然不能再以《春秋》之义整而齐之,三而一之,那么贯其道者,便不得不变以"取给多方",荀彧所谓"事固有弃此取彼者,以大易小可也,以安易危可也,权一时之势,不患本之不固可也"(《魏志》卷十本传)。因而,年少幸进,思想巧俊。若追寻其权变的根源,有历史社会的背景来证实,前章已详说明,这里且引曹丕《典论自序》一段,看"富室强族"如何在"禅"代的历史中纷纷起家:

"是时四海既困中平之政,兼恶(董)卓之凶逆,家家思乱,人人自危。山东牧守,咸以《春秋》之义:卫人讨州吁于濮,言人人皆得讨贼。于是大兴义兵,名豪大侠,富室强族,飘扬云会,万里相赴。……而山东大者连郡国,中者婴城邑,小者聚阡陌,以还相吞灭。会黄巾盛于海岳,山寇暴于并冀,乘胜转攻,席卷而南,乡邑望烟而奔,城郭睹尘而溃,百姓死亡,暴骨如莽!"

上面的话有两点可注意的:一是汉以来的强宗豪族内讧(这应从党锢说起,已见第二卷)的发展,另一是农民暴动的高潮。在所谓"家家思乱,人人自危"的时代,虽以"苟全性命于乱世,不求闻达于诸侯"立志的当代智谋少年诸葛亮,也不能"宁静以致远,淡泊以明志",迫出茅庐,问鼎三国了。我们从人物出身的关系来讲,当时才子名士之所以飘扬云会,确有着在世族名门限界之内的中世纪舆论,为之标榜,以至形成了所谓朋党。这在党锢时代,就相对地从汉法度的严密局限之中,网开一面,发生清议。唯中世纪形式的舆论,例如清议,却不是公意的制度,而仅是专制制度之漏洞,在最高统治权比较薄弱的时候,才能有不合法的"鄙生之议";这就党锢之"锢"而言,便可以顾名思义。顾亭林过进东京,而他的话还可以参考:"汉自孝武表章六经之后,师儒虽盛,而大义未明,故新莽居摄,颂德献符者遍于天下。……(下言东汉)……至其末造,朝政昏浊,国事日非,而党锢之流,独行之辈,依仁蹈义,舍命不渝,风雨如晦,鸡鸣不已。……"(《日知录》卷一三)曹魏秉政,定九品中正之制,可以说是在广泛的形式上使清议相对地合法化了,这宁是发展了顾亭林所谓东京风俗,而不能就斥为权诈奸逆。如果说魏法是有限度的及其形式的高门大族的中世纪舆论,并不溢美,而要说它比东汉风俗为"坏方败常",那便有偏见或主观的爱憎心了。顾亭林就有这样的偏见:

"孟德既有冀州,崇奖跅弛之士,观其下令再三,至于求负污辱之名、见笑之行,不仁不孝,而有治国用兵之术者。于是权诈迭进,奸逆萌生。故董昭太和之疏,已谓当今年少,不复以学问为本,专更以交游为业,国士不以孝悌清修为首,乃以趋势求利为先。至正始之际,而一二浮诞之徒,骋其智识,蔑周孔之书,习老庄之教,风俗又为之一变。"(《日知录》卷一三)

由汉人的角度来看魏曹氏父子,可以说其叛逆,如从魏家的角度来夸魏制,则如曹植与杨德祖书所说:

"昔仲宣独步于汉南,孔璋鹰扬于河朔,伟长擅名于青土,公干振藻于海隅,德琏发迹于此魏,足下高视于上京。当此之时,人人自谓握灵蛇之珠,家家自谓抱荆山之玉;吾王于是设天网以该之,顿八纮以掩之,今悉集兹国矣!"

打个八折来讲,曹操父子以诗文知名,懂得统治者怎样延才的手段,故人才群集洛下,与荆州比美。自然这并不是曹氏一家如此,在当时如刘表刘备孙权都有这样的倾向,不过曹氏父子专擅了刘汉政权,有统一中国的野心,因此,拉拢治国之术的偏行才士而外,复招集了一般新进的少年人物,历史既允许汉代三而一之地规规矩矩复《春秋》之古仪古式,能不让魏代乱七八糟地或玄妙多方地复战国之古道古辩么?退一步言,当时富室强族,八方纷争,曹魏顿设所谓"天网""八纮",招待名门珠玉与世族奇伟,这政策是容易理解的。到了司马晋禅代,颁布了以"品之高卑,荫其亲属"的占田制度与防止"藏匿"劳动力的户调制度,对于豪门大族更加妥协起来,这才更暴露了如葛洪所讲的"交游"、"品藻"的歪风。

从人物方面着眼,汉末以来的浮华交游,正是为品题身份性所不可缺乏的条件,所谓品题,在身份性地主阶级看来,是"公论",实质上却是中世纪名族范围内之斗争手段。因为形式主义争辩的发展,清议的政争,又逐渐变成了清谈的思辨。加以社会历史的矛盾,来自外部的民族关系也好,或来自农民战争也好,都迫使着统治阶级的思想修正汉代的神道,而代之以概念化的神道,故建安七子(孔融、陈琳、徐干、王粲、阮瑀、应场、刘桢)的幻觉,竹林七贤(嵇康、山涛、刘伶、阮籍、向秀、阮咸、王戎)的错觉,食散饮酒,都是历史的,而不是天才的。到了晋室南渡以后,超感觉的形式玄谈也变质了,剩下来的只是王谢袁萧(侨姓)与朱张陆顾(吴姓)的门第品价了。

由"一贯三之谓王"的汉代统一帝国,到了七嘴八舌的三国多门割据,思想上人物的脚色出场者,好像古代晋之"一国三公,无所适从",楚之"尾大不掉",在名族内部也就各自为了"兴宗"、"立家"而和命运苦斗了。这个形势,经过曹氏父子尚刑名崇放达的权变,更由九品中正制度的法度,使名族年少的舆论,从汉末不合法的清议,变成魏晋合法的清谈。人物的出演者,在名族的宇宙中("国士门风"),也就把握住一种社会风习,叫做"品题"——中世纪的特种形式的舆论或公论。"公论"二字见于史者,例如:

> "王大将军(敦)下,庾公问:'卿有四友,何者是?'答曰:'君家中郎(庾颙),我家太尉(王衍),阿平(王澄),胡母彦国。阿平故当最劣。'庾曰:'似未肯劣!'庾又问:'何者居其右?'王曰:'自有人。'又问:'何者是?'王曰:'噫!其自有公论。'"(《世说新语·品藻》)

此所谓"公论",限于名族之间的形式的争辩,换言之,这是贵族争取身份的舆论,其源应溯于汉末党锢时代,范晔论曰:

> "逮桓灵之间,主荒政谬,国命委于阉寺,士子羞与为伍。故匹夫抗愤,处士横议,遂乃激扬名声,互相题拂,品核公卿,裁量执政;婞直之风于斯行矣。……乡人为之谣曰,'天下规矩房伯武,因师获印周仲进。'二家宾客,互相讥揣,遂各树朋徒,渐成尤隙。……太学……中语曰,'天下模楷李元礼,不畏强御陈仲举,天下俊秀王叔茂。'……诬告膺等养太学游士,交结诸郡生徒,更相驱驰,共为部党,诽讪朝庭,疑乱风俗。"(《后汉书》卷九七)

关于党锢思想,在第二卷已有专章研究,这里要指明的是,中世纪品题的渊源是发生于名族宾客之间狭义的公论。然而就是这种多门评政,也不允许在中世纪合法地存在,党锢之祸,就说明了问题的内容。只有当形势开始有变态的转向,即只有从清议向超现实的空谈转变后,公论才成为合法的思想。这种转向应从郭林宗讲起,葛洪的《正郭篇》在这点有部分价值,《后汉书·郭泰传》说:

> "林宗曰:'吾夜观乾象,昼察人事,天之所废,不可支也。'……性明知人,好奖训士类。……汝南范滂曰:'郭林宗何如人?'范滂曰:'隐不违亲,贞不绝俗,天子不得臣,诸侯不得友。'

> ……林宗虽善人伦,而不危言核论,故宦官擅政而不能伤也。及党事起,知名之士多被其害,唯林宗及汝南袁闳得免焉。……卒于家,时年四十二。四方之士千余人,皆来会葬。"

郭林宗"虽善人伦,而不危言核论",实开从清议转向清谈之风,稽生以其知人则哲,崇为亚圣,葛洪则以其影响独大,著《正郭》以斥其机辩风姿,而纠正当世之景慕。因此,后来林下谈风,避实就虚,不能不说导源于林宗品题的学风。名族狭义的党派的公论变为狭义的概念的公论,这也反映了皇权对豪族的某些优势。《世说新语》首标《德行篇》,特举陈仲举郭林宗李元礼以开宗明义,例如:

> "郭林宗曰:'叔度汪汪如万顷之陂,澄之不清,扰之不浊,其器深广,难测量也。'"

> "李元礼尝叹荀淑、钟皓,曰:'荀君清识难尚,钟君至德可师。'"

"正始之音"和人伦品题是分不开的,文帝崇放达,便与陈群、吴质、朱铄结为四友,同书《品藻篇》说:

> "正始中人士比论:以五荀方五陈——荀淑方陈寔,荀靖方陈谌,荀爽方陈纪,荀彧方陈群,荀顗方陈泰;又以八裴方八王——裴徽方王祥,裴楷方王夷甫,裴康方王绥,裴绰方王澄,裴瓒方王敦,裴遐方王导,裴颜方王戎,裴邈方王玄。"

按荀陈裴王都是当时的豪门名族。形式公论在理趣方面是概念的论难,在人品方面则是典型的方比。除了概念与典型的平等往来或平等攻难,其所谓"美"就乌有了。所谓九品论人,其制度的形成,是和这种"公论",相互关联着的。姑不论"下流不可处,君子慎厥初",已经表示身份门第的局限,即以品题而言,主观的同异爱憎,则又如钟嵘所说,"九品论人,七略裁士,校以宾实,诚多未值",中央专制主义的皇权就利用了门阀之间的党同伐异而在矛盾中运用统一政策。

在前节我们曾说到"正始之音"的概念论难——形式的平等理赌,也涉及"正始之音"的另一面,即典型批判——形式的平等估价。如何晏评夏侯玄为"深"的典型,司马师为"几"的典型,而自许为"神"的典型,而何等三人少齐名,善清谈。又如傅嘏评夏侯玄"志大其量,能合虚声",评何晏"言远而情近,好辩而无诚",评邓飏"有为而无终,外要名利,内无关钥",而傅等齐名不睦,亦善清谈。此外,如傅嘏评李丰"多疑",荀粲评傅嘏钟会"识劣",都自"文学"以外之"德行"而为价值的判断。《魏志》卷二八《诸葛诞传》注引:

> "是时当世俊士散骑常侍夏侯玄尚书诸葛诞邓飏之徒,共相题表:以玄畴四人为'四聪',诞备八人为'八达',中书监刘放子熙、孙资子密、吏部尚书卫臻子烈三人,咸不及比,以父居势位,容之,为'三豫',凡十五人。"

《世说新语·赏誉》说:

> "裴令公目夏侯太初:'肃肃如入廊庙中,不修敬而人自敬。'……见钟士季(会)'如观武库,但睹矛戟。'……见山巨源'如登山临下,幽然深远。'"

品题有标榜的,如荀氏"八龙",也有设喻的,如诸葛三子"龙、虎、狗"。管辂神鉴何晏邓飏,更近于辱骂:

> "邓飏之行步,筋不束骨,脉不制肉,起立倾倚,若无手足,谓之'鬼燥';何晏之视候,魂不守宅,血不华色,精爽烟浮,容若槁木,谓之'鬼幽';故鬼燥者为风所收,鬼幽者为火所烧。"(《魏志·辂传》注引)

复次,竹林七贤的人品识鉴,如《魏氏春秋》说:

> "山涛'通简有德',秀、咸、戎、伶'朗达有俊才',于时之谈,以阮为首。"(《世说新语·品藻》注)

他们相互间的标榜,则如同书所说:

> "山公(涛)举阮咸为吏部郎,目曰:'清真寡欲,万物不能移也。'"(《世说新语·赏誉》)

> "山公(涛)目嵇康曰:'嵇叔夜之为人也,岩岩若孤松独立,其醉也,傀俄若玉山之将崩。'"(《世说新语·容止》)

"王戎目山巨源（涛）:'如璞玉浑金,人皆钦其宝,莫知名其
器。'"(《世说新语·赏誉》)

"有人语王戎曰:'嵇延祖卓卓如野鹤之在鸡群。'答曰:'君未
见其父耳!'"(《世说新语·容止》)

品藻人物的风气至晋益盛。从上面所述,我们知道在取辩的论难
理赌时,所通的音旨有"题目";现在应该指出,在评价人物的品行识量
时,也有"题目",或"目",或"道"。例如:

"时人欲题目高坐而未能,桓廷尉(彝)以问周侯(颛),周侯
曰:'可谓"卓朗"',桓公曰:'精神渊著。'"(《世说新语·赏誉》)

"庾子嵩目和峤:'森森如千丈松,虽磊砢节目,施之大厦,有
栋梁之用。'"

"殷中军道右军:'清鉴贵要。'"(《世说新语·赏誉》)

品题时或"方比"或论胜,例如:

"桓公少与殷侯(浩)齐名,常有竞心,桓问殷:'卿何如我?'殷
云:'我与我周旋久,宁作我!'"(《世说新语·品藻》)

"王长史曰:'(刘惔)韶音令辞不如我,往辄破的,胜我。'"
(《世说新语·品藻》)

"有人以王中郎比车骑,车骑闻之曰:'伊窟窟成就。'"(《世
说新语·品藻》)

"抚军问孙兴公:'刘真长何如?'曰:'清蔚简令。''王仲祖何
如?'曰:'温润恬和。''桓温何如?'曰:'高爽迈出。''谢仁祖何
如?'曰:'清易令达。''阮思旷何如?'曰:'弘润通长。''袁羊何
如?'曰:'洮洮清便。''殷洪远何如?'曰:'远有致思。''卿自谓何
如?'曰:'下官才能所经,悉不如诸贤;至于斟酌时宜,笼罩当世,
亦多所不及。然以不才,时复托怀玄胜,远咏《老》《庄》,萧条高
寄,不与时务经怀,自谓此心无所与让也。'"(《世说新语·品
藻》)

品题末流之最下者是争名流的等级与门第的身份,例如:

"桓大司马下都,问真长曰:'闻会稽王语奇进尔耶?'刘曰:'极进,然故是第二流中人耳。'桓曰:'第一流复是谁?'刘曰:'正是我辈耳!'"(《世说新语·品藻》,《晋书》略同)

"桓公伏甲设馔,广延朝士,因此欲诛谢安王坦之。……谢神意不变,……王之恐状,转见于色。……王谢旧齐名,于此始判优劣。"(《世说新语·雅量》)

至于以颜色容止,评价身份富贵,以神童机敏,夸示兴宗骐骥,更是名族舆论的封建制的商标,这在西洋中世纪也不是例外。

品题人物,在魏晋时代的重要文献,是《人物志》。刘劭所作,邢昺所注的这一部书,详细分析了人品禀赋的先天殊异,特别着重内藏器度及其外现风貌的关联,这是九品论人制度在理论体系上最完整的反映。

总之,魏晋人物的"题目"至关重要,"公论"入于上品,既可以立致富贵(如钟会目裴楷清通,文帝即用裴为吏部郎),推许一登龙门,又可以名列玄谈胜场。故凡德行、言语、政事、文学,都要经过标榜,才能列入上品。"公论"在名族纷争的关系之下,是党同伐异的工具,品题与政派是相互依存的。有人以为"公论"赋予了魏晋人士一些自由学风,但因了名族暗斗明争的残酷历史,此"自由"便走向空虚的概念世界,而成为自由一般,把具体的自由升化烟散了。这"自由"使当时的人物早熟,同时也使他们早衰,宗教性的"神理"好像是永恒的,然而名族的"气运"却悲观了!悲观的人生态度,就是不健康的"自由",我们在大量的魏晋墓志铭中很少发现有60岁的人物,一个四十来岁死了的人,居然可称"高龄"。曹丕《与吴质书》已经说:

"昔日游处,行则同舆,止则接席。……每至觞酌流行,丝竹并奏,酒酣耳热,仰而赋诗。当此之时,忽然不自知乐也。谓百年己分,长共相保,何图数年之间,零落略尽,言之伤心!"

东晋的感伤更深远了,《世说新语·伤逝》说:

"戴公见林法师墓,曰:'德音未远,而拱木已积,冀神理绵绵,不与气运俱尽耳!'"

第 四 章

魏代天人之学的"新"义首创者

第一节　何晏王弼的经学形式及其
对汉儒经训的玄学改造

魏晋玄学首创的代表人物,史皆推崇何晏王弼,已见前引。学者间又以他们推翻汉人经学思想,而别树义理,尊称为"新"学。自乾嘉学者以至章炳麟刘师培,为了打破支配学术的宋学程朱经义,大都在汉魏古人中寻求重言,汉学与魏晋学重新在当时提倡起来。汉学重在"由辞以通道"的训诂,魏晋学重在"天人之际"的义理,前者是宋代"心传"之学的死敌,后者是宋代"理学"的祖宗,从反对宋学的人看来,汉魏之学,宋人皆未能或之先也。钱大昕章炳麟都以为何晏王弼对于《论语》《易经》所发挥的义理之玄远,后人莫及。照这样讲来,所谓宋学就成了陈旧不堪的货色,不足以"理学"宗派自豪了。即令说义理之学是新的,它的渊源也发生于魏人,而不能说始自宋人。日本皇《侃论·语义疏新·刻序》说:"世好事唯新是贵,乃积薪之情,率以后世为尚,而作者不厚,亦不欲存其旧,宋人之弊乃尔。"

　　汤用彤以魏晋玄学承借于荆州之学的渊源,关系至为密切。刘表割据荆州,学士归者千数,改定五经章句,删除烦重,"谓之后定"。后定之说,略当新义。刘表曾受学于王畅(八俊之一),畅孙粲、凯二人,俱在荆州,凯娶刘表之女,生业。粲子诛,蔡邕所送粲之书万卷,悉归业有。业子宏位至司隶校尉,即王弼之兄,王弼即新经解的代表者。外表上看来,王弼好像是学经学之家法,承博士之师业,继而觉其烦重附会,乃背《春秋》而用玄学。今按,从思想史的学术承借与学派演化方面而言,此一移行运动,确是魏晋玄学所以发生的源泉之一,然唯其是源泉之一,限于思维过程的自身发展变化讲来,尚不能过分强调,认为这里有它的决定条件。

　　所谓何王新义的"新",对于解经家的汉儒而言,是"新"的。《四库全书总目》说:"王弼乘其敝而攻之,遂能排击汉儒,自标新学",然从时代的变化以及学术的内容而言,却没有本质意义的"新"(如一般人所谓玄学的文艺复兴因素)。若以王弼创义之"新",和墨子由儒者之业出身而别创墨学之"新",相互比较,则他们之间就不能同日而语。

　　进一步研究何王思想的路径,不过是复古的途径在形式上有所改变而已。在前章我们已经指出由汉代章句烦琐的搢绅之路,到魏晋概念烦琐的麈尾之路,现在我们还要说明学术史本身的新旧关系。

　　著者注意中国思想史在中世纪时代的"经学形式"的重要性,从秦汉以来,古代的思想材料的"经",就成为封建制社会的学人的依据,从这里各时代的人们吸取自己认为合适的形式,以增补改变其中的内容,为他们的阶级服务。自汉武宣布"具以《春秋》对"以来,汉代的经学形式是以《春秋》为中心,支配了时代学风。一切阴阳灾异的理论以及博士荣利的现实,都离不开《春秋》的复古。魏晋人对此,便显然不同了,他们在轻重估量上,退《春秋》而进《论语》与《周易》,用当时人的话讲来,即所谓"以简御繁"。钱大昕说:"自古以经训颛门者,列于儒林,若辅嗣之《易》、平叔之《论语》,当时重之,更数千载不废。"钱氏并不知道"经训颛门"的变迁,他不过退汉而进魏罢了。如实说来,儒林变为名流的历史,在其思想材料的运用上也发生变化,这即是说,汉代"儒林"的五经是"纬"织起来的经学,魏晋以来的杂经是"神"理化了的经学。从经学形式的经训专门化方面说,魏晋以来的取材也和汉代不同了,从五经的范围下求到战国的诸子,这里如《老子》、《庄子》、名家的材料已经不是"子"学,而变成了"经"义,即所谓"道德经"、"南华经"、"语经",更以"佛经"的所谓内典进行格义的比附,就形成了儒佛道混合的"经"义。明白了这一点,我们再进而研究何王的"新"经义。按何王二家经训的主要著作,何之《论语集解》、《周易辞》(今佚),王之《周易注》、《周易略例》、《论语释疑》(今佚,部分散见于皇侃《论语义疏》与邢昺《论语正义》))和他们的《老子》注论(何有《道德二论》,今佚;王有《老子注》),可以说代表他们的全部思想,此外并无其他文献可寻了。兹分别论述如下。

唐孔颖达《周易正义序》说:

"汉理珠囊,重兴儒雅。其传《易》者,西都则有丁孟京田,东都则有荀刘马郑,大体更相祖述,非有绝伦;唯魏世王辅嗣之注,独冠古今。所以江左诸儒,并传其学,河北学者,罕能及之。"

何晏史无正式传记可考,王弼则何劭为之作传,裴松之附注于《三国志·锺会传》之末。今按《王传》中讲到他的学术的主要内容,正是孔氏所推崇的独冠古今的《易》学。其第一段为王弼答裴徽之问:

"徽……问弼曰:'夫无者诚万物之所资也,然圣人莫肯致言,而老子申之无已者何?'弼曰:'圣人体无,无又不可以训,故不说也。老氏是有者也,故恒言所不足。'"

我们试看当时荀或答难《易系辞上传》"圣人立象以尽意,系辞焉以尽言",欧阳建论《言尽意》(三理之一),就知道这是易学的根本义,也是"正始之音"的代表题目(见前引说)。王弼在《易略例明象篇》中说"忘象者乃得意者也,忘言者乃得象者也"。现在我们暂不论王弼的话如何诡辩,他确在上文借《易经》的形式,训说着本体与认识之间两橛的理论。

其第二段为何晏对王弼之赞：

"何晏……甚奇弼，叹之曰：'若斯人者，可与言天人之际乎！'"

按此话是从《易系辞上传》"一阴一阳之谓道，继之者善也，成之者性也"借用来的。继善成性是《易》学的经训专门家研究天人之际的最高范畴，知此范畴，才可如《文言》所说的"与天地合其德，与日月合其明，与四时合其序，与鬼神合其吉凶，先天而天弗违，后天而奉天时"。何晏以王弼可与言此，其意盖赞他训说《易经》，已得精萃。

其第三段为王弼难何晏之"圣人无喜怒哀乐"说：

"圣人茂于人者神明也（神明二字为《易》之术语，——引者按），同于人者五情也。神明茂，故能体冲和以通无，五情同，故不能无哀乐以应物，然则圣人之情应物而无累于物者也。"

按王弼注《易乾卦文言》说："不为乾元，何能通物之始？不性其情，何能久行其正？是故始而亨者必乾元也，利而正者必性情也。"在《易略例明爻通变篇》也说："变者何也？情伪之所为也。夫情伪之动，非数之所求也，故合散屈伸，与体相乖，形躁好静，质柔爱刚，体与情反，质与愿违。……苟识其情，不忧乖远，苟明其趣，不烦强武，能说诸心，能研诸虑，暌而知其类，异而知其通，其唯明爻者乎！……拟议以成其变化，语成器而后有格，不知其所以为主，鼓舞而天下从之者，见乎其情者也（辞曰：鼓之舞之以尽神）。是故范围天地之化而不过，曲成万物而不遗，通乎昼夜之道而无体，一阴一阳而无穷。非天下之至变，其孰能与于此哉？"这里讲的通变与上文讲的应物，两相比较，就知道他的《易》理所在了。

其第四段记弼注《易》，颍川人荀融难弼大衍义，弼答其意，白书以戏之（义释见前章所引）。

其第五段记王济好谈，病老庄，尝云："见弼《易注》，所悟者多。"

其第六段载孙盛批评王弼之《易注》（文见前引）。按东晋孙盛（安国）为一大辩家，著《魏氏春秋》、《晋阳秋》。《世说新语》屡叙他的文学故事，《广弘明集》有他的《老聃非大圣论》等著。《晋书》说他著《易象妙于见形论》，殷浩等竟无以难之，由是遂知名起家。《世说新语文学篇注》节引他的论略："圣人知观气不足以达变，故表圆应于蓍龟。圆应不可为典要，故寄妙迹于六爻。六爻周流，唯化所适，故虽一画，而吉凶并彰，微一则失之矣。拟器托象，而庆咎交著，系器则失之矣。故设八卦者，盖缘化之影迹也。天下者，寄见之一形也。圆影备未备之象，一形兼未形之形。故尽二仪之道，不与乾坤齐妙，风雨之变，不与巽坎同体矣。"我们就这段话与王弼《易略例明象篇》比较，孙盛似对王弼所"摈落"者有所辩驳，而同时也从王氏"有可观者"窃取其义。由此可知王弼始畅义理于《周易》，的确从经学形式中改变出一代的"新"义来。从王弼的《易注》起，魏晋学者就展开了论战，孙盛以此起家是其一例。《四库全书总目》说："王弼……排击汉儒，自标新学；然《隋书经籍志》载，晋扬州刺史顾夸等有《周易难王辅嗣义》一卷，《册府元龟》又载顾悦之(夸字)《难王弼易义》四十余条，京口闵康之又申王难顾，是在当日已有异同。王俭颜延年以后，此扬彼抑，互诘不休。至颖达等奉诏作疏，始专崇王《注》，而众说皆废。"可见训说《易经》的众说之多了。

何晏自谓不解《易》中九事，曾请教于管辂(见前引)，但何晏品题人物的代表文献则用《易传》之文，对王弼如此，对魏时代表人物亦然，例如他许夏侯玄之"深"，许司马师之"几"，而自况之"神"，即出于《易系辞上传》："夫《易》，圣人之所以极深而研几也。唯深也，故能通天下之志；唯几也，故能成天下之务(按弼注：极未形之理则曰深，适动微之会则曰几)；唯神也，故不疾而速，不行而至。"由此种品题人物的方法看来，我们就知道，两汉《春秋》经学形式的复古，一变而为魏代《易经》经学形式的复古，其间的区别在于：前者是自然的拟人化，后者是人类的拟天化，由三世三统的目的论，降至极深研几的自由意志论，前者以"道名分"为中心，后者以"道阴阳"为中心。如果拿何晏所崇赞的人物而言，名门世族的三种典型，合而言之，就成"圣人"了，这显然是和汉代的圣人观念背离的。

复次,《论语》在汉代一方面被《公羊》家附庸于《春秋》,更佐以《纬书》的口授微言,已经改变了孔子的思想面目,他方面古文家又以章句训说为志,流于经生的支离,在魏晋人看来,"此书之体,适会多途,皆夫子平生应机作教,事无常准,或与时君抗厉,或共弟子抑扬,或自显示物,或混迹齐凡,问同答异,言近意深"(皇侃语),汉博士就不能得其元会。魏人特标"新"义,何晏实为宗主,他说:

> "至顺帝之时,南郡太守马融,亦为之训说,汉末,大司农郑玄,就《鲁论》篇章,考之《齐》、《古》,以为之注。近故司空陈群,太常王肃,博士周生烈,皆为之义说。前世传受师说,虽有异同,不为之训解,中间为之训解,至于今多矣(《皇疏》云、今谓魏末何平叔时也,多矣、言注者非一家也)。所见不同,互有得失。今集诸家之善说,记其姓名,有不安者,颇为改易,名曰《论语集解》。"

上面一段话是何晏与孙邕郑冲曹羲荀颉共上之《集解》叙文节录,由此可以看出从训说到义说的流变。义说虽然不起于何晏,而他自夸能折中善说,"颇为改易",从经学材料中改变了思想的内容,参以他以"神"自况的大言讲来,他是够称为当代的神理的宗主的。所以,梁皇侃《论语义疏》说:

> "何晏因《鲁论》集季长等七家,又采《古论》孔注,又自下己意,即世所重者。"

自何晏义理的《论语》出世,魏晋南北朝说解家更据之以向内《老》、《庄》而外儒学方面发展。这只消细按何《解》仅涉《老》、《易》犹拘泥于汉儒,而皇《疏》所引各家多附《庄》学,就可以了然。皇《疏》所采之各家说解,有魏之王弼,晋之卫瓘、缪播、乐肇、郭象、蔡谟、袁宏、江淳、蔡系、李充、孙绰、周瓌、范宁、王珉以及殷仲堪等人,皆当世名家,这又可以知道所谓"新"学的影响。

何晏、王弼的注解,是以《易》、《老》通《论语》,并不涉及《庄子》的话,这个路径的"新"义还有些限度,不像晋以下各家漫无所拘,一往《老》、《庄》是求,思想的程序颇有分野。何晏仅说老子与圣人同,因著论行于世(《世说新语》),王弼仅说圣人体"无",老子是"有",而将"无"相同(见前引)。这都是老孔对言的例子,从来不涉及庄子。后来孙盛反对王弼《易注》,同时著《老聃非大圣论》,正是批判老孔同"无"的立说。至于《易》与《论语》的关系,我们可拿王弼的一个名注来窥察吧:

> "逸民,伯夷、叔齐、虞仲、夷逸、朱张、柳下惠、少连。子曰,不降其志,不辱其身者,伯夷叔齐与。谓柳下惠少连降志辱身矣,言中伦,行中虑,其斯而已矣。谓虞仲夷逸,隐居放言,身中清,废中权。我则异于是,无可无不可。"(《论语》)

> "皇侃《疏》引王弼曰:'朱张字子弓,荀卿以比孔子,今序六人,而阙朱张者,明取舍与己合同也。'"

按荀子所称仲尼、子弓,子弓其人,后人多有考释,似尚没有定论。王弼注谓子弓即朱张,取舍与孔子合同,皆"无可无不可",其证未能详知,但他似乎把朱张目为"几神为教"的大《易》家,颇无问题。他注《论语》"加我数年,五十以学《易》,可以无大过矣",说:"《易》以几神为教。颜渊庶几,有过而改。然则穷神研几,可以无过,明《易》道深妙戒过,明训微言,精粹熟习,然后存义也。"我们知道此注所谓无过存义,得与"无可无不可"互训,从而就明白朱张其人的超逸思想了。

下面我们再将何王二家引《老》、《易》以释孔子《论语》的话列举数条,以证明上说:

何晏注《论语》"仰之弥高,钻之弥坚",说:"言不可穷尽也";注"瞻之在前,忽焉在后",说:"言忽悦不可为形象也"。

他注"未之思也,夫何远之有哉",说:"夫思者,当思其反,反是不思,所以为远也。能思其反,何远之有?言权可知,唯不知思耳。"王弼注此章"可与立,未可与权",说:"权者道之变,变无常体,神而明之,存乎其人,不可豫设,尤至难者也。"

何晏注"畏大人",说:"大人即圣人,与天地合其德也";注"畏圣人之言",说:"深远不可易,则圣人之言也"。

何晏注"毋我",说:"述古而不自作,处群萃而不自异,唯道是从,故不自有其身也。"

王弼注"大哉尧之为君也"全章,说:"圣人有则天之德,所以称唯尧则之者,唯尧于时全则天之道也。荡荡,无形无名之称也。夫名所名者,生于善有所章,而惠有所存,善恶相须,而名分形焉。若夫大爱无私,惠将安在?至美无偏,名将何生?故则天成化,道同自然,不私其子而君其臣,凶者自罚,善者自功,功成而不立其誉,罚加而不任其刑,百姓日用而不知所以然,夫又何可名也?"(以上皆见皇侃:《论语义疏》引。按何晏《无名论》也说:"仲尼称尧荡荡无能名焉,下云,巍巍成功,则强为之名,取世所称而称耳,岂有名而更当云无能名焉者耶?"与王《注》一样,同申《老》义。)

王弼注"志于道",说:"道者,无之称也,无不通也。况之曰道,寂然无体,不可为象。是道不可为体,故但念慕之而已。"(邢昺《论语正义》引。按何晏《集解》谓"志,慕也,道不可体,故志之而已。"与王《注》一样,同引《老》义。)

从以上何王"改易"汉博士的注解看来,谶纬神学是被《老》、《易》相结合的、"体无"的义理神学所代替了。

为什么我们要在上面反复说明何王之路在于复古之《周易》、《论语》的经学形式呢?因为这里是魏晋玄学开宗者所具有的性格,今逐一究明于下:

(一)《春秋》搢绅儒学变而为玄学,是"开始者为难"的。这依一般的思想史可能性到现实性的转化而言,必须有若干潜移默化,迂回曲折,从荆州儒学的潜默改变到何王儒学的否定,就是好例。此所谓"否定",不是说把儒学芟割,如去野草者然,而是说脱胎换骨。这里,要注意的是除了现实历史的真实的可能性存在者外(如我们在本卷前三章讲的),还要看取形式的可能性,此形式也有二种,其一为完全空想的,其一为比较实在的,后者是常能与真实的可能性联结,转化而为现实性的。魏时何王的《周易》、《论语》之复古,就是上面所说的后一形式,即我们指的"内《老》外儒"之"外"。它之所谓"外",很适合于换骨的"内"。何王都是搢绅世族出身,有家法师法的教养,所以"似儒而非儒,非道而似道"的假象,在他们身上一定被刻上时代转变的烙印。

(二)本来"《易》以道阴阳"的战国学术,就有老庄自然天道思想的混血,其后又在汉人手中术数化了。何王第一步在于描绘《老》、《易》在义理方面的血统,而以《老》化《易》,即达到以《老》化孔。第二步在于把《论语》里偶见而不明显的形而上学的天道性命,灌输以《老》、《易》的精神内容,于是何晏敢说老子与圣人同,王弼敢说圣人体无,老子反而是有,实际上孔子的面目全非了,故《晋书·王衍传》说何王祖述《老》、《庄》是这样的唯心主义:"天地万物,皆以无为本。无也者,开物成务,无往而不成者也。阴阳恃以化生,万物恃以成形。"按此祖述《老》、《庄》的话,是混乱了正始与嘉平的区别,上文前一句为《老》学,后二句为《易》、《老》的混合文句,似应说为祖述《老》、《易》。第三步在于利用战国诡辩学派的诘辩名学,移花接木,大畅"理赌",创为"正始之音",成了所谓何王开宗的一种思想体系,名之曰"玄学"。史阙有间,我们虽不能有足够的文献,说明他们的思想因素齐齐整整地具有以上三部曲的先后,而综括大旨,考竟源流,似不背于思维形成发展过程的历史主义的分析。

(三)何王虽内道外儒,但犹保存儒家的形式,和向秀郭象的《庄子注》,张湛的《列子注》是不同的,更和嵇康"非汤武而薄周孔"的《庄》学现世说法是有区别的。何王是玄学开宗的人,容易拖带了儒家的形式,他们不过想以简御繁而已。汤用彤说何晏特标道德二论,有道儒二元思想,甚是。但所谓二元不是平列的,而是有本末、体用或内外的。何晏"以才辩显于贵戚之间",王弼则"为人浅而不识物情",都对于"事功雅非所长",他们缝裁神学天衣时,多在于抽象字句的才辩慧察,故老孔"无"同的道理,到了现实问题就变成了浮华辞句,这是开始者为难的苦闷。何晏《景福殿赋》说:

"体天作制,顺时立政。……远则袭阴阳之自然,近则本人物

之至情。……想周公之昔戒,慕咎繇之典谟;除无用之官,省生事之故,绝流遁之繁礼,反民情于'太素'。"(《昭明文选》)

史称何晏为浮华派,以简御繁,轻改法度,死于司马氏之手,这正说明了"唯神也,故不疾而速,不行而至"的最高概念与现实世界毫无关切。实在说来,省繁反素的自然形式之还原,在理论上是最难通的、最贫乏的。何晏想以道为本而以儒为末,那就和他吃寒食散以养神,而复"本资外饰",事同一律(事见《世说新语》。他以"神"自况,但管辂相他的面貌,竟斥之谓"鬼幽")。由此看来,现实的悲剧讽刺了何晏二元论的矛盾。这从他的诗句也可以看出来:"鸿鹄比翼游,群飞戏太清;常畏大网罗,忧祸一旦并",一方面幻想飞到天堂,另一方面却怕陷入地狱!

王弼不像何晏的地位独步魏朝,故没有如何晏之以"经国才略"见称。《王弼传》说"其论道附会文辞不如何晏,自然有所拔得多晏也"。此评甚合历史的实际,王弼较远离现实,更向天地自然之运的理论方面发展去了。但他在形式上还保留下儒学的王道,如他注"吾道一以贯之"说:

> "贯犹统也。夫事有归,理有会,故得其归,事虽殷大,可以一名举,总其会,理虽博,可以至约穷也。譬犹以君御民,执一统众之道也。"(皇侃:《义疏》引)

王弼简约之理,比何晏简约之政,在实践的检证的地方更不易捉摸。史称王氏为天纵之才,他的概念的天地,的确可以使中古儒者吃惊。他确乎是义理方面"新"的天人之学的承前启后者,他不但把战国的形而上学混合起来,成为中世纪的玄学,而且由此建立了一个温室,又使佛学输入的种子易于发芽生长。

第二节　何晏思想

何晏字平叔,生年史未具载。据《世说新语》,记载他 7 岁随母在魏武宫中时,为魏武所宠爱。操纳晏母,晏即被同时收养,史皆把这事系于曹操为司空时。按操为司空始于建安元年(公元 196 年)冬十月,则他纳晏母事当在魏代制度始立的 196 年或其后他还许不复朝见的一二年之间(参看《魏志》卷一)。假定曹操纳晏母在建安二年(197 年),晏是时或为三四岁,至大不得过六七岁,则他的生年似在献帝兴平二年前后(公元 195 年前后)。他死于正始十年,因辅曹爽秉政,事败与爽等同被司马懿所诛(公元 240 年)。他是汉大将军何进之孙,又是曹操的假子,世族名门,兼富贵公子。史家纪他的事迹多不利的贬辞,说他好修饰,耽情色,服五石散,聚浮华客,为尚书时又党同伐异,轻改法度,甚至强占国家财富。他的著述,完整存于世者甚少,已见前节所列举。

我们已经知道,何晏思想的来路,是经过了几段步骤,才成了"新"学。他怎样解释由旧而新呢? 例如在《论语集解》"温故而知新"章说:

"温寻也,寻绎故者,又知新者,可以为师矣。"

按此解释大背孔义。孔子这里的有关知识论的话,是说明为师者知故即知新,如周因于殷礼之损益推知之法,可以施及百世,并非含有"又知新者"(参看第一卷中篇)。何晏此论,完全是他自己由旧通"新"的学术路径,企图在"师"的地位上,得出内老外儒的"新"义。晋孙绰补注,更将何晏的新义说得明白:

"滞故则不能明新,希新则存故不笃,常人情也。唯心平秉一者,守故弥温,造新必通,斯可以为师者矣。"(《皇疏》引)

何晏的"新"学,儒道兼综,所谓"善道有统,故殊涂而同归。"(见《论语》"攻乎异端"章注解。)此统安在? 他说"天地万物皆以无为本",这种唯心主义的世界观在《论语集解》已有暗示:

"天道者,元亨日新之道也,深微,故不可得而闻也。"("夫子言性与天道"章句注)

"志,慕也,道不可体,故志慕之而已。"(按他的道和德的概念的区分是明显的,故下注"据于德"章句,他说,"据,杖也,德有成形,故可据也。")("志于道"章句注)

"屡犹每也,空犹虚中也。以圣人之善道,教数子之庶几,犹不至于知道者,各内有此害。其于庶几每能虚中者,唯回怀道深远。不虚心,不能知道,子贡……虽不穷理而幸中,……亦所以不虚心也。"(按由何注即导出"言圣人体寂而心恒虚无累,故几动即见;而贤人不能体无,故不见几,但庶几慕圣而心或时而虚"之说。)("回也其庶乎屡空"章句注)

"善有元,事有会,天下殊涂而同归,百虑而一致,知其元,则众善举矣,故不待多学,一以知之也。"("一以贯之"章句注)

这样看来,道,深微不可得而闻,不可体,是绝对的神;只有把心空虚到绝妙境界才能怀道,这是主观唯心主义的神秘思想。他寻绎旧章句,"又知新者",不过要说明老子与孔子将"无"同而已。他的《道论》与《无名论》就更直截了当了。他说:

"有之为有,恃'无'以生,事而为事,由'无'以成。夫道之而无语,名之而无名,视之而无形,听之而无声,则道之全焉。故能昭音响而出气物,包形神而章光影。玄以之黑,素以之白,矩以之方,规以之圆。圆方得形,而此无形,白黑得名,而此无名也。"(《列子·天瑞篇》注引《道论》)

"凡所以至于此者何哉?夫道者,惟无所有者也。自天地以来,皆有所有矣。然犹谓之道者,以其能复用无所有也。故虽处有名之域,而没其无名之象,由以在阳之远体,而忘其自有阴之远类也。夏侯玄曰:'天地以自然运,圣人以自然用。'自然者,道也。道本无名,故老氏曰:'强为之名。'仲尼称尧'荡荡无能名焉',下云:'巍巍成功',则强为之名,取世所知而称耳,岂有名而更当云无能名焉者耶?夫惟无名,故可得遍以'天下'之名名之,然岂其名也哉?"(《列子·仲尼篇》注引《无名论》)

这样看来,超乎实在事物的"无"而复生成实在事物的"有",其无中生有的唯心主义世界观,毫无"新"义,不过把《老子》天道思想的唯心主义因素更绝对化了。凡在现实社会的矛盾更加复杂的历史阶段,统治阶级的最空虚的神秘主义便易出现,三国名族林立,武装内讧,特别是农民战争推翻了汉代王朝,这在统治阶级的意识中正是天行不常之时,王立对献帝说:"天命有去就,五行不常盛",曹操闻之,使人语立曰:"天道深远,幸勿多言"(《魏志》卷一)。这就是非常时代统治者的"天道以自然运,圣人以自然用"的注脚。和汉人的三统五德说相反,而是"神"无不在,自然流行,孰为圣人?惟以自然用者能之。然而这又不妨碍说什么"虽成功,有天下而不与也"。另一方面,何晏说的体无之道更有欺骗被统治阶级的作用,它是一种"无爵而贵"的安眠剂,例如:"贤者恃以成德,不肖恃以免身,故无之为用,无爵而贵矣"(《晋书》四十三卷《王衍传》引)。

这种客观世界"无所有"的究竟义,是封建贵族的反动的僧侣主义的世界观。自然运行的大道范畴,是不能依据名相去把握的,也不能由思维对存在而反映的,而是由统摄其全性的"神"去体会的。这里没有时空物质的具体认识,而只有"不疾而速,不行而至"的天人感应,因而"无"的本体虽自然运行,而天人之际的神人,却可以用神秘的自然于其一身,因而主观的世界"谓之道者,以其能复用无所有也"。

其次,我们再看何晏的知识论:

"知者,知意之知也。言知者,言未必尽也,今我诚尽也。"(《论语》"吾有知乎哉,无知也"章句注)

"仁者乐如山之安固,自然不动,而万物生焉。"("仁者乐山"章句注)

"章,明也,文彩形质著见,可得以耳目自修也。"("夫子之文章可得而闻也"章句注)

"君子为儒,将以明道;小人为儒,则矜其名也。"("汝为君子儒,无为小人儒"章句注)

何晏的这种理论是很明白的,即不论感性认识与理性认识,都是依有限的名言所规定的,名言不能反映真实的"物如"或"强名之曰道",唯超乎名言诠解的"诚"或寂然不动的精神,才能尽意。他的《无名论》

更说:

> "为民所誉,则有名者也,无誉,无名者也。若夫圣人,名无名,誉无誉,谓无名为道,无誉为大,则夫无名者可以言有名矣,无誉者可以言有誉矣。然与夫可誉可名者,岂同用哉?此比于无所有,故皆有所有矣。而于有所有之中,当与无所有相从,而与夫有所有者不同。同类无远而相应,异类无近而不相违。譬如阴中之阳,阳中之阴,各以物类,自相求从,夏日为阳而夕夜远,与冬日共为阴;冬日为阴而朝昼远,与夏日同为阳,皆异于近而同于远也。详此异同,而后无名之论可知也。"(《列子·仲尼篇》注引)

上面的一段话,包括知识论与逻辑。这里有三层意义应该指出:(一)有名有誉不知道,无名无誉乃得道。(二)无名无誉才可以有名有誉,即"知其元则众善举矣"。这两层是说神秘的精神本体到事物的发生作用,本体不但是普遍妥当的第一理,而且是最初生成演化的母体,所谓"自然不动,万物生焉",因此,有名有誉的对象并不是由外而至于内,由现象而至于本体,而是相反的,一切事物运动的规律都是派生于"无"的自己外现,"故能昭音响而出气物,包形神而章光彩",这个外现的名言或规定,随在而有,又随在而不有,而只有依于"无名无誉"的真宰随在而有而无之,则名言就不至于拘执,故说"不同于有所有,而比于无所有,故皆有所有矣"。(三)所谓内外天人之际,并无类概念可以相从不违,但何晏说其近虽异,其远则同,同类在近者是相从的,异类在远者反而是不相违的,"有"的无限大谓之"无","名"的无限大谓之"无名"。反之,无限生有限,无名生有名,二者似在近处或后天是相异的,但在远处或先天又是相同的,于是超出了"类"概念,即超出了逻辑的法则,只有"发生"的最初,而没有"形成"的后天,"先天而天弗违,后天而奉天时"。这里就是道家的诡辩所在,每到过程与变化,每到类别与规定,一定要回头去找出第一理的发生假定,而"既知其母,复守其子",因此,就成了"非历史的"概念游戏了,用何晏的话讲来,便是"思其反"(见前引)。

知识论与人性论总是相关联着的。何晏的人性论,没有详细的记载留下来,仅知道他有《圣人无喜怒哀乐论》,王弼以为此论"失之多矣"(见前)。在《论语集解》中有:

"性者,人之所受以生者也。"(见前引)

"君子之道深远,不可以小了知而可大受,小人之道浅近,可以小了知而不可大受也。"("君子不可小知"章句注)

"凡人任情喜怒,违理。颜渊任道,怒不过分。迁者移也,怒当其理,不移易也。"("不迁怒"章句注)

他的性情之辩,似为二元论,性静情动,又是君子和小人的分别点。性是发生之全,情是后天之欲。这就是后来宋儒天理人欲论的渊源。

第三节　王弼思想

王弼字辅嗣,生于黄初七年(公元226年),卒于正始十年(公元249年)。他是魏代唯心主义阵营中的后起而最拔出的人物。少年即享高名,死时年仅24岁。他的代表著作,已见前面列举。魏晋人物多早熟者,王弼就是一个典型。天人之际的玄学,不同于皓首穷经的儒学,他的"自然有所拔得"只是对于纯粹概念来讲的,至于"物情不识",本是玄学家的自我空虚的规定。玄学家之所以早熟,因为他们在研究范围内是以简御繁的。王弼就从这里创出"新"学,所谓"造新必通"的唯心主义世界观。他说:

"夫众不能治众,治众者至寡者也;夫动不能制动,制天下之动者贞夫一者也。故众之所以得咸存者,主必致一也,动之所以得咸运者,原必无二也。物无妄然,必有其理,统之有宗,会之有元,故繁而不乱,众而不惑。……故自统而寻之,物虽众,则知可以执一御也;由本以观之,义虽博,则知可以'一名'举也。故处璇玑以观大运,则天地之动未足怪也,据会要以观方来,则六合辐凑未足多也。……夫古今虽殊,军国异容,中之为用,故未可远也;品制万变，'宗主'存焉。……夫少者多之所'贵'也，寡者众之所'宗'也。……繁而不忧乱，变而不忧惑，约以存博，简以济众，其唯'象'乎！"（《周易·略例明象》）

这一段话，明白道出天人之学的"新"义，一反乎汉代疑畏天变并惊骇地动的繁众而无所统会之说。在执一御万、一名举义的认识之下，简约的元宗，就有统可寻、有本可知了。这是玄学家贞一无二的起基命题。上品的身份性人物可以变来变去，但他以为有"宗主"在，就可以不怕"变"了，因为"宗主"是少数，群众是多数，但只有少数才是"贵"族"宗"主！从这个身份性地主阶级的立场出发，一元世界观就成了安定统治阶级情绪的东西，一切大变动大运转都可用"主必一致"之道来统御，所谓"治众"以一。

以简约御繁众的"理"，在王弼的学术中还没有如后来的禅宗否定了义理，直叩佛性。这个"理"，王弼说得很清楚，"同于通理，异于职事"，"不胜之理，在往前也"，（见《周易注》）"总其会，理虽博，可以至约穷也，譬犹以君御民执一统众之道也"，"未有全其恕而不能尽理之极也，能尽理极，则无物不统，极不可二，故谓之一也。"（皇侃：《论语义疏》引）有人从归纳法看，以为这"理"是归纳的最高抽象，那便大错而特错了。然则它是什么义谛呢？

上面我们研究何晏已经说到"发生"的假定，其性质是演绎的第一次假定。《老子》学说中充满了此一精神，王弼注《老子》，更把此一精神扩大了。按《老子》中譬喻最多而又最重要的，莫如婴孩与江河（皆有五六处），所谓"圣人皆孩之"，"渊兮其若宗"，就是说生成之"初"或江流之"渊"，已经包括了发展与流变，王船山曾对这点评为"始大而终细"。如果我们仿荀子的话讲，这便是蔽于始而不知终，蔽于渊而不知流了。所谓一与一切，至简与繁，极与众多，理与职事，从何王的"发生"原理上说来，等于渊源与流变的关系，他们以为，"理"之为物其始也细而小而下而弱，但在发生时早已完全（不能附会近代物理学的潜能论），它虽细小弱下，但是宗是主是根是渊，而一切杂多繁众的后天结果(对发生而言),都应会于宗统于主。所以王弼以"不胜之理,在往前也",往前即离宗远了,胜理相反,当是退后复宗;所以他以为职事之异可同于通理,通理就指简约于原始的"发生"原理。他譬喻一与一切的关系,好像皇帝与人民的关系,皇帝是天之子(立之君),最初的一个,而人民是派生的万姓,其统御之道,有一个先天的假定,即皇帝等于无上命令。如《老子》"侯王得一以守之","侯王得一以为天下贞其致之",王弼注"为功之母不可舍也"。母就是发生原理。他的以简御繁的通理,就建立于"发生"的假定上面,"少者多之所贵也,寡者众之所宗也。"老子贵"因",王弼更常在重要处大言"因之",这因果之"因",是排除了逻辑意义的因果论,而仅留下一个最初的发生之"因",不论他说到宗、主、本、根、极、一,都是一律的。懂得了这个理路,才可以研究王弼。所谓"异而知其通"之理,可以下面的话作例:

> "以天之行,反复不过七日,复之不可远也。往则小人道消也。复者,反'本'之谓也。天地以'本'为心者也。凡动息则静,静非对动者也,语息则默,默非对语者也。然则天地虽大,富有万物,雷动风行,运化万变,寂然至无,是其'本'矣。故动息地中,乃天地之心见也。若其以有为心,则异类未获具存矣。"(《四库备要》本《周易注复象》卷三第4页。以下引句仿此)

> "一时之制,可反而用也,一时之吉,可反而凶也。故卦以反对,而爻亦皆变。是故用无常道,事无轨度,动静屈伸,唯变所适。……虽远而可以动者,得其应也,虽险而可以处者,得其时也。……柔而不忧于断者得所御也,虽后而敢为之先者,应其始也,物竞而独安于静者,要其终也。"(《周易略例·明卦适变通爻》)

> "变者何也? 情伪之所为也。夫情伪之动,非数之所求也。故合散屈伸,与'体'相乖,形躁好静,质柔爱刚,'体'与情反,质与愿违。巧历不能定其算数,圣明不能为之典要,法制所不能齐,度量所不能均也。为之乎岂在大哉? ……同声相应,高下不必均也,同气相求,体质不必齐也。……苟识其情,不忧乖远,苟明其趣,不

烦强武,能说诸心,能研诸虑,暌而知其类,异而知其通。……是故范围天地之化而不过,曲成万物而不遗,通乎昼夜之道而无体,一阴一阳而无穷。"(《周易略例·明爻通变》)

上面的话在体系上虽表露出二元论的倾向,但在观点上坚持一元论的唯心主义世界观。静是动的根本,寂是变的根本,无是有的根本,体是数的根本。按王弼《老子注》上下二篇采用分而合之的方法,分即"暌而知其类",合即"异而知其通",上篇乃"复其本""应其始",下篇乃"要其终"而不往前。如果能得所御天地之心,则异类获具存。今按他的理路,首先研究他所谓的发生的本体,他说:

"混然不可得而知,而万物由之以成,故曰混成也。不知其谁之子,故先天地生。"(《道德经》上篇二十五章注)

"凡有皆始于'无'。故未形无名之时,则为万物之始,及其有形有名之时,则长之育之亭之毒之,为其母也。言道以无形无名始成,万物以始以成,而不知其所以,玄之又玄也。"(同上一章注,并参看二十一章注)

所谓"混成"或"无"都是第一理,他也称之为"道"。他说:

"道者'无'之称也,无不由也。况之曰道,寂然无体,不可为象。"(邢昺:《论语正义》引)

"天也者,形之名也;健也者,用形者也。夫形也者,物之累也,有天之形而能永保无亏,为物之首,统之者,岂非至健哉?大明乎终始之道。"(《周易注乾象》卷一第2页)

自然的天不过是一个形色的名词,而形色又是"物之累",因此,客观的事物都是假象,只有至健的"道"才是真实,其所以真实,是因为它"寂然无体"。

这个"道",他又称做极或宗主,他说:

"地虽形魄,不法于天,则不能全其宁,天虽精象,不法于道,则不能保其精。冲而用之,用乃不能穷,满以造实,实来则溢,故冲而用之,又复不盈,其为无穷,亦已极矣。形虽大,不能累其体,事虽殷,不能充其量,万物舍此而求'主',主其安在乎?不亦渊兮似万物之'宗'乎?……天地莫能及之,不亦似'帝'之先乎?"(《道德经》四章注)

现实世界有"宗主",万物的最后根源也有"宗主",因此,抽象的形而上学的道便是像上帝的一种"宗主"了,它掌握着人类社会的一切命运。唯心主义必然要走进有神论的宗教世界观,这里就是例子。不过这种狡猾的有神论比汉儒的神学要显得较多理论化一些罢了。

从发生之义始派生出"自然"之义,所谓"自然"并不是物质的,而是绝对的一,穷极之辞下的另一种说法,因而仍是"主":

"万物万形,其归一也,何由致一? 由于无也。"(《道德经》四十二章注)

"'自然'者,无称之言,穷极之辞也。……其一之者,'主'也。"(《道德经》二十五章注)

"自然之道,亦犹树也,转多转远其根,转少转得其本,多则远其真。"(《道德经》二十五章注)

"天地任自然,无为无造,万物自相治理,故不仁也。"(《道德经》五章注)

"天地之中,荡然任自然,故不可得而穷。"(《道德经》五章注)

"万物以自然为性,故可因而不可为也。"(《道德经》二十九章注)

因此,这无为的自然又是普遍的泛神,上帝的另一种术语:

"道泛滥无所不适可,左右上下,周旋而用,则无所不至也。"(《道德经》三十四章注)

"荡然公平,则乃至无所不周普也;无所不周普,则乃至于同乎天也;与天合德,体道大通,则乃至于极虚无也。"(《道德经》十六章注)

"神不害自然也,物守自然,则神无所加;神无所加,则不知神

之为神也。"(《道德经》六十章注)

我们从他的唯心主义的世界观再看他的认识论。他以为,道之为性,是不能用语言规定的,人类不能把道作为对象去认识,而只能"从事"于道。他说:

"从事,谓举动从事于道者也。道以无形无为,成济万物,故从事于道者,以无为为君,不言为教,绵绵若存,而物得其真,与道同体,故曰同于道。"(《道德经》二十三章注)

"'自然',其端兆不可得而见也,其意趣不可得而睹也,无物可以易其言。"(《道德经》十七章注)

"名则有所分,形则有所止,虽极其大,必有不周,虽盛其美,必有忧患。"(《道德经》三十八章注)

这样看来,神秘的自然是不能认识的,但是一切名言立说就全无理由么?他说,这亦不然,如果"睽而知其类,异而知其通",可从"指其所之"比况法,指点出原理,并由此幻假无常的时变原理,再通于绝对不变的道。下面就是他的一段名文,值得重视:

"夫象者,出意者也;言者,明象者也。尽意莫若象;尽象莫若言。言生于象,故可寻言以观象;象生于意,故可寻象以观意。意以象尽;象以言著。故言者所以明象,得象而忘言;象者所以存意,得意而亡象。犹蹄者所以在兔,得兔而忘蹄;筌者所以在鱼,得鱼而忘筌也。然则,言者象之蹄也;象者意之筌也。是故存言者,非得象者也,存象者,非得意者也。象生于意,而存象焉,则所存者乃非其象也;言生于象,而存言焉,则所存者乃非其言也。然则,忘象者乃得意者也;忘言者乃得象者也。得意在忘象;得象在忘言。故立象以尽意,而象可忘也;重画以尽情,而画可忘也。是故触类可为其象,合意可为其征。意苟在健,何必马乎? 类苟在顺,何必牛乎? 爻苟和顺,何必坤乃为牛? 义苟应健,何必乾乃为马? 而或者定马为乾,案文责卦,有马无乾,则伪说滋漫,难可纪矣。互体不足,遂及卦变,变又不足,推致五行,一失其原,巧愈弥甚! 纵或复值，而义无所取：盖存象忘意之由也。忘象以求其意，义斯见矣。"
（《周易略例·明象》）

这段话常被研究王弼的人用近代语附会乱编。为了使读者知道究竟他在说什么，我们分为下列几点说明吧：

（一）文中用语，除蹄筌之例引自《庄子》外，大致都是《周易》的术语，和我们现在用的语汇不同。

（二）文末是批判汉儒的经训，斥之为"存象忘意"。由辞以通道的方法与他所谓"忘象以求其意"的方法相反，这里就是他的"新"学所在。

（三）文中主要命题是引用《易系辞上传》"圣人立象以尽意，设卦以尽情，系辞焉以尽言，变而通之以尽利，鼓之舞之以尽神"一段，读者不妨把《上传》之文全部看一下。

（四）主要的术语为意、象、言三者。我们不能以常识或近代语来比附这些用语。"象"指什么呢？如"拟诸其形容，象其物宜，是故谓之象"，"在天成象"，"悬象著明，莫大乎日月"，"圣人设卦观象"，"易有四象"，"见乃谓之象"（皆《上传》文），因此，所谓"象"不是自然一般的现象，乃是圣人（不是常人）拟诸天而立的特定形容，以达到所谓"兆见曰象"（韩康伯注，引王弼之说，或言兆端），从而"引而申之"。制象是至神者的事，韩康伯说："非忘象者则无以制象。……至神者寂然而无不应，斯盖功用之母，象数所由立。"（《易注》卷七，第15页）"言"又指什么呢？如"言者尚其辞"，"君子居其室出其言，则千里之外应之，……言行君子之所以动天地也"，"拟之而后言，议之而后动"，"辞也者、各指其所之"，因此，所谓"言"，不是一般的名理，乃拟况于"象"的特种比喻，不属于普通推理范围之内，好像代数学里的 X，王弼所谓"君子以言必有物，而口无择言"。（《易注》卷四，第10页）所以，对于象而云观，对于辞而云玩（"玩其辞"），观象或玩辞是很神秘的事。最后，"意"指什么呢？这绝非哲学上本质之义，乃是圣人效法天地自然的枢机，存乎其人的一种秘密，故说："天生神物，圣人则之；天地变化，圣人效之;天垂象见吉凶,圣人象之;河出图,洛出书,圣人则之。"(《上传》)王弼所谓"凡言义者,不尽于所见,中有意谓者也。"(《易注》卷五,第3页)"和乐出乎八音,然八音非其名也。"(皇侃:《论语义疏》引)这"意谓"是非常古怪的神会。

(五)懂得了上面的术语,我们就知道这不是由客观到主观,不是由存在到思维,而是由主观(或全自然之神)到客观,复由客观回到主观,王弼《复彖》所说的复其本之意。因此,一方面说:"象者出意者也,言者明象者也";然而另一方面说:"得意在忘象,得象在忘言"。韩康伯注多采王说(如"一阴一阳之谓道"《注》即采王语,而未注明王说),在"盛德大业至矣哉"章句下注说:"夫物之所以通,事之所以理,莫不由乎道也。圣人功用之,母体同乎道,盛德大业,所以能至。"此即指出得"意"之由来,完全不是说主观对客观的反映,而是说全自然的神授。所以,由完全到不完全,复由不完全再到完全,始足以言《易》,于是"易简而天下之理得矣"。圣人之所以能这样做,是因为主观上忠恕的伟大,"忠者情之极也,恕者反情以同物者也。未有反诸其身而不得物之情,未有能全其恕,而不尽理之极也。……推身统物,穷类适尽,一言而可终身行者,其唯恕乎!"(皇侃:《论语义疏》引)

(六)这种出意、立象、制言之道,并非普通人所能"从事","暌离之时,非小人之所能也。"(王弼《易注》卷四,第11页)而且唯有圣人能之,韩康伯也说:"君之体道以为用也,仁知则滞于所见,百姓则日用而不知,体斯道者鲜矣。故常无欲以观其妙,始可以语至而言极也。"(《易注》卷七,第7页)由此,就发生了"六经皆圣人筌蹄"说。王弼注《论语》"予欲无言"章说:

"子欲无言,盖欲明本,举本统末,而示物于极者也。夫立言垂教,将以通性,而弊至于湮。寄旨传辞,将以正邪,而势至于繁。既求道中,不可胜御。是以修本废言,则天而行化,以淳而观,则天地之心见于不言,寒暑代序,则不言之令行乎四时,天岂谆谆者哉?"(皇侃:《论语义疏》引)

原来"修本废言"才是圣人之教,客观规律既然是不可知的,那么科学也就成为废话了。

按"言尽意"的命题,为三理之一,欧阳建与荀粲合王弼而三,理致相反,已见前章所详论。现在,我们再进一步研究王弼由道体到功用之说。他在《道德经》下篇开首注解:

> "德者,得也。常得而无丧,利而无害,故以德为名焉。何以得德?由乎道也;何以尽德?以无为用,以无为用,则莫不载也。……是以天地虽广,以无为心,圣王虽大,以虚为主。故曰,以复而视,则天地之心见,至日而思之,则先王之至睹也。故灭其私,而无其身,则四海莫不瞻,远近莫不至。……是以上德之人,唯道是用,不德其德,无执无用,故能有德而无不为,不求而得,不为而成,故虽有德,而无德名也。……故虽德盛业大,富而有万物,犹各得其德,虽贵以无为用,不能舍无以为体也。……舍己任物,则无为而泰,守夫素朴,则不顺典制。……故苟得其为功之母,则万物作焉而不辞也,万事存焉而不劳也,用不以形,御不以名,故仁义可显,礼敬可彰也。夫载之以大道,镇之以无名,则物无所尚,志无所营,各任其贞,事用其诚,则仁德厚焉,行义正焉,礼敬清焉。……故仁德之厚,非用仁之所能也,行义之正,非用义之所成也,礼敬之清,非用礼之所济也;载之以道,统之以母,故显之而无所尚,彰之而无所竞。用乎无名,故名以笃焉,用夫无形,故形以成焉。守母以崇其子,崇本以举其末,则形名俱有而邪不生,大美配天而华不作。……仁义母之所生,非可以为母,形器匠之所成,非可以为匠也。"(《道德经》三十八章注)

上文是他的由体到用的总论,知此一段,则别见之注可省而不引。他根据"得意忘象,得象忘言"的推衍法,"引而申之,触类而长之",产生了由道至于德、再由德复道的理论。经过这一"通理"的路数,使道德二元成为一元论。由发生至于成长,就有仁义形器及名言事物,而成长之所以为"用",不能自用,而是由发生的"无"为功之母,母性自然无为,子性不能变其质而为有为;若"舍其母而用其子,虽极其大,必有不周,虽盛其美,必有患忧"。王弼哲学的主要点就在这里。他没有完全否认后天(人),但不是以后天和先天平列,而是以后天依照于先天。然而后天的一切,常是被所谓众人的明察所害,大多数都不依照发生之母的命令行事,因此,他也不能不如老子攻击后天了。他虽然力主"道有大常,理有大致,执古之道,可以御今,虽处于今,可以知古始"(《道德经》四十七章注),而也说,"甚矣害之大也,莫大于用其明矣!夫在智,则人与之讼,在力,则人与之争,智不出于人,而立乎讼地,则穷矣,力不出于人,而立乎争地,则危矣。……若乃多其法网,烦其刑罚,塞其径路,攻其幽宅,则万物失其自然,百姓丧其手足,鸟乱于上,鱼乱于下"(同上四十九章注)。这就是他的"以虚为主"或反实于虚的社会思想。他居然从否定知识、否定是非,达到否定社会斗争的道德论,这样才对统治阶级说来,就能"常得而无丧,利而无害"。

他在道德二元的理路表面上统一了,而在理事二元的现实上则分裂了,因为他说知母守子者只有最高的理想人物,即圣人,而弃母用子者,则是尽天下的众人,他说:

"食母,生之本也。人者皆弃生民之本,贵末饰之华,故曰:我独异于人!"(《道德经》二十章注)

这样,一个人("我独")便和天下人("人者皆")分成两橛。于是他在政治理想上得出了寡头专制的理论,天上宗教的王国到了封建制社会就成为"宗主"独尊的绝对王国,所谓"以君御民,执一统众之道",和他的以道用功、以简御繁之理,便比而例之,求得了一致。故他说"侯王得一,言为功之母不可舍也"。请看他说的统治者与被统治者的关系:

"圣人之于天下歙歙焉,心无所主也,为天下浑心焉,意无所适莫也。无所察焉,百姓何避?无所求焉,百姓何应?无避无应,则莫不用其情矣。人无为舍其所能而为其所不能,舍其所长而为其所短,如此,则言者言其所知,行者行其所能,百姓各皆注其耳目

焉，吾皆孩之而已！"（《道德经》四十九章注）

这岂不是封建统治的愚民政策么？但他却又以为，理想的统治者占有可以不居其所有，被统治者占有而常不舍其所有，"处于外而有应于内，君子好遁，故能舍之；小人系恋，是以否也"（《易注》卷四，第5页），为了把小人或众人的阶级斗争同化于君子之大德"不争"，那就在于统治者"尊以自居，损以守之"，他说：

> "以柔居尊，而为损道，江海处下，百谷归之，履尊以损，则或益之矣。……阴非先唱，柔非自任，尊以自居，损以守之，故人用其力，事竭其功，智者虑能，明者虑策，弗能违也。则众才之用尽矣。"（《易损卦注》卷四，第17页）

这样在主观上就使被统治者服从统治者了。主观唯心主义最后总是求出"神"来，同时也得出至上的道德命令来。他的"性其情"说，即答复这个难题，他说：

> "圣人达自然之至（神明），畅万物之情（五情），故因而不为，顺而不施。除其所以迷，去其所以惑，故心不乱而物性自得之也。"（《道德经》二十九章注）

凡玄学都是不能在事物上检证的，若不否定一切而出世与造物者游，则其道理说来说去，总是二元的。王弼的"新"学就陷于矛盾的二元论，"斯人也可与论天人之际"的天人，还是"蔽于天而不知人"，并不因他惠察诡辩，就可能挽救他的矛盾。

第 五 章

嵇康的心声二元论及其社会思想、逻辑思想

第一节　嵇康在文献学上的身世消息及其著述考辨

（一）文献学上的嵇康及其与曹魏的关系

竹林七贤是魏晋清谈中的谈者之圈。就他们对当时的政治社会的影响来讲，嵇康实与阮籍等齐，就思想史的业绩来讲，嵇康却突过阮籍，而也非注《庄子》的向秀所能比拟。

《世说新语·任诞》第二十三："陈留阮籍、谯国嵇康、河内山涛，三人年皆相比，康年少亚之。预此契者，沛国刘伶、陈留阮咸、河内向秀、琅琊王戎。七人常集于竹林之下，肆意酣畅，故世谓竹林七贤。"注引《晋阳秋》说："于时风誉扇于海内，至于今咏之。"《世说新语》所讲的话，当即祖述《晋阳秋》（晋孙盛著），故下面注引，在语气上，即直承本文而来。作者孙盛之去魏末，尚未出百年，此所称引之竹林七贤，当为现存文献中最早的有关竹林七贤的记载。观此记载，以阮籍为首，嵇康次之，山涛又次之，次序先后是很明白的。

《三国志》卷二十一，注引《魏氏春秋》："康寓居河内之山阳县，与

之游者,未尝见其喜愠之色,与陈留阮籍,河内山涛,河内向秀,籍兄子咸,琅玡王戎,沛人刘伶,相与友善,游于竹林,号为七贤。"此书也是孙盛所作的,而以七贤系之于对嵇康的叙述中,则明指七贤以嵇康为首了。后来唐修《晋书·嵇康传》,似祖述孙盛,互采《晋阳秋》与《魏氏春秋》之文,而稍变其次序。其中说,所与神交者,惟陈留阮籍,河内山涛。豫其流者,河内向秀,沛国刘伶,籍兄子咸,琅玡王戎,遂为竹林之游,世所谓竹林七贤。这也以七贤系于《嵇康传》,明示康为七贤的领袖。

《世说新语·品藻》第九:"谢遏诸人,共道竹林优劣,谢公云,先辈初不臧贬七贤。"注引《魏氏春秋》说,山涛通简有德,秀、咸、戎、伶,朗达有俊才。于时之谈,以阮为首,王戎次之,山、向之徒,皆其伦也。此对阮籍,仍认为谈首,于嵇康却遗而未及。

《世说新语·文学》第四,袁伯彦作《名士传》条,注:"宏(袁宏字伯彦)以夏侯太初、何平叔、王辅嗣为正始名士,阮嗣宗、嵇叔夜、山巨源、向子期、刘伯伦、阮仲容、王浚冲为竹林名士……"这里也还是以嵇康次阮籍之后的。

《世说新语·文学》第四,谢万作《八贤论》条,注引何法盛《中兴书》,说万集载其叙四隐四显为八贤之论,指的是渔父、屈原、季主、贾谊、楚老、龚胜、孙登、嵇康。这是从行为上着眼来推崇嵇康,使之超脱于竹林七贤的伦辈,而上跻于渔父屈原孙登之列,而孙登正是阮籍所企慕的,其意实崇嵇甚于崇阮。

《世说新语·文学》第四:"旧云,王丞相过江左,止道《声无哀乐》(嵇康著)、《养生》(嵇康著)、《言尽意》(欧阳建著)三理而已。"又《品藻》第九:"简文云,何平叔巧累于理,嵇叔夜俊伤其道。"《南齐书·王僧虔传》戒子书:"《才性四本》(傅嘏、钟会、李丰、王广所论,钟会撰)、《声无哀乐》,皆言家口实。"这都从思想价值上来论,把竹林七贤的嵇康,与正始名士的何晏、傅嘏、钟会、李丰、王广等,等列而论,自非七贤中其他六人所能比拟,崇嵇之意是明显的。

《世说新语·品藻》第九："郗嘉宾问谢太傅曰：'林公（支遁）谈何如嵇公'？谢云：'嵇公勤著脚，裁可得去耳。'"这是以佛教初期的著名谈手支遁来与嵇康比较的，所比较的是"谈"，即"名辩"。这显然已先肯定了嵇康在名辩中的崇高地位。

然而，这一位在政治社会上发生"风誉扇于海内"影响的人物，在思想业绩上具有崇高地位的言谈林薮，其身世行年，后人却不很清楚。最初，记载嵇康事迹的是《三国志》。《三国志》卷二十一《王粲传》，附载嵇康，共短短二十七字：

> "时又有谯郡嵇康，文辞壮丽。好言老庄，而尚奇任侠。至景
> 元中，坐事诛。"

又卷二十八《钟会传》也仅仅略提一句：

> "（钟会）迁司隶校尉，虽在外司，时政损益，当世与夺，无不综
> 典。嵇康等见诛，皆会谋也。"

嵇康被诛，在曹魏末世，就他对政治社会上的影响与思想史上的地位来说，《三国志》中实应有一较详细的传记。可是嵇康是被司马氏所杀的，陈寿在当时，能传刘劭、傅嘏，而对嵇康如此重要的一位人物，却因形格势禁，只能略带一笔。

因为《三国志》中记载得太简略，后世对嵇康的身世行年，便有了纷纭的文献上的记录，彼此并不一致，出入很大。唐修《晋书》，掇拾残丛，虽然有了一篇二千余字的《嵇康传》，细考却也空洞得很，除用大半以上篇幅摄引了嵇康的《释私论》、《与山巨源绝交书》、《幽愤诗》而外，涉及嵇康生平行事大略的并不很多。唐修《晋书》行世以后，十八家晋史皆废，由唐修《晋书》的《嵇康传》来看十八家晋史，则十八家晋史中所保存的关于嵇康的记录，好像也十分贫薄。这实在是一件憾事。

考《三国志》注，与《世说新语》及注中，所保存的有关嵇康的文献上的材料，就字数论不能算少，但内容重复，而又彼此矛盾，很难整理出一条有系统的端绪来。就正因为这缘故，自来对于嵇康的看法，或模糊或错误，不能论定。但是，可喜的是，嵇康的身世虽不能详悉明白，而嵇

康的著作却留存至今，尚有《嵇中散集》十卷，可资研寻。我们费一点时间，由原著的思想脉络中来推证那些纷纭的记录，孰为真实，孰出虚构或误传，便可了如观火。思想之与行为，恰如形影相附。由思想脉络，我们固可以推证关于行为传说的真妄，同时，由具体的行为传说，更足以探寻抽象的思想内蕴的真相。因此，这些纷纭矛盾的记录，对我们仍是宝贵的材料。至于那篇光润平滑而又内容空洞的最后出的《晋书·嵇康传》，其价值则是很差的，但它也代表了唐人在综合了许多材料后的一种看法，不无可取之处。

《三国志》中有关嵇康的材料，计两处，一为卷二十一《王粲传》所附记的 27 字，另一为卷二十八《钟会传》所带到的嵇康被杀的话。在《三国志裴注》中所引用的材料，则有卷二十《沛穆王林传注》所引的《嵇氏谱》，卷二十一《康传》注所引的《嵇氏谱》，嵇喜所作的《康传》，虞预《晋书》，孙盛《魏氏春秋》，《康别传》，孙盛《晋阳秋》，《世语》，及裴松之对嵇康死年所作断案中述及的干宝、孙盛、习凿齿诸书。在《世说新语》及注中，有关嵇康的材料尤多。

现在，我们就根据上述的材料来解剖一下嵇康的身世与性格。

关于嵇康的姓氏来历与先世，虞预与王隐两家《晋书》，俱有记载：

> "康家本姓奚，会稽人。先自会稽迁于谯之铚县，改为嵇氏。取稽字之上山以为姓，盖以志其本也。一曰，铚有嵇山，家于其侧，遂氏焉。"（《三国志》卷二十一注引虞预《晋书》）

> "嵇本姓奚，其先避怨徙上虞，移谯国铚县。以出自会稽，取国一支音同本奚焉。"（《世说新语·德行》注引王隐《晋书》）

得姓的来历，两说相同：一，本姓奚；二，嵇是后来改的姓；三，所以改成嵇乃是纪念出自会稽之故，但一说是家于铚县嵇山之侧之故。但我们要问，为什么要改姓？这里，虞预没有给我们答复。王隐却透露了一点消息，他说"其先避怨徙上虞，移谯国铚县"。"徙"应为"从"之误，这样不但文义顺了，而且也与虞预的说法一致了。唐修《晋书》，综合来说，"嵇康，字叔夜，谯国铚人也，其先姓奚，会稽上虞人，以避怨徙焉。

铚有嵇山,家于其侧,因而命氏。"

不过我们觉得,在中世纪的门阀制度下,改姓实在是一件大事,非万不得已,当不肯抛开血统的标帜。所以嵇氏的改姓,其理由可能有二:一,如传统的说法,为了避怨,但避怨既已避地,又何必改姓?二,是为了本系贱姓,诡称原来姓奚,因避怨才改成嵇的,其实嵇倒是本来的姓。赐姓命氏,本极堂皇,在中世纪初期,一定有微贱之族新发迹,为涂泽一下门面,而冒用了贵姓,或诡称系由贵姓改成今姓的事。《三国志》注引《嵇氏谱》,述康先世,仅举其父兄,说"父昭字子远,督军粮,治书侍御史;兄喜字公穆,晋扬州刺史"。嵇喜所作《康传》,则极其笼统地说"家世儒学"。俱未举出其先世有怎么辉煌的人物,似从其父起,才发迹起来,这是很可疑的。按照一般的情形,如司马迁《自叙》,直数远祖至唐虞以上,两《汉书》传人物,多详叙先世,魏晋以后,碑志中尤多此习,景宋本《世说新语》,书前附录的氏族谱也可参证。《嵇氏谱》及《康传》,也不应如此简略模糊。考康家居谯国,乃曹魏发迹之地,则自其父由贱族而攀附升腾,实极为可能之事。又考曹操的出身,也极模糊,《魏志》说,"曹腾养子嵩,嗣官至太尉,莫能审其生出本末。嵩生太祖。"注引吴人作《曹瞒传》及郭颁《世语》,并说,"嵩,夏侯氏之子,夏侯惇之叔父,太祖于惇为从父兄弟。"陈琳为袁绍檄豫州,指斥操"父嵩,乞丐携养",而操则"赘阉遗丑"。他与袁氏的四世三公比,贵贱美丑,相去天渊。又考《魏志·夏侯惇传》,也只笼统地说:"夏侯惇,沛国谯人,夏侯婴之后也",其父祖怎样,都没有提。在《夏侯渊传》,又说"惇族弟也",其他都不提。可见在曹魏兴起之际,谯人以贱骤贵,原甚平常。数其父祖,俱不能举,即在曹氏夏侯氏犹然。而嵇康后来又以同乡与魏宗室婚,其攀附之迹尤显。所以,我们认为嵇氏改姓及自会稽移徙一事是可疑的,他很可能本出寒素,指山为姓,乃诡称移徙,由奚改姓。但因别无证据,这里也只得存疑。

我们进一步研究一下嵇康跟曹氏的关系。

《世说德行》第一注引《文章叙录》:"康以魏长乐亭主婿,迁郎中,拜中散大夫。"《晋书·嵇康传》:"与魏宗室婚,拜中散大夫。"《三国志》卷二十,《沛穆王林传》:"沛穆王林,建安十六年封饶阳侯,二十二年徙封谯。黄初二年,进爵为公。三年为谯王。五年改封谯县。七年徙封鄄城。太和六年改封沛。景初、正元、景元中,累增邑,并前四千七百户。林薨,子纬嗣。"注:"案《嵇氏谱》,嵇康妻,林子之女也。"考:林,武帝杜夫人出。则嵇康为杜夫人之曾孙女婿。

这里,我们也得说一说嵇康与何晏的关系。

《三国志》卷九《曹爽传》:"(何)晏,何进孙也。母尹氏,为太祖夫人。晏长于宫省,又尚公主,少以才秀知名。好老庄言,作《道德论》,及诸文赋,著述凡数十篇。"注引《魏略》:"太祖为司空时,纳晏母,并收养晏。其时秦宜禄儿阿苏,亦随母在公家,并见宠如公子。苏即朗也。苏性谨慎,而晏无所顾惮,服饰拟于太子,故文帝特憎之,每不呼其姓字,尝谓之为假子。晏尚主,又好色,故黄初时无所事任。及明帝立,颇为冗官。至正始初,曲合于曹爽,亦以才能故,爽用为散骑侍郎,迁侍中尚书。晏前以尚主,得赐爵为列侯,又其母在内。晏性自喜,动静粉白不去手,行步顾影。晏为尚书,主选举,其宿与之有旧者,多被拔擢。"注又引《魏末传》曰:"晏妇金乡公主,即晏同母妹,公主贤,谓其母沛王太妃曰,晏为恶日甚,将何保身? 母笑曰,汝得无妒晏邪?"

关于沛王太妃,卷三,明帝青龙元年纪注引《献帝传》:"(秦)朗父名宜禄,为吕布使诣袁术,术妻以汉宗室女。其前妻杜氏留下邳,布之被围,关羽屡请于太祖,求以杜氏为妻。太祖疑其有色,及城陷,太祖见之,乃自纳之。宜禄归降,以为铚长。及刘备走小沛,张飞随之,过谓宜禄曰,人取汝妻,而为之长,独独若是邪! 随我去乎? 宜禄从之,数里,悔欲还,飞杀之。朗随母氏,畜于公宫,太祖甚爱之,每坐席,谓宾客曰,世有人爱假子如孤者乎?"这个杜氏,就是沛王太妃,沛穆王林之母。

我们琐琐引这些事实,并非跟着《魏略》及《献帝传》作者,丑诋何晏,而是要表明一种关系,即:第一,何晏母尹夫人,与沛穆王林母杜夫人,都是人家的有夫之妇,同样被迫拖着油瓶进宫,而这两个油瓶(何晏与秦朗),并以假子有宠于公宫;其次,何晏尚金乡公主,公主就是沛王太妃杜夫人的女儿;(《魏末传》说晏妇金乡公主,即晏同母妹,裴松之已斥其妄。裴曰:按诸王传,沛王出自杜夫人所生,晏母姓尹,公主若与沛王同生,焉得言与晏同母?)因此,第三,尹杜二夫人之间,存在着密切的关系;第四,何晏是沛太妃的女婿,而嵇康则为其曾孙女婿,虽辈份不同,而两公主(金乡公主与长乐亭主)之间,固存在着血缘关系。嵇康且以长乐亭主婿之故,迁郎中,又拜为中散大夫。

(二)魏晋之际曹氏与司马氏的酷烈政争

了解了嵇康与魏宗室的关系,了解了何晏与嵇康的关系,我们便可以进一步展开魏晋之际曹氏与司马氏之间的政治斗争与思想斗争的具体画面,从而把两边参加的人物的活动勾勒出来,我们由此乃得以具体把握参加者之一嵇康的生活行为,与其思想发展的关系。

曹魏龙兴未久,司马氏即以勋臣伺擭其后,如黄雀之蹑螳螂,其政治斗争的惨烈,史所罕有。朝臣之中,昨为大魏佐命之臣,今日多暗中输心于司马氏。否则,诛锄杀伐,不旋踵而来。干宝《晋纪总论》说得好:"晋之兴也,功烈于百王,事捷于三代,盖有为以为之矣。宣景(司马懿、司马师)遭多难之时,务伐英雄诛庶杰以便事,不及修公刘太王之仁也。受遗辅政,屡遇废置,故齐王(曹芳)不明,不获思庸于亳,高贵(曹髦)冲人,不得复子明辟。二祖逼禅代之期,不暇待参分八百之会也。是其创基立本,异于先代者也。"因此,"朝寡纯德之臣,乡乏不贰之老"。朝臣中合同离异,依违避就的现象,反映敌对双方斗争的酷烈。而司马氏诛锄异己的毒辣残暴,甚至令其子孙都为之不安。《世说新语·尤悔》第三十三:

"王导温峤俱见明帝,帝问温前世所以得天下之由,温未答。顷,王曰,温峤年少未谙,臣为陛下陈之。王乃具叙宣王(司马懿)创业之始,诛夷名族,宠树同己,及文王(司马昭)之末,高贵乡公事。明帝闻之,复面箸床曰,若如公言,祚安得长?"

　　司马氏诛锄异己,始于嘉平元年(公元 249 年)司马懿之诛曹爽、何晏等八族,终于景元三年(公元 262 年)司马昭之诛嵇康吕安等(其后虽尚有诛邓艾、钟会等大事,但政治意义已不全属曹氏与司马氏政争范围),中经王凌之诛(嘉平三年,司马懿),夏侯玄、李丰、楚王彪之诛,齐王之废(正元元年,公元 254 年,司马师),毋丘俭之诛(正元二年,司马师),诸葛诞之诛(甘露三年,公元 258 年,司马昭),高贵乡公之弑(景元元年,公元 260 年,司马昭)等巨大而残酷的事变。短短十二三年之中,数行征伐,屡诛大族,结果,把曹魏的政治势力彻底打垮了。在嵇康被诛之明年,阮籍便代郑冲执笔,草相国晋公劝进之文,而向秀也因时局所迫入洛,许多持两端观望的人,或原在曹氏方面的人,都跑到司马氏的怀抱中去了。再过两年曹魏便正式被司马晋所代,司马炎做了天子。

　　统治阶级之间曹氏与司马氏的政治斗争,开始剧烈展开于正始年间,而在思想方面,也以清谈的方式,在所谓“正始之音”中,进行了惨烈的斗争。《三国志》卷三,《魏明帝·(曹叡)纪》,景初二年(公元 238 年)冬“十二月乙丑,帝寝疾不豫,辛巳以燕王宇(武帝之子)为大将军,甲申免,以武卫将军曹爽代之”。注引《汉晋春秋》及《魏略》,可知燕王宇之免大将军,与司马懿有关。“宇为帝画计,以为关中事重,宜便道遣宣王从河内西还,事已施行。”(那时,懿方自征辽东还。)而帝复用刘敬孙资计,免宇,令归第,代以曹爽,用手诏召懿径至京师,懿遂与曹爽同受诏辅齐王,时为三年正月丁亥,次日,帝崩。其间事情的变化是非常迅速的。

　　齐王立,大权全归大将军曹爽,表面上尊司马懿为太傅,实际却是一个闲职。曹爽引用何晏、邓飏、丁谧、毕轨、李胜、桓范等人物于中央政权机构之中,排挤司马氏势力,一面布置私人,切实控制地方军力,擢姑子(即表兄弟)夏侯玄为征西将军,假节都督雍凉诸州军事(《三国志》卷九《曹爽夏侯玄传》),以王凌为征东将军,假节都督扬州诸军事。凌外甥令狐愚为兖州刺史,屯平阿。舅甥并典兵,专淮南之重(《三国志》卷二十八《王凌传》)。迁毋丘俭自幽州刺史度辽将军为左将军,假节监豫州诸军事,领豫州刺史(同上《毋丘俭传》)。以诸葛诞为御史中丞尚书,出为扬州刺史,加昭武将军(同上《诸葛诞传》)。又毁中垒中坚营,以兵属弟中领军曹羲,司马懿禁之不可(《晋书》卷一《宣帝纪》)。但在司马氏方面,虽然表面退让,暗中却也在着着布置。司马懿自己仍持节都督中外诸军,屡次统兵与东吴作战,一面以子司马师代夏侯玄为中护军,以蒋济为太尉。正始五年,曹爽夏侯玄兴兵六七万伐蜀,是为骆谷之役,司马懿争之不得。这该是曹氏实力上的大检阅罢,引起司马氏深刻的顾忌。七年,吴伐柤中,曹爽又不用司马懿之言。八年(公元247年),爽用何晏、邓飏、丁谧之谋,迁太后于永宁宫,专擅朝政,兄弟并典禁兵,多树亲党,屡改制度,懿不能禁,于是称疾不与政事,矛盾更表面化了。京城里流行着一种谣言,说:

"何邓丁,乱京城!"(《晋书》卷一《宣帝纪》)

嘉平元年,爆发了"高平陵"之变,司马氏父子阴布兵力,用迅雷不及掩耳的手段,解决了曹爽及其党羽何晏等的势力,诛曹爽等八族,大行杀戮,"支党皆夷及三族,男女无少长,姑姊妹女子之适人者,皆杀之"(《晋书》卷一《宣帝纪》)。曹氏势力,大受摧残;然而矛盾并没有根本解决,斗争在酝酿,在继续发展。夏侯玄被征回来了,解除了都督雍凉诸州的兵权,安置在闲散的职位上,做个大鸿胪,数年徙太常。

正当曹爽与司马懿的政治对立逐渐尖锐化的过程中,那作为思想斗争之一的"正始清谈"也在蓬勃地发展。

"初夏侯玄何晏等,名盛于时,司马晋王(师)亦预焉。晏尝曰:'唯深也,故能通天下之志,夏侯太初(玄)是也;唯几也,故能成天下之务,司马子元(师)是也;唯神也,不疾而速,不行而至,吾闻其语,未见其人。'盖欲以神况诸己也。"(《三国志》卷九《曹爽传》注引《魏氏春秋》)

正始清谈,以夏侯玄、何晏、王弼为主要领袖,而政治的反对派司马氏也预其选,据《魏氏春秋》所举,司马师,曾为何晏所品赞。但被许以为"几,故能成天下之务",明白表示司马氏所长,乃在事功才用,而夏侯玄与自己,则为"深",为"神","能通天下之志",能"不疾而速,不行而至",所长在性命本体的自然深醇神妙,褒贬之意自明。

接着在这一才性区分的品评之后,便有"才性四本"的合同离异。《世说新语·文学》第四:

> "钟会撰《四本论》始毕,甚欲使嵇公一见,置怀中既定,畏其难,怀不敢出,于户外遥掷,急回便走。"(注引《魏志》曰,会论才性同异传于世。四本者,言才性同,才性异,才性合,才性离也。尚书傅嘏论同,中书令李丰论异,侍郎钟会论合,屯骑校尉王广论离。文多不载。)

《三国志》卷二十一,《傅嘏传》:

> "嘏常论才性同异,钟会集而论之。"

又卷二十八,《钟会传》:

> "会尝论《易》无互体,才性同异。及会死后,于会家得书二十篇,名曰《道论》,而实刑名家也,其文似会。"

《世说新语·文学》第四:

> "殷中军虽思虑通长,然于才性偏精,忽言及四本,便若汤池铁城,无可攻之势。"

《南齐书》卷三十三,《王僧虔传》:

> "《才性四本》,《声无哀乐》,皆言家口实。"

《才性四本》,是言家口实,是正始清谈的中心问题所在。今其文不传,然而很明白的,才是言事功杂多,便是所谓"能成天下之务"的"几";性是指本体一元,便是"能通天下之志"的"深",能"不疾而速,不行而至"的"神"。《四本论》的才性,便是发展了何晏的那番"深""几""神"的论议的。思想上的才性四本的同异合离,便是反映了政治上的派系间的同异合离的。

才性同异论,很早便在傅嘏等人间发生激烈的争辩。《三国志》卷十《荀彧传》注引何劭作《荀粲传》:

"（荀）粲太和初到京邑，与傅嘏谈。嘏善名理，而粲尚玄远。宗致虽同，仓卒时或有格而不相得意。裴徽通彼我之怀，为二家骑驿。顷之，粲与嘏善。夏侯玄亦亲尝谓嘏粲等曰：'子等在世涂间，功名（才）必胜我，但识（性）劣我耳。（即才性异）'嘏难曰：'能盛功名者，识也。天下孰有本（性）不足而末（才）有余者邪？（即才性同）'粲曰：'功名者，志局之所奖也。然则志局自一物耳，固非识之所能独济也。我以能使子等为贵，然未必齐子等所为也。（即才性合）'"

《世说·文学》第四：

"傅嘏善言虚胜，荀粲谈尚玄远，每至共语，有争而不相喻。裴冀州释二家之义，通彼我之怀，常使两情皆得，彼此俱畅。"（此与《三国志》注文字略有出入——引者按）

政治见解的不一致，反映到思想认识上也不一致；同时，思想认识上的不一致，也影响政治见解的不一致。傅嘏才性论之不同于夏侯玄，和投向司马氏的营垒是有关联的。《三国志》卷二十一，《傅嘏传》：

"正始初，除尚书郎，迁黄门侍郎。时曹爽秉政，何晏为吏部尚书。嘏谓爽弟羲曰：'何平叔外静而内铦巧，好利不念务本。吾恐必先惑子兄弟。仁人将远，而朝政废矣。'晏等遂与嘏不平，因微事以免嘏官。起家拜荥阳太守，不行。太傅司马宣王请为从事中郎。曹爽诛，为河南尹。"

当傅嘏开始与何晏等离远时，何晏等是竭力拉拢过他的，而嘏却掉头不顾。《世说·识鉴》第七：

"何晏、邓飏、夏侯玄并求傅嘏交，而嘏终不许。诸人乃因荀粲说合之。谓嘏曰：'夏侯太初一时之杰士，虚心于子，而卿意怀不可。交合则好成，不合则致隙。二贤若穆，则国之休。此蔺相如所以下廉颇也。'傅曰：'夏侯太初志大心劳，能合虚誉，诚所谓利口覆国之人。何晏、邓飏，有为而躁，博而寡要，外好利而内无关龠，贵同恶异，多言而妒前，多言多衅，妒前无亲。以吾观之，此三

贤者,皆败德之人尔。远之犹恐罹祸,况可亲之邪!'后皆如其言。"(按《三国志·傅嘏传》注引《傅子》,文字略有出入)

傅嘏从此便与钟会等同为司马氏政治乃至思想营垒中的健将。

《才性四本论》中,主张"异"的李丰,主张"离"的王广,在政治斗争中,倾心于曹氏,而又不敢在曹氏政权极盛时明白坚定地站在一面,动摇游移,依违两可,徘徊两不可,始而消极骑墙,终而仍被司马氏所诛。《三国志》卷九《夏侯玄传》:

"中书令李丰,虽宿为大将军司马景王所亲待,然私心在(夏侯)玄。"

注引《魏略》曰:

"曹爽专政,丰依违二公间,无有适莫。故于时有谤书曰:'曹爽之势热如汤,太傅父子冷如浆,李丰兄弟似游光。'其意以为丰虽外示清净,而内图事,有似于游光也。"(游光即火神——引者按)

曹爽何晏被杀后之第二年,王广与其父王凌,同被司马懿所诛,而李丰则与夏侯玄同在嘉平六年被司马师所杀,上距曹爽之诛,不过五年而已。

王凌王广父子,在思想上固然主张才性离,与司马氏的论客傅嘏钟会不合,而在实际的政治活动方面,又表里不一,既与司马相违迕,复不敢联盟友派,积极反对,终为司马氏所各个击破。《三国志》卷二十八《王凌传》:

"司马宣王既诛曹爽,进凌为太尉,假节钺。(这是将欲夺之必固与之的手段——引者按)凌(与外甥令狐)愚密协计谓,齐王不任天位,楚王彪长而才,欲迎立彪,都许昌。嘉平元年九月,愚遣将张式,至白马,与彪相问往来。凌又遣舍人劳精诣洛阳,语子广。广言废立大事,勿为祸先。其十一月,愚复遣式诣彪,未还,会愚病死。……三年春吴贼塞涂水,凌欲因此发大事,严诸军,表求讨贼,诏报不听,凌阴谋滋甚。遣将军杨弘,以废立事告兖州刺史黄华。

华弘连名,以白太傅司马宣王。宣王将中军,乘水道讨凌,……军到丘头,凌面缚水次,宣王遣步骑六百人,送还京都。凌至项,饮药死。……(王)广有志尚学行,死时年四十余。"

据干宝《晋纪》:"凌到项,见贾逵祠在水侧,凌呼曰:'贾梁道,王凌固忠于魏之社稷者,唯尔有神知之!'"(《三国志·王凌传》注引)

关于楚王彪与王凌令狐愚的交往,同上注引《魏略》说:"愚闻楚王彪有知勇,初东郡有讹言云:'白马河出妖马,夜过官牧边鸣呼,众马皆应。明日见其迹大如斛,行数里,还入河中。'又有谣言:'白马素羁西南驰,其谁乘者朱虎骑。'楚王小字朱虎。故愚与王凌阴谋立楚王。乃先使人通意于王,言使君(时令狐愚为兖州刺史)谢王,天下事不可知,愿王自爱。彪亦阴知其意,答言,谢使君,知厚意也。"

王凌在曹爽何晏等被诛之后,失去了政治斗争的中心领导,乃拉出楚王彪来号召,这是政治斗争发展的合理归趋。上引讹言与谣言,显然可见是一种思想上的预先布置,通过迷信方式,先令人心知道天命的有所归属。这种政治斗争手段,正反映了斗争的深刻尖锐程度。《三国志·魏志》卷二十《楚王彪传》,"楚王彪字朱虎。……黄初七年徙封白马。太和六年,改封楚。嘉平元年,兖州刺史令狐愚与太尉王凌谋迎彪都许昌,语在《凌传》。廷尉请征彪治罪,于是依汉燕王旦故事,赐彪玺书切责,使自图焉。彪乃自杀,妃及诸子皆免为庶人,徙平原。"彪是魏武孙姬的儿子,与曹植为异母兄弟,黄初四年冬,与诸王朝京师,任城王彰暴薨(为文帝所谋杀),次年,与植同还国,"欲同路东归,以叙隔阔之思,而监国使者不听,植发愤告离,而作诗。"(《植传》注引《魏氏春秋》)那诗便是《曹子建集》中有名的《赠白马王彪诗》。因此,王凌之谋废立,除主要的反映着对司马氏的矛盾外,还附带的反映着魏室武帝诸王系对文帝诸王系的矛盾。此在题外,这里不多说了。

嘉平六年,司马师诛夏侯玄、李丰,为司马氏消灭曹氏势力的又一大举动。

夏侯玄字太初,少知名,为海内重人。陈寿说:"玄以规格局度,世称其名"(《三国志》本传)。《世说新语》提及夏侯玄的有好多处,都是称颂他的。

"夏侯玄既被桎梏,时钟毓为廷尉,钟会先不与玄相知,因便狎之。玄曰:'虽复刑余之人,未敢闻命。'考掠初无一言,临刑东市,颜色不异。"——注引《世语》曰:"玄至廷尉,不肯下辞,廷尉钟毓,自临履玄。玄正色曰:'吾当何辞,为令史责人耶,卿便为吾作。'毓以玄名士,节高不可屈,而狱当竟,夜为作辞,令与事相附,流涕以示玄。玄视之曰:'不当若是耶?'"又引《魏氏春秋》曰:"(玄)风格高朗,弘辩博畅。"又引《魏志》曰:"玄格量弘济,临斩颜色不异,举止自若。"(《方正》第五)

"夏侯太初与广陵陈本善,本与玄在本母前宴饮。本弟骞行还,径入至堂户。太初因起曰:'可得同,不可得而杂。'"(同上)

"夏侯太初尝倚柱作书,时大雨,霹雳破所倚柱,衣服焦,然神色无变,书亦如故。宾客左右,皆跌荡不得住。"(《雅量》第六)

"裴令公目夏侯太初:'肃肃如入廊庙中,不修敬而人自敬。'一曰:'如入宗庙,琅琅但见礼乐器。'"(《赏誉》第八)

"魏明帝使后弟毛曾与夏侯玄共坐,时人谓'蒹葭倚玉树'"。(《容止》第十四)

"时人目夏侯太初:'朗朗如日月之入怀',李安国'颓唐如玉山之将崩'。"(同上)

由上引资料,总括夏侯玄的性格是高贵、涵蓄、不肯随便,仪表极为端雅。因此遂以"贵臣子,少有重名",(《世说·识鉴》第七注引《傅子》)成为"一时之杰士"。(《识鉴》第七,荀粲语)这在《三国志》卷九《夏侯玄传》及注中,也可以得到同样材料。陈寿著书于晋代,对夏侯玄多有微辞,然不得不称许其"格量弘济"。

与夏侯玄同被诛的李丰,也是与夏侯玄同被时人所品题的名士。上引《世说·容止》,将二人风仪相提并论,不仅表示时人心目中二人地位均等,而且说明了二人关系的密接。《魏略》:"丰字安国,故卫尉李义子。黄初中,以父任召随军,始为白衣,时年十七八,在邺下,名为清白,识别人物,海内翕然,莫不注意。后随军在许昌,声称日隆。其父不愿其然,遂令闭门,敕使断客。初明帝在东宫,丰在文学中,及即尊位,得吴降人,问江东闻中国名士为谁? 降人云,闻有李安国者。是时丰为黄门郎,明帝问左右安国所在,左右以丰对。帝曰:'丰名乃被于吴越耶?'"(《三国志·夏侯玄传》注引,《世说·容止》注引略同。)可知李丰在正始名士中地位的高贵。

然而夏侯玄与李丰在司马氏的论客傅嘏的眼中看来,却是没有什么了不起的。他说夏侯玄"志大其量,能合虚声,而无实才"。(《三国志》卷二十一《傅嘏传》注引《傅子》,《世说·识鉴》文字略有出入)又说李丰"饰伪而多疑,矜小失而昧于权利,若处庸庸者,可也,自任机事,遭明者必死。"(《傅嘏传》注引《傅子》)在司马氏与曹氏的政治对立中,夏侯玄以与曹氏累世姻亲,关系密切,司马氏对之当不存拉拢的幻想,故打击极重。曹爽败后,被召为大鸿胪,又徙太常,抑绌不得意。而李丰则在曹爽秉政时,从骑墙面目出现,"依违二公间,无有适莫",被讥为"游光",司马氏对之,尚希冀其终能为己用,予以亲待,司马懿死后,司马师仍奏以为中书令,可知个中消息。然而李丰终以儿子韬选尚公主,连姻国家,思附至尊,遂与皇后父张缉结谋,欲诛大将军司马师,而以夏侯玄代之辅政。结果,谋泄,事败,于嘉平六年二月同被诛。三月张后被废,九月魏帝被废为齐王,送归河内。这一政治波澜,胜利的结果为司马氏所得。

紧接在夏侯玄李丰被诛之后的第二年,镇东将军都督扬州毋丘俭及扬州刺史文钦又以谋反闻。毋丘俭"与夏侯玄李丰等厚善;文钦,曹爽之邑人。"正元二年,"矫太后诏,罪状大将军司马景王,移诸郡国,举兵反。"(《三国志》卷二十八《毋丘俭传》)俭钦等表陈司马师罪状11条,其中便有涉及诛李丰张缉,及废帝后的事:

　　"故中书令李丰等,以师无人臣节,欲议退之。师知而请丰,其夕拉杀之,载尸埋棺。丰等为大臣,帝王腹心,擅加酷暴,死无罪名。师有无君之心,其罪五也。懿每叹说,齐王自堪人主,君臣之义定,奉事以来,十有五载。始欲归政,按行武库,诏问禁兵,不得妄出。师自知奸愿,人神所不佑,矫废君主,加之以罪。孚,师之叔父,性甚仁孝,追送齐王,悲不自胜,群臣皆怒,而师怀忍,不顾大义,其罪六也。又故光禄大夫张缉,无罪而诛夷其妻子,并及母后,逼恐至尊,强催督遣,临时哀愕,莫不伤痛。而师称庆,反以欢喜,其罪七也。"(《三国志》卷二十八《毌丘俭传》注引)

其中有涉及司马氏对待魏室诸王的办法一条,意义尤为深长,不但可以窥见司马氏用心的周密与手段的凶狠,而且可以看出统治阶级集团内讧对于财产关系的重视态度。

"多休守兵,以占高第,以空虚四表。欲擅强势,以逞奸心,募取屯田,加其复赏,阻兵安忍,坏乱旧法。合聚诸藩王公以著邺,欲悉诛之,一旦举事废主。天不长恶,使目肿不成,其罪十一也。"
(《三国志》卷二十八《毌丘俭传》注引)

据《三国志》卷四,齐王芳被废归藩的时候,也被送河内安置,而不令其归本国。因此,河内(邺)便不啻是魏宗室诸王公的集中营。但是也因此,环绕在河内周围的一些地方,便成为魏室政治活动的中心(这点在下文详论)。

对于毌丘俭文钦的反叛,司马师为了新割目瘤,原想不亲去征讨,可是傅嘏与王肃却劝他,他才亲自去了。《三国志·傅嘏传》:

"毌丘俭文钦作乱,或以司马景王不宜自行,可遣太尉孚往,惟嘏及王肃劝之,景王遂行,以嘏守,尚书仆射俱东。俭钦破败,嘏有谋焉。"——注引《魏晋春秋》曰:"嘏固劝景王行,景王未从。嘏重言曰:'淮楚兵劲,而俭等负力远斗,其锋未易当也。若诸将战有利钝,大势一失,则公事败矣。'是时景王新割目瘤,创甚,闻嘏言,蹶然而起曰:'我请舆疾而东!'"

傅嘏的"淮楚兵劲"一语,充分反映毌丘俭文钦军力的强大,相形之下,司马氏是相当危殆的。"若诸将战有利钝,大势一失,则公事败矣。"这紧急的呼号,终于把司马师的决心唤了起来,不顾目瘤的创痛,亲自舆疾而东了。

俭钦失败之后,司马师因目疾恶化,死在军中,在形势仓皇危难之陈,又靠傅嘏与钟会的合谋,把军政大权安稳地转移到司马昭的手里。《傅嘏传》:

"及景王薨,嘏与司马文王径还洛阳,文王遂以辅政。"——注引《世语》曰:"景王疾甚,以朝政授傅嘏,嘏不敢受。及薨,嘏秘不发丧,以景王命召文王于许昌,领公军焉。"

在《钟会传》里,更写得清楚:

"毌丘俭作乱,大将军司马景王东征,(钟)会从,典知密事。卫将军司马文王(昭)为大军后继。景王薨于许昌,文王总统六军,会谋谟帷幄。时中诏敕尚书傅嘏,以东南新定,权留卫将军屯许昌,为内外之援,会嘏率诸军还。会与嘏谋,使嘏表上,辄与卫将军俱发,还到雒水南屯住。于是朝廷拜文王为大将军辅政。"

中诏说的话,正反映着在司马师死后,军政大权的归属尚在彷徨危疑、动摇未定的时候,曹氏方面预计乘机剥夺司马氏大权的计谋深远的策略布置:一面把司马昭稳住在许昌,一面叫傅嘏统军还洛阳。然而傅嘏与钟会却没有接受诏命,把军权交给司马昭,跟着昭率领大军,径到洛阳来了,这样,便安住了司马氏的天下。在《晋书》卷二《景帝纪》与《文帝纪》,也有同样的记载:

"初帝目有瘤疾,使医割之。(文钦之子)鸯之来攻也,惊而目出,惧六军之恐,蒙之以被。痛甚,啮被败,而左右莫知焉。闰月,使文帝总统诸军。辛亥,崩于许昌。"(《景帝纪》)

"毌丘俭文钦之乱,大军东征,帝兼中领军留镇洛阳。及景帝疾笃,帝自京都省疾,拜卫将军。景帝崩,天子命帝镇许昌,尚书傅嘏帅六军还京都。帝用嘏及钟会策,自帅军而还,至洛阳,进位为大将军,加侍中,都督中外诸军,录尚书事辅政。"(《文帝纪》)

原来在司马师大军东征的时候,后方不得不叫司马昭"兼中领军留镇洛阳",直到军中疾笃,才以卫将军身份遄赴许昌,接统六军;而朝廷却又叫他就此留在许昌,把六军交傅嘏带回来。可见双方斗争的尖锐形势,是没有一个时期缓和过的。

甘露二年至三年,司马氏所讨平的征东大将军扬州都督诸葛诞的叛乱,乃是司马氏所削除的最后一个国内的军事异己势力。这一次军事行动,司马氏动员了 26 万众,历时大半年,自甘露二年五月,至次年三月,乃克平定,是颇费了一点力量的。大敌清除之后,司马昭在军事上,乃大大地采用怀柔的策略。《三国志》卷二十八《诸葛诞传》:

> "及破寿春,议者又以为淮南仍为叛逆,吴兵室家在江南,不可纵,宜悉坑之。大将军以为古之用兵,全国为上,戮其元恶而已,吴兵就得亡还,适可以示中国之弘耳。一无所杀,分布三河近郡以安处之。……吴众悦服,江东感之。"

所以注引习凿齿的话:"自是天下畏威怀德矣。君子谓司马大将军于是役也,可谓能以德怀矣。夫建业者异矣,各有所尚,而不能兼并也。故穷武之雄,毙于不仁,存义之国,丧于懦退。今一征而禽三叛(诸葛诞、文钦、唐咨),大虏吴众,席卷淮南,俘馘十万,可谓壮矣。而未及安坐丧王基之功;种惠吴人,结异类之情;宠鸯葬钦,忘畴昔之隙;不咎诞众,使扬士怀愧。功高而人乐其成,业广而敌怀其德,武昭既敷,文算又洽。推此道也,天下其孰能当之哉!"语气虽不免赞扬过分,然而也相当把握到司马氏策略转变的客观上的要求与效果。因为国内在那时,已不复有强大的军事敌对力量存在了。

诸葛诞在明帝朝,为"御史中丞尚书,与夏侯玄邓飏等相善,收名朝廷,京都翕然。言事者以诞飏等修浮华,合虚誉,渐不可长。明帝恶之,免诞官。正始初(曹爽秉政),玄等并任职,复以诞为御史中丞尚书,出为扬州刺史"。经过王凌、毋丘俭诸役,诞以功为镇东大将军都督扬州,转为征东大将军。"诞既与玄飏等至亲,又王凌毋丘俭累见夷灭,惧不自安。倾帑藏振施,以结众心。厚养亲附,及扬州轻侠者数千人为死士。甘露元年冬,吴贼欲向徐堨,计诞所督兵马,足以待之,而复请十万众守寿春,又求临淮筑城以备寇,内欲保有淮南,朝廷微知诞有自疑心,以诞旧臣,欲入度之。二年五月,徵为司空。诞被诏书愈恐,遂反。召会诸将自出攻扬州刺史乐琳,杀之。敛淮南及淮北郡县屯田口十余万官兵,扬州新附胜兵者四五万人,聚谷足一年食,闭城自守。遣长史吴纲,将小子靓,至吴请救。吴人大喜,遣将全怿、全端、唐咨、王祚等,率三万众,密与文钦(毋丘俭之败,文钦亡至吴)俱来应诞。以诞为左都护,假节,大司徒,骠骑将军,青州牧,寿春侯。"(《三国志》卷二十八《诸葛诞传》)

《世说·品藻》第九,有论诸葛氏的文字:"诸葛瑾弟亮及从弟诞,并有盛名,各在一国。于时以为蜀得其龙,吴得其虎,魏得其狗。诞在魏,与夏侯玄齐名。"又《三国志》本传注引《世语》:"司马文王既秉朝政,长史贾充以为宜遣参佐慰劳四征,于是遣充至寿春。充还,启文王,诞再在扬州,有威名,民望所归。今徵必不来,祸小事浅,不征事迟祸大。乃以为司空。"又注引《魏末传》:"贾充与诞相见,谈说时事。因谓诞曰:'洛中诸贤,皆愿禅代,君所知也。君以为云何?'诞厉色曰:'卿非贾豫州子?世受魏恩,如何负国,欲以魏室输入乎?非吾所忍闻。若洛中有难,吾当死之。'充默然。"可知诸葛诞原为正始名士,与夏侯玄、邓飏友善,思想与司马氏先已蹊径不同;其后在禅代问题上,输忠魏室,自然不能为司马氏所容。

司马氏跟魏室政治中枢的最高权力象征皇帝的直接冲突,是在高贵乡公甘露五年。据《汉晋春秋》,"帝见威权日去,不胜其忿,乃召侍中王沈、尚书王经、散骑常侍王业,谓曰:'司马昭之心,路人所知也。吾不能坐受废辱,今日当与卿自出讨之。'王经曰:'昔鲁昭公不忍季氏,败走失国,为天下笑。今权在其门,为日久矣,朝廷四方,皆为之致死,不顾逆顺之理,非一日也。且宿卫空阙,兵甲寡弱,陛下何所资用,而一旦如此,无乃欲除疾而更深之耶?祸殆不测,宜见重详。'帝乃出怀中版令投地曰:'行之决矣!正使死,何所惧,况不必死邪?'于是入白太后。沈业奔走告文王,文王为之备。帝遂率僮仆数百鼓噪而出。

文王弟屯骑校尉伷入遇帝于东止车门,左右呵之,伷众奔走。中护军贾充又逆帝,战于南阙下。帝自用剑,众欲退。太子舍人成济问充曰:'事急矣,当云何?'充曰:'畜养汝等,正谓今日,今日之事,无所问也。'济即前刺帝,刃出于背。文王闻,大惊,自投于地,曰:'天下其谓我何?'太傅孚奔往,枕帝股而哭,哀甚,曰:'杀陛下者,臣之罪也。'"(《三国志·高贵乡公纪》注引)结果,以太后下诏,罪高贵乡公不孝,说他是"自陷大祸",结束了这紧张的一幕。这是双方政治矛盾发展的极致,从而,强有力的一方突破了表面均衡的矛盾,以压倒的力量,表现出向一方倾欹的优势,宣告了司马氏在政治斗争中的胜利。

(三)嵇康在政争中所扮演的角色及其身世性格

现在,我们要问,在上述一连串曹氏与司马氏的政治斗争中,嵇康是怎样与这种斗争结合着的呢?换句话说,在这种斗争中,嵇康的思想行为,表现着怎样的一种姿态的呢?这个问题的解答,对于了解嵇康的身世与性格,有甚大帮助。

我们已经知道,嵇康的姓氏有着很大的疑问;嵇康与魏宗室,有着乡里的与姻亲的两重关系;嵇康妻与何晏妻,在血缘上有着接近的关系。现在我们要进一步指出:

第一,嵇康的思想与四本论中的王广相近,王广主张才性离,嵇康主张"明胆殊用,不能相生","明胆异气,不能相生","元气陶铄,众生禀焉。赋受有多少,故才性有昏明"(《明胆论》)。"心之与声,明为二物","爱憎属我,贤愚属彼","外内殊用,彼我异名"(《声无哀乐论》)。他似是四本论离异的一派,换言之,是党于曹氏而拒斥司马氏的一派。

第二,儒学名门出身的司马氏"以孝治天下"(《晋书》三十三,列传第三,《何曾传》,何曾谓司马昭语),而阮籍嵇康等居丧饮酒食肉,非毁礼法;司马氏企图以强暴的力量夺取魏之天下,而嵇康"非汤武而薄周孔",且以为"在人间不止此事,会显世教所不容"(《与山巨源绝交书》);司马氏欲借禅让以文饰篡夺,而嵇康"轻贱唐虞而笑大禹"(《卜疑》）；朝廷任用王凌、毋丘俭、诸葛诞于外，而司马氏一一加以剪灭，嵇康则借周公诛管蔡的事，声辩管蔡无罪，为王凌毋丘俭等张目。"管蔡皆服教殉义，忠诚自然，卒遇大变，不能自通，忠于乃心，思在王室，遂乃抗言率众，欲除国患，翼存天子，甘心毁旦。斯乃愚诚愤发，所以侥祸也。"（《管蔡论》，这又与高贵乡公问博士语互相呼应。）他在行为言论上，特别是言论上，处处直接诋呵司马氏的政治行为与治术，终于以吕安不孝罪，被引入狱。司隶校尉"钟会廷论之曰：'今皇道开明，四海风靡，边鄙无诡随之民，街巷无异口之议。而康上不臣天子，下不事王侯，轻时傲世，不为物用，无益于今，有败于俗。昔太公诛华士，孔子戮少正卯，以其负才乱群惑众也。今不诛康，无以清洁王道。'于是录康闭狱。"（《世说新语·雅量》第六注引《文士传》）这是以思想罪论诛的，表现了专制主义特别手法。

第三，嵇康反对司马氏，不仅表现在思想上，而且表现在行为上。《三国志·王粲传》注引《世语》："毋丘俭反，康有力，且欲起兵应之。以问山涛，涛曰不可，俭亦已败。"这记录过于简略，我们无法获得更详尽的材料，以说明嵇康在当时如何作政治军事上的反司马氏的活动。但我们从侧面却有很多材料证明嵇康是当时一种运动与风会的领导人物，而这种运动与风会是反司马氏的。《三国志·王粲传》说："谯郡嵇康，文辞壮丽，好言老庄，而尚奇任侠。"这"尚奇任侠"四字，说明嵇康是个活动分子，并不是一般所理解的一个仅仅"好言老庄"的玄虚人物。据王隐《晋书》："康之下狱，太学生数千人请之，于是豪俊皆随康入狱。"（《世说新语·雅量》第六注引）太学生数千人与当时豪俊为之请命，随之入狱，这事实指明嵇康的社会关系的不平常，与《三国志》所说"尚奇任侠"是可以互相发明的。嵇康虽为谯国人，而大半生时间，是在河内郡度过的，偶然也居住在洛阳。（《世说·德行》第一注引《康别传》曰："所知王浚冲（戎）在襄城（属河内郡）面数百，未尝见其疾声朱颜。"可知在河内住居甚久。《世说·言语》注引《向秀别传》："常与嵇康偶锻于洛邑，与吕安灌园于山阳。"又《世说新语·言语》注引嵇绍

《赵至叙》："至年十四,入太学观,时先君(嵇康)在学写石经古文。"可知康亦偶至洛阳。)河内为魏宗室所居,洛阳系帝京所在,都是政治神经最敏锐的地方。嵇康在河内,与阮籍山涛王戎等周旋,所谓竹林七贤这一种任达放诞的风气,便是在这里形成的。《水经注》清水注:"邓城西北七贤祠,筠篁列植,冬夏不变贞萋,魏步兵校尉阮籍等同居山阳时,人号为竹林也。水南径邓城,名之为邓渎。"则七贤所傲嬉的竹林,所谓"把臂入林"的竹林,即在河内。而所以要任达放诞,住在山阳(属河内),据《三国志》注引《魏氏春秋》,则是为了拒绝司马氏的辟召。"大将军尝欲辟康,康既有绝世之言,又从子不善,避之河东,或云避地。"则这一种避世放诞的行为蔚成一种风气,乃是消极的使司马氏无从辟召,抽空司马氏的政治班底,使它的力量无由壮大的一种不合作行为。在这一风气下,以七贤为中心,团结了好些人物。如吕安、赵至等都是七贤以外的人物,而与嵇康一道同风。(《世说新语·言语》注引《向秀别传》:"秀字子期,河内人,少为同郡山涛所知,又与谯国嵇康东平吕安友善,并有拔俗之韵,其进止无不同,而造事营生业亦不异。常与嵇康偶锻于洛邑,与吕安灌园于山阳,不虑家之有无。")除进止相同外,即灌园锻铁等造事营生业,亦无不同。这就是钟会所说"上不臣天子,下不事王侯,轻时傲世,不为物用,无益于今,有败于俗"的"乱群惑众"的行为。嵇康在洛阳,据嵇绍《赵至叙》,是为了写石经。太学生跟他发生关系,当在此时。此外,他又与向秀一起锻铁。这锻铁是颇有意味的事,他锻成的东西,不一定卖钱,有时是送人的。《世说新语》注引《文士传》:"康性绝巧,能锻铁。家虽贫,人有说(悦)锻者,康不受直。"倘所锻者为兵器之类,而又赠人不受直,则这一锻铁,就含有生产以外的特殊意义了。(佐证不多,我们不宜穿凿)因此,嵇康的尚奇任侠,与避地退隐,是生活态度上的矛盾。对积极援助魏室来讲,他尚奇任侠;对消极堵塞司马氏的人事辟召来讲,他避地退隐,饮酒清谈。在嵇康死后,阮籍则为郑冲作劝进文,向秀则举郡计入洛,七贤的避地退隐的风会就被击破了。

　　第四，嵇康对司马氏的拉拢是毫不迁就的。《魏氏春秋》说，大将军欲辟康，而康避地。他《与山巨源绝交书》中，明白地拒绝山涛的荐引。这就触怒了司马氏。嵇康对司马氏幕府中的论客及阴谋家钟会，更是不假辞色。"钟士秀精有才理，先不识嵇康，钟要于时贤隽之士，俱往寻康。康方大树下锻，向子期为佐鼓排，康扬钟不辍，旁若无人，移时不交一言。钟起去，康曰：'何所闻而来？何所见而去？'钟曰：'闻所闻而来，见所见而去'。"（《世说新语》）《魏氏春秋》也有同样记载："钟会为大将军所昵，闻康名而造之。会名公子，以才能贵幸，乘肥衣轻，宾从如云。康方箕踞而锻，会至，不为之礼。康问会曰：'何所闻而来？何所见而去？'会曰：'有所闻而来，有所见而去。'会深衔之。"这里的何所闻何所见，与闻所闻见所见（或有所闻有所见），不仅是词锋的两不相让，也双关着钟会的觇伺的任务。因为司马氏善用间谍，史有明文，而钟会则为重要间谍之一，常替司马氏觇伺其政敌，故特以"闻""见"来说。

　　分析了嵇康在曹氏与司马氏的政治斗争中所扮演的脚色，我们乃可以进一步具体把握到嵇康的性格与身世的全貌。

　　在嵇康的著作中，有不少心理上的自觉的抒写，是反映着他的性格的。在《绝交书》中，在《家诫》中，在《卜疑》中，在《幽愤诗》中，保留有此类材料不少。这种自觉的抒写，与别人对他的性格的客观的评述，比较参稽起来，有很多足以互相发明之处。

　　"吾每读尚子平《台孝威传》，慨然慕之，想其为人。加少孤露，母兄见骄，不涉经学。性复疏懒，筋驽肉缓。头面常一月十五日不洗，不大闷痒，不能沐也。每常小便而忍不起，令胞中略转乃起耳。又纵逸来久，情意傲散。简与礼相背，懒与慢相成。而为侪类见宽，不攻其过。又读《庄》《老》，重增其放。故使荣进之心日颓，任实之情转笃。此犹禽鹿，少见驯育，则服从教制，长而见羁，则狂顾顿缨，赴蹈汤火。虽饰以金镳，飨以嘉肴，愈思长林，而志在丰草也。阮嗣宗口不论人过，吾每师之，而未能及。至性过人，与物无伤,唯饮酒过差耳。至为礼法之士所绳,疾之如仇,幸赖大将军保持之耳。吾以不如嗣宗之贤,而有慢弛之阙。又不识人情,暗于机宜。无万石之慎,而有好尽之累。久与事接,疵衅日兴,虽欲无患,其可得乎?又人伦有礼,朝廷有法,自惟至熟,有必不堪者七,甚不可者二。卧喜晚起,而当关呼之不置,一不堪也。抱琴行吟,弋钓草野,而吏卒守之,不得妄动,二不堪也。危坐一时,痹不得摇,性复多虱,把搔无已,而当裹以章服,揖拜上官,三不堪也。素不便书,又不喜作书,而人间多事,堆案盈几,不相酬答,则犯教伤义,欲自勉强,则不能之,四不堪也。不喜吊丧,而人道以此为重。已为未见恕者所怨,至欲见中伤者,虽惧然自责,然性不可化,欲降心顺俗,则诡故不情,亦终不能获无咎无誉如此,五不堪也。不喜俗人,而当与之共事,或宾客盈坐,鸣声聒耳,嚣尘臭处,千变百伎,在人目前,六不堪也。心不耐烦,而官事鞅掌,万机缠其心,世故烦其虑,七不堪也。又每非汤武而薄周孔,在人间不止此事,会显世教所不容,此甚不可一也;刚肠疾恶,轻肆直言,遇事便发,此甚不可二也。以促中小心之性,统此九患,不有外难,当有内病。宁可久处人间邪?又闻道士遗言,饵术黄精,令人久寿,意甚信之。游山泽,观鱼鸟,心甚乐之。一行作吏,此事便废,安能舍其所乐,而从其所惧哉!……吾顷学养生之术,方外荣华,去滋味,游心于寂寞,以无为为贵。纵无九患,尚不顾足下所好者。……今但愿守陋巷,教养子孙,时与亲旧叙阔,陈说平生。浊酒一杯,弹琴一曲,志愿毕矣。"(《与山巨源绝交书》)

这虽是与山巨源绝交的书,却也象征着是与司马氏政权绝交的书;这虽是一篇个人生活态度上与性格上的自觉的独白,却也是一篇代表了整个竹林七贤的生活态度与表示着一时风会所趋的意义重大的宣言。分析其内容,要点有八:(一)性情疏懒;(二)不能守礼法;(三)讨厌世俗的酬酢应对;(四)讨厌俗人;(五)不会办公事;(六)非汤武而薄周孔,为显世教所不容;(七)喜欢骂人;(八)恣意放纵性情,隐居养志。总而言之,他只是我行我素,不愿与司马氏以及司马氏手下的一班人物来往。这正是竹林七贤在生活态度上从而也是政治态度上的最明确具体的表白。

在《卜疑》篇中,嵇康假托"有宏达先生者",来比拟自己的志量,末后又借太史贞父的赞语,作为对自己心性行为的慰解,也是一篇有价值的性格上自觉的抒陈。

"有宏达先生者,恢廓其度,寂寥疏阔。方而不制,廉而不割。超世独步,怀玉被褐。交不苟合,仕不期达。常以为忠、信、笃、敬,直道而行之,可以居九夷,游八蛮,浮沧海,践河源。甲兵不足忌,猛兽不为患。是以机心不存,泊然纯素,从容纵肆,遗忘好恶。以天道为一指,不识品物之细故也。然而大道既隐,智巧滋繁,世俗胶加,人情万端。利之所在,若鸟之逐鸾。富为积蠹,贵为聚怨。动者多累,静者鲜患。尔乃思丘中之德士,乐川上之执竿也。……

太史贞父曰:……若先生者,文明在中,见素抱朴。内不愧心,外不负俗。交不为利,仕不谋禄。鉴乎古今,涤情荡欲。夫如是,吕梁可以游,阳谷可以浴。方将观大鹏于南溟,又何忧于人间之委曲!"

这是以"超世独步"的姿态,遗弃一切"人间委曲"的放达的人生观。凭什么来"超世独步"、遗弃"人间委曲"呢?回答是"文明在中,见素抱朴"。把生活还原到最初的素朴,使"在中"者,保有了"文明"之德,就可以"居九夷,游八蛮,浮沧海,践河源"了。

在《幽愤诗》中(被诛前在狱中作),抒陈了在生活最后时期的心理上的自觉。

"嗟予薄祜,少遭不造,哀茕靡识,越在襁褓。母兄鞠育,有慈无威。恃爱肆姐,不训不师。爰及冠带,冯宠自放,抗心希古,任其所尚。托好《老》《庄》,贱物贵身,志在守朴,养素全真。曰予不敏,好善暗人,子玉之败,屡增惟尘。大人含弘,藏垢怀耻。民之多僻,政不由己。惟此褊心,显明臧否,感悟思愆,怛若创痏。欲寡其过,谤议沸腾。性不伤物,频致怨憎。昔惭柳下,今愧孙登,内负宿心,外恶良朋。仰慕严郑,乐道闲居,与世无营,神气晏如。咨余不淑,婴累多虞,匪降自天,实由顽疏,理弊患结,卒致囹圄;对答鄙讯,絷此幽阻。实耻讼冤,时不我与。虽曰义直,神辱志沮,澡身沧浪,岂云能补?雍雍鸣雁,厉翼北游,顺时而动,得意无忧。嗟我愤叹,曾莫能俦。事与愿违,遘兹淹留。穷达有命,亦又何求?古人有言,善莫近名,奉时恭默,咎悔不生。万石周慎,安亲保荣。世务纷纭,祇搅予情。安乐必诫,乃终利贞。煌煌灵芝,一年三秀,予独何人,有志不就?惩难思复,心焉内疚,庶勗将来,无馨无臭。采薇山阿,散发岩岫。永啸长吟,颐性养寿。"

幽愤诗,表现出在入狱之后,生活上遭受到司马氏严重的打击,但在思想上,并未因此有什么改变。他仍一贯地表示:(一)抗心希古,任其所尚;(二)托好老庄,贱物贵身;不过因为(三)惟此褊心,显明臧否;遂弄到(四)欲寡其过,谤议沸腾,性不伤物,频致怨憎;今后应该(五)奉时恭默,安亲保荣,一方面采薇山阿,散发岩岫,永啸长吟,颐性养寿。这态度,仍跟《与山巨源绝交书》中所说是一致的,只是希望以后少开口,避免麻烦,这一点,是绝交书中所少提到的。

《家诫》一篇,也该认为是入狱后所作。从内容上来看,对于儿子的叮咛周至,要他涉历世途,周慎谨饬,似是生活遭受困辱后的思想反映。而且一般的写作家诫或戒子书之类,皆在暮年,嵇康死于壮盛之岁,其子年方 10 岁左右,当无老早写此的必要,其必入狱后自知不免才作此以诫子可知。《嵇中散集》收此篇在集子的最末,虽一方面由于文章的性质,但未始不足以令人意味到集子体制上含有编年的用意,故以最后之作,殿于集末。全文甚长,不备录,内容大要是:

(一)人要有志,"志之所之,则口与心誓,守死无贰";守志之道,在"以'无心'守之,安而体之,若自然也"。

(二)应该敬长吏而远之,长吏喜问外事,不宜多答复。人家有什么请托,当"谦言辞谢";如为"心所不忍,可外违拒,密为济之"。

（三）行事认为对的，就"宜行此事"。人家要更改，则可听听他的意见，"彼语殊佳者，勿羞折遂非也；若其理不足，而更以情求来守，人虽复云云，当坚执所守"。

（四）人来告穷乏，济之而"损废多，于今日所济之义少，则当权其轻重而距之"。但大多数人，总是为了"彼无我有，故来求我"，则接济一点总是很有意义的。

（五）"言语，君子之机，机动物应，则是非之形著矣，故不可不慎。"对不了解的事，不要多嘴；人有是非争论，慎勿参加；有人逼着要你说，不必怕他，不必说，盖"不知不识，方为有志耳"。

（六）非知旧邻比而"欲请呼者，当辞以他故，勿往也"。"不须作小小卑恭，当大谦裕；不须作小小廉耻，当全大让。若临朝让官，临义让生，若孔文举求代兄死，此忠臣烈士之节。"

（七）别人的私事，不求强知，看见人家在窃语私议，要赶紧走开。

（八）"壶榼之意，束修之好，此人道所通，不须逆也"；但"匹帛之馈，车服之赠，当深绝之。何者？常人皆薄义而重利，今以自竭者，必有为而作损，……君子之所大恶也。"

（九）不强劝人酒，亦不要硬拒人家劝酒，拿着酒杯，表现着醉熏熏的样子就好了。千万不要"困醉，不能自裁"。

总括其内容是，人要有志，要有坚定的立场，做事要坚执所守，不应随便动摇；但为了避免不必要的麻烦，对于人情世故，要很留心，慎言语，慎取予，慎交往，慎饮酒。这内容，仍是与《绝交书·幽愤诗》一致的，惟于谨慎言语一点，特加再三叮咛而已。

对于嵇康的性格的客观评述，首先是嵇喜所说的"少有俊才，旷迈不群，高亮任性，不修名誉"，《三国志》所说的"尚气任侠"，这样该是一位慷慨任性的热情人物；然而与此相反的，却有《魏氏春秋》与《世说》所载王戎的说法。

"康寓居河内之山阳县,与之游者,未曾见其喜愠之色。"(《魏氏春秋》)

"王戎云:'与嵇康居二十年,未尝见其喜愠之色'。"——注引《康别传》曰:"康性含垢藏瑕,爱恶不争于怀,喜怒不寄于颜。所知王浚冲(戎)在襄城面数百,未尝见其疾声朱颜,此亦方中之美范,人伦之胜业也。"(《世说新语·德行》第一)

这就把嵇康写成一个涵养到家的世故老人了。我们根据嵇康的自觉的抒陈,再衡诸他的平生遭际,觉得王戎的说法是片面的、不正确的。嵇康自己曾说"惟此褊心,显明臧否",又说"吾直性狭中,多所不堪",又说"无万石之慎,而有好尽之患",又说"每非汤武而薄周孔,在人间不止此事,会显世教所不容",则嵇康在感情上实有显明的爱憎,在世途上实有显明的臧否,决非滑稽丸转之流。所以简文说"嵇叔夜俊伤其道"(《世说》),刘勰说"嵇康师心以遣论"(《文心雕龙》),颜之推说"嵇叔夜排俗取祸,岂和光同尘之流"(《颜氏家训·勉学》),都说他的性格是"尚气任性"。他最后以思想罪被司马氏所杀,其直接原因,实由于《与山巨源绝交书》中的"非汤武而薄周孔"一语。《魏氏春秋》说:"山涛为选曹郎,举康自代,康答书拒绝,因自说不堪流俗而非薄汤武,大将军闻而怒焉。"钟会遂借吕安事乘机进谗,以致不免。故其被杀,正是其性格发展的必然归趋。不过,在"尚气任性"之外,嵇康的性格中,自有其企求"奉时恭默,无馨无臭"的主观努力的一面。这是在"天下多故,名士少有全者"(《阮籍传》语)的名族矛盾中,他主观上所勉求的内心的调和。同时也可看做他在应付司马氏的迫害中的生活态度上的暧昧表现,特别在狱中所作的文字中表示得最分明。而这又是所谓"性好庄老"的切当注脚。《魏氏春秋》与《世说》王戎之语,当是根据这片面的一点而夸大了来说的。

嵇康在时辈中,被推崇敬仰的程度,有过于阮籍。这一点,在《世说》中,可找到充分的说明。首先,一般人都醉心于嵇康的风度仪表之美:

"嵇康身长七尺八寸;风姿特秀。见者叹曰:'萧萧肃肃,爽朗清举。'或曰:'肃肃如松下风,高而徐引。'山公曰:'嵇叔夜之为人也,岩岩若孤松之独立,其醉也傀俄若玉山之将崩。'"(《世说新语·容止》第十四)

"有人语王戎曰:'嵇延祖(康子绍)卓卓如野鹤之在鸡群。'答曰:'君未见其父耳。'"(同上)

对风度仪表的赞叹,汉末以来,逐渐蔚成一种风气。这在党锢与清议一章中,已有论及。一个人的风度仪表之美,从汉末起,便成为封建制社会道德和人格美的尺度之一,如何晏,如夏侯玄,都是如此。所以以上所引对嵇康风度仪表的赞叹,是对嵇康的人格美的赞叹的一部分,由此,可以窥见当时人对他倾心的一斑。

其次,是对嵇康的才致器度的倾服。《世说新语·德行》第一,注引《康别传》,誉之为"方中之美范,人伦之胜业",正是着眼于器度方面的一种说法。同书《贤媛》第十九,叙山涛妻窥嵇阮事,是着眼于才致的:

"山公与嵇阮一面,契若金兰。山妻韩氏觉公与二人异于常交,问公,公曰:'我当年可以为友者,唯此二生耳。'……他日,二人来,妻劝公止之宿,具酒肉,夜穿墉以视之,达旦忘反。公入曰:'二人何如?'妻曰:'君才致殊不如,正当以识度相友耳。'公曰:'伊辈亦常以我度为胜。'"

《栖逸》第十八也有述及嵇康的才致处:

"嵇康游于汲郡山中,遇道士孙登,遂与之游。康临去,登曰:'君才则高矣,保身之道不足。'"——注引《文士传》曰:"康从(孙登)游三年,问其所图,皆不答,然神谋所存良妙。康每茨然叹息,将别谓曰:'先生竟无言乎?'登乃曰:'子识火乎? 生而有光,而不用其光,果然在于用光。人生有才,而不用其才,果然在于用才。故用光在乎得薪,所从保其曜。用才在乎识物,所以全其年。今子才多识寡,难乎免于今之世矣,子无多求。'康不能用。及遭吕安事,在狱为诗自责云:'昔惭柳下,今愧孙登。'"

《三国志》注引《康别传》说:"孙登谓康曰:'君性烈而才俊,其能免乎?'"《世说新语·德行》第一注引王隐《晋书嵇绍传》:"父康有奇才俊辩。"一般的都承认嵇康是有才致的,有奇才的,或才高的。述及嵇康的度量宏远处的,《世说新语·雅量》第六,叙他临死从容的情形道:

> "嵇中散临刑东市,神气不变,索琴弹之,奏《广陵散》。曲终,曰:'袁孝尼尝请学此散,吾靳固不与,《广陵散》于今绝矣。'"——注引《文士传》曰:"临死,而兄弟亲族,咸与共别。康颜色不变,问其兄曰:'向以琴来不邪?'兄曰:'以来。'康取调之,为《太平引》。曲成,叹曰:'《太平引》于今绝也。'"

嵇康的才具,在具体事实的表现上,为上文所已提到的,诸如"俊辩"、弹琴、锻铁等,都曾为同时人所称许。他在学术思想方面的地位,也隐然是一时的宗师。钟会的《四本论》,便是"甚欲使嵇公一见",而复"畏其难",《世说新语·文学》注引《向秀别传》:"秀将注《庄子》,先以告(嵇)康、(吕)安",及成,又"以示二子"。固知嵇康是当时学者所资取定的圭臬。当他被诛之时,"太学生三千人上书请以为师",足见学者倾服之甚。钟会说他,"无益于今,有败于俗",说他"负才乱群惑众",足见他的思想影响的深刻与广大。

在七贤中,嵇康与阮籍齐名,而年齿却比阮籍幼小。山涛年最大,后来仕晋,位望很尊,也是比较被推崇的。所以,嵇阮山涛,常是并称的。而刘伶、阮咸、向秀、王戎,则被称为"预此契者",明示非核心人物。《世说新语·任诞》第二十三所记,便是如此,再看同书《排调》第二十五,更可意味到七贤中嵇阮山刘的地位:

> "嵇阮山刘在竹林酣饮,王戎后往。步兵曰:'俗物已复来败人意。'王笑曰:'卿辈意,亦复可败邪?'"

嵇康年较小,而这里的次序,巍然居七贤之首,是颇可寻思的一点。

嵇康与七贤们平日游处的竹林,地属河内郡,这已于上文述及。嵇康居河内最久,据《世说新语》王戎的说法,有二十年光景。从而也可知七贤于此盘桓的长久。河内为魏宗室所居,魏废帝齐王曹芳,也居于此,隐然是当时洛阳以外的一个政治中心。如果把洛阳看做司马氏所控制的政治中心,则河内(尤其是邺),不妨看做曹氏所控制的政治中心。七贤盘桓于此,历时甚久,应该不是徒然的。那时,阮籍徜徉诗酒,嵇康辞绝辟召,向秀、刘伶、王戎、阮咸也都清谈不仕。(惟有山涛,初虽同心,后登仕版,出处之际先后不同。)此外,吕安与向秀同灌园于山阳,赵至则自洛阳追寻嵇康至邺,同归山阳,郭遐周、郭遐叔兄弟则超然北征,与嵇康"乐道蓬庐",阮德如、阮德猷也与嵇康往还,俱明"屡空守贞"之志。河内郡遂成为不应司马氏征召的退隐名士的乐园。他们"并有拔超之韵,其进止无不同,而造事营生业亦不异"。嵇康对自己哥哥从军,也曾加以劝阻,以为他哥哥是在"弃此荪芷,袭彼萧艾"。那时,据《世说》的说法,他的影响很大,所谓"风誉扇于海内"。

他不应司马氏征召,被司马氏所忌恨,在司马昭与向秀的问答中,忌恨之情,见乎辞气。

> "嵇中散既被诛,向子期举郡计入洛,文王引进问曰:'闻君有箕山之志,何以在此?'对曰:'巢许狷介之士,不足多慕。'王大咨嗟。"——注引《向秀别传》曰:"康被诛,秀遂失图,乃应岁举,到京师,诣大将军司马文王。文王问曰:'闻君有箕山之志,何能自屈?'秀曰:'常谓彼人不达尧意,本非所慕也。'一坐皆说。("彼人"是借许由以影射嵇康的。)"(《世说新语·言语》)

嵇康与七贤及其他一些一道同风的人物,除长时期盘桓于河内以外,也偶然到洛阳居住。上文曾提到向秀与嵇康偶锻于洛的事,《文士传》写嵇康锻铁,殊为生动。"康性绝巧,能锻铁。家有盛柳树,乃激水从圜之,夏天甚清凉,恒居其下傲戏,乃身自锻。家虽贫,有人说锻者,康不受直。唯亲旧携鸡酒往,与共饮啖,清言而已。"另外,从嵇绍所作《赵至叙》中,我们也可知,嵇康在洛阳,曾在太学写石经。嵇康与赵至的交往,是很有趣的。赵至出身微贱,父躬耕稼,嵇康却与他很亲密。

嵇康死后赵至从孟元基宦辽东,远行时,曾有书信寄康从子嵇茂齐,极
为愤惋哀切。这一段颇不平常的交往,对嵇康身世的了解,是有重要的
参考价值的。就文献价值来说,《赵至叙》除嵇喜所作《康传》外,是对
于嵇康生平事迹的最近于真切的记述,非《世说新语》等间接撮引可
比。有全部引叙的必要:

> "(赵)至字景真,代郡人,汉末,其祖流宕,客缑氏。令新之
> 官,至年十二,与母共道旁看。母曰:'汝先世非微贱家也,汝后能
> 如此不?'至曰:'可尔耳。'归,便求师诵书。蚤闻父耕叱牛声,释
> 书而泣。师问之,答曰:'自伤不能致荣华,而使老父不免勤苦。'
> 年十四,入太学观,时先君在学,写石经古文,事讫去,遂随车问先
> 君姓名。先君曰:'年少何以问我?'至曰:'观君风器非常,故问
> 耳。'先君具告之。至年十五,阳病,数数狂走五里三里,为家追
> 得。又炙身体十数处。年十六,遂亡命,径至洛阳,求索先君,不
> 得。至邺,沛国史仲和,是魏领军史涣孙也,至便依之,遂名翼,字
> 阳和。先君到邺,至具道太学中事,便逐先君归山阳,经年。至长
> 七尺三寸,洁白黑发,赤唇明目,鬓须不多,闲详安谛,体若不胜衣。
> 先君尝谓之曰:'卿头小而锐,瞳子白黑分明,视瞻停谛,有白起
> 风。至议论清辩,有纵横才。'然亦不以自长也。孟元基辟为辽东
> 从事,在郡断九狱,见称清当。自痛弃亲远游,母亡不见,吐血发
> 病,服未竟而亡。"(《世说新语·言语》注引)

嵇康在洛阳,也常与人们在那有名的"黄公酒垆"下酤饮。《世说新
语·伤逝》第十七:

> "王浚冲(戎)为尚书令,著公服,乘轺车,经黄公酒垆下过。
> 顾谓后车客,吾昔与嵇叔夜阮嗣宗共酤饮于此垆;竹林之游,亦预
> 其末。自嵇生夭、阮公亡以来,便为时所羁绁。今日视此虽近,邈
> 若山河。"

以上所述,是嵇康在洛阳的生活鳞爪。此外,据《三国志》注引《魏
氏春秋》,为逃免司马氏征召,他曾避地河东;据《文选》注,早年又曾与

山涛游颍川太守山嵚（涛之叔父）之所。——从文献上来看嵇康的踪迹，所可能知道的，就是如此。

嵇康是为吕安事下狱被诛的。关于吕安，《三国志》注引《魏氏春秋》有如下的记述：

"初，康与东平吕昭子巽及巽弟安亲善。会巽淫安妻徐氏，而诬安不孝，囚之。安引康为证，康义不负心，保明其事。安亦至烈，有济世志力。钟会劝大将军因此除之。遂杀安及康。"

这样来看，安之被杀，最主要的原因是性烈，有济世志力，是带有政治意味的。这一点与嵇康相同。吕巽淫其弟妻，又诬告其弟不孝，而在政治上又是党于司马氏的，其为人为嵇康所不满与鄙薄，是当然的。（《三国志》注引干宝云"巽善于钟会，巽为相国掾，俱有宠于司马文王，故遂抵安罪。"）为此，嵇康写信给吕巽绝交，"临书恨恨"地骂他"包藏祸心"。乃兄与乃弟的距离，真是非常巨大。据《世说新语·简傲》第廿四注引《晋阳秋晋纪》，所述吕安的性格极似嵇康，而他跟嵇康的交谊，也极笃厚。二人终于同命，不是偶然的。

"嵇康与吕安善，每一相思，千里命驾。安后来，值康不在，（康兄）喜出户延之，不入，题门上作凤字而去。喜不觉，犹以为欣。故作凤字，凡鸟也。"（《简傲》第二十四）

"安志量开旷，有拔俗风气。"（注引《晋阳秋》）

"初安之交康也，其相思则率尔命驾。"（注引《晋纪》）

"安尝从康，或遇其行，康兄喜拭席而待之，弗顾。独坐车中，康母就设酒食。求康儿共语戏，良久则去。其轻贵如此。"（《简傲》第二十四）

关于嵇康的死年，裴松之在《三国志注》中，曾有所辩正：

"臣松之案：本传云，康以景元中坐事诛，而干宝、孙盛、习凿齿诸书皆云正元二年，司马文王反自乐嘉，杀嵇康吕安。盖缘《世语》云康欲举兵应毋丘俭，故谓破俭便应杀康也。其实不然。山涛为选官，欲举康自代，康书告绝，事之明审者也。案涛行状，涛始以景元二年除吏部郎耳。景元与正元相较七八年,以涛行状检之,知本传为审。又《钟会传》亦云会作司隶校尉时诛康。会作司隶,景元中也。干宝云,吕安兄巽,善于钟会。巽为相国掾,俱有宠于司马文王,故遂抵安罪。寻文王以景元四年钟邓平蜀后始授相国位。若巽为相国掾时陷安,焉得以破毋丘俭年杀嵇吕?此又干宝之疏谬,自相违伐也。"

裴松之的辩正是正确的。但只证实了《三国志》"景元中坐事诛"的笼统说法,并没有确切指出景元中的那一年,还是不够的。山涛以景元二年始除吏部郎,而钟会作司隶,尽于景元三年冬,此后,会为镇西将军假节都督关中诸军事。嵇康之诛,在山涛为选官与钟会为司隶之时,则必在景元二年至三年冬的一段时间中。

《与山巨源绝交书》中说,"阮嗣宗为礼法之士所绳,疾之如仇,幸赖大将军保持之耳。"《晋书·阮籍传》说"籍不拘礼教……由是礼法之士,疾之若仇,而帝每保护之。"又《何曾传》说,"魏帝之废也,曾预其谋焉。时步兵校尉阮籍负才放诞,居丧无礼,曾面质籍于文帝座曰:'卿纵情背礼败俗之人。今忠贤执政,综核名实,若卿之曹,不可长也。'因言于帝曰:'公方以孝治天下,而听阮籍以重哀饮酒食肉于公座,宜摈四裔,无令污染华夏。'帝曰:'此子羸病若此,君不能为吾忍邪?'"齐王芳被废在嘉平六年,即正元元年,其第二年,司马师殁,司马昭始为大将军,又六年乃弑高贵乡公。故知《何曾传》所说魏帝之废,非指齐王芳,而指高贵乡公被弑,后又以太后诏援汉昌邑王故事,废为庶人,以民礼葬之这一回事。高贵乡公被弑后,名义上由太后下诏数以不孝之罪。例如说:"此儿忿戾,所行益甚。举弓遥射吾宫,祝当令中吾项,箭亲堕吾前。吾语大将军不可不废之,前后数次,此儿具闻。自知罪重,便图为弑逆,赂遗吾左右人,会因吾服药,密行鸩毒。重相设计,事已觉露,直欲因际会举兵入西宫杀吾,出取大将军。……吾之危殆,过于累卵。……此儿既行悖逆不道,而又自陷大祸,重令吾悼心不可言。"这就是何曾所谓"公以孝治天下"的具体内容。高贵乡公既以不孝被废被诛,而阮籍却居丧饮酒食肉,自然要遭何曾的仇疾,抬出以孝治天下的大题目来。由此足以证明,《绝交书》是在高贵乡公被弑(景元元年)后写的。书中说:"今女年十三,子年八岁",《晋书·嵇绍传》称绍"十岁而孤",则作《绝交书》后二年,康即被杀。《绍传》所说的十岁,可能系约举成数而言。故嵇康被杀的年份,认定在景元二年以后、三年冬以前这一段时间内,是完全没有问题的。如我们认为《绍传》所说的"十岁而孤"是一个确实年岁,则《绝交书》之作在景元元年,康被杀在景元三年,这是最可能的确实年份。

至于干宝所说吕巽为相国掾时陷安,也是失考的。司马昭于景元四年冬,始纳郑冲劝进,晋位相国,时钟会已早谢司隶之职,统兵伐蜀,深入川中。巽与会同谋诛杀康安,当在未为相国掾时。这附带的要辨正一下。

(四)嵇康著述考辨

嵇康的著述,有《高士传赞》及诸文论六七万言。(据《三国志》注引《魏氏春秋》)嵇喜所作《康传》说:"撰录上古以来圣贤隐逸,遁心遗名者,集为传赞。自混沌至于管宁,凡百一十有九人,盖求之于宇宙之内,而发乎千载之外者矣。"即指《高士传赞》而言。此书今佚,《世说新语·品藻》:"王子猷子敬兄弟共赏《高士传》人及《赞》,子敬赏井丹高洁,子猷云,未若长卿慢世。"注引《高士传》中井丹及司马相如传赞原文(又《三国志》注引《康集》目录所叙孙登事,又《世说新语·栖逸》注引《康集序》所叙孙登事,也是《高士传》原文),均在传后系以有韵之赞八句,可以窥见其书体例。今存的《嵇中散集》十卷,即诸文论的集结,《魏氏春秋》言其"皆为世所玩咏"。鲁迅校序的《嵇康集》十卷,系据明吴宽丛书堂钞本,而又有所附益,卷首序及卷末著录考,于《康集》历代卷帙篇第的存佚,分别后先,及版本的出入同异,考订精审。序中述及卷帙存佚道:"魏中散大夫嵇康集,在梁有十五卷,录一卷。至隋佚二卷。唐世复出,而失其录。宋以来,乃仅存十卷。"述及版本异同道:

"至于椠刻,宋元者未尝闻,明则有嘉靖乙酉黄省曾本,汪士贤《二十一名家集》本,皆十卷。在张溥《汉魏六朝百三名家集》中者,合为一卷,张燮所刻者又改为六卷,盖皆从黄本出,而略正其误,并增佚文。张燮本更变乱次第,弥失其旧。唯程荣刻十卷本,较多异文,所据似别一本,然大略仍与他本不甚远。清诸家藏书簿所记,又有明吴宽丛书堂钞本,谓源出宋椠,又经鲍庵手校,故虽迻录,校文者亦为珍秘。予幸其书今在京师图书馆,乃亟写得之,更取黄本仇对,知二本根源实同,而互有讹夺。唯此所阙失,得由彼书补正,兼具二长,乃成较胜。"鲁迅辑校之《嵇康集》,实较黄省曾本精审远其。述及卷帙篇第道:"审旧钞原亦不足十卷,其第一卷有阙叶,第二卷佚前,有人以《琴赋》足之。第三卷佚后,有人以《养生论》足之。第九卷当为《难宅无吉凶摄生论下》,而全佚,则分第六卷中之《自然好学论》等二篇为第七卷,改第七第八卷为八九两卷,以为完书。黄汪程三家本皆如此,今亦不改。盖较王楙所见之缮写十卷本卷数无异,而实佚其一卷及两半卷矣。原又有目录在前,然是校后续加,与黄本者相似。今据本文别造一卷代之,并作佚文考,著录考各一卷,附于末。"因此,《嵇康集》,实以最晚出之鲁迅校序本为最精善。跋尾,鲁迅自己也说:"中散遗文,世间已无更善于此者矣。"信然。

《嵇康集》中的文论,可以约略考知其写作的年代的,有如下:

第一卷 《幽愤诗》,为景元三年入狱后作,中有"理弊患结,卒致囹圄,对答鄙讯,絷此幽阻"等句可证。

《述志诗》,为入狱后作,中有"欛轲丁悔吝,雅志不得施","恨自用身拙,任意多永思。……往事既已缪,来者犹可追"等句可证。

《思亲诗》,为景元元年作,与写作《与山巨源绝交书》同时。中有"嗟母兄兮永潜藏,想形容兮内摧伤。感阳春兮思慈亲,欲一见兮路无因",等句,与《绝交书》中"吾新失母兄之欢,意常冤切"等句,可以互证。

五言诗一首《与阮德如》,与《思亲诗》同时作,或略早,首句云"含哀还旧庐,感切伤心肝",当系追念母亲之词。

《酒会诗》及《四言》十章,疑七贤游竹林时作。《酒会诗》云:"乐哉苑中游,周览无穷已。百卉吐芳华,崇台邈高跱。林木纷交错,玄池戏鲂鲤。轻丸毙飞禽,纤纶出鳣鲔。坐中发美赞,异气同音轨。临川献清酤,微歌发皓齿。素琴挥雅操,清声随风起。斯会岂不乐,恨无东野子。"《四言》首章云:"淡淡流水,沦胥而逝,泛泛柏舟,载浮载滞。微啸清风,鼓楫容裔。放棹投竿,优游卒岁。"其第四章有云:"猗与庄老,栖迟永年;实惟龙化,荡志浩然。"其中说到林木芳华,崇台流水,投竿泛舟,挥弦献酤,雅咏清谈,赞叹庄老,异气同音,寄心知己。如斯高会,当为七贤竹林之游。再与《水经》清水注参看,益觉可征(《水经注》文见前)。

第二卷　《与山巨源绝交书》,景元元年作。

《与吕长悌绝交书》,景元三年,吕安入狱后作,其时康当尚未入狱。书中云,"足下阴自阻疑,密表击都,先首服诬都",可证。都,即安之字。

第六卷　《管蔡论》疑甘露元年夏四月高贵乡公幸太学问诸儒,论及管蔡事时作,时距毋丘俭之诛,一年。《三国志·高贵乡公纪》,甘露元年,夏四月丙辰,帝幸太学,与尚书博士庾峻论圣人用人知人之道,多有未通处。"峻对曰,臣窃观经传,圣人行事,不能无失。是以尧失之四凶,周公失之二叔,仲尼失之宰予。帝曰,尧之任鲧,九载无成,汩陈五行,民用昏垫,至于仲尼,失之宰予,言行之间,轻重不同也。至于周公管蔡之事,亦《尚书》所载,皆博士所当通也。峻对曰,此皆先贤所疑,非臣寡见所能究论。"

《管蔡论》这样说:"或问曰,案记,管蔡流言,叛戾东都。周公征讨,诛以凶逆。顽恶显著,流名千载。且明父圣兄,曾不能鉴凶恶于幼稚,觉无良之子弟;而乃使理乱殷之弊民,显荣爵于藩国。使恶积罪成,终遇祸害。于理不通,心所未安。愿闻其说。"结论更说:"推此言之,则管蔡怀疑,未为不贤,而忠贤可不达权,三圣未为用恶,而周公不得不诛。若此,三圣所用信良,周公之诛得宜,管蔡之心见理。尔乃大义得通,内外兼叙,无相伐负者。则'时论'亦将释然而大解也。"所谓"时论",疑即指太学中未能论究之问题。

第十卷 《家诫》,入狱后作。

第二节　嵇康的世界观认识论与辩论术

(一)嵇康的世界观

在曹氏与司马氏的政治斗争中,嵇康站在曹氏一面,以勇敢的姿态对司马氏进行激烈的搏击。特别在思想方面与生活态度方面,嵇康团结了竹林七贤以及周围的一些人物,标明了一种虚诞的超现实的清谈主张,形成一时风会,而"扇风誉于海内",起着"乱群惑众"的巨大影响,和司马氏进行政治控制时的思想意识形成对立之势,这是论究嵇康思想时,我们首先要把握住的一点。嵇康的思想,不仅在当时有重大影响,对后世的影响也深刻而广远。名士风流,打动了后世多少读书人的心。今天还留存着的他的集子,那六七万言文论,便是我们了解清谈思想所不可少的资料。可惜他的《高士传赞》失传了,否则我们的研寻,当有更多的凭借。

传统的理解,认为魏晋清谈是老庄道家思想在后代的发挥与发展。这其实只表明清谈思想对古代思想形式的片面依傍与援引,并没有道出它的真实。如实地讲来,清谈思想所从发生的社会物质基础以及当时政治斗争的具体波澜,早给它规定了独特的性格与相貌,不是老庄思想所能包蕴的。从黄巾农民暴动摧毁汉王朝的统治以后,统治阶级竟以剿灭农民战争起家,武装的割据指着这样的意义:游离失所的部曲农民,被游离不定的豪族地主带领着,随军事的变动,而暂时和土地相结合,以最高的租佃制度来供养军事首长兼豪门地主的生活。这样的世界,和两汉的县乡亭制度相反,必然要使得安固形态下缙绅礼仪渐形破产,必然要对博士意识下的古典章句之师法,给以噩梦的打击,代之而兴的意识形态就是清谈玄虚了。生产关系之受军事的影响更加制度化，名门豪族的道德风尚经"上下任意的"标榜更加法律化，因而反映于思想，便易于走向简约和任诞。因而名士风流，便以玉麈代端委，以容止代礼仪。当时的豪族地主间，正进行着你死我活的火并，从而清谈思想在现象上也表现着纷纭复杂的合同离异，《四本论》固然是合同离异的典型例子，《嵇康集》也有"三理"的两种，为"养生"问题，嵇向间发生了论难，为"声无哀乐"问题，秦客与东野主人间发生了论难，为"自然好学"问题，嵇张间发生了论难，为"明胆"问题，嵇吕间发生了论难，为"宅无吉凶"问题，嵇阮间发生了论难。这些论难，也反映了豪门大族阶级内部在纠纷的同异离合之中，企图从超现实的概念方面寻求一种高明的支配思想以代替破产了的两汉神学。豪族间政权争夺的同异离合，也影响了思想上的同异离合。因此清谈思想，其特色不仅在浮华虚诞方面的"清"，尤在纠纷复杂的辩才方面的"谈"。超现实的纯概念的游戏是在诡辩方式下进行的。清谈思想，就其对古代思想材料的依傍与援引讲来，墨辩与名家的比重，决不轻于道家；但这不是中心问题，我们要注意的是，清谈思想通过社会的道德法律，而和它自己的社会基地密切关联着，因而它具有时代的特殊意义。不论对清谈思想的评价如何，其本质则确是这样的。

生活于经农民战争一度把社会秩序破坏的境遇，而又与魏晋之际的政治斗争密切结合着的嵇康，他的思想，是清谈思想中的一种典范。

嵇康的思想体系，含蕴在他的许多篇文论中，主要的有如下几篇：

《养生论》(附：向子期《难养生论》)；

《答难养生论》；

《声无哀乐论》；

　　　(以上是王导所称的三理之二种)

《释私论》；

《明胆论》；

《管蔡论》；

《难自然好学论》(附:张叔辽《自然好学论》);

《难宅无吉凶摄生论》(附:阮德如《宅无吉凶摄生论》);

《答释难宅无吉凶摄生论》(附:阮德如《释难宅无吉凶摄生论》);

《与山巨源绝交书》;

《与吕长悌绝交书》;

《家诫》;

《太师箴》;

《卜疑》;

《琴赋》。

现在,我们先从根本上来考察嵇康的世界观。这可以用他自己的话来说,就是"心声二物"的二元论。

关于宇宙本体,嵇康在表面上,似乎是承袭了道家的自然变化观的。他承认万物的变化与生长,而这变化与生长,是从运动中产生的。

"夫元气陶铄,众生禀焉。"(《明胆论》)

"浩浩太素,阳曜阴凝,二仪陶化,人伦肇兴。"(《太师箴》)

"夫天地合德,万物资生。寒暑代往,五行以成。章为五色,发为五音。"(《声无哀乐论》)

运动之所以会发生,是由于什么一种力量的作用呢?嵇康没有交代明白。他似乎把运动看做本体的自在的属性,对运动完全从机械的观点上来理解。因此这变化观是承袭了道家的自然变化观的。

所谓元气,太素,天地,是从哪里来的呢?嵇康未加说明。看他的意思,他是把这些当做最初自在的存在来看的。可是这些最初自在的存在,只是虚幻的概念产物,并没有物质基础。把虚幻的概念产物,与具体的形形色色的存在,对比起来看,必然要走入唯心主义的二元论的泥淖:一方面是虚幻的概念的,一方面则是具体的实在的。从虚幻的概念的产物,怎么样能够变成具体的实在的存在呢?这变化的桥梁在哪里,嵇康是无法予以解答的。因此,他的道家的自然变化观,必然是一种不通的机械的变化观。

于是嵇康的唯心主义的二元论,不得不在"常"的存在以外,再承认有"至"的存在。换句话说,就是"寻常"与"特殊"的并行不悖。在陶铄、曜凝、陶化、合德、代往,种种运动变化以外,不得不承认有超时空的不变。他论物,有所谓神秘的"至物",以与普通的"物"相对:

　　"'至物'微妙,可以理知,难以目识。"(《养生论》)

论音乐,有所谓神秘的"至和"、"至乐",以与普通的"和谐"、"音乐"相对:

　　"理弦高堂,而欢戚并用者,直'至和'之发滞导情,故令外物所感,得自尽耳。"(《声无哀乐论》)

　　"'至和'之声,得于管弦。"(同上)

　　"'无声之乐',民之父母也;至八音会谐,人之所悦,亦总谓之乐。"(同上)

　　"咸池六茎,大章韶夏,此先王之'至乐',所以动天地感鬼神者也。……不可托之于瞽史,必须'圣人'理其弦管,尔乃雅音得全也。"(同上)

论人,有所谓超凡的"至人"、"神仙"和"圣人"(上引例),以与"常人"相对:

　　"唯'至人'特钟纯美,兼周外内,无不毕备。降此以往,盖阙如也。"(《明胆论》)

　　"'神仙'似特受异气,禀之自然,非积学所能致也。"(《养生论》)

　　"驰骋常人之域,故有一切之寿。"(同上)

论道理,有所谓微妙的"至理",以与"常理"相对:

　　"'至理'诚微,善溺于世。"(《答难养生论》)

　　"天下微事,……岂常理之所逮耶?"(《难宅无吉凶摄生论》)

论明知与胆量,有所谓通天的"至明至胆",以与普通的明知与胆量相对:

　　"唯'至明'能无所惑,'至胆'能无所亏尔。"(《明胆论》)

　　总之,在嵇康认为,寻常之外,复有特殊。寻常是具体的,现实的,低级的;特殊是虚幻的,概念的,高级的。因此,在运动变化之外,也就有超时空的不变:

　　　　"余少好音声,长而玩之。以为物有盛衰,而此无变。"(《琴赋序》)

　　运动变化的是"常"的世界,是现实的世界,而超时空的绝对是"至"的世界、概念的世界。在嵇康的思想中,世界便分裂为这样的两个,他企图脱离"常"的现实的世界,而向"至"的概念的世界飞升。这样,就可否定客观的存在(外物以累心不存),而只有神气独往独来了。所以要求养生,一面"清虚静泰,少私寡欲",一面"蒸以灵芝,润以醴泉",内外双修,乃"可与羡门比寿,王乔争年",从常人变成神仙了。《养生论》说:

　　　　"善养生者,则不然矣。清虚静泰,少私寡欲。知名位之伤德,故忽而不营,非欲而强禁也;识厚味之害性,故弃而弗顾,非贪而后抑也。外物以累心不存,神气以醇白独著。旷然无忧患,寂然无思虑。又守之以一,养之以和。和理日济,同乎大顺。然后蒸从灵芝,润以醴泉,晞以朝阳,绥以五弦。无为自得,体妙心玄。忘欢而后乐足,遗生而后身存。若此以往,庶可与羡门比寿,王乔争年。"

　　嵇康企图从"常"的现实世界的否定,来达到"至"的概念世界的肯定。然而离开现实的这样"至"的概念世界是不存在的,因此连同"至"的概念世界,也跟着"常"的现实世界一起,要消失了。这就是所谓竹林的虚诞。这一方面说明,经过农民战争打击之后,豪族地主动摇了对现实世界加以把握的信念,另一方面说明,他们幻想着超现实的概念世界的神圣性的存在。然而以主观否定客观,以主观肯定主观,结果则走到一切的否定。由于现实世界的不能把握,因而不得不加以否定,在理论上是很难说得圆满的。他说常人"以多自证,以同自慰,谓天地之理,尽此而已矣。纵闻养生之事,则断以所见,谓之不然"。可见要否定现实,就不得不自别于常人的"多"与"同",自别于常人的"所见",而从孤独中去开垦那幻想。所以向子期斥之为"影响之论"。向论虽也诡辩,但下面的话是对的:"导养得理,以尽性命,上获千余岁,下可数百年。若信可然,当有得者,此人何在,目未之见。此殆影响之论,何言而不得?"(《难养生论》)

在声音方面,嵇康发挥他的二元论,他说:

"琴瑟之清浊,不在操者之工拙。心能辨理善谭,而不能令内龠调利,犹瞽者能善其曲度,而不能令器必清和也。器不假妙瞽而良,龠不因慧心而调。然则心之与声,明为二物。二物诚然,则求情者不留观于形貌,揆心者不假听于声音也。察者欲因声以知心,不亦外乎?"(《声无哀乐论》)

这样,他就得到声无哀乐的结论:

"五味万殊,而大同于美;曲变虽众,亦大同于和。美有甘,和有乐。然随曲之情,尽乎和域;应美之口,绝于甘境;安得哀乐于其间哉!"

"夫会宾盈室,酒酣奏琴,或忻然而欢,或惨尔而泣。非进哀于彼,导乐于此也。其音无变于昔,而欢戚并用,斯非吹万不同邪?夫唯无主于喜怒,亦应无主于哀乐,故欢戚俱见。若资不固之音,含一致之声,其所发明,各当其分。则焉能兼御群理,总发众情邪?由是言之,声音以平和为体,而感物无常;心志以所俟为主,应感而发。然则声之与心,殊途异轨,不相经纬。焉得染太和于欢戚,缀虚名于哀乐哉?"

这样看来,声音不变而心情万变,犹之乎概念世界不变而现实世界万变。

然而概念世界的不变,是不可能达到的,因此,嵇康不得已而求其次,从概念回到了现实,从天上回到了人间。神仙既非积学所能致,则只得从导养着手,只要"导养得理,以尽性命",则"上获千余岁,下可数百年,可有之耳。"无声之乐,既太抽象,则只得"具其八音,不渎其声,绝其大和,不穷其变,捐窈窕之声,使乐而不淫","制可导之乐"了。这样,便从事实上一面否定了客观现实,一面又怀疑了主观概念,上不在天,下不在田,浮浮荡荡地吊在半空中了。这反映了依靠军事力量与土地结合着的、企图更新两汉神学世界观的豪族地主,是怎样地动摇于那种不着实又不完全落空的思想意识之中。

嵇康的《明胆论》,当是《才性四本论》的继续发展。在这一问题上,他与一个"精义味道,研核是非"的吕子的意见不一致。吕子以为"人有胆可无明,有明便有胆"。而嵇康则以为"明胆殊用,不能相生"。这一问题是知识(明)和实践(胆)的关系问题,他说:

"夫元气陶铄,众生禀焉。赋受有多少,故才性有昏明。唯'至人'特钟纯美,兼周外内,无不必备。降此以往,盖阙如也。或明于见物,或勇于决断,人情贪廉,各有所止,譬诸草木,区以别矣。兼之者博于物,偏受者守其分。故吾谓明胆异气,不能相生。明以见物,胆以决断。专明无胆,则虽见不断;专胆无明,则违理失机。故子家软弱,陷于弑君,左师不断,见逼华臣;皆智及之而决不行也。"

"夫五才存体,各有所生,明以阳曜,胆以阴凝。岂可谓有阳而生阴,可无阳邪?虽相须以合德,要自异气也。"

吕子以为明包蕴着胆,而胆并不包蕴着明,这种轻视实践而高倡知识的理论相似于"明胆异",是才性论中的异的主张,符于李丰;嵇康则以为"明胆异气,不能相生","明胆殊用,不能相生",胆既与明无涉,明亦与胆无关,所以是明胆离,是才性论中的离的主张,符于王广。嵇康根究明胆的生成,源于阴阳异气,而五才在人类精神能力上的作用,也是各别的发生,不相关涉与联属,这种把知识和实践割截区分的看法,仍是从唯心主义的二元论出发的。

(二)嵇康的认识论

与世界观密切关联着的,是嵇康的诡辩思想的认识论。

对于至物微妙的认识,嵇康以为主要的并非通过"目见",而是通过"较论",并非通过"目识",而是通过"理知"。他说:

"夫神仙虽不目见,然记籍所载,前史所传,较而论之,其有必矣。"(《养生论》)

"夫至物微妙,可以理知,难以目识。譬之豫章,生七年然后可觉耳。"(同上)

因为存在是虚幻的,所以认识的方法也是离开了物质感觉的基础。不由目见目识,而由较论理知,以抽象的精神能力来直接与所要认识的虚幻存在打交道。在空布机上织成的国王的新衣,唯有用"强不见以为见"的所谓较论理知,才能直觉其存在,通过小孩子的肉眼,却只看到一无所有而已。反过来说,他以为由物质的感觉为基础,所认识的客观,有时倒不免是谬误的:

"(常人)以多自证,以同自慰,谓天地之理,尽此而已矣,纵闻养生之事,则断以所见,谓之不然。"(同上)

"多"与"同",都是有局限的,而"所见"尤不及"所不见"者为多,"所知"尤不及"所不知"者为众。因此,常人的"多"与"同"是不一定可靠的。他说:

"天地广远,品物多方,智之所知,未若所不知者众也。"(《难宅无吉凶摄生论》)

"况乎天下微事,言所不能及,数所不能分,是以古人存而不论。神而明之,遂知来物。故能独观于万化之前,收功于大顺之后。百姓谓之自然,而不知所以然。若此,岂常理之所逮邪?"(同上)

对于"所知"和"所见"的,人类"可以知","可以见";而对于天下微事,那些常理以外的至理,言所不能及,数所不能分的存在,则只好存

而不论,神而明之,独观于万化之前了。这样,就需要"探赜索隐",而"探赜索隐"在他看来是真实的:

"探赜索隐,何为为妄?"(《答释难宅无吉凶摄生论》)

在"探赜索隐"的时候,不能局限于"所见"与"常论",因为"所见"与"常论"是不可能"通变达微"的。他说:

"凡若此类,上以周孔为关健,毕志一诚;下以嗜欲为鞭策,欲罢不能。驰骤于世教之内,争巧于荣辱之间。以多同自减,思不出位。使奇事绝于所见,妙理断于常论;以言通变达微,未之闻也。"(《答难养生论》)

在"至理诚微,善溺于世"的情形之下,常人的谬误,常是蔽于"以多同自减,思不出位"。所谓以多同自减,思不出位,就是只在众人感觉思维的有限的范围内论断事理,而不能"神而明之,独观于万化之前"的意思。以独观来否定多同,以神而明之来否定在位之思,是嵇康认识论的最基本的观点。

可是这也可以令人理解到嵇康诡辩思想的反现实与反群众的本质。独观,是反多同的,即是反群众观点的;神而明之,观于万化之前,是反现实的,反科学的,即是离弃当前的事实依据的。因此,这一认识论的结果,必然由否定现实而达到对一切的否定,便是所谓虚诞。而这一认识论的社会根源,是由于封建社会的身份性地主阶级的优越人品在发酵着的。

嵇康根据自己的认识方法,来指摘常人(指的是汉代人)认识方法上的"交赊相倾"与"背赊趋交"、"见交非赊"。这是什么意思呢?请看他的集中曾三处提到的交赊两字:

"抑情忍欲,割弃荣愿,而嗜好常在耳目之前,所希在数十年之后,又恐两失,内怀犹豫。心战于内,物诱于外,交赊相倾,如此复败。"(《养生论》)

"常人之情:远、虽大莫不忽之,近、虽小莫不存之。夫何故哉?诚以交赊相夺,识见异情也。三年丧,不内御,礼之禁也,莫有犯者。酒色乃身之仇也,莫能弃之。由此言之,礼禁交,虽小不犯;身仇赊,虽大不弃。然使左手据天下之图,右手旋害其身,虽愚夫不为,明天下之轻于其身。酒色之轻于天下,又可知矣,而世人以身殉之,毙而不悔。此以所重而要所轻,岂非背赊而趣交邪?智者则不然矣。审轻重然后动,量得失以居身,交赊之理同,故备远如近,慎微如著,独行众妙之门,故终始无虞。"(《答难养生论》)

"药之已病,其验交见,故君子信之。宅之吉凶,其报赊遥,故君子疑之。今若以交赊为虚实,则恐所以求物之地鲜矣。吾见沟浍不疑江海之大,睹丘陵则知有泰山之高也。若守药则弃宅,见交则非赊,是海人所以终身无山,山客白首无大鱼也。"(《答释难宅无吉凶摄生论》)

从上面三段文字中,我们可以理解到,嵇康所提出的交赊两概念,是他认识论上批判常人认识方法的两个术语。所谓"交",意味着时间空间的近,所谓"赊",意味着时间空间的远,如从"嗜好常在耳目之前,所希在数十年之后",而说"交赊相倾",就指的时间的远近。又如"药之已病,其验交见,宅之吉凶,其报赊遥",接着又说"吾见沟浍不疑江海之大,睹丘陵则知有泰山之高",就是指证时间远近,而引空间来譬况的,因而兼有空间远近的意义。交赊,又含有现实与预期的意义,如说"今若以交赊为虚实",交为实,赊为虚,交为现实,赊为预期。细考交赊两字的本义:交,有互相授受意,《礼坊记》:"礼非祭,男女不交爵",如言交易。赊,买物缓偿其值也,《周礼·地官泉府》:"凡赊者,祭祀无过旬日",孙诒让正义:"赊者,先贳物而后偿直";赊也有空间上的广远义,王勃诗:"观阙长安近,江山蜀道赊";有时间上的遥长义,何逊《秋夕》诗:"寸心怀是夜,寂寂漏方赊。"现代市场习语,如现交、交割、赊欠、强赊硬买,仍是本义的运用。所以嵇康的交赊两概念,乃是事物在时间空间上的远近的对举以及事物的现实性与预期性的对举。嵇康举此对待的两概念,批判常人认识的谬误:

第一,"交赊相倾"或"交赊相夺"。这是说,现实性的事物与预期性的事物,在思想上的"战"与"诱"恐怕"两失,内怀犹豫"。

第二,"背赊趣交"。这是说,只看到并把握住眼前的事物,而遗弃了遥远的事物,其愚蠢有如"左手据天下之图,右手旋害其身"(引马融语)。

第三,"见交非赊"。这是说,肯定事物的现实性,而否定事物的预期性。其结果是"恐所以求物之地鲜矣"。

嵇康认为对事物的现实性与预期性,应该采取交赊同理,不应偏敧。这是企图修正汉代的谶纬宗教观,寻求免去"复败"以达到"无虞"的理想。他说:

> "智者不然,审轻重然后动,量得失以居身,交赊之理同,故备远如近,慎微如著,独行众妙之门,故始终无虞。"

表面上看,嵇康非常客观地考虑了事物的当前与未来,好像采取了一种事物是发展的观点。实际上恰恰相反,所谓交赊,乃个别事物的交与赊,即此事物与彼事物的交与赊,不是一件事物先后发展上的交与赊。因此,这一"备远如近,慎微如著"的"众妙之门",只能让"智者"去"独行",与常人仍是不相关的。这"独行",正与上文所提到的"独观"相同,是由封建社会的地主阶级的优越身份感发酵出来的。而"众妙之门"正与上文的"万化之前"相同,超越了人间的时空观念,象征着一个绝对的本体,实际上他主张把粗陋的人间现实融洽于神秘的预期世界。马克思说:"犹太人的神成了世俗的神,世界的神。期票是犹太人的真正的神。犹太人的神只是幻想的期票。"(《马克思恩格斯全集》第一卷,页448。)我们说,嵇康的交赊论除了"期票"的意义更神秘外,也似这样。

答复"存在与思维的关系"这一问题,嵇康提出概念的相对性的主张。他说:

> "因事与名,物有其号。哭谓之哀,歌谓之乐,斯其大较也。"

> "然乐云乐云,钟鼓云乎哉?哀云哀云,哭泣云乎哉?因兹而言,玉帛非礼敬之实,歌舞(案当作哭)非悲哀(疑当做哀乐)之主

也。"(《声无哀乐论》)

所谓因事与名,物有其号,就是说概念是人所与的。人所与的名,是不是正对当了客观的事物呢? 这是不一定的。虽然一般的说来,哭泣是哀,歌舞是乐,但不尽然的正也多着。因此,钟鼓或非乐,哭泣或非哀。玉帛非礼敬之实,歌哭非哀乐之主。人类给与事物的名称,只能在"大较"上说是这样是那样,但从"实"上"主"上来考察,就可能是"非实""非主"了。概念只能是相对的,所以:

> "殊方异俗,歌哭不同。使错而用之,或闻哭而欢,或听歌而戚。然其哀乐之怀均也。"(《声无哀乐论》)

概念既然只能是相对的,则就不可能有普遍的统一的适用范围。结果,在不同的空间,就闻哭而欢,听歌而戚,问题在于他把概念与事物完全分离了。他说:

> "夫言非自然一定之物,五方殊俗,同事异号,趣举一名,以为标识耳。"(同上)

那么,羊可以叫做犬,鸡可以叫做鹅,概念的产生,是由于"趣举",并不含有一定的意义与内容。这样,通过概念以认识实在,就变成不可能,客观世界就变成混乱无规律的样子,而不可认识了。所以嵇康的概念的相对性,是相对中的绝对,由相对的肯定到绝对的否定,结果落到虚无主义不可知论的泥坑里去了。他发挥他的"概念的相对的绝对性"的诡辩道:

> "夫味以甘苦为称,今以甲贤而心爱,以乙愚而情憎。则爱憎宜属我,而贤愚宜属彼也。可以我爱而谓之爱人,我憎则谓之憎人,所喜则谓之喜味,所怒则谓之怒味哉? 由此言之,则外内殊用,彼我异名。声音自当,以善恶为主,则无关于哀乐。哀乐自当,以感情而后发,则无系于声音。名实俱去,则尽然可见矣。"(同上)

爱憎属我,而贤愚属彼,主观上的爱憎,并不对应于客观上的贤愚,则主观自主观,客观自客观,不复发生任何关系。存在与思维,在嵇康的诡辩中,一刀两断,彼此无关。这叫做"外内殊用,彼我异名"。其结果,则为概念与实体的完全否定——"名实俱去"。

因此,嵇康不承认事物的差别相。他说:

"今使瞽者遇室,则西施与嫫母同情。聩者忘味,则糟糠与精
粹等甘。岂识贤愚好丑,以爱憎乱心哉?"(《答难养生论》)

西施与嫫母的差别,糟糠与精粹的差别,在瞽者与聩者的感觉上,
是不存在的。但人类并不全是瞽者与聩者,那么要感觉到客观的差别
相时,怎么办呢?嵇康于此,提出主观上的"理足于内,乘一以御外"。
他说:

"君子识智以无恒伤生,欲以逐物害性。故智用则收之以恬,
欲动则纠之以和。使智止于恬,性足于和。然后神以默醇,体以和
成,去累除害,与彼更生。所谓'不见可欲,使心不乱'者也。纵令
滋味尝染于口,声色已开于心,则可以至理遣之,多算胜之。何以
言之也?夫欲官不识君位,思室不拟亲戚,何者?知其所不得,则
未当生心也。故嗜酒者自抑于鸩醴,贪食者忍饥于漏脯。知吉凶
之理,故背之不惑,弃之不疑也。岂恨不得酣饮与大嚼哉?且逆旅
之妾,恶者以自恶为贵,美者以自美得贱。美恶之形在目,而贵贱
不同,是非之情先著,故美恶不得移也。苟云理足于内,乘一以御
外,何物之能默哉?"(同上)

这一理论的精髓,便是上文我们曾提到的"心之与声,明为二物"
的心物两离论。以心来否定物,以主观来否定客观,于是什么差别相也
都泯尽了。

把这一理论,推广到道德领域的是非问题上去,嵇康提出"似非而
非非,类是而非是"的主张。他说:

"事亦有似非而非非,类是而非是者,不可不察也。故变通之
机,或有矜以至让,贪以致廉,愚以成智,忍以济仁。然矜吝之时,
不可谓无廉;猜忍之形,不可谓无仁;此似非而非非者也。或谝言
似信,不可谓有诚;激盗似忠,不可谓无私;此类是而非是者也。"
(《释私论》)

他的意思是判断行为的是非要从动机出发,这属于道德的范畴,下节另行详论。我们引这一段文字于此的用意,是要说明嵇康的"概念的相对的绝对性"这一理论是贯串着他的认识论的全部的,即在道德领域的是非问题上,他也并不作出肯定的断案,仍然堕落到虚无主义的陷坑里。概念上的矜之与让,贪之于廉,愚之与智,忍之与仁,谗言之与信,激盗之与忠,既是相对的,则是非的判断也就成为不可能,这之间的差别也就很难讲了。

(三)嵇康的辩论方术的义例与具体应用

嵇康的文论中,70%以上是辩难的文章。这巨大数量的辩难文章中,包含着他的辩论方术的义例,也显示了在许多问题上,他的辩论方术的具体应用。这种辩论方术的义例与具体应用,虽然在其体系上是一系列的诡辩,但是,在形式问题上面,却闪出些光彩,对中国的逻辑学的发展,是有贡献的。

现在,请进而论究嵇康的辩论术。

嵇康认为进行辩论的时候,首先要把握论题的基本意义,总领一切,然后所有的细节旁支,才有所附丽,有所统摄。当他论明胆问题时,便首先提出元气陶铄,赋受多少,才性昏明,明胆偏受这一基本意义。论敌吕子问他"浮秽迂诞"地"引浑元以为喻,何辽辽而坦谩也?"他回答道:

> "夫论理情性,折引异同,固当寻所受之终始,推气分之所由。
> 顺端极末,乃不悖耳。今子欲弃置浑元,捃摭所见,此为好理纲
> (案当做纲)目,而恶持纲领也。"(《明胆论》)

"好理纲目,而恶持纲领",便不能"顺端极末"。所谓"端",便是论题的总纲,论题的基本意义,所谓"末",便是论题的细节以及论题可能支蔓到的旁支。把握住论题的总纲或基本意义,便可以畅快地到达论题的一切细节旁支,让辩论者充分地走完他的思想的途程,而不致有所散乱与阻碍。

其次进行辩论的时候,理论的依据,主要的应该建筑在"自然之理"上;自然之理圆满了,才找"古义"来证明。他说:

"夫推类辨物,当先求之自然之理;理已足,然后借古义以明之耳。今未得之于心,而多恃前言以为谈证,自此以往,恐巧历不能纪耳。"(《声无哀乐论》)

不要如汉代人仅看重古人的偶像,这命题是思想方法上的一种进步(这是与他的反名教反礼乐思想关联着的,说见下节)。但所谓自然之理,又是什么一种理呢? 是从哪里找寻得来的呢? 看下文,原来所谓自然之理,却正是"得之于心"的师心之见(刘勰谓嵇康师心以遣论),则其不足恃,也还与古义相仿佛的。他在论"至理"的时候,同样持着师心之见。

"夫至理诚微,善溺于世,然或可求诸身而后悟,校外物以知之。"(《答难养生论》)

这里的"求诸身",是上文"得之于心"的同义语。求诸身,有所悟,然后校外物以知之。外物的重要性,与上文的古义相同,只是次要的。以古义为次要,是对的,以外物为次要,却有了问题。这关联着嵇康的整个诡辩思想的体系。存在决定意识这一原理他是不理解的。

第三,嵇康在辩论时,特别是在击倒论敌时,善于运用形式逻辑的拒中律。统计他的文论中,有四处运用着拒中律,另有一处是拒中律运用的引申。

"又曰:季子听声,以知众国之风;师襄奏操,而仲尼睹文王之容(以上为东野主人复述秦客之言——引者按)。案如所云,此为文王之功德,与风俗之盛衰,皆可象之于声音。声之轻重,可移于后世。襄、涓之巧,又能得之于将来。若然者,三皇五帝可不绝于今日,何独数事哉? 若此果然也,则文王之操有常度,韶武之音有定数,不可杂以他变,操以余声也。则向所谓声音之无常,钟子之触类,于是乎踬矣。若音声之无常,钟子之触类,其果然邪,则仲尼之识微,季札之善听,固亦诬矣。"(《声无哀乐论》)

这是一个例子。

"既曰寿夭不可求,甚于贵贱;而复曰善求寿强者,必先知夭疾之所自来,然后可防也。然则寿夭果可求邪? 不可求也? 既曰彭祖三百,殇子之夭,皆性命自然;而复曰不知防疾,致寿去夭,求实于虚,故性命不遂。此为寿夭之来,生于用身,性命之遂,得于善求。然则夭短者,何得不谓之愚? 寿延者,何得不谓之智? 苟寿夭成于愚智,则自然之命不可求之论,奚所措之? 凡此数事,亦雅论之矛戟矣。"(《难宅无吉凶摄生论》)

这又是一个例子。

"苟宅能制人使从之,则当吉之人,受灾于凶宅,妖逆无道,获福于吉居。尔为吉凶之致,唯宅而已。更令由人也,新便无征邪? 若吉凶故当由人,则虽成居,何得而后有验邪? 若此,果可占邪? 不可占也? 果有宅邪? 其无宅也?"(《难宅无吉凶摄生论》)

这又是一个例子。

"前论曰:若许负之相条侯,英布之黥而后王;一阑之羊,宾至而有死者;皆性命之自然也。今论曰:隆准龙颜,公侯之相,不可假求。此为相命,自有一定。相所当成,人不能坏;相所当败,智不能救。……全相之论,必当若此,乃一涂得通,本论不滞耳。吾适以信顺为难,则便曰信顺者成命之理。必若所言,命以信顺成,亦以不信顺败矣。若命之成败,取足于信顺,故是吾前难,寿夭成于愚智耳,安得有性命自然也? 若信顺果成相命,请问亚夫由几恶以得饿? 英布修何德以致王? 生羊积几善而获存? 死者负何罪以逢灾邪? 既持相命,复惜信顺,欲饰二论,使得并通,恐似矛楯无俱立之势,非辩言所能两济也。"(《答释难宅无吉凶摄生论》)

这又是一个例子。以上四个例子,都是拒中律的具体应用。所谓"雅论之矛戟",所谓"矛楯无俱立之势",取具体的譬喻,以指出方术的运用,意义非常明确。

在下面一个例子中,则为拒中律运用的引申:

"又曰:(指论敌之言——引者按)时日先王所以诚不怠,而劝
从事。(以下为嵇康之词)足下前论云,时日非盛王所有,故吾问
惟戊之事。今不答惟戊果是非,而曰所以诚劝,此复两许之言也。
纵令惟戊尽于诚劝,寻论案名,当言有日邪?无日也?"(同上)

两许之言,即两可之言,违反了拒中律。故这里是拒中律的引申,
用以破论敌的"两许之言"。

嵇康又运用拒中律于辩论中,以反驳论敌的"反拒中律",下面便
是一个例子。

在《释难宅无吉凶摄生论》中,嵇康的论敌道:"墨翟著《明鬼》之
篇,董无心设难墨之说。二贤之言,俱不免于殊途而两惑。是何也? 夫
甚有之则愚,甚无之则诞。故二子者皆偏辞也。子之言神,将为彼邪?
唯吾亦不敢明也。夫私神立,则公神废,邪忌设,则正忌丧;宅墓占,则
家道苦;背向繁,则妖心兴。子之言神,其为此乎? 则唯吾之所疾争
也。"在《答释难》中,嵇康这样答复:"足下得不为托心无神鬼,齐契于
董生邪? 而复顾古人之言,惧无鬼神之弊,貌与情乖,立从公废私之论。
欲弥缝两端,使不愚不诞,两讥董墨,谓其中央可得而居,恐辞辩虽巧,
难可俱通,又非所望于核论也。"

《释难》的作者,"弥缝两端,使不愚不诞,谓其中央可得而居,"运
用反拒中律来建立其理论,而嵇康则以拒中律破之。

第四,嵇康在进行辩论时,常设身处地,为论敌先立数义,然后逐一
破之,所谓"愿借子之难,以立鉴识之域"。例如介葛卢闻牛鸣,知其三
生为牺;羊舌母听闻儿啼,而知其丧家。论敌提出这样的例子来证明盛
衰吉凶存乎声音时,嵇康便运用这个方术破之。介葛卢何以能闻牛鸣
而知其三生为牺呢? 请先立数义:

(1)或当与关接,识其言邪? (2)将吹律鸣管,校其音邪?
(3)观气采色,知其心邪?

然后逐一破之:

(1)若当关接而知言,此为孺子学言于所师,然后知之。则何

贵于聪明哉？夫言非自然一定之物，五方殊俗，同事异号，……故异域之言，不得强通。（2）若吹律校音，以知其心，假令心老于马，而误言鹿，察者故当由鹿以知马也。此为心不系于所言，言或不足以证心也。（3）此为知心，自由气色，虽自不言，犹将知之。知之之道，可不待言也。（次序加以调整，与原文微有出入。）（《声无哀乐论》）

再举羊舌母听闻儿啼的例子：

难云：羊舌母听闻儿啼，而审其丧家。复请问何由知之？（先立数义）（1）为神心独悟，暗语而当邪？（2）尝闻儿啼，若此其大而恶，今之啼声，似昔之啼声也，故知其丧家邪？

然后逐一破之：

（1）若神心独悟，暗语之当，非理之所得也，虽曰听啼，无取验于儿声矣。（2）若以尝闻之声为恶，故知今啼当恶，此为以甲声为度，以校乙之啼也。……心之与声，明为二物，……揆心者不借听于声音也。察者欲因声以知心，不亦外乎？今晋母未得之于考试，而专信昨日之声，以证今日之啼；岂不误中于前世好奇者，从而称之哉？（同上）

第五，在辩难时，可以"借以为难"。所谓借以为难，就是借用类似的事例，来进行辩难，证明本义的坚强莫破。例如嵇康说养生之宜，五谷不如上药。而论敌则说，肴粮入体，益不逾旬，以明宜生之验。于是嵇康反驳道：

"今不言肴粮无充体之益，但谓延生非上药之偶耳。请借以为难。夫所知麦之善于菽，稻之胜于稷，由有效而识之。假无稻稷之域，必以菽麦为珍养，谓不可尚矣。然则世人不知上药良于稻稷，犹守菽麦之贤于蓬蒿，而必天下之无稻稷也。若能杖药以自披，则稻稷之贱，居然可知。"（《答难养生论》）

借以为难，很像譬况，但也并不全同于譬况，可说是譬况中最严格而切近于本义的一种。

第六,嵇康指出辩论方术上的几种毛病:

(1)以非同类相难。例如介葛卢闻牛鸣事,嵇康辩驳道:"若谓鸟兽皆能有知,葛卢受性独晓之。此为解其语而论其事,犹传译异言耳,不为考声音而知其情,则非所以为难也。"(《声无哀乐论》)

传译异言,与考声知情,并非同类,因此非所以为难。这正是犯了形式逻辑上"中介意义两歧"的毛病,也就是犯了形式逻辑上"三段论式具有四端"的毛病。如演之为三段论式,则如下:

介葛闻牛鸣而知其三生为牺之哀,(大前提)

牛鸣是一种声音,(小前提)

故声音是与哀乐有关的。(结论)

作为中介的牛鸣,在大前提中是意味着牛的语言,在小前提中却只是指一种声音,意义便两歧了,也就是一个中介代表了两个端,与大端小端联在一起,便有四个端了。所以,非同类,非所难。

(2)以必然喻未必然。例如在《自然好学论》中,张叔辽以口之于甘苦出于自然,来喻人类的自然好学,嵇康在《难自然好学论》中驳道:"夫口之于甘苦,身之于痛痒,感物而动,应事而作。不须学而后能,不待借而后有。此必然之理,我所不易也。今子以必然之理,喻未必然之好学,则恐似是而非之议,学如一粟之论,于是乎在也。"

(3)不尽与偏是之议。进行辩论时,没有全部列举达到结论所需的条件,便是"不尽",由不尽得出的结论,便是"偏是之议"。

"论曰:专气致柔,少私寡欲;直行情性之所宜,而合养生之正度。求之于怀抱之内,而得之矣。又曰:善养生者,和为尽矣(以上为论敌之言,下面是嵇康的话)。诚哉斯言,匪谓不然。但谓全生不尽此耳。夫危邦不入,所以避乱政之害。重门击柝,所以备狂暴之灾。居必爽垲,所以远气毒之患。凡事之在外能为害者,此未足以尽其数也。安在守一和而可以为尽乎。"(《难宅无吉凶摄生论》)

这便是"不尽"。

"论曰:为三公宅,而愚民必不为三公,可知也。或曰:愚民必不得久居公侯宅。然则果无宅也(以上为论敌之言)。应曰:不谓吉宅,能独成福,但谓君子既有贤才,又卜其居,顺履积德,乃享元吉。犹夫良农既怀善艺,又择沃土,复加耘籽,乃有盈仓之报耳。……良田虽美,而稼不独茂,卜宅虽吉,而功不独成,相须之理诚然。则宅之吉凶,未可惑也。今信征祥,则弃人理之所宜;守卜相则绝阴阳之凶吉;持智力则忘天道之所存;此何异识时雨之生物,因垂拱而望嘉穀乎?是故疑怪之论生,偏是之议兴,所托不一,乌能相通?"(同上)

这便是"偏是之议"。

总观嵇康的逻辑运用,当他在现实世界的"常"事上讲说时,就闪出了一些光辉的命题;然而当他在证明他的概念世界的"至理"和神鬼的论点时,就表显出诡辩体系,二元论的理论都有这些特征。由前者而言,他的逻辑客观上是有成就的;由后者而言,他企图从逻辑上得出比汉代更高明的神学,则是诡辩。

第三节 嵇康的政治观文化论与人生论

(一)嵇康的政治观

嵇康的政治思想,密切地与魏晋之际的现实政治关联着。在这一点,他的思想有一部分反映了些贵族的理想,有一部分批判了现实政治。

在《声无哀乐论》中,嵇康陈述他的政治理想道:

"古之王者,承天理物,必崇简易之教,御无为之治。君静于上,臣顺于下,玄化潜通,天人交泰。枯槁之类,浸育灵液。六合之内,沐浴鸿流。荡涤尘垢,群生安逸,自求多福,默然从道,怀忠抱义,而不觉其所以然也。……大道之隆,莫盛于兹,太平之业,莫显于此。"

这是道家清静无为的政治理想的复述。在正始前后,统治阶级间权术的诈谲与刑名的惨覈,表现出社会的混乱,特别是因了农民战争,社会矛盾表现得十分尖锐,这一简易无为的政治理想的提出,和王弼相似,正反映了贵族要求安定的心理。论君道,则曰君静于上;论臣道,则曰臣顺于下;论人民之道,则曰群生安逸。这样,便是大道之隆,太平之业。

另有专论君道的一段,抒陈了一个临天下的至人的典范:

> "至人不得已而临天下,以万物为心,在宥群生,由身以道,与天下同于自得。穆然以无事为业,坦尔以天下为公。虽居君位,飨万国,恬若素士接宾客也。虽建龙旂,服华衮,忽若布衣在身也。故君臣相忘于上,蒸民家足于下。岂劝百姓之尊己,割天下以自私,以富贵为崇高,心欲之而不已哉!"(《答难养生论》)

这更是幻想,在不"太平"的世界,希望君临天下的不"割天下以自私"。这里他的神明的"至理"不是在理想的君道上获得注解了么?

嵇康的二元论,在逻辑学上可以闪出些光辉,同样在政治思想上也闪出些光辉,问题在于:当他敢于接触现实而离开他的幻想的时候,他就接近于事物的真实一面了。因此,和上面的君道理想相反,他在《太师箴》中,直接反映了魏晋之际的政治斗争的惨烈,从而讽刺了司马氏的僭妄凶残:

> "季世陵迟,继体承资。凭尊恃势,不友不师。宰割天下,以奉其私。故君位益侈,臣路生心。竭智谋国,不吝灰沉。赏罚虽存,莫劝莫禁。若乃骄盈肆志,阻兵擅权,矜威纵虐,祸崇丘山。刑本惩暴,今以胁贤。昔为天下,今为一身。下疾其上,君猜其臣。丧乱弘多,国乃陨颠。"

这全是骂司马氏的话。所谓"凭尊恃势,不友不师","下疾其上,君猜其臣",是指司马氏父子兄弟的不臣;所谓"骄盈肆志,阻兵擅权,矜威纵虐,祸崇丘山",是指司马氏的把持军政大权,诛戮异己,所谓"刑本惩暴,今以胁贤",是指司马氏的屡兴大狱,诛锄名士。

　　嵇康这样的痛骂了司马氏,却只批判了司马氏在政治上的实际措施,而在理论上,司马氏的僭妄,甚至篡夺,却是取法于先王——尧舜之禅让与汤武之征诛,以此欺蒙了世人,这更待揭穿。所以嵇康进一步"轻贱唐虞而笑大禹","非汤武而薄周孔",把司马氏所信奉的偶像扯下来,使他失掉依据。以先王否定作为手段,来达到后王否定的目的,着眼处是更基本的。于是在先王之上,又抬出了更理想,却也更虚幻的政治领袖的典型人物,以压倒一切:

　　"君道因然,必托贤明。芒芒在昔,罔或不宁。华胥既往,绍以皇羲,默静无文,大朴未亏。万物熙熙,不夭不离。"(《太师箴》)

　　然而这是他的"至理"不能受客观事物所检证的一面,但他离开这个概念世界的时候,他就表现出他的优点来了。在第一节,我们述及嵇康的《管蔡论》,作于魏帝高贵乡公临幸太学与诸儒讲论之际,正当毌丘俭被诛之第二年。文中称扬管蔡,实为毌丘俭张目。

　　"夫管蔡皆服教殉义,忠诚自然。是以文父列而显之;发旦二圣,举而任之;非以情亲而相私也。乃所以崇德礼贤,济殷弊民,绥辅武庚,以兴顽俗。功业有绩,故旷世不废,名冠当时,列为藩臣。逮至武卒,嗣诵幼冲,周公践政,率朝诸侯,思光前载,以隆王业。而管蔡服教,不达圣权,卒遇大变,不能自通。忠于乃心,思在王室,遂乃抗言率众,欲除国患。翼存天子,甘心毁旦。斯乃愚诚愤发,所以侥祸也。"

　　毌丘俭为镇东都督扬州,所谓"名冠当时,列为藩辅";毌丘俭乃先朝旧臣,为故相国司马懿所重用,所谓"文父列而显之,发旦二圣举而任之";时司马师专权,废齐王芳,所谓"周公践政,率朝诸侯";毌丘俭举兵反时,上表数师十一大罪,特别指出司马师坐拥强兵,无有臣礼,故宜废之以候就第,所谓"抗言率众,欲除国患,翼存天下,甘心毁旦"。(毌丘俭表,见《三国志》本传注。)论中所说的,一一影射当时诛戮毌丘俭这一事件的事实,处处为管蔡昭雪,即处处为毌丘俭辩护,即处处贬斥司马氏。这些反映名门贵族之间的矛盾斗争,是真实的,在客观上他对现实政治的批判也是大胆的。山涛和向秀的滑稽而妥协态度,在这里就和嵇康显得不同道了。

(二)嵇康的文化论

现在,我们研究嵇康思想中的文化论。

嵇康的文化论,一句话说完,就是反礼乐,反名教,反教育,主观上要修正两汉的博士的意识形态。而他所否定的,却是司马氏偷盗着以欺蒙天下人耳目的法宝,因此,客观上也具有政治的意味。

在《声无哀乐论》中,嵇康发抒他的礼乐论:

> "乐之为体,以心为主。故无声之乐,民之父母也。至八音谐会,人之所悦,亦总谓之乐。然风俗移易,本不在此也。"

这是以无声之乐来否定有声之乐。但是有声之乐,是不可能否定的,于是降而求其次,承认八音谐会的也是乐。这样就产生了他的"可奉之礼"与"可导之乐"的理论:

> "夫音声和比,人情所不能已者也。是以古人知情不可放,故抑其所遁;知欲不可绝,故自以为致。故为可奉之礼,制可导之乐。口不尽味,乐不极音,揆终始之宜,度贤愚之中,为之检,则使远近同风,用而不竭,亦所以结忠信,著不迁也。故乡校庠塾亦随之。使丝竹与俎豆并存,羽毛与揖让俱用,正言与和声同发。使将听是声也,必闻此言;将观是容也,必崇此礼。礼犹宾主升降,然后酬酢行焉。于是言语之节,声音之度,揖让之仪,动止之数,进退相须,共为一体。君臣用之于朝,庶士用之于家。少而习之,长而不怠,心安志固,从善日迁,然后临之以敬,持之以□,久而不变,然后化成。此又先王用乐之意也。"

所谓可奉之礼与可导之乐,正如皇羲既没,则唐虞亦佳,无声之乐,既不可能企及,则八音谐会的先王之乐,也就只好充充数了。

嵇康在《声无哀乐论》中,否定音乐对情绪的影响,这样,严格地讲来,便是连音乐本身也都否定了。

"乐云乐云,钟鼓云乎哉?哀云哀云,哭泣云乎哉?因兹而言,玉帛非礼敬之实,歌哭非哀乐之主。"

同样,也否定了礼。他跟阮籍一起,居丧饮酒食肉,阮籍丧母,则挟琴往吊,都是在行为上否定了礼的。

对于西汉以来的名教,嵇康公开在言论上宣布叛变:

"夫气静神虚者,心不存乎矜尚,体亮心达者,情不系于所欲。矜尚不存乎心,故能越名教而任自然,情不系于所欲,故能审贵贱而通物情。物情顺通,故大道无违,越名任心,故是非无措。"(《释私论》)

越名教而任自然,所以居丧饮酒食肉,所以吊丧挟琴而造。

在《难自然好学论》中,嵇康更提出反教育的言论。首先,他否定文化的价值:

"昔鸿荒之世,大朴未亏,君无文于上,民无竞于下,物全理顺,莫不自得。饱则安寝,饥者求食,怡然鼓腹,不知为至德之世也。若此,则安知仁义之端,礼律之文?"

及后世文化发展起来,人类也就开了荣利奔骛之途,"积学明经",只不过"以代稼穑"而已。

"及至人不存,大道陵迟,乃始作文墨,以传其意。区别群物,使有类族。造立仁义,以婴其心。制为名分,以检其外。劝学讲文,以神其教。故六经纷错,百家繁炽,开荣利之涂,故奔骛而不觉。是以贪生之禽,食园池之粱菽,求安之士,乃诡志以从俗。操笔执觚,足容苏息;积学明经,以代稼穑。"

观念家与事业家的分工,固然反映着人类最初的美丽社会的破裂,但观念家在后世人类生活上的一定的贡献,却也不能一概抹杀,而嵇康却把它一概抹杀了。于是他进而否定教育:

"今若以明堂为丙舍,以讽诵为鬼语,以六经为芜秽,以仁义为臭腐,睹文籍则目瞧,修揖让则变伛,袭章服则转筋,谭礼典则齿龋。于是兼而弃之,与万物为更始。则吾子虽好学不倦,犹将阙马。则向之不学,未必为长夜,六经未必为太阳也。"

明堂、讽诵、六经、仁义、文籍、揖让、章服、礼典,都是一堆腐臭与芜秽,应该"兼而弃之"。汉代统治阶级所用的法宝,既然挽救不了社会危机,在魏晋人物看来,就应该别寻武器,然而退名教而任自然的虚诞态度,却是内心矛盾的消解,而不是矛盾的解决。

(三)嵇康的人生论

最后,我们论究嵇康的人生论。

嵇康在基本观点上,否定人是社会的动物,把人返归于自然,所谓"越名教而任自然";更进一步,把人的自然人的身份也加以否定,仅仅肯定一个空空洞洞的"道",所谓"以大道言,及吾无身"。

但是,人,不但以其自然人的身份而存在,为自然界的一份子,而且以一定的生产关系的地位而存在,特别在阶级社会,人的活动和思维是被刻着阶级的烙印的。既然做了人,就不可能越名教而任自然,更不可能无身。因此,嵇康的人生观是一种"超人"的怪说,希望达到两点:第一是无措,第二是通物:

> "夫称君子者,心无措乎是非,而行不违乎道者也。……物情顺通,故大道无违,越名任心,故是非无措也。是故言君子,则以无措为主,以通物为美。"(《释私论》)

无措就是不关心是非。关于通物,嵇康没有交代明白,在《释私论》中,该的都是关于无措,通物只是文章上的陪衬,只有情不系于所欲,与物情顺通两句话,算是解释通物的意义,看来,只是对外物不表示好恶的意思。

因为无措和通物,所以行为并没有对功利、道德、是非等等后果加以考虑的必要。《释私论》中说:

> "君子之行贤也,不察于有庆而后行也(按即不计功利)。任心无穷,不识于善而后正也(按即不顾道德)。显情无措,不论于是而后为也(按即不论是非)。是故傲然忘贤,而贤与庆会;忽然

任心,而心与善遇;倘然无措,而事与是俱也。"

行为只是直接的动作,好像人类关系是没有权利义务的,如能够无措,结果一定是好的。因为自然是好的极致,无措就符合了自然。

然而无措一词,是太不着边际的说法,于是另提出一个"公"字来,作为无措的准则:

> "故善之与不善,物之至者也。若处二物之间,所往者必以公成而私败。……夫公私者,成败之途,而吉凶之门也。……若质乎中人之体,运乎在用之质,而栖心古烈,拟足公途:值心而言,则言无不是;触情而行,则事无不吉。……言不计乎得失而遇善,行不准乎是非而遇吉,岂公成私败之数乎? 夫如是也,又何措之有哉?"

超是非的公便是无措,有是非的私便是有措。从无措,而注意到公与私,便接触到行为的动机问题上来了。他以为行为现象上的是非,不一定即是行为本质上的是非。所以有的行为似非而非非,有的则类是而非是。真诚的善良行为与诈伪的善良行为之间,真实的恶劣行为与疑似的恶劣行为之间,要加以评判,只有从动机上来考察。他说:

> "事亦有似非而非非,类是而非是者,不可不察也。故变通之机,或有矜以至让,贪以致廉,愚以成智,忍以济仁。然矜吝之时,不可谓无廉,猜忍之形,不可谓无仁。此似非而非非者也。或谗言似信,不可谓有诚,激盗似忠,不可谓无私。此类是而非是也。故乃论其用心,定其所趣,执其辞以准其理,察其情以寻其变,肆乎所始,名其所终:则夫行私之情,不得因乎似非而容其非;淑亮之心,不得蹈乎似是而负其是。故实是以暂非而后显,实非以暂是而后明。公私交显,则行私者无所冀,而淑亮者无所负矣。行私者无所冀则思改其非,立公者无所忌则行之无疑:此大治之道也。"

嵇康的这一动机论,不烦解释。"论其用心,定其所趣","肆乎所始,名其所终"二语,是他的宗旨。这种道德律虽然在相对的观点上有些片面的道理,但他的绝对的"公"概念却是空虚的。

评判行为,而考察到动机,于是批判了行为上的伪君子。但嵇康的出发点还是他的"无措"论。他说:

"心有是焉,匿之以私,志有善焉,措之为恶,不措所措,而措所不措。不求所以不措之理,而求所以为措之道,故明为措而暗于措,是以不措为拙,以致措为工。唯惧隐之不微,唯患匿之不密,故有矜忮之容,以观常人,矫饰之言,以要俗誉。谓永年良规,莫盛于兹,终日驰思,莫窥其外,故能成其私之体,而丧其自然之质也。于是隐匿之情,必存乎心,伪怠之机,必形乎事。若是,则是非之议既明,赏罚之实又笃。不知冒阴之可以无景,而患景之不匿,不知无措之可以无患,而恨措之不以,岂不哀哉!"

至于他所谓的美异的君子,则"既有其质,又睹其鉴",体清神正,是非允当,好像是一个超人。他说:

"是以君子既有其质,又睹其鉴,贵夫亮达,布而存之,恶乎矜吝,弃而远之。所措一非,而内愧乎神,贱隐一阙,而外惭其形。言无苟讳,而行无苟隐,不以爱之而苟善,不以恶之而苟非。心无所矜,而情无所系,体清神正,而是非允当。忠感明(于)天子,而信笃乎万民。寄胸怀于八荒,垂坦荡以永日。斯非贤人君子,高行之美异者乎!"

行为上的矜忮矫饰,是汉代人刻情修容的表现。在魏晋名士看来,端委缙绅内部正包含着无限空虚,麈尾风流才显出体清神正。人们所訾病的"非毁礼法"的另一种空虚的行为,便是从这里出发的。汉博士的意识生产,至此遂为竹林七贤的浮华清谈所替代。这里,道德思想的脉络,正关联着他的文化论的体系。要知道,作为是非标准的公与私,乃是抽象的超现实的概念,不具有任何内容,所以归根结底,所谓是非依然是被否定的,是非允当仍然只是一句空话。端委缙绅,固然空虚,体清神正尤其缥缈到不可把握。从阶级观点上看,这种道德并未从汉儒的礼法解放出来,而依然是身份人物的空虚教条。

对于食色等生理的要求,嵇康虽然并不加以抹杀,却也有他的一套

"收之""纠之"的办法。他把不虑而欲的，称为性之动，识而后感的，称为智之用。其区别不但在乎一是先天的，一是后天的，而且也在乎一是容易满足的，一是勤求不已的。前者简单，后者麻烦。因此对付性之动，用"纠之"的方法，对付智之用，用"收之"的方法。一面杜绝外物的诱惑，一面让理性来克制感性。他说：

> "感而思室，饥而求食，自然之理也。诚哉是言！今不使不室不食，但欲令室食得理耳。夫不虑而欲，性之动也；识而后感，智之用也。性动者，遇物而当，足则无余。智用者，从感而求，勤而不已。故世之所患，祸之所由，常在于智用，不在于性动。……君子识智以无恒伤生，欲以逐物害性，故智用则收之以恬，欲动则纠之以和，使智止于恬，性足于和。然后神以默醇，体以和成，去累除害，与彼更生。所谓'不见可欲，使心不乱'者也。纵令滋味尝染于口，声色已开于心，则可以至理遣之，多算胜之。何以言之也？夫欲官不识君位，思室不拟亲戚，何者？知其所不得，则未当生心也。故嗜酒者自抑于鸩醴，贪食者忍饥于漏脯。知吉凶之理，故背之不惑，弃之不疑也。……由此言之，性气自和，则无所困于防闲；情志自平，则无郁而不通。世之多累，由见之不明也。"（《答难养生论》）

嵇康在养生论的论难中，曾述及生命的目的。他以为生命的目的在乎保持生命本身的恬静，让生命像一道平稳的长流，无喜无乐地过着天和自然的生活，长生而不死。他说：

> "若以大和为至乐，则荣华不足顾也，以恬澹为至味，则酒色不足钦也。苟得意有地，俗之所乐，皆粪土耳，何足恋哉！……故以荣华为生具，谓济万世不足以喜耳。此皆无主于内，借外物以乐之；外物虽丰，哀亦备矣。有主于中，以内乐外，虽无钟鼓，乐已具矣。……故被天和以自言，以道德为师友，玩阴阳之变化，乐长生之永久，因自然以托身，并天地而不朽者，孰享之哉！"（《答难养生论》）

因此,他对于阶级的矛盾采取了内心调和的解消办法,好像"意足"者,被压迫阶级也是高尚的,"意不足"者,压迫阶级也是流俗的,请看他的富贵论:

"奉法循理,不绁世网,以无罪自尊,以不任为逸。游心乎道义,偃息乎卑室。恬愉无遌,而神气条达。岂须荣华,然后乃贵哉? 耕而为食,蚕而为衣,衣食周身,则余天下之财。犹渴者饮河,快然以足,不羡洪流。岂待积欲,然后乃富哉? 君子之用心若此,盖将以名位为赘瘤,资财为尘垢也。安用富贵乎? 故世之难得者,非财也,非荣也,患意之不足耳! 意足者,虽耦耕畎亩,被褐啜菽,莫不自得。不足者虽养以天下,委以万物,犹未惬然。则足者不须外,不足者无外之不须也。无不须,故无往而不乏。无所须,故无适而不足。不以荣华肆志,不以隐约趋俗。混乎与万物并行,不可宠辱,此真有富贵也。"(同上)

这是道家知足守辱的反动观点,是所谓"有主于中,以内乐外"的虚无主义思想。

第 六 章

向秀唯心主义的庄学与儒道综合派

第一节　儒道四本论与儒道合派

　　魏晋思想好谈同异离合,此同异离合之诘辩,曾为当时人目为清谈"理赌"的中心,这是我们已经交代过了的。如果我们沿用魏晋"才性四本"的题旨而说明儒道思想,则我们大可以为古人归纳出一条线索,也姑名之为"四本",那就是儒道同、儒道异、儒道离、儒道合。

　　(一)主张"儒道同"的,是魏晋之际颇为流行的一派,例如《晋书·阮瞻传》载,"(王)戎问曰,圣人贵名教,老庄明自然;其旨同异? 瞻曰,将'无'同"。此一问答,复纪于《世说新语》,而答此问题的不是阮瞻,换书为阮宣子(修)。这可以明白,当时依据本体的"无"义而主张"儒道同"的,正是一种流行的思想。再按王戎所发的问题,上句明说儒道观点各有所见,名教与自然是不容混同的,而下句却问"其旨同异",由此也可知道儒道同异,已经成为当时的重要谈辩了。

　　上章论何王天人玄学时,我们已经指出他们极力在儒道难以统一的理论方面,把道德二元的鸿沟填平,强同于"无名",或"体无",何晏以老子"强为之名"与孔子"荡荡乎无能名",同于"无所有"之道,因而说"老子与圣人同";王弼以"圣人体无",更熔《老》《易》于一炉,说其旨同于"无",不过有强训与不训之别罢了。可见何王是主张儒道源头处是一家的。由这里而言,魏晋的儒道四本论,儒道合同派的代表人,实为何晏王弼,主张儒道合的是王弼,而主儒道同的是何晏。

(二)所谓"其旨同异",主张同的学派已如上述,而论"儒道离"的,则有两方面的人物,其一以儒家立场而攻道的,其一以道家立场而攻儒的。今先讲前者的代表人——裴頠孙盛。

据《晋书》,王衍乐广与裴頠是针锋相对的清谈家。頠以"言谈之林薮"闻于世。他"深患时俗放荡,不尊儒术,何晏阮籍素有高名于世,口谈浮虚,不遵礼法,尸禄耽宠,仕不事事。至王衍之徒,声誉太盛,位高势重,不以物务自婴,遂相放效,风教陵迟,乃著《崇有》之论,以释其蔽。"(《晋书》卷三五)

无不能生有的命题是好的,但这一命题的积极因素,可以通向唯物主义,然而也可以通向唯心主义,这点在下面详论,这里我们仅看他怎样区别儒道,尤其如何区别《老》《易》。他说:

"老子既著五千之文,表摭秽杂之弊,甄举静一之义,有以令人释然自夷,合于《易》之损谦艮节之旨,而静一守本,无'虚无'之谓也,损艮之属,盖君子之一道,非《易》之所以为体守本无也。观老子之书,虽博有所经,而云'有生于无',以虚为主,偏立一家之辞,岂有以而然哉?人之既生,以保生为全,全之所阶以顺感为务,若味近以亏业,则沉溺之衅兴,怀末以忘本,则天理之真灭,故动之所交,存亡之会也。"(《晋书》卷三五)

以儒非道的东晋代表人物有孙盛,著《易象妙于见形论》,反对王弼以来的《老》、《易》一源说;著《老子非大贤论》,反对魏晋时代的老庄玄学。他也是清谈人物,渡江名流,但在名理论方面比较是清醒的。

反之,以道家立场而攻儒的,竹林七贤的阮籍刘伶嵇康可为代表人

物。据《晋书》说他们三人"相遇,欣然神解,携手入林"。按七贤并不
是同类的思想家,他们都好《老》、《庄》是事实,而所好并不相同。山涛
在后来有嵇康的"与山巨源绝交书",可以证明他是老庄的叛徒。孙绰
也鄙山涛,"谓人曰:山涛吾所不解,吏非吏,隐非隐,若以元礼门为龙
津,则当点额暴鳞矣!"(《晋书》卷五六)王戎曾被阮籍骂为"俗物",败
人意趣。向秀与嵇康在理论上时有辩论,往复驳难。我们以为刘伶阮
籍嵇康才是真正主张"儒道离"的。(鲁迅先生似以何晏王弼阮籍嵇康
属一类人物,"他们实在的内心,一般人却不知道",并把正始精神与东
晋末流,分为二截。这一论断颇有商榷之处。)

刘伶著《酒德颂》,他立足于儒家对立方面是一目了然的。他说:
"有贵介公子,搢绅处士,闻吾风声,议其所以,乃奋袂攘襟,怒目切齿,
陈说礼法,是非锋起。"此所反对的对象即儒家的典型。阮籍能为青白
眼,见礼俗之士,以白眼对之,见嵇康来,以青眼对之,由是礼俗之士,疾
之若仇(见《晋书》本传)。由这里,可以知道他的主张。鲁迅先生的早
期思想,深受此派学人的影响,说:"青眼我会装,白眼我却装不好"
(《而已集》)。阮氏在他的《大人先生传》中把法礼君子骂为裈中之群
虱,就是白眼下面的儒家,"群虱之处裈中,逃乎深缝,匿乎坏絮,自以
为吉宅也;行不敢离缝际,动不敢出裈裆,自以为得绳墨也。然炎丘火
流,焦邑灭都,处于裈中而不能出也。君子之处域内,何异夫虱之处裈
中乎?"(《晋书》卷四九)青眼下面的理想,便是他著的《达庄论》,他的
儿子阮瞻为著名的"三语掾",却和他走得远了。其次是嵇康,今存《嵇
中散集》,可窥得他的思想全貌,他慕"李叟寄周朝,庄生游漆园",更说
"老子庄周,吾之师也","不涉经学",于世俗礼法有七种不堪,于本性
难容有二种甚不可,合此九患,决不能像儒道合同二派,做非吏非隐,似
儒似道的人。他甚至"每非汤武而薄周孔",招致了杀身之祸。他的儿
子嵇绍"旷而有检,通而不杂",离开他的人生哲学却远了。

此派到了鲍敬言更加发展了。他"好老庄之书,治剧辩之言,以为
古者无君,胜于今世"。他论儒家所崇拜的君道起源说:"强者凌弱,则

弱者服之矣；智者诈愚，则愚者事之矣。服之，故君臣之道起焉；事之，故力寡之民制焉。然则隶属役御，由乎争强弱而校愚智，彼苍天果无事也"。因此，他以"由于为君"的统治权，才产生了"屠割天下"的君主。他虽然也如道家，慕拟上世，但更特别强调了贵贱贫富之不平等，礼法制度之专为有产阶级而设的道理，所谓"本无尊卑，君臣既立，而变化遂滋"，"道德既衰，尊卑有序，繁升降损益之礼，饰绂冕玄黄之服"。这些他所痛斥的剥削制度，皆是他所指的"儒者曰"寄托的立命处（详见《抱朴子·诘鲍篇》，详说见下）。

（三）论"儒道异"的显著人物是葛洪。凡二元论的折中主义，大约都产生于正反二者争辩剧烈的时候，李丰论"才性异"是如此，葛洪在晋惠帝时代论"儒道异"也是如此。用现在的成语讲，这种思想是"中间路线"，时而虽依违两可，时而更彷徨两不可。他曾说："道家之言，高则高矣，用之则弊，……可得而论，难得而行也，"然而他却在养生论方面接受了嵇康的思想，他所谓"安时顺处"，"祸莫大于无足"，"知命者不忧"，"为乎无为，以全天理"，连术语也尽是老庄的旧话，他名之曰"道意"，名之曰"至理"。他似乎仅于反对了道家的不利于统治阶级的"过火"论，故在《疾谬》、《诘鲍》诸篇痛斥放任不检，非薄君主。其次，他对于儒家，批评俗儒"重所闻，轻所见"的博士思想，然而他又在基本上皈依儒家，说什么"人伦虽以有礼为贵，但当令足以叙等威而表情敬"，"有圣人作，受命自天。……夫祥瑞之征，指发玄极，或以表革命之符，或以彰至治之盛，若令有君不合天意，彼嘉应之来孰使之哉？"他的四不像的理论，似乎守中立，而在本质上则是一种机会主义的典型。

（四）论"儒道合"的一派，起于王弼、向秀、庾峻父子，下及郭象、殷浩、张湛、韩康伯等，在晋朝他们是支配的思想人物。（王弼有专章研究。）他们把庄子在"材与不材之间"的相对主义，发挥到极点，居然处于"臣进退维谷"（殷仲堪语），"心徘徊以踌躇"（向秀语）之间，能使矛盾解消于"容迹"的"有无之间"。

前三派本书皆有专章研究，现在我们就要详细说明"儒道合"一派的社会背景及其思想路径了。

原来经过魏晋"禅代"(一个不洁的历史名词),统治者不得不通权达变,招来了些"不仁不孝"有才干进取的名族人物,这些人在思想意识上即发现了所谓"通脱","清峻",对于取得了政权的王朝,颇有不利,而"度外用人",反不如两汉博士的谨守规矩师法之易于利用。这儿,就是名门世族的内部悲剧,史称"魏晋之际,天下多故,故名士少有全者"(《晋书》卷四九),"魏晋去就,易生嫌疑"(《晋书》卷九四),可以说是实录。鲁迅先生说得好:

> "嵇康的见杀,是因为他的朋友吕安不孝,连及嵇康,罪案和曹操的杀孔融差不多。魏晋是以孝治天下的,不孝,故不能不杀。为什么要以孝治天下呢?因为天位从禅让,即巧取豪夺而来,若主张以忠治天下,他们的立足点便不稳,办事便棘手,立论也难了。……但倘只是实行不孝,其实那时倒不很要紧的,嵇康的害处是在发议论;阮籍不同,不大说关于伦理上的话,所以结局也不同。……魏晋时所谓崇奉礼教,是用以自利,那崇奉也不过偶然崇奉,如曹操杀孔融,司马懿(?昭)杀嵇康,都是因为他们和不孝有关,但实在曹操司马懿何尝是著名的孝子,不过将这个名义加罪于反对自己的人罢了。于是老实人以为如此利用,亵渎了礼教,不平之极,无计可施,激而变成不谈礼教,不信礼教,甚至于反对礼教。——但其实不过是态度,至于他们的本心,恐怕倒是相信礼教,当作宝贝,比曹操、司马懿要迂执得多。"(《而已集》)

鲁迅先生以上的话道出了嵇阮刘诸人的一些思想路径,这是魏晋时代悲剧的一面,然而还有迫于政权的压力,不得不(如向秀)或自甘(如郭象)走向喜剧的一面,使名教与自然二者结合,依据庄子一个现实的结论"不谴是非,以与世俗处",完成最不合理的约束是最合理的行为,"安时而顺处,哀乐不能入也。"这个统一,"与造物者游"之空想,事实上是没有的,惟"与世俗处"之实际,却又远乎"天",于是乎产生了晋人的一套"迹"论,下面我们先用史实来证明:

"康既被诛,文帝问向秀曰:'闻有箕山之志,何以在此?'秀曰:'以为巢许狷介之士,未达尧心,岂足多慕?'帝甚悦。……后为散骑侍郎,转黄门侍郎散骑常侍,在朝不任职,容'迹'而已。"(《晋书》卷四九)

但他怀念吕安、嵇康,作《思旧赋》,也有如下写心之句:

"践二子之遗迹兮,历穷巷之空庐,叹黍离之愍周兮,悲麦秀于殷墟,追昔以怀今兮,心徘徊以踌躇,栋宇在而弗毁兮,形神逝其焉如!"(《晋书》卷四九)

著名的豪族庾峻,时重庄老,而轻经史,峻惧雅道陵迟,乃潜心儒典。他上疏晋武帝,为了调和阶级矛盾,安定统治权,说出了当时儒道可合的政策,他的话如下:

"臣闻黎庶之性,人众而贤寡,设官分职,则官寡而贤众,为贤众而多官则妨化,以无官而弃贤则废道。是故圣王之御世也,因人之性,或出或处。故有朝庭之士,又有山林之士。朝庭之士,佐主成化,犹人之有股肱心膂,共为一体也;山林之士,被褐怀玉,太上栖于丘园,高节出于众庶,其次轻爵服,远耻辱,以全名,最下就列位,虽无功而能知止,彼其清劲足以抑贪污,退让足以息鄙事。故在朝之士闻其风而悦之,将受爵者,皆耻躬之不逮,斯山林之士,避宠之臣,所以为美也。先王嘉之。节虽离世,而德合于主,行虽诡朝,而功同于政。故大者有玉帛之命,其次有几杖之礼,以厚德载物,出处有地,既廊庙多贤才,而野人亦不失为君子:此先王之弘也。

夫人之性陵上,犹水之性趣下也。益而不已必决,升而不已必困,始于匹夫行义不敦,终于皇舆为之败绩,固不可不慎也。下人并心进趣,上宜以退让去其甚者。退让不可以刑罚;使莫若听朝士时时从志山林,往往间出,无使入者不能复出,往者不能复反,然后出处交泰,提衡而立,时靡有争,天下可得而化矣。"(《晋书》卷五十)

他的两个儿子,仕于晋惠帝之时,庾珉因"世路如此,祸难将及",自料将死于非命,后果然。庾敳的名士事迹,史载更详尽,本传说:

"敳字子嵩,……为陈留相,未尝以事婴心,从容酣畅,寄通而已。处众人中,居然独立。尝读《老》、《庄》,曰:'正与人意暗同。'太尉王衍雅重之。敳见王室多难,终知婴祸,乃著《意赋》以豁情,衍贾谊之《鹏鸟》也。其词曰:

至理归于浑一兮,荣辱固亦同贯;存亡既已均齐兮,正尽死复何叹! 物咸定于无初兮,俟时至而后验,若四节之素代兮,岂当今之得远。且安有寿之与夭兮,或者情横多恋,宗统竟初不别兮,大德亡其情愿。蠢动皆神之为兮,痴圣惟货所建,真人都遣秒累兮,性茫荡而无岸。纵躯于辽廓之庭兮,委体乎寂寥之馆;天地短于朝生兮,亿代促于始旦。顾瞻宇宙微细兮,眇若豪锋之半。飘飘玄旷之域兮,深莫畅而靡玩,元与自然并体兮,融液忽而四散。

从子亮见赋而问曰:'若有意也,非赋所尽;若无意也,复何所赋?'答曰:'在有无之间耳!'

迁吏部郎。是时天下多故,机变屡起;敳尝静默无为。叅东海王越太傅军事,转军谘祭酒。时越府多俊异,敳在其中,常自袖手。豫州牧长史河南郭象善老庄,时人以为王弼之亚,敳甚知之,每曰:'郭子玄何必减庾子嵩?'象后为太傅主簿,任事专势,敳谓象曰:'卿自是当世大才,我畴昔之意,都已尽矣。'

敳有重名,为搢绅所推;而聚敛积实,谈者讥之。都官从事温峤奏之,敳更器峤,目峤'森森如千丈松,虽礧砢多节,施之大厦,有栋梁之用'。时刘舆见任于越,人士多为所构;惟敳纵心事外,无'迹'可间。后以其性俭家富,说越令就换钱千万,冀其有吝,因此可乘,越于众坐中,问于敳,而敳乃颓然已醉,帻堕机上,以头就穿取,徐答云:'下官家有二千万,随公所取矣。'舆于是乃服,越甚悦,因曰:'不可以小人之虑,度君子之心!'……石勒之乱,与衍俱被害。"(《晋书》卷五十)

从上面的史实看来，向秀不得已而"容迹"，到了庾敳则拿家富二千万的"聚敛积实"的小人行为，来容所谓君子之事迹，为无为，事无事于"有无之间"。于是，不是以实践检证理论，而是以理论歪曲实践，使荣辱存亡一致，善恶真假均齐；躬行了他的父亲献给武帝的政策"实际"，因而"节虽离世，而德合于主，行虽诡朝，而功同于政"，然而不有所谓彻底的卖身，甚至于贪污聚敛，还不可能齐一善恶，"无迹可间"的。向秀容"迹"，内心里犹徘徊以踌躇，表示出神与形之矛盾，而庾敳则大言"蠢动皆神之为兮，痴圣惟货所建"，"至理"在实践之中应是"迹"近糊涂的蠢动，而无恶不作的惟货所建，才是善之"无迹可间"。这正是胡适教人糊涂的所谓"理未易明，善未易察"吧！

至于郭象，好《老》、《庄》，能清言，在"儒道合"的实际行为中，要比庾敳更"无迹可间"，更小人形象些，这才能使理论歪曲实践，故他嗜好《老》、《庄》，又不妨"任职当权，熏灼内外"。正因为如此，庾敳见他"任事专势，谓象曰：卿自是当世大才，我畴昔之意都已尽矣"。如果说为人行薄的郭象把向秀的"隐解"，述而广之，则所述所广者，便是使"隐"义主动地成为庾峻反动政策的理论指导。郭象理论的玄妙和实践的下流之"天才"结合，是一个喜剧的概念家的典型！

"儒道合"的教养，在晋朝颇有支配力量，此种风气即后世所谓的官僚场中的"黄老哲学"，任职要静默无为，同流合污；退职则口无怨言，夷神委命。例如清谈家殷浩虽有"进退维谷"之感，而大体上是朝野两宜的，据《晋书》说：

"殷浩清徽雅量，众议攸归，高秩厚礼，不行而至，咸谓教义由其兴替，社稷俟以安危；及其入处国钧，未有嘉谋善政，出总戎律，唯闻蹙国丧师，是知风流异贞固之才，谈论非奇正之要。"（《晋书》卷七七）

"殷浩被黜放，口无怨言，夷神委命，谈咏不辍，虽家人不见其流放之戚；但终日书空作'咄咄怪事'四字而已。"（同上）

在理论上的"儒道合"，正如他的外甥韩康伯所说：

　　"体有而拟无者,圣人之德;有累而存理者,君子之情。虽所滞不同,其于遣情之累,缘有弊而用,降己之道,由私我而存,一也。"(《晋书》卷七五)

　　好一个豪门贵族的人生观,原来公理就在私弊上才体现出来!封建最高统治者有一套所谓"使功不如使过"的方法,这也是反动派胡适对汪精卫引用过的道理,为了"使过",甚至故意要使人陷入贪鄙行为。豪族的政治哲学就能够把贪鄙从理论上讲成清白!

　　明白了晋朝的这样政治背景,才知道如山涛一般人为什么要做"吏非吏,隐非隐"的山林朝士。既然"手执圭璧,足履绳墨,行欲为目前检,言欲为无穷则,少称乡党,长闻邻国,上欲图三公,下不失九州牧"的群虱(阮籍语)不合时务,专制帝王就不能不重视"裤裆"之外的天才,因此"介然不群、性好《老》《庄》"的七贤之一山涛成了一位晋室的表率大臣,与"天地四时之消息"浑然一体了,请看皇帝对他屡次的求退表是如何的诏示:

　　"吾所共致化者,官人之职是也。方今风俗陵迟,人心进动,宜崇明好恶,镇以退让。"

　　"君以'道德'为世模表,况自先帝识君远意,吾将倚君以穆风俗,何乃欲舍远朝政,独高尚其志邪?"

　　"君赞翼朝政,保乂皇家,匡佐之勋,朕所倚赖,司徒之职,实掌'邦教',故用敬授以答群望。"(《晋书》卷四三)

　　这位容迹的道德模表,为"意化"与"邦教"做了元勋。然而他"居官以絜其务,以启天下之方"者,原来也是"在有无之间",仅"不欲异于时"而已,故时尚贪污,公卿皆然,山涛便不能独标廉洁,而异于时尚,他将袁毅的贿赂,"受而藏于阁上,后毅事露,……凡所受略皆见推检;涛乃取丝付吏,积年尘埃,印封如初"。这是否真的行径或假的作伪,不得而知,但证以七贤之一王戎"积实聚钱,不知纪极,每自执牙筹,昼夜计算,恒若不足",同时以人伦鉴识著名于世,他又常目山涛"如璞玉浑金,人皆钦其宝,莫知名其器",那么,这个山涛是一个狡猾的伪君子。国民党反动派的官僚学者也说"贪而不污",或说"污而不贪",山涛启天下之方,不是更明白么?

残酷的专制政策,作弄了当时名士,更培养了这样官僚主义的"黄老风",或"不欲异于时"名之曰"朝隐",或"与时浮沉"名之曰"容迹""寄通",试看王戎的思想:

> "戎以晋室方乱,慕蘧伯玉之为人,与时舒卷,无蹇谔之节。自经典选,未尝进寒素,退虚名,但与时浮沉,户调门选而已。"

(《晋书》卷四三)

晋人"而已"很多,依据庄子"不可奈何"以及"固有所不得已"的理由,承认不合理的现状都是合理的,既"无所逃于天地之间","为人臣者固有所不得已",故"入其俗,从其俗","长于水安于水","生于陵安于陵",一切恶的既成,就不必改了,若要改革现状,那就是"有为而虑"的人道,就不明白"天地四时之消息"。"容迹而已","寄通而已","与时浮沉而已",是周末道家思想渗入儒家思想(如《天下篇》的理论)之庄学的晋朝复古,在学术上就形成了"儒道合"的玄学,章太炎说"五朝有玄学,知与恬交相养,而和理出其性,故骄淫息乎上,躁竞弭乎下",这话似根据郭象《庄子注》序末段之文,加以扩充,要非确论。

"借更改名称以改变事物,乃是人类天赋的诡辩法"(马克思语),按魏晋名士好弄名辩,但名辩并没有改变事物,反而和事物(封建的)相容。嵇康在逻辑上爱用矛盾律拒中律,故思想指导他招来杀身之祸,试看他被孙登教训而诗中也说"今愧孙登",可以知道正规的形式逻辑,在当时也是危险的:

> "嵇康(继阮籍)又从之(孙登),游三年,问其所图,终不答。康每叹息,将别谓曰,'先生竟无言乎?'登乃曰:'子识火乎? 火生而有光,而不用其光,果在于用光? 人生而有才,而不用其才,而果在于用才? 故用光在乎得薪,所以保其耀,用才在乎识真,所以全其年。今子才多识寡,难乎免于今之世矣。'……或谓登以魏晋去就易生嫌疑,故或嘿然者也。"(《晋书》卷九四)

　　孙登教训嵇康太过于用才持异,指示他逃避现实,要以"无材"表白,不能与在朝之良材相对立,始能保全性命。然而,箕山之志如果被发觉,如向秀想逃而不敢竟逃时,那么究竟该以"材"见许呢? 或以"无材"见称呢? 这就没有拒中律了,诡辩便要复古于庄子了:

　　　　"在材与不材之间耳,似之而非也。"

　　　　"若成,若不成。"

　　"儒道合"论者就是从这里出发,实行"有意无意之间"的两面道德律。

第二节　向秀与郭象的庄注疑案与庄义隐解

(一)庄注疑案的究明

　　在进论"儒道合"的理论之前,有一个疑案,应须稍加董理,这就是郭象盗窃向秀《庄子注》的问题。

　　《晋书·向秀传》说:

　　　　"向秀,字子期。……清悟有远识,少为山涛所知,雅好老庄之学。庄周著内外数十篇,历世方士,虽有观者,莫适论其旨统也;秀乃为之隐解,发明奇趣,振起玄风,读之者超然心悟,莫不自足一时也。惠帝之世,郭象又述而广之,儒墨之迹见鄙,道家之言遂盛焉。始秀欲注,嵇康曰:'此书讵复须注? 正是妨人作乐耳!'及成,示康,曰:'殊复胜不?'"(《晋书》卷四九,按《世说新语·文学篇》注所记略同,末有"与汉世诸儒互有彼此,未若隐庄之绝伦也"句。)

　　《晋书·郭象传》说:

　　　　"郭象字子玄,少有才理,好老庄,能清言。太尉王衍每云:'听象语如悬河泻水,注而不竭。'……东海王越引为太傅主簿,甚见亲委,遂任职当权,熏灼内外,由是素论去之。……先是注《庄子》者数十家,莫能究其旨统,向秀于旧注外,而为解义,妙演奇

　　　　　　　　　　　　　　— 187 —

致,大畅玄风,惟《秋水·至乐》二篇未竟而秀卒,秀子幼,其义零
落,然颇有别本迁流。象为人行薄,以秀义不传于世,遂窃以为己
注。乃自注《秋水·至乐》二篇,又易《马蹄》一篇,其余众篇,或点
定文句而已。其后秀义别本出,故今有向郭二《庄》,其义一也。"
(《晋书》卷五十,《世说新语·文学篇》所载略同。)

据此,我们知道:

(一)向秀首开注《庄》的新风气,为之"隐解",发明奇趣,和王弼
之注《老子》同为时代的前趋。

(二)向秀注《庄》,别于旧注,妙演奇致,遂畅玄风,颇为同辈友人
所叹服,但死后其义不传于世。

(三)郭象就向秀解义,述而广之。

(四)郭象为人行薄,窃秀义以为己注,稍点定文句;秀本复出,始
有向郭二《庄》之名。

从以上四点看来,没有理由为郭象辩护,说他不是盗书贼,冯友兰
解放前因崇拜河南郭象,就以是非不值深辩为说,轻轻开脱了郭象行薄
的勾当。唐人离晋不远,故《晋书》(卷五十)说:

"史臣曰:'窃人之财,犹谓之盗;子玄假誉攘善,将非盗乎?'"

"《赞》曰:'象既攘善,秀惟瘅恶。'"

在晋末南北朝之际,向郭之名有被并称者,如刘义庆《世说新语》
说:"《庄子·逍遥篇》,旧是难处,诸名贤所可钻味,而不能拔理于郭向
之外;"刘孝标《注》也有"向子期、郭子玄逍遥义曰"之称,因此,有人以
为郭象不无心得,至少有保存向注(今佚)或述而广之的功绩,应以向
郭合注并称,不必破此公案。此说不是公允之论。

按郭本早流传于世,以先入之见,虽向本别出,而郭已成名,不可一
世,因此晋人连称郭向乃权变之辞,不得以合注目之。张湛为东晋成帝
至安帝时代人物,他注《列子》,所引《庄子注》,向秀、郭象分别题名,似
在晋人中也有不主张向郭二《庄》并称的。至于向注又在什么时候佚
失,则不能确考,《隋书经籍志》已注"今阙",则郭注《南华经》便成了

独占《庄》注的绝学,至今一千四五百年了,除了专家少数人之外,《庄子注》,只知郭象其人,而无识向秀为始创者,这是千古的一大冤案。为了更加明白郭象是怎样地攘善,我们试据《列子注》张湛所引向秀文,和今存郭象《庄子注》文作一比对,就知道郭象盗窃向注文义是一目了然的了。

郭象窃向秀注比照表

列子张湛注引庄子向秀注文		庄子郭象注文	比　　较
	《黄帝篇》	《达生篇》	
《庄子》 原文	蹈火不热,行乎万物之上而不慄。		
注文	天下乐推而不厌,非吾之自高,故不慄者也。	至适,故无不可耳,非物往可之。	文异而旨不背。
原文	物何以相远也。		
注文	唯无心者独远耳。	唯无心者独远耳。	文同义同。
原文	夫奚足以至乎先,是色而已。		
注文	同是形色之物耳,未足以相先也,以相先者唯自然也。	同是形色之物耳,未足以相先也。	文义同而稍略。
原文	是故逆(忤)物而不慴。		
注文	遇而不恐也。	(略未注)	向注而郭删。
原文	彼得全于酒,而犹若是。		
注文	醉故失其所知耳,非自然无心也。	醉故失其所知耳,非自然无心者也。	文义皆同。
原文	而况得全于天乎。		
注文	得全于天者,自然无心,委顺至理也。	(略未注)	向注而郭删。

（续表）

列子张湛注引庄子向秀注文		庄子郭象注文	比　　较
	《黄帝篇》	《达生篇》	
原文	五六月累丸二而不坠,则失者锱铢。		
注文	累二丸而不坠,是用手之停审也,故承蜩所失者不过锱铢之间耳。	累二丸于竿头,是用手之停审也。故其承蜩所失者不过锱铢之间也。	文义同而略点定文句。
原文	善游者数能。		
注文	其数自能也,言其道,数必能不惧舟也。	言物虽有性,亦须数习而后能耳。	文异而义同。
原文	若乃夫没人,则未尝见舟而便操之也。		
注文	能鹜没之人也。	没人谓能鹜没于水底。	文异而义同。
	《黄帝篇》	《应帝王篇》	
原文	郑人见之,皆弃而走。		
注文	不喜自闻死日也。	不憙自闻死日也。	文义皆同。
原文	列子见之而心醉。		
注文	迷惑其道也。	（略未注）	向注而郭删。
原文	壶子曰,吾与汝既其文,未既其实,而固得道与?众雌而无雄,而又奚卵焉!		
注文	夫实由文显,道以事彰,有道而无事,犹有雌无雄耳。今吾与汝虽深浅不同,然俱在实位,则无文相发矣,故未尽我道之实也。此言至人之唱必有感而后和者也。	言列子之未怀道也。	删其说明而存其总旨。

列子张湛注引庄子向秀注文		庄子郭象注文	比　　较
《黄帝篇》		《应帝王篇》	
原文	而以道与世抗必信，夫故使人得而相汝。		
注文	无其一方，以必信于世，故可得而相也。	未怀道则有心，有心而亡其一方，以必信于世，故可得而相之。	文义同而点定文句。
原文	向（《庄子》向作乡）吾示之以地文，萌乎不诤（震）不止。		
注文	萌然不动，亦不自止，与枯木同其不华，死灰均其寂魄，此至人无感之时也。夫至人，其动也天，其静也地，其行也水流，其湛也渊嘿。渊嘿之与水流，天行之与地止，其于不为而自然，一也。今季咸见其尸居而坐忘，即谓之将死，见其神动而天随，便谓之有生，苟无心而应感，则与变升降，以世为量，然后足为物主，而顺时无极耳，岂相者之所觉哉？	萌然不动亦不自正，与枯木同其不华，湿灰均于寂魄，此乃至人无感之时也。夫至人，其动也天，其静也地，其行也水流，其止也渊默。渊默之与水流，天行之与地止，其于不为而自尔，一也。今季咸见其尸居而坐忘，即谓之将死，睹其神动而天随，因谓之有生，诚应不以心，而理自玄符，与变化升降，而以世为量，然后足为物主，而顺时无极，故非相者所测耳。此应帝王之大意也。	文义皆同而点定文句。

（续表）

列子张湛注引庄子向秀注文	庄子郭象注文	比　　较
《黄帝篇》	《应帝王篇》	
原文　是殆见吾杜德几也。		
注文　德几不发故曰杜也。	德机不发故曰杜。吾杜德机，崔云，塞吾德之机。	文义皆同而略补。
原文　向吾示之以天壤。		
注文　天壤之中，复载之功见矣，比地之文不犹外乎！	天壤之中，复载之功见矣，比之地文不犹卵乎！此应感之容也。	文义皆同而略补。
原文　名实不入。		
注文　任自然而复载，则名利之饰，皆为弃物。	任自然而复载，则天机玄应，而名利之饰，皆为弃物。	文义同而略补。
原文　是殆见吾善者机也。		
注文　有善于彼，彼乃见之，明季咸之所见浅矣。	机发而善于彼，彼乃见之。	文义同而略删。
原文　子之先生不斋。		
注文　无往不平，混然一之，以管窥天者，莫见其崖，故以不斋也。	（略未注）	向注而郭删。
原文　以太冲莫联。		
注文　居太冲之极，皓然泊心，玄同万方，莫见其迹。	居太冲之极，皓然泊心，而玄同万方，故胜负莫得厝其间也。	文义同而略点定文句。

列子张湛注引庄子向秀注文		庄子郭象注文	比　　较
《黄帝篇》		《应帝王篇》	
原文	以未始出吾宗。		
注文	虽进退同群,而常深根宁极也。	虽变化无常,而常深根冥极也。	文义同而点定文句。
原文	吾与之虚而猗移（《庄子》倚移作委蛇）不知其谁何。		
注文	无心以随变也,汎然无所系。	无心而随物化,汎然无所系也。	文义同而点定文句。
原文	因以为茅（《庄子》茅作弟）靡,因以为波流,故逃也。		
注文	变化颓靡,世事波流,无往不因,则为之非我,我虽不为,而与群俯仰。夫至人一也,然应世变而时动,故相者无所用其心,自失而走者也。	变化颓靡,世事波流,无往而不因也。夫至人一耳,然应世变而时动,故相者无所措其目,自失而走。此明应帝王者无方也。	文义同而点定文句。
原文	食狶（豕）如食人。		
注文	忘贵贱也。	忘贵贱也。	文义皆同。
原文	于事无亲。		
注文	无适无莫也。	唯所遇耳。	文异而义同。
原文	雕琢复朴,块然独以其形立。		
注文	雕琢之文复其真朴,则外事去矣。	去华取实,外饰去也。	义同而点定文句。

（续表）

列子张湛注引庄子向秀注文		庄子郭象注文	比　较
	《黄帝篇》	《应帝王篇》	
原文	份然而封戎（庄子作纷而封哉。）壹以是终。		
注文	真不散也,遂得道也。	虽动而真不散也,使物各自终。	义同而点定文句。

由上表看来,向注与郭注有文义都是相同的,有文略异而义相同的,有义同而点定文句的,有义同而略加补缀的,然绝无道理上不一致的。这不是郭象攘善的确证么？按张湛《列子注》所引郭象文句与今本《庄子注》字句皆同,或为向注所略的地方;而所引向秀文除在今本《庄子注》中有阙而不录的几例以外,大致相同,且有一字无异者,则知张湛引文的取材方法,凡向郭注本同者皆认为向注,而向略而郭补易者,始认为郭注,所以郭注的少数文字,或即《晋书》所谓"述而广之"者,这当然也不是他的创义。

依此而言,《世说新语》注引证的向子期郭子玄逍遥义,当属于向郭注本相同的部分,也可认为是向注。我们试作比较,便知注文之义没有不相似之处。

刘孝标在《世说新语》注引向郭逍遥义说:

"夫大鹏之上九万尺,鶠之起榆枋,小大虽差,各任其性,苟当其分,逍遥一也。然物之芸芸,同资有待,得其所待,然后逍遥耳。唯圣人与物冥,而循大变,为能无待而常通,岂独自通而已。又从有待者,不失其所待,不失则同于大通矣。"（卷上之下《政事》）

今本郭象《庄子·逍遥游》注说:

"夫小大虽殊,而放于自得之场,则物任其性,事称其能,各当其分,逍遥一也（以上为篇名注文——引者按）。……自然者不为而自然者也。故大鹏之能高,斥鶠之能下,……此皆自然之所能,非为之所能也。……故必得其所待，然后逍遥耳。……夫唯与物冥而循大变者，为能无待而常通，岂自通而已哉？又顺有待者，使不失其所待，所待不失，则同于大通矣"（按以上为"乘天地之正"句下注文）。

因此，我们以今本郭象的《庄子注》大体上都是向秀的解义，若欲提出郭象的名字，只应说"郭象所窃向秀《庄子注》解义"，在思想派别上而言，郭象当是论"儒道合"派的宣传者（所谓"记志《老》、《庄》"，"述而广之"，"语如悬河泻水，注而不竭"），他诡辩为这是受之于天，而非私取（《山木篇》注："盗窃者私取之也；今贤人君子之致爵禄，非私取也，受之而已"），然这又不是《庄子》"迹"的伪行么？

（二）向秀的庄义及其主要论点

上面我们已经把向秀、郭象的注《庄》疑案弄得明白，判决词为郭象确犯了盗窃罪行，应将其《庄子注》的版权撤销，并赔偿向秀千古的名誉损失，以为世之钞书者警戒。现在我们再从向秀注解的《庄》义和今存郭象《庄子注》中所重视的论点，加以研究，就更了然于在思想上是若合符节的。

按史载向秀注《庄子》的宗旨，有下面几点值得注意：

（一）他和汉世诸儒说《庄》，大有异趣，更不满历世方士的所谓方士道教。

（二）《老》、《庄》的极端思想，可以发为隐逸"绝伦"的弃世言论，向秀首对于"绝伦"的《庄》学予以否定。

（三）他和嵇康意见不一致，方法论在嵇主矛盾律，而向主"对生"说（天地阴阳对生也，是非治乱互有也）。嵇曾评向注有"妨人作乐"之语，则嵇对向的注《庄》旨统，必有所知，这无异暗示出向秀反对"山林拱默"的理论，在嵇康是不同意的。他们二人，向能"容迹"而嵇则有九患与政俗不能相容，这里正是理论与实践合致的道理。

（四）向注《庄子》，"发明奇趣"，"妙演奇致"，暗示他的《庄》学作出翻案文章，义解在"旧注之外"而非人云亦云，但这种"奇"，究竟是在什么地方呢？作者以为就是所谓"隐解"二字。隐对显而言，如今本郭象《庄子注》（以下简称《庄注》）"待隐谓之死，待显谓之生"之隐显对言，依"对生"说，隐显是对生的。旧注《庄子》者，多从言表求其显义，向秀一反旧说，主张在言意之外求其隐义，好像今人之作《红楼梦索隐》之类，说贾宝玉非实在的贾宝玉，而是寄"贾宝玉"之"迹"，而尽一种深"意"的，所谓"得意忘言"。这理论好像以为，寄之于显"迹"，为常人所乐道，而忘显"迹"以得隐"意"，则为常人所不知。向秀在这样隐显至为矛盾的社会，"去就易生嫌疑"的晋朝，用极其唯心所愿的方法，不顾文字的正负性质，直求庄生"本意"，使儒道"调耦和合"，"合异以为同"，"合同而论之"（《庄注》语），无怪乎当时人"读之者超然心悟，莫不自足一时也"。懂得了这点向秀注《庄》的来历，我们就可在《庄子》与《庄注》二者相违的主要地方，看出《庄注》的"隐解"所在。郭象序如系其自作，颇当"述而广之"之义。他说："夫庄子者，可谓知本者也。故未始藏其狂言，言虽无会，而独应者也。夫应而非会，则虽当无用，言非物事，则虽高不行；与夫寂然不动，不得已而后起者，固有间矣。……与化为体，流万代而冥物，岂曾设对独遘，而游谈乎方外哉，此其所以不经而为百家之冠也。"庄子既然"不经"，"有间"，又使之合于先王圣道，正是向秀的旨统，故他说"实由文显，道以事彰，有道而无事，犹有雌无雄耳"（《列子注》引，《庄注》删略）。在《逍遥游》注中更明白说出了达观之士（如《达庄论》、《养生论》所代表者）仅看取庄子的言意所寄，而未要其会归，他说：

> "夫庄子之大意，在乎逍遥游，放无为而自得，故极小大之致，以明性分之适，达观之士，宜要其会归，而遗其所寄，不足事事曲与生说，自不害其弘旨，皆可略之耳。"

（五）按向秀有《周易向氏义》，惜已失佚。若从仅存的佚文（《玉函山房辑佚书》有辑本）与《嵇康集》中保存的向子期《难养生论》看来，他着重在以道合儒，而与王弼之重在以儒合道者有别。王弼注《道德经》是统一道与德，因《老子》其书无一个人名地名，故尚易于附会，而向秀注《庄子》，对于毁尧舜薄周孔的言表，就只有直原所谓"莫须有"的本意了。如果说汉代纬书是六经言表之外的博士的主观臆测，则《庄注》便是《庄子》言表之外的名士的主观附会，复古的形式不同，而复古的方法却相似。兹举一例如下：

> "'夫天地之大德曰生，圣人之大宝曰位'（按引《易系辞传·下》文），'崇高莫大于富贵'（按引《易系辞传·上》文），然则富贵、天地之情也，贵则人顺己行义于下，富则所欲得以财聚人，此皆先王所重，开之自然，不得相外也。又曰：'富与贵，是人之所欲也'（按引《论语》文），但当求之以道，不苟非义。在上以不骄无患，持满以损敛不溢，若此何为其伤德耶？或睹富贵之过，因惧而背之，是犹见食之有噎，因终身不餐耳。"（《难养生论》）

按上面两段文字，都是前引儒家"名教"，后明道家"自然"，复使矛盾的两种东西合拍起来，所谓儒道双修。经过这样的移花接木，《庄子》内天外人的思想，就和儒家的名教思想相一致了，特别是贵贱的阶级关系，就成为绝对的真理了，连庄子也赞成了。因为《老》、《庄》思想是可以被《鲍敬言》引申为无君论，那就很危险了。我们在《庄注》中就能寻求出上段话的详细理论来，这也可以证明《庄注》是出于向秀的"奇趣"：

> "若皆私之，则志过其分，上下相冒，而莫为臣妾矣！臣妾之才而不在臣妾之任，则失矣。故知君臣上下手足外内，乃天理自然，岂直人之所为哉？夫臣妾但各当其分耳，未为不足以相治也。相治者，若手足耳目四支百体，各有所司，而更相御用也。夫时之所贤者为君，才不应世者为臣，若天之自高，地之自卑，首自在上，足自居下，岂有递哉？虽无错于当，而必自当也。……凡得真性用其自为者，虽复皂隶，犹不顾毁誉，而自安其业，故知与不知皆自若也。若乃开希幸之路，以下冒上，物丧其真，人忘其本，则毁誉之间，俯仰失错也。言性各有分，故知者守知以待终，而愚者抱愚以

至死,岂有能中易其性者也。"(《齐物论》注)

"言俗不为尊严于君亲而从俗,俗不谓之诣,明尊严不足以服物,则服物者更在于从俗也。是以圣人未尝独异于世,必与时消息。故在皇为皇,在王为王,岂有背俗而用我哉?"(《天地篇》注)

"信哉斯言。斯言虽信,而犹不可亡圣者,犹天下之知未能都亡,故须圣道以'镇'之也。群知不亡,而独亡圣知,则天下之害又多于有圣矣。然则有圣之害虽多,犹愈于亡圣之无治也,虽愈于亡圣,故未若都亡之无害也。"(《胠箧篇》注)

上面三段引文,离《庄子》言意至远,甚至与《庄子》言意相违,然而他却要在言意之表,直求到和儒家思想一致的本义。这不但与《答养生论》所说的富贵的道理正相符合,而且露骨地发表了统治阶级剥削被统治阶级的合理的理论,知者是统治阶级,不知者是被统治阶级,二者相安自若,特别是"愚者抱愚以至死"而不反抗,才是"天理自然"!

不但此也,在《庄注》中,我们更见到很多地方是拿《周易》与《论语》注解《庄》义的,和《答养生论》之用《周易》与《论语》附会《庄子》者相同。例如"至当"、"得当"、"无不当"之句,即出于《周易》之当位得道之义;"寂然不动,感而遂通",出于《易传》;其他如"吉凶悔吝","变而通之","天尊地卑","感应旁通",都是《周易》的成语。又例如"天何言哉","予欲无言","磨之而不磷","直道而行","士志于仁者,有杀身以成仁,无求生以害仁","巍巍乎舜禹之有天下而不与焉","中庸之德","子贡未闻性与天道","视其所以,观其所由,察其所安",诸多用语,皆出自《论语》。

(六)"隐解"虽然在言意之表,然而"隐"义又非依于言意不能传达,因此向秀认为言意是"寄"之而已。既是寄之,则不能执所寄,宜"要其会归,而遗其所寄"。例如《逍遥游》注"肩吾问于连叔"一段说:

"此皆'寄'言耳。夫神人,即今所谓圣人也。夫圣人虽在庙堂之上,然其心无异于山林之中,世岂识之哉?徒见其戴黄屋,佩玉玺,便谓足以缨绂其心矣;见其历山川,同民事,便谓足以憔悴其神矣,岂知至至者之不亏哉! 今言王德之人,而'寄'之此山,将明世所无由识,故乃托之于绝垠之外,而推之于视听之表耳。处子者不以外伤内。"

同篇注"宋人资章甫而适诸越"一段说:

"遗天下者固天下之所宗,天下虽宗尧,而尧未尝有天下也,故窅然丧之而尝游心于绝冥之境,虽'寄'坐万物之上,而未始不逍遥也。四子者盖'寄'言以明尧之不一于尧耳。夫尧'实'冥矣,其'迹'则尧也。自'迹'观'冥',内外异域,未足怪也。世徒见尧之为'尧',岂识其'冥'哉?……若乃厉然以独高为至,而不夷乎俗累,斯山谷之士,非'无待'者也,奚足以语至极而游无穷哉!"

《庄子·天道篇》《庄子·天运篇》所载老聃教训孔子的话,是儒道之歧异所在,而《庄注》合异而同之,说"此常人之所谓仁义者也,故'寄'孔老以正之","此皆'寄'孔老以明绝学之义也","仁义者,人之性也,人性有变,古今不同也,故游'寄'而过去,则冥若无滞"。向秀居然在"迹"之上,测出了什么"冥"义来,同样地在统治者"镇"人民的礼法之外,测出了什么"神"义来!

《缮性篇》所说的"牛马四足,是谓天;落马首,穿牛鼻,是谓人",指自然与人为之不同。但《庄注》说:"人之生也,可不服牛乘马乎? 服牛乘马,不可穿落之乎? 牛马不辞穿落者,天命之固当也,苟当乎天命,则虽'寄'之人事,而本在乎天也。"这样就把《庄子》思想中矛盾的天人关系合一了。此外如:

"形与物夷,心与物化,斯'寄'物以自载。(按这讲唯心主义的世界观)"(《山木篇》注)

"虽有天下,皆'寄'之百官,委之万物,而不与焉。(按这讲统治阶级的政治理论)"(《山木篇》注)

"昭昭者,乃冥冥之'迹'也,将'寄'言以遗'迹'。(按这讲唯心主义的认识论)"(《山木篇》注)

"夫庄子推平于天下,故每'寄'言以出意,乃毁仲尼、贱老聃,上掊击乎三皇,下痛病于一身也。"(《山木篇》注)

"名法者已过之'迹'耳,而非适足也,故曰赢。然无心者'寄'治于群司,则其名迹并见于彼。"(《则阳篇》注)

"'寄'物以为意。任理之必然者,中庸之符全矣,斯接物之至者也。(按以上三例是诡辩上面的三义)"(《人间世篇》注)

向秀从世界观、认识论以至政治理论,都借儒道的反动因素,得出他自己的结论。他的形式推论是这样:儒家的六经是"先王之陈迹",道家的自然是冥冥"所以迹",二者外内异而合同论之,就是《庄注》的特点。"寄言以遗迹"则可,若"翻六经以说则疏矣",所谓寄物寄言寄迹而复遗所寄者,正是"求之于言意之表"的儒道双修论,故说:

"夫言意者'有'也,而所言所意者'无'也。故求之于言意之表,而入乎无言无意之域,而后至焉。"(《秋水篇》注)

"莫知反一以息迹,而逐迹以求一,愈得迹愈失一,斯大谬矣。虽复起身以明之,开言以出之,显知以发之,何由而交兴哉?只所以交丧也!"(《缮性》注)

因此,向秀外表上的内外双修论,实质上是神秘的唯心主义和僧侣主义。从世界观到方法论,便产生了反"拒中律"的形神二者的对生双栖论,以理论化的"有"神论修改汉儒粗糙的神鬼论,他说:

"人哭亦哭,俗内之'迹'也;齐死生、忘哀乐、临尸能歌,方外之至也。夫知礼意者,必游外以经内,守母以存子,称情而直往也。"(《大宗师》注)

"夫理有至极,外内相冥。未有极游外之致,而不冥于内者也,未有能冥于内而不游于外者也。故圣人常游外以弘内,无心以顺'有',故虽终日挥'形',而'神'气无变,俯仰万机,而淡然自若。夫见'形'而不及'神'者,天下之常累也,是故睹其与群物并行,则莫能谓之遗物而离人矣;观其体化而应务,则莫能谓之坐忘而自得矣,岂直谓圣人不然哉?乃必谓至理之无此,是故庄子将明流统之所宗,以释天下之可悟。若直称仲尼之如此,或者将据所见以排之,故超圣人之内迹而'寄'方外于数子。宜忘其'所寄',以寻述作之大意,则夫游外弘内之道,坦然自明,而庄子之书,故是涉俗盖世之谈矣。"(《大宗师》注)

魏晋南北朝在形神之辩诘上有唯心和唯物、有神和无神的斗争。向秀的神形对生说,是最早的唯心主义和有神论的反动理论。一方面他说"所谓无为之业,非拱默而已,所谓尘垢之外,非伏于山林也",斥游方之士是执其所寄之迹;而另一方面他又发挥道家的虚无之义,寂然坐忘,说"夫坐亡者,奚所不忘哉?既忘其'迹',又忘其'所以迹'者,内不觉其一身,外不识有天地,然后旷然与变化为体,而无不通也。"(《大宗师》注)

《庄注》就是这样地"忘其所寄,以寻述作之大意",以为"隐解"。尽管"言意"与"言意之表"互为矛盾,换言之,儒家与道家势不两立,孔子与老子互相讥讽(如《让王篇》以下许多地方就没有注解),然而《庄注》所解,则"反复相明","彼是相对,而圣人两顺之","今以是非为环而得其中,无是无非也"(《齐物论》注),"两行"其说,正在拒中律逻辑之间,"若有意若无意"。如果有人硬说这近似辩证法唯物主义,实属荒唐已极的胡说,则机会主义者要匿笑不置了。《庄注》"忘善恶而居中"之说,只有唯心主义者崇奉之。没有能在实际检证的此种"居中"道理,就是狂言"无会"的,而所谓"独应"者,就是主观的。

不少汉人笺注六经,执其言意章句,在"所寄"方面寻大意,而到了晋人笺注经典,则一反汉儒所为,尤以向秀"隐解"更厉害,一切章句训诂,都不在话下,反而要背于章句言意,寻求作述之初意。时代的学术路径虽然不同,但他们寻求微言大义的复古方法是前后一贯的。

第三节　庄注唯心主义的理论与
为统治阶级服务的实际

（一）庄注崇有理论的概念烦琐

《庄注》的理论体系中有一个令人注意的环节：“无”不能生“有”。这一命题是由裴颁首先提出的，而在《庄注》中更有进一步的发挥。

自王何贵无至裴颁崇有，“有”“无”的问题是魏晋玄学的中心问题之一。因此，我们有必要对《庄注》的崇有理论作一专门的考察，同时也有必要对崇有理论是否即为唯物主义的问题予以究明。

崇有理论在《庄注》理论体系中与万物皆变的理论是有矛盾的，也是有联结的。二者的矛盾在于：肯定“无”不能生“有”实际上乃是变的否定；二者的联结在于：《庄注》中提出了“自生”的范畴，而这一范畴复被赋予变与不变的两种规定，由此导出肯定变化与否定变化的两种理论。

我们先从万物皆变的理论作为考察的始点，并以《庄子》原文与《庄注》中之有关材料参证如下：

一、一切事物，变化日新。

“〔消息盈虚，终则有始。〕变化日新，未尝守故。”（《秋水篇》注）

“〔日夜相待乎前，而莫知其所萌。〕日夜相待，故以新也。夫天地万物，变化日新，与时俱往，何物萌之哉？自然而然耳！”（《齐物论》注）

“〔更生则几矣。〕更生者，日新之谓也，付之日新，则性命尽矣。”（《达生篇》注）

“〔玄乎不测。〕居变化之途，日新而无方。”（《应帝王》注）

“〔故圣人将游于万物之所不得，遁而皆存。〕夫圣人游于变化之途，放于日新之流，万物万化，亦与之万化，化者无极，亦与之无

极,谁得遁之哉?"(《大宗师》注)

二、变化日新,不仅无物而不然,而且无时而不然,就此"日新"之义而言,它是不间断的、无休止的,为人的理智所不能觉知而仅为理性所能察辨的:

"〔以生为本。〕物之变化,无时非生,生之所在,皆本也。"(《庚桑楚》注)

"〔未知今之所谓是,非五十九非也。〕变者不停,是不可常。"(《寓言篇》注)

"〔道无终始,物有死生。〕死生者无穷之变耳,非终始也。"(《秋水篇》注)

"〔指穷于为薪,火传也,不知其尽也。〕夫时不再来,今不一停。故人之生也,一息一得耳。向息非今息,故纳养而命续,前火非后火,故为薪而火传,由夫养而得其极也。世岂知其尽而更生哉?"(《养生主》注)

"〔夫藏舟于壑,藏山于泽,谓之固矣,然而夜半有力者负之而走,昧者不知也。〕夫无力之力,莫大于变化者也。故乃揭天地以趋新,负山岳以舍故,故不暂停,忽已涉新,天地万物,无时而不移也。世皆新矣,而日以为故,舟日易矣,而视之若旧,山日更矣,而视之若前。今一交臂失之,皆在冥中去矣。故向者之我,非复今我也,我与今俱,岂守常故哉? 而世莫之觉,不谓今之所遇,可系而在,岂不昧哉?"(《大宗师》注)

显然,如果仅就这一点考察,而不涉及其全部观点,这里在形式性上是含有一些辩证法的因素的。

三、如前引材料所揭示的,这一变化过程乃是不间断的、无休止的过程,而万物在此"故不暂停、忽已涉新"的过程中的生成乃是"歘生"、"歘有"、"忽尔"之"生"、"突然"之"生"。今举有关材料检证如下:

"〔出无本。〕歘然自生,非有本。〔入无窍。〕歘然自死,非有根。"(《庚桑楚》注)

"〔有乎生,有乎死,有乎出,有乎入,出入而无见其形。〕死生出入,皆欻然自尔,无所由,故无所见其形。"(《庚桑楚》注)

"〔天门者,无有也,万物出乎无有。〕死生出入,皆欻然自尔,未有为之者也。然则聚散隐显,故有出入之名,徒有名耳,竟无出入之门,在安在乎?故以无为门,以无为门,则无门也。"(同上)

"〔万物有乎生,而莫见其根,有乎出,而莫见其门。〕无根无门,忽尔自然,故莫见也。唯无其生,亡其出者,为能睹其门而测其根也。"(《则阳篇》注)

"〔未生不可忌。〕突然自生,则不由我,我不能禁。〔已死不可徂。〕忽然自死,吾不能迟。"(同上)

在这里,可以看出,"生"既是"欻然自生",前"死"又是"欻然自死",二者俱是当下的直接性,结合"故不暂停,忽已涉新"的命题来看,则"故"是"欻然自死";"新"是"欻然自生",生死之间无有暂停,因此,生死是统一的、同一的,有生有死,有出有入,只是"徒有名耳",也就是说,变即幻变,变只是名相的辨析。

显然,《庄注》在此处已进入诡辩之观念烦琐。

四、由变之"欻生""欻有"至"有""无"不相过渡的"自生""自有",在《庄注》中是相结合在一起的命题,今举有关材料检证如下:

"〔吾游于物之初。〕初未有而欻有,然后明有物之不为而自有也。"(《田子方篇》注)

"〔有不能以有为有。〕夫有之未生,以何为生乎?故必自有耳,岂有之所能有乎?〔必出乎无有。〕此所以明有之不能为有而自有耳,非谓无能为有也,若无能为有,则何谓无乎?〔而无有一无有。〕一无有,则遂无矣,无者遂无,则有自欻生,明矣。"(《庚桑楚》注)

"〔一之所起,有一而未形。〕一者之初,至妙者也,至妙,都未有物理之形耳,夫一之所起,起于至一,非起于无也,故庄子之所以屡称无于初者,何哉?初者未生而得生,得生之难,而犹上不资于

无,下不待于知,突然而自得此生矣,又何营生于已生,以失其自生哉?"(《天地篇》注)

我们进一步考察"自生"这一概念的两种规定:"自生",作为"歘然自生"、"突然而得此生"而论,乃是变化,这是"自生"这一概念的一种规定。然而这样的变化,又是没有任何条件作为凭借的变化,也就是说,这种变化无本无根。既没有条件的凭借,则"生"为"自生",其反面规定即为"无"不能生"有","有"亦不能生"无",若"无"能生"有",则"无"即为"有"之本,而"有"之"生"即非自生。在严格的"自生"的规定中,不但"无"不能生"有",且"有"亦不能为"生"。在这里,"自生"只是绝对的抽象的自我同一,也就是说,生生者与生者为同一之物。这样,"自生"的概念中又包含有另一规定:"自生",就生者与生生者的抽象同一性而言,就其无任何条件的资借、无所本、无所根而言,乃是不变。因此,由前一种规定,"自生"可以和一切皆变的理论联结起来,由后一种规定,自生又可以和无不能生有的理论联结起来,这种规定是互相矛盾的,这两种理论也是互相矛盾的,这种矛盾都在"自生"的概念中掩盖起来。

由此,不论由"自生"论证万物皆变,或由"自生"论证无不能生有,这种论证,除了它的概念烦琐的性质外,也还如黑格尔评康德的二律背反那样,只能认做似是而非的证明,"因为他所要证明的理论总是已经包含在据以作出发点的前提里。"(《小逻辑》,页145。)

由"自生"而否定变的规定,导出了无不能生有的理论,我们可以举出如下的例子:

"无既无矣,则不能生有,有之未生,又不能为生,然则生生者谁哉?块然自生耳!"(《齐物论》注)

"皆物之所有,自然而然耳,非无能有之也。"(《则阳篇》注)

"〔阴阳相照,相盖相治,四时相代,相生相杀。〕言皆其自尔,非无所生。"(同上)

"非唯无不得化而为有也,有亦不得化而为无矣。是以夫有

之为物，虽千变万化而不得一为无也。"（《知北游》注）

《庄注》的崇有理论，大体就是这样。

我们所要进一步究明的是：崇有的理论是否即可证明《庄注》的玄学是唯物主义？作者认为，是不能的。主张"无不能生有"的，不但不是唯物主义，而且在历史上有过不少的例子是唯心主义。魏晋的道教、佛学就有显明的范例，已在各章有所论述，其他如明清之际的利玛窦、傅讯际以及中国学者徐光启、李之藻等的哲学思想都否认"无中生有"之说，而得出"神生有"之结论。

李之藻所译的亚里士多德的《寰有诠》中有一段饶有兴味的话，译文完全套用《庄注》的笔调和语汇，可与《庄注》崇有理论比观，今抄引如下：

"就固然与非固然之理而推，物亦能有、亦能非有者，是皆非固然之有也。凡非固然者，不能无始而有，能非有者，有时而无有故。设谓万有皆能非有者，则是有时而绝无其有也；设有时而绝无其有，则今亦绝无所有。何也？既已无何有矣，而今之为有，有岂得从无有出乎？乃今未尝无有，则万有之中，必有固然而有之有也。夫此固然之有者，或其超于有表者、有为固然者之所以然者乎？抑非有为固然者之所以然者乎？不得谓凡固然者皆有超乎有之表，而为其固然之所以然者。……若是，则当'特'有一固然之有，其外更无固然者之所以然。而万固然与非固然之有，共系于是而止。是谓天主。"

当然，亚里士多德的时代与向郭的时代不同，他的哲学思想也不能与《庄注》玄学完全等量齐观，但不同时代的人物在个别论题上却可能采取共同的思维途径。亚里士多德的宇宙论从无不能生有的论题出发，通过对"有"作"固然"与"非固然"的划分，最后证明出"天主"的存在，这是足以发人深省的。《庄注》中也主张无不能生有，但对"有"作了"迹"与"所以迹"的划分，并且就用"无不能生有"的论题证明出"鬼帝自神"，它明白地说："无也，岂能生神哉？不神鬼帝，而鬼帝自神，斯乃不神之神也。"

因此,我们反对从片面的论点即下断案,如从《庄注》的全面理论来考察,我们就不难发现其唯心主义的实质。

(二)庄注的唯心主义理论

上节我们已经讲明《庄注》的"儒道合"的笺注主义,由此进而论究《庄注》的哲学思想,就易于从事了。

《庄子》外篇《天运篇》有一段老聃教训孔子的话,原文是:

> "孔子谓老聃曰:'丘治《诗》《书》《礼》《乐》《易》《春秋》六经,自以为久矣,孰(熟)知其故矣,以奸者七十二君,论先王之道,而明周召之迹,一君无所钩用,甚矣夫,人之难说也,道之难明耶?'老子曰:'幸矣,子之不遇治世之君也! 夫六经,先王之陈迹也,岂其所以迹哉? 今子之所言,犹迹也,夫迹,履之所出,而迹岂履哉? ……'"

凡老孔的对立言论,《庄注》都以为是"寄老孔以明绝圣弃知之意"。从这里,向秀《庄注》导引出了一个哲学的中心问题,即"迹"与"所以迹",贯注于《庄注》的首尾而无或懈。"迹"即哲学术语 a posteriori,"所以迹"即哲学术语 a priori,前者今人译作"后天",后者译作"先天"。过去老翻译家就有把先天译作"迹先"的。六经是后天的"迹",自然是先天的"所以迹",前者为事物制度的客观世界,后者是主观所直接体会的"物自身"或本体,因而《庄注》于此说:

> "'所以迹'者真性也,夫任物之真性者,其'迹'则六经也。况今之人事,则以自然为履,六经为迹。"

"所以迹"的真性,在《天地篇》注说"众父父者,所以迹也","所以迹"又是"无迹",如:

> "情复而混冥,'无迹'也。"(《天地篇》注)

> "反任物性,而物性自一,故'无迹'。"(《缮性篇》注)

> "此真浑沌也,故与世同波,而不自失,则虽游于世俗,而泯然

'无迹'。……浑沌玄同,孰识之哉? 所识者常识其'迹'耳。"
(《天地篇》注)

"夫率自然之性,游'无迹'之涂者,放形骸于天地之间,寄精
神于八方之表。"(《知北游篇》注)

惟能内外冥合者,始因寄"迹"而至"无迹",故《胠箧篇》注说"夫
尧舜者,岂尧舜而已哉? 是以虽有矜愁之貌,仁义之迹,而'所以迹'者
故全也"。《天下篇》注反对明《诗》《书》《礼》《乐》者:"能明其迹耳,
岂'所以迹'哉?"《马蹄篇》注说:"圣人者,民得性之迹耳,非'所以迹'
也。"在《应帝王篇》注更说:

"'所以迹'者,'无迹'也。'无迹'者,乘群变,履万世。世有
夷险,故'迹'有不及。"

《庄注》中之"所",指存在;而"所以",指本体,如言"所寄""所尚"
即客观存在的"迹",而"所以"则是超乎时空而主观所直接感应的独
化,例如:

"得之于道,乃'所以明'其自得耳。……掘然自得而独化
也。"(《大宗师》注)

"玄冥者,'所以名'无而非无。"(《大宗师》注)

"子贡不闻性与天道,故见其'所依',而不见其'所以依'也,
夫'所以依'者不依也,世岂觉之哉?"(《大宗师》注)

"问'所以游'外而共内之意。"(《大宗师》注)

"'圣人'者物得性之名耳,未足以名其'所以得'也。"(《逍遥
游》注)

"'黄帝'者功号耳,非'所以功'者也,故况功号于'所以功',
相去远矣。"(《田子方篇》注)

物质世界是假的,超物质世界的"无迹"才是真的,因此,"寻其
'迹'者,失其'所以迹'矣","所以迹"是超实际的"物自身"(Ding an-
sich),故又说:

"明物物者(按指神的代名词)无物,而'物自物'耳,'物自

物'耳,故'冥'也。"(《知北游篇》注)

这个"物自物"或"物自身"是先于物的"东西",故说:

"谁得先物者乎哉?吾以阴阳为先物;而阴阳者即所谓'物'耳。谁又先阴阳者乎?吾以自然为先之;而自然即物之自尔耳。吾以'至道'为先之矣,而至道者乃至无也。既以'无'矣,又奚为先?然则先物者谁乎哉?而犹有物无已,明物之自然非'有'使然也。"(《知北游篇》注)

这样看来,《庄注》唯心主义的世界观是明显的。如果说"物自物"的冥冥然的"冥极"是第一性的东西,即超出"迹"的"所以迹,"那么,在认识论方面则只有超认识的"直与物冥",才是算"所以功",因为所识者既然仅常识其"迹",则"所以识"者便是玄同其迹的"冥冥",故说"物自物,故冥也","情复而混冥,无迹也"。

昭昭者仅是冥冥之"迹",故"所以迹"之直接与物冥,不是由于知识而得的,"凡得之不由于知,乃冥也"(《知北游篇》注)。尧有尧迹,而尧复超尧迹,尧迹是常人所能识的,而尧"冥"则是常人所不能识的。故说:"尧实冥也,其迹尧也。自迹观冥,外内异域,未足怪也。世徒见尧之为尧,岂识其冥哉?"是知"冥"与"迹"是内外相异的。关于"冥"是怎样的境界,有如下各样描述:

"至理有极,但当'冥'之,则得其枢要也。"(《徐无鬼篇》注)

"常以纯素,守乎至寂,而不荡于外,则'冥'也。"(《刻意篇》注)

"'冥'乎不死不生者,'无极'者也。"(《逍遥游》注)

"夫唯'与物冥'而循大变者,为能无待而常通。"(《逍遥游》注)

"无心者'与物冥',未尝有对于天下也,此居其枢要而会其玄极,以应夫无方也。"(《齐物论》注)

"夫神全形具,而体'与物冥'者,虽涉至变,而未始非我,故荡然无芥介于胸中也。"(《齐物论》注)

"夫物有自然,理有至极,循而直往,则'冥'然自合,非所言也。"(《齐物论》注)

"知之为名,生于失当,而灭于'冥极',冥极者,任其至分,而无毫铢之加。"(《养生主》注)

"苟能得中而'冥'度,则事事无不可也。"(《养生主》注)

"夫画地而使人循之,其'迹'不可掩矣;有其已而临物,与物不'冥'矣。"(《人间世》注)

"夫神全心具,则体'与物冥','与物冥'者,天下之所不能远。"(《德充符》注)

"知与变化俱,则无往而不'冥'。"(《德充符》注)

"欲以直理'冥'之,冀其'无迹'。"(《德充符》注)

"'与物冥'者,物萦亦萦,而未始不宁也。"(《大宗师》注)

"夫'与物冥'者,无多也。"(《骈拇篇》注)

这明白地是说,真的"直理"不是可媒介的,不是可反映的,一至有"迹"可循,有名可立,便非"绝对",故玄同彼我,直往冥度,始"与物冥而无迹"(《人间世》注)。《庄注》的认识论,和一般的唯心主义相同,反对把握一点一滴的"物自身",积点滴而成巨流,以期近似于"物自身";而主张直接去直观"物自身"全体,所谓"冥然与时世为一,而后妙当可全",这个心理境界是无对、无待的"寂"。然而完全的一般,即一般的不完全,最妥当的概念,即概念的最不妥当。这里宗教的上帝便被化装成普泛的"神全"。

上面的认识论,是颇与道家思想相近的。因此,"所以迹","与物冥",实在说不到什么"颜孔之际",更说不到什么"仲尼非不冥也",更没有在言意之表的什么"尧冥也"。但《庄注》是以"神言其内,圣言其外"出发的,是在圣王之表寻大意于"神全"的。因此,我们便要进而研究圣人之"迹"。"迹"是后天的,得之由于有知,而有知的只寻到"迹",还不算真正的"圣人",例如:

"夫黄帝非为仁义也,直与物则冥,仁义之'迹'自见,'迹'自

见则后世之心必自殉之,是亦黄帝之'迹'使物撄也。"(《在宥篇》注)

"夫尧舜帝王之名,皆其'迹'耳。我寄斯'迹',而'迹'非我也。……而有尧舜汤武之异。明斯异者,时世之名耳,未足以名圣人之实也。故夫尧舜者,岂直一尧舜而已哉?是以虽有矜愁之貌,仁义之迹,而'所以迹'者故全也。"(《在宥篇》注)

"圣人者,民得性之'迹'耳,非'所以迹'也。此云及至圣人,犹云及至其'迹'也。夫圣迹既彰,则仁义不真,而礼乐离性,徒得形表而已矣。有圣人即有斯弊,吾若是何哉!"

"工匠则有规矩之制,圣人则有可尚之'迹'。"(《马蹄篇》注)

"法圣人者,法其'迹'耳。夫'迹'者已去之物,非应变之具也,奚足尚而执之哉?执成'迹'以御乎无方,无方至而'迹'滞矣,所以守国而为人守之也。"(《胠箧篇》注)

这里所谓"帝王"、"圣人"、"黄帝"、"尧"、"舜",并不是如我们常识所认的人物,而是一种最初的有为之"名迹",这一名迹的存在都表现而为六经,所谓"先王之陈迹",因而在《庄注》中所言之仁义礼乐名法都是"迹"。例如:

"仁者兼爱之'迹',义者成物之功。爱之非仁,仁'迹'行焉,成之非义,义功见焉。存夫仁义,不足以知爱利之由,无心故忘之可也。"(《大宗师》注)

"诗礼者,先王之陈'迹'也。苟非其人,道不虚行,故夫儒者乃有用之为奸,则'迹'不足恃也。"(《外物篇》注)

"名法者,已过之'迹'耳,而非适足也。"(《则阳篇》注)

"仁义发中,而还任本怀,则志得矣,志得矣,其'迹'则乐也。信行容体,而顺乎自然之节文者,其'迹'则礼也。"(《缮性篇》注)

从"迹"到"可尚之迹",在《庄注》里认为并非一回事,换言之,从帝王黄帝尧舜到六经并非一回事。"迹"之起于圣人,如"生于自然者,而必欣赖于针石,故理至则迹灭"(《逍遥游》注),"尧舜在宥天下,其

迹则治也"(《在宥篇》注),一切制度文明,不是圣人有为而作,而是自然运行,故说:

> "礼者,世之所以自行耳,非我制;刑者,治之体,非我为;知者,时之动,非我唱;德者,自彼所循,非我作。"(《大宗师》注)

> "圣王之所以当功过,非以著劝畏也,故理至则遗之,然后至一可反也。而三代以下,遂寻其事'迹',故匈匈焉与'迹'竞逐。"(《在宥篇》注)

可尚之"迹"和圣王最初之"迹"不同,例如:

> "兼爱之'迹'可尚,则天下之目乱矣。以可尚之'迹'薎令有患而遂忧之,此为陷入于难而后拯之也。……自三代以上,实有无为之'迹',无为之迹,亦有为者之所尚也。尚之,则失其自然之素,故虽圣人有不得已也。"(《骈拇篇》注)

> "爱民之'迹',为民所尚,尚之为爱,爱已伪矣。"(《徐无鬼》注)

> "尧舜遗其'迹',饰伪播其后,以致斯弊。"(《庚桑楚》注)

> "若夫任自然而居当,则贤愚袭情,而贵贱履位,君臣上下,莫匪尔极,而天下无患矣。斯'迹'也遂撄天下之心,使奔驰而不可止,故中知以下莫不外饰其性,以眩惑众人,恶直丑正,蕃徒相引,是以任真者失其据,而崇伪者窃其柄,于是主忧于上,民困于下矣。"(《在宥篇》注)

按《庄子》对于"迹"与"可尚之迹"并没有如此区分,而在《庄注》则截然别为二事,以圣"迹"未为过,"其过则由乎可尚之迹"(《马蹄篇》注),在理论上已经为本体论与认识论预伏下冥合之迹,合异而同之路了。然则从"所以迹"到"迹"的统一,《庄注》又怎样"隐解"呢?这里的手法也相当巧妙,乃在于把"冥"与"迹"之间,安置了一种介在的神人,虽然实际上似是而非,并不可能有这样的内神外圣,而在理论系统上则说得一多、精粗、内外、妙杂、真俗、天人,是"两顺"的。前提是不存在的,但假定则由其自便。

《逍遥游》注是《庄注》中的用力之作,我们且把关于冥迹一致的诡辩录在下面:

"夫能令天下治,不治天下者也。故尧以'不治'治之,非'治之'而治者也。今许由方明既治,则无所代之,而治实由尧,故有'子治……'之言,宜忘言以寻其所况。而或者遂云,'治之'而治者尧也,'不治'而尧得以治者许由也,斯失之远矣。夫'治之'由乎'不治',为之出乎无为也,取于尧而足,岂借之许由哉?若谓拱默乎山林之中,而后得称无为者,此庄老之谈,所以见弃于当涂(按当涂指曹魏),自必于有为之域而不反者,斯之由也。夫自任者'对物',而顺物者与物'无对',故尧'无对'于天下,而许由与稷契为匹矣。何以言其然邪?夫与物冥者,故群物之所不能离也。是以无心玄应,唯感之从,泛乎若不系之舟,东西之非已也。故无行而不与百姓共者,亦无往而不为天下之君矣。"

"均之无用,而尧独独有之,明夫怀豁者无方,故天下乐推而不厌。……帝尧许由各静其所遇,此乃天下之至'实'也。各得其'实',又何所为哉?自得而已矣。故尧许之行虽异,其于逍遥一也。"

"尧舜者世事之名耳。为名者非名也。故夫尧舜者岂直尧舜而已哉?必有'神人'之'实'焉;今所称尧舜者徒名其尘垢秕糠耳。"

"尧实'冥'矣,其'迹'则尧也。自'迹'观'冥',内外异域,未足怪也。世徒见尧之为尧,岂识其'冥'哉?……若乃厉然以独高为至,而不夷乎俗累,斯山谷之士,非无待者也,奚足以语至极而游无穷哉?"

这样看来,圣人虽然不是和"可尚之迹"相同,但总是一种"迹",只有"神人"之"实",才把"圣人"之"迹"和"所以迹"合一,所谓"自迹观冥"。"无对"这一名词还在梁漱溟唯心主义理论中引用来玩弄,但他和《庄注》一样,都是要求什么"无心玄应,唯感之从"。因了有神作弄,才使冥迹一致了。《胠箧篇》更说：

"夫圣人者，诚能绝圣弃知，而反'冥'物极。物极各'冥'，则
其'迹'利物之'迹'也。器犹'迹'耳，可执而用曰器也。"《德充
符》注又说：

"欲以直理'冥'之，冀其'无迹'。今仲尼非不'冥'也，顾自
然之理，行则影从，言则响随。夫顺物则名迹斯立，而顺物者非为
名也。非为名则至矣。而终不免乎名则孰能解之哉？故名者影响
也，影响者，形声之桎梏也。明斯理也，则名迹可遗，名迹可遗，则
尚彼可绝，尚彼可绝，则性命可全矣。"

这样一来，一方面圣人有迹，另一方面圣人又能以直理冥之，使名
迹可遗，于是乎由迹而无迹了。为什么圣人要有迹呢？据说这是无心
任世而自然成的。《大宗师》注说：

"天下之物未必皆自成也，自然之理亦有须冶锻而为器者
耳。"（按言黄帝之知等）

《缮性篇》注说：

"圣人无心，任世之自成。成之淳薄，皆非圣也。圣能任世之
自得耳，岂能使世得圣哉？故皇王之'迹'与世俱迁，而圣人之道
未始不全也。"

上面所举的圣人是虚拟的，这无异说是上帝下凡，体神于俗，故内
外相冥，无为顺有。本来述器作器的名法，没有不是人类主观"对物"
的媒介，也没有不是客观对主观的反映，绝对不能在主观和客观之间是
"无对"的。然而《庄注》却以为，圣人冥于内而游于外，居然能"用天下
之自为"（《山木篇》注），以直理冥之，透于名迹。名迹既立，又仅是一
次的，过此以往，即非遗"迹"。这个不待经验的一次一次创造的圣
"迹"，固然不同于山林拱默，隐逸独高，但天下并没有这样一次现成的
全德。所谓"务自来而理自应，非从而事之也"（《齐物论》注）的体用
合一，乃是古今上下没有实证的事例。因此，《庄注》不得不发挥"偶
然"至上的真理。《庄注》的真理论是最荒谬的，凡"必然"的东西都是

在"迹"上,只有"偶然"的还可得"迹"以遗"迹"。《德充符》注说:

> "其理固当,不可逃也。故人之生也,非误生也,生之所有,非妄有也。天地虽大,万物虽多,然吾之所遇,适在于是,则虽天地神明国家圣贤绝力至知,而弗能违也。故凡所不遇,弗能遇也,其所遇,弗能不遇也,凡所不为,弗能为也,其所为,弗能不为也。故付之而自当矣。"

> "既禀之自然,其理已足,则虽沉思以免难,或明戒以避祸,物无妄然,皆天地之会。至理所趣,必自思之,非我思也,必自不思,非我不思也,或思而免之,或思而不免,或不思而免之,或不思而不免,凡此皆非我也,又奚为哉? 任之而自至也。"

一切行为思考的自当自至,都在一次一次的偶遇中妙手冥然而得之,如果以偶然可以转化为必然,是谓"以不平,平其不平也,不平",那就徇于有为之"迹"。因此,至理又是无理的。《骈拇篇》注说:

> "与世常'冥',唯变所适,其'迹'则殉世之'迹'也,所遇者或时有槃夷秃胫之变,其'迹'则伤性之'迹'也。然而虽挥斥八极,而神气无变,手足槃夷,而居形者不扰,则奚殉哉? 无殉也。故乃不殉其所殉,而'迹'与世同殉也。"

> "天下皆以不残为善,今均于残生,则虽所殉不同,不足复计也。夫生奚为残,性奚为易哉? 皆由乎尚无为之'迹'也。若知'迹'之由乎无为而成,则绝尚去甚,反'冥'我极矣,尧桀将均于自得,君子小人奚辨哉?"

这样看来,遇之、因之、顺之,是所以"迹"到"迹"的统一,真理好像"条件反射"的低级感应所反映的东西,没有真伪的区别,也没有阶级关系的区别,只要不伤所谓"性",即对于人类的思维能力不要增加与减少,就是最高级的冥合:

> "理无不通,故当任所'遇'而直前耳。……不能与至当俱往,……未见能成其事者也。"(《人间世》注)

> "不问所受何物,'遇之'而无不适也。"(《大宗师》注)

"'因'而不作。"(《齐物论》注)

"'因'共自摇而摇之,则虽摇而非为也。'因'其自荡而荡之,则虽荡而非动也。"(《天地篇》注)

"明夫是非者,群品之所不能无,故至人两'顺'之。"(《齐物论》注)

这种"无往而不因,无因而不可"之冥迹两会,是超乎认识的一种静寂的委顺,即直接的偶会,《应帝王》注说:

"渊者静默之谓耳。夫水常无心,委顺外物,故虽流之与止,……常渊然自若,未始失其静默也。夫至人用之则行,舍之则止,行止虽益,而玄默一焉。……治乱纷如,居其极者常淡然自得,泊乎忘为也。"

"物来乃鉴,鉴不以心,故虽天下之广,而无劳神之累。"

一切有名迹可循的,不管是常人的所尚也好,贤人的所为也好,都有其弊,都为有心之虑,而圣迹不然,是不留丝毫"履"与"迹"间的痕迹,故"实冥"与"形迹",只有"实"的自现,而无"名"的所现,思维活动只是"物来即鉴,鉴不以心"的委顺。《让王篇》注说:

"许由之弊,使人饰让以求进,遂至乎之哙也;伯夷之风,使暴虐之君得肆其毒,而莫之敢亢也;伊吕之弊,使天下贪冒之雄,敢行篡逆。唯圣人'无迹',故无弊也。……夫圣人因物之自行,故'无迹',然则所谓圣者,我本'无迹',故物得其'迹','迹'得而强名圣,则圣者乃'无迹'之名也。"

因此,我们说冥迹之间的统一,是"圣"的假定在那里媒介,最后仍然回到"无迹",经过此一迂回,虽然肯定了儒家的"名教",但完全是意识上的自我统一,"应而非会"的"与我德游,非与我形交"的主观唯心主义的自我对话。

由儒道双修,《老》、《庄》和《易传》结合,便产生了《庄注》的时中的历史理论。关于时变之理,有如下的话:

"当古之事,已灭于古矣。虽或传之,岂能使古在今哉? 古不

在今,今事已变。故绝学任性,与时变化,而后至焉。"(《天道篇》注)

"卓者独化之谓也。夫相因之功,莫若独化之至也。故人之所因者天也,天之所生者独化也。人皆以天为父,故昼夜之变,寒暑之节,犹不敢恶,随天安之,况乎卓尔独化,至于玄冥之竟,又安得而不任之哉?"(《大宗师》注)

"夫无力之力,莫大于变化者也。故乃揭天地以趋新,负山岳以舍故,故不暂停,忽已涉新,则天地万物无时而不移也。世皆新矣,而自以为故,舟日易矣,而视之若旧,山日更矣,而视之若前,今交一臂而失之,皆在冥中去矣。故向者之我,非复今我也,我与今俱往,岂常守故哉?"(《大宗师》注)

"变化颓靡,世事波流,无往而不因也。夫至人一耳,然应世变而时动,故相者无所措其目,自失而走,此明应帝王者无方也。"(《应帝王》注)

"圣人从而任之,所以皇王殊'迹',随世为名也。"(《徐无鬼》注)

"言二圣俱以乱故治之,则揖让之与用师,直是时异耳,未有胜负于其间也。"(《天地篇》注)

"夫圣人道同,而帝王殊'迹'者,诚世俗之惑不可解,故随而任之。天下都惑,虽我有求响至道之情,而终不可得,故尧舜汤武,随时而已。"(《天地篇》注)

"圣人未尝独异于世,必与时消息,故在皇为皇,在王为王,岂有背俗而用我哉?"(《天地篇》注)

相对主义的变化理论,是《庄子》中最生色的部分,而变化的链与环、可能性与现实性,在《庄子》又一概齐一以观,《庄注》也本此旨,故否定了相对不变的肯定性,"居变化之涂,日新而无方","随时而应,然后皆适",一切存在的都是合理的自然,一切自然的变化也都是合理的,其极流于无可无不可的"体化合变"。因此说:

"夫时不暂停,而今不遂存。故昨日之梦,于今化矣。死生之变,岂异于此,而劳心于其间哉?"(《齐物论》注)

自然在幻灭幻生之流中,惟圣王可以随时日新,其"迹"虽殊涂,而时动之道则相同,因此,演化本身并没有"质"的种差,而成为变化一般。《天地篇》注说:

"虽三圣,(尧舜禹)故一尧耳。时无圣人,故天下之心俄然归启。夫至公而居当者,付天下于百姓,取与之非己,故失之不求,得之不辞,忽然而往,倜然而来,是以受非毁于廉节之士,而名列于三王,未足怪也。"

这种"殊其迹而任之,则万物无不当","随时而变,无常迹也"的传子历史的名迹,"其迹不得不殊",即不得不俄然而变。然而在禹何以就成了"无方"(方指环链之环),而其弊何以仅由于后世无圣而尚迹的人所负责呢? 这种胡说,在历史实际检证之下,实在是无穷而有穷的突然论。

复次,相应于偶然时变的理论,又流于中庸理论。合而言之,即儒家说的"时中"。时变之注离《庄子》较近,而执中之说,则近于儒家色彩了。且看《庄注》的话:

"偶,对也。彼是相对,而圣人'两顺'之。故无心者与物冥,而未尝'有对'于天下也,此居其枢要而会其玄极,以应夫无方也。"

"今以是非为环,而得其'中'者,无是无非也。无是无非,故能应夫是非,是非无穷,故应亦无穷。"(《齐物论》注)

"忘善恶而'居中',任万物之自为,闷然与至当为一,故刑名远己,而全理在身也。……苟得'中'而冥度,则事事无不可也。"(《养生主》注)

"任理之必然者,'中庸'之符全矣,斯接物之至者也。"(《人间世》注)

"形不乖逆,'和'而不同。就者形顺,入者遂与同。'和'者义济,出者自显伐也。若遂与同,则是颠危而不扶持,与彼俱亡矣。……自显和之,且有含垢之声,济彼之名,彼将恶其胜己,妄生妖孽,故当闷然若晦,玄同光尘,然后不可得而亲,不可得而疏,不可得而利,不可得而害。"(《人间世》注)

"夫儒墨之师,天下之难和者,而无心者犹故'和'之,而况其凡乎!"(《知北游》注)

上面所讲的"调耦和合"的中庸理论,是庸俗哲学的特征。从这样的命题,才把"名教"神圣化,即"先王典礼,所以适时用"(《天运篇》注)的不停的迹,贯彻于时变的消息之中,"时过而不弃,即为民妖"(同上),这便是时中之圣。这样神圣人物是"唯涉空得中者,旷然无怀,乘之以游也"(《齐物论》注)。《庄注》就这样地从历史理论上为"儒道合"树立起根据,以统一庙堂与山林,统一"尧冥"与"尧迹"。这一调和的中庸理论,据《庄注》说是自然的,无故的,"无故而合者天属也,合不由故,则故不足以离之矣"。这在中世纪的思想中,并不是奇怪的,不过《庄注》更附加了些概念的烦琐。

(三)庄注反动的性命论及其政治思想

《庄注》的理论与实际是最不调和的,在理论上完全的概念形式,到了实际,是以最不完全的生活内容求合于此形式的。所谓"各止其所能,乃最是也"。万能的圣药并非合于万物,而是以万不齐者各止于其分,任万不齐的。在实际上是不齐,而在理论上是齐物。

《庄注》的人性论虽区别于物性,"人之生必外有接物之命,非如瓦石止于形质而已。"(《达生篇》注)但人之"受生各有分",是一次而足的,天命受生,善恶美丑,各有其分,人类的性分既然在受生之时已定,则不能因受生之全偏而主张变易。所以说:

"天性所受,各有本分,不可逃,亦不可加。"(《养生主》注)

"性各有分,故知者守知以待终,而愚者抱愚以至死,岂有能中易其性者也。"(《齐物论》注)

"志各有趣,不可相效也。"(《天地篇》注)

"性分各自为者,皆在至理中来,故不可免也。"(《达生篇》注)

这种荒谬的人性论,是反动的阶级论的根据,可参看王船山在这方面的批评(《中国早期启蒙思想史》第一章)。从这种假定出发,就产生了所谓任达的伦理,使道德活动完全适合于封建自然经济的条件以及封建等级制度的限局。《庄注》开宗明义说:"夫小大虽殊,而放于自得之场,则物任其性,事称其能,各当其分,逍遥一也。"在《逍遥游》第一段更说:"夫庄子之大意,在乎逍遥游,放无为而自得,故极小大之致,以明性分之适。"因此,性分之限,是有一定的天命,任命不易,"知止其分,物称其生,生斯足矣,有余则伤。"(《达生篇》注)请再看下面的发挥:

"不守其分,而求备焉,所以恶分也。"(《庚桑楚》注)

"夫质小者所资不待大,则质大者所用不得小矣。故理有至分,物有定极,各足称事,其济一也。"(《逍遥游》注)

"苟足于其性,则虽大鹏无以自贵于小鸟,小鸟无羡于天池,而荣愿有余矣。"(《逍遥游》注)

"物各有性,性各有极,皆如年知,岂跂尚之所及哉?"(《逍遥游》注)

"苟知其极,则豪分不可相跂,天下又何悲乎哉? 夫物未尝以大欲小,而必以小羡大,故举小大之殊,各有定分,非羡欲所及,则羡欲之累可以绝矣。"(同上)

贵贱贫富是一定的,九品等级是一定的,一定的天命最初就受生于不同的个人,受生之后,命该如此,便无可改变,故命贫则贫,命富则富,命贵则贵,命贱则贱,如果有人要以小易大,以贱反贵,那就违背天意了! 故又说:

"物无贵贱。"(《人间世》注)

"小大之辩,各有阶级,不可相跂。"(《秋水篇》注)

"今贤人君子之致爵禄,非私取也;受之而已。"(《山木篇》注)

露骨的统治阶级的反动观点,就在这里,阶级是天受的,绝不能改变。最理想的统治者是最不计较的,只要使社会阶级集团的地位永远不平而自得,就是王者。故说:

"虽有天下,皆寄之百官,委之万物,而不与焉,斯非有人也;因民任物,而不役已,斯非见有于人也。"(《山木篇》注)

"圣人,无我者也,故滑疑之耀,则图而域之,恢恑谲怪,则通而一之,使群异各安其所安,众人不失其所是,则已不用于物,而万物之用用矣,物皆自用,则孰是孰非哉?故虽放荡之变,屈奇之异,'曲而从之',寄之自用,则用虽万殊,历然自明。"(《齐物论》注)

阶级的存在是合理的,阶级社会应该是非两存,正反两成,无可无不可,而任天之自为,任命之自足。所以说:

"故天地万物,凡所有者不可一日而相无也,一物不具,则生者无由得生,一理不至,则天年无缘得终。然身之所有者,知或不知也,理之所存者,为或不为也,故知之所知者寡,而身之所有者众,为之所为者少,而理之所存者博,在上者莫能器之,而求其备焉。人之所知不必同,而所为不敢异,异则伪成矣,伪成而真不丧者,未之有也。或好知不倦以困其百体,所好不过一枝,而举根俱弊,斯以其所知而害所不知也。若夫知之盛也,知人之所为者有分,故任而不强也,知人之所知者有极,故用而不荡也。"(《大宗师》注)

因此,统治者和被统治者都在性分上受生已全,不待创为,创为反而丧全,丧全就不成世界了,因为阶级关系不能不具,不具就缺少了天地万物的本性。如果贫贱卑下欲求改移,则天下之所有者即缺乏了一面,因而单有统治者便不合自然。故说:

"四支百体,五藏精神,已不为而自成矣,又何有意乎生成之后哉?达乎斯理者,必能遣过分之知,遗益生之情,而乘变应权,故

不以外伤内,不以物害己,而常全也。"(《秋水篇》注)

"以小求大,理终不得,各安其分,则大小俱足矣。"(同上)

这就从中庸主义达到阶级的调和论。《庄注》于此广述《庄子》的顺俗观念,在实践行为方面又成为"曲成其行"的屈辱的妥协思想:

"不问所受者何物,遇之而无不适也。"(《大宗师》注)

"不能止乎本性,而求外无已。夫外不可求而求之,譬犹以圆学方,以鱼慕鸟耳。虽希冀鸾凤,拟规日月,此愈近,彼愈远,实学弥得而性弥失。故齐物,而偏尚之累去矣。"(《齐物论》注)

止于其性分,不加增减,则社会与人生便在原来的样子循环,"各当其分,则无为位上,有为位下"(《天地篇》注),"任自然而居当,则贤愚袭情,而贵贱履位,君臣上下,莫匪尔极"(《胠箧篇》注)。受生不齐,贵者应居贵,贱者应居贱,不能相效,相效便非自然。因此,变化观念在实际人生指导上,仅是权变的移动,而无所新。(日新者,亦如日月寒暑之循环,仅循环而已,没有质变。)故说:

"受生有分,而以所贵引之,则性命丧矣。若乃毁其所贵,弃彼任我,则聪明各全,人含其真也。"(同上)

"所在皆安,不以损为损,斯待天而不受其损也。"(《山木篇》注)

"所遇而安,故无所变从也。"(《达生篇》注)

然而历史竟无此种性分之固当,而是一串的被压迫阶级的反抗斗争史,更没有理想的统治者圣王可以永远使群众各如其分,而是一串的压迫阶级统治人民的历史,于是《庄注》发挥了庄子的存亡和贵贱的齐物论:

"夫遗之者,不以亡为亡,则存亦不足以为存矣,旷然无矜,乃常存也。存亡,更在于心之所惜耳,天下竟无存亡。"(《田子方》注)

"知身之贵于隶,故弃之若遗土耳。苟知死生之变,所在皆我,则贵者常在也。"(同上)

我们研究《庄注》的实际政治思想,是和上面的性命论以及阶级论相为贯注的。假定是从"无为位上,有为位下"出发的。《骈拇篇》注说:

> "自三代以上,实有无为之'迹',无为之'迹',亦有为者之所尚也。尚之,则失其自然之素,故虽圣人有不得已。"

实在讲来,历史并没有"无为之迹"。《庄注》在究竟义上,总是虚拟的,但在现实制度上却又是庸俗的。关于君主之神圣说,有这样的话:

> "千人聚,不以一人为主,不乱则散,故多贤不可以多君,无贤不可以无君,此天人之道,必至之宜。"(《人间世》注)

鲍敬言依道家思想,可以发展出无君论,而向秀则依庄学发挥出有君论,而且君主至上的道理原本于自然而当的阶级制度:

> "夫时之所贤者为君,才不应世者为臣。若天之自高,地之自卑,首自在上,足自居下,岂有递哉?虽无错于当,而必自当也。"(《齐物论》注)

神秘的专制论是所谓君主无为,和天道合致。"天下异心,无心者主也。"(《天地篇》注)故其国家理论必然相应于天人合一之道,得出君天道而臣人道的结论。《在宥篇》注说:

> "(天道)在上而任万物之自为也;(人道)以有为为累者,不能率其自得也。(主)同乎天之任物,则自然居物上;(臣)各当所任。君位无为,而委百官,百官有所司,而君不与焉。二者俱以不为而自得,则君道逸,臣道劳,劳逸之际不可同日而论之也。"

按《庄注》以君主是无为的,臣下是有为的,前者合天道,后者合人道。所谓"人各有为"的"自为"之和,等于自然的全体,合此一全体,不加干涉,便是理想的天主,有点像虚君说。这是秦汉以来虚为君纲的传统。惟我们要知道,这个虚君或素王,不是合理的一致,而是不合理的乘积。按《庄注》的道理,本来可以这样说,历史的错误让其自化,而虚君也者则是错误的历史的符号,所谓"其名迹尧也"。然而为什么又说

"二者不为而自得"呢？因为《庄注》以自为放任无正误，无善恶，宁是正误两行，善恶居中，一切存在让其定在，各如其性分。如此，在各样各式的物性人性的偏差存在之中，泛加了一个至上神，就名之曰圣王，曰天王。他的地位不是有为而治，乃是无为而自在，名之"在宥天下"。《在宥篇》注说：

> "宥使'自在'则治；治之则乱也。人之生也直，莫之荡，则性命不过，欲恶不爽。在上者不能无为，上之所为，而民皆赴之，故有诱慕好欲，而民性淫矣。故所贵圣王者，非贵其能治也，贵其无为而任物之自为也。"

《天道篇》注说：

> "夫用天下者，亦有用之为耳（按即《山木篇》注所谓"用天下之自为"）。然自得此为，率性而动，故谓之无为也，今之为天下用者，亦自得耳。但居下者亲事，故虽舜禹为臣，犹称有为，故对上下，则君静而臣动，比古今，则尧舜无为，而汤武有事。然各用其性，而天机玄发，则古今上下无为，谁有为也！"

《天下篇》注说：

> "夫圣人统百姓之大情，而因为之制，故百姓寄情于所统，而自忘其好恶，故与一世而得淡漠焉。乱则反之，人恣其近好，家用典法，故国异政，家殊俗。"

《应帝王》注说：

> "天下若无明王，则莫能自得，今之自得，实明王之功也。然功在无为，而还任天下，天下皆得自任，故似非明王之功。"

从上面的话看来，自为、自得、任物、任性，是自然自当的天机，统治者要"统"此百姓之情而因任自然，"虽无错于当，而必自当"，要紧的是使群众服从于统治者的"所统"，各守本分，忘了有阶级、有剥削，存则存也好，亡则亡也好，在则在也好，失则失也好，只要把存在亡失的变化，看成物理学上的物质能力不灭，则存亡得失不过是没有存亡得失的一时暂住而已，对于全体并没有变化。后世一定要执持生住异灭的假象,以有为代无为,于是个别的合理,反而是全体的"倒置"。因此,时代演进,只是量的地位移住,并无质的不同,尧舜汤武之禅让与征伐,"随时而已","迹"虽异趣,"实"则相"当",若以"迹"而论其是非,"迹"皆有为。故说:

> "夫尧虽在宥天下,其'迹'则治也。治乱虽殊,……而不'自得'则同耳。故誉尧而非桀,不如两忘也。"(《在宥篇》注)

> "圣人一也。而有尧舜汤武之异,明斯异者,时世之名耳,未足以名圣人之实也。故夫尧舜者,岂直尧舜而已哉?是以虽有矜愁之貌,仁义之迹,而'所以迹'者故全也。"(同上)

国家好像是自然的,好像是理性的自己运动,在上者的统治当顺俗之流变,而不独异,但"寄之自用",故又说:

> "天王不材于百官,故百官御其事,而明者为之视,聪者为之听,知者为之谋,勇者为之扞。夫何为哉?玄默而已,而群材不失其当。则不材乃材之所至赖也。"(《人间世》注)

> "夫无为之体大矣,天下何所不为哉?故主上不为冢宰之任,则伊吕静而司尹矣;冢宰不为百官之所执,则百官静而御事矣;百官不为万民之所务,则万民静而安其业矣;万民不易彼我之所能,则天下之彼我静而'自得'矣。故自天子以下至于庶人,下及昆虫,孰能有为而成哉?是故弥无为而弥尊也。"(《天道篇》注)

宝塔式的等级制度,从百姓万民以至百官,以至冢宰,以至至上,万品不同,阶级悬殊,各当其性分,各任其事,合个人之自得有为,而成了一个无为之体,所谓"无为于上,有为于下",于是有为的个体相加相积,便成为全体的无为。这怪异不经的理论,据说是合于天地四时的消息,因此,理想的封建制度就在"不动的天国",一切是安于俗、乐于成的。所以说:

> "夫工人无为于刻木,而有为于用斧;主上无为于亲事,而有为于用臣。臣能亲事,主能用臣;斧能刻木,而工能用斧。各当其能,则天理自然,非有为也。若乃主代臣事,则非主矣,臣秉主用,

则非臣矣。故各司其任，则上下咸得，而无为之理至矣。"(《天道篇》注)

这一内圣外王、圆体方用之道，原来是刻木用斧的方式，臣是一把主的斧子，斧子刻木是"有为"的，有为的不是主所亲事，主所当为者是用斧，任斧所伐，伐则当理。劳动者——劳动工具——劳动对象的关系，就是主上——臣仆——人民的关系，按道理讲都是有为的，但经过了各自有为，到了劳动者的内心中则化有为无自得，便在本体中成了"无为"——天理自然，统治与被统治的统一，就在心理上调和了。这正如列宁所注意标出的"神从前是宗法制的君主"(《哲学笔记》，页47)。

《庄注》在理想上有"开明专制"的想法，所谓"今以一己专制天下，则天下塞矣"(《在宥篇》注)，所谓"君静而臣动"，都是说明。然而，在"任万民自为"条件之下，不但名门豪族威胁了"至上"的统治权，而且更重要的是那些万民，常如《庄注》所斥，他们主张"平其不平"，即是说挺而阶级斗争，不论至上也好，主上也好，很难按万物不齐，受生各异，使其安分守素，任其不平，以合无为。那么专制的斧斤之治，又该如何？"应物顺变"吧，则变的反其本性；不应物以"适时"吧，则非"顺日新之化"，《庄注》对这个矛盾的解决，最后以现实与理想的古今不同，把问题在心理上逍遥去了。这就是说，古之圣人如尧舜才能玄默无为，有天下而不与，后来三代以下，饰伪播其后，天下已乱，只法尧迹舜迹，而伪行去实尧实舜，因此再没有"无迹"之治，而历史都在"尚迹"以速乱，故说：

"承百代之流，而会乎当今之变，其弊至于斯者，非禹也，故曰天下耳。言圣知之迹，非乱天下，而天下必有斯乱。"(《天运篇》注)

本来"儒道合"论者是调耦理想与现实的，但到了最后则是理想与现实的对立，只使"容迹"的"似吏非吏，似道非道"的名门豪族，有其"寄之自用"、"委之自尔"的会心解嘲而已。"不瞻前顾后，而尽当今之

— 226 —

会,冥然与时世为一,而后妙当可全,刑名可免"(《天运篇》注)。豪族的政治实践,如《庄注》作者向秀就是这样!

第四节　儒道合派的宣扬者

我们知道中世纪思想的正统派,有一个一致的倾向,即对于现世的杂多现象,没有常青的信念,在他们的意识里,经常把世界抽象而为灰色无光明的恶俗,只有超现世之上的天国才是完全的美满乐土。这一思维正是中世纪贫困的世界反映于贵族思想的颠倒的世界认识;如果脱出这一思维,就成了异端。

西洋中世纪支配思想是基督教的上帝神学,经院修道士的派别尽管不同,而对于超人生现实世界的空虚假定——天国,则是天经地义;这在中国中世纪也没有一般性的歧异,惟我们所注意的是中国的具体历史,天国这一基督教的教义,在中国就成为"三代"教义。为什么有此特殊性呢? 这就是中国古代社会维新路径的"先王"观念,在中世纪复古笺注里的依据。一直到近代的启蒙期,西洋宗教改革所走的路径是上帝的平等理性化,而中国所走的路径则是三代的托古改制化。

汉代经学家笺注三代圣王重在制造一套礼制,最迷信的是微言大义的宗教纬书;在魏晋清谈家看来,这是"先王陈迹",应该用另一种微言大义的形式,寻到先王的"隐解"处,那就是"迹"先的所谓"所以迹"——不在美满的制度,而在美满的心灵。不但要知道"尧迹",而且要知道"尧冥"。因此,三代世界的天国里,出现了魏晋人士的笺注,以适应名门贵族生活的小天地。这个历史背景,在绪论中已经指出,因了汉代强宗豪族(自然是从古代氏族贵族变化来的)的地位,被农民战争所拆散,逐渐分化成了魏晋的游离名门,以至产生了一串贵族豪强的内讧,使得意识上更求超脱,更求玄虚,以满足生活与现实相矛盾之中的心理调和。所以,由汉至魏晋南北朝,思想便越来越虚玄,越来越超现实,更以玄虚的温床有了准备,接受了输入而来的佛教文明,因而不信现世而尚冥冥的教义,就成为支配形势。自何晏王弼向秀等开其端绪,经过永嘉时王衍郭象诸人,以迄渡江名流,便玄风扬煽,不可一世。晋人伪撰《列子》一书,正说明渡江人物之变本加厉,其关于玄妙自足的宗教观更与佛教相结合,张湛伪《列子序》说:

> "其书大略明群有以至虚为宗,万品以终灭为验。神惠以凝寂常全,想念以著物自丧。生觉与化梦等情,巨细不限一域。穷达无假智力,治身贵于肆任,顺性则所之皆适,水火可蹈,忘怀则无幽不照,此其旨也。然所明往往与佛经相参,大归同于《老》、《庄》。"

懂得了上面宗教观的大意,我们进而研究"儒道合"派的宣扬者。《论语集解·义疏》皇侃所列的诸家,大都是这样人物,其中如缪协、郭象、蔡谟、孙绰、缪播等更为显著,没有不在"迹"上隐求其"所以迹"。这个"无对"的"所以迹"的精神,一直到五四以后还有人以"东方文化"的优越性提出来反对"西方文化"。

上面我们曾对于向秀、郭象的《庄子注》问题详细辨证,认为郭象并无独立见解。他自己著的书,有《论语体略》,惟今已佚。在《论语集解·义疏》保存有郭象的若干条材料,今录之于下,并附解释:

> "政者,立常制以正民者也,刑者,兴法辟以割制物者也。制有常则可矫,法辟兴则可避。可避则违情而苟免,可矫则去性而从制。从制外正,而心内未服,人怀苟免,则无耻于物,其于化不亦薄乎? 德者,得其性者也,礼者,体其情者也。情有所耻,而性有所本,得其性,则本至,体其情,则知耻。知耻则无刑而自齐,本至则无制而自正。"(《为政篇》"导之以政"章疏引)

按郭象所言之制,即《庄注》所谓之"迹",性即《庄注》所谓之"无迹","无制而自正",即是说"无迹"而自得。这是儒道双修的基本说法。

> "舜禹相承,虽三圣,故一尧耳。天下化成,则功美渐去,其所因循,常事而已。故史籍无所称,仲尼不能间。"(《泰伯篇》"禹吾无间然矣"章疏引)

按此章注与《庄注》文字大同小异，皇侃所引或即择录《庄注》。所谓"一尧"，即"尧迹冥也"。

"人哭亦哭，人恸亦恸，盖无情者与物化也。"（《先进篇》"颜渊死"章疏引）

按此引句，也同于《庄注》，哭则言其"迹"，无心而哭，即其"所以哭"。这比王弼论圣人"性其情"的理论更道家化。

"圣人无诡教，而云'不寝不食以思'者何？夫思而后通，习而后能者，百姓皆然也；圣人无事而不与百姓同事，事同则形同，是以见形以为己异，故谓圣人亦必勤思而力学，此百姓之情也。故用其情以教之，则圣人之教'因彼以教彼，安容诡哉?'"（《卫灵公篇》"吾尝终日不食"章疏引）

按道家言绝学弃智，孔子则稍富于经验论，他们是不相契合的。儒道合论者调耦两齐，使形迹和与物冥之矛盾解消，这就必然要用诡辩，以解消所谓"诡教"之怀疑。

"圣人无心，仕与不仕随世耳。阳货劝仕，理无不诺。不能用我，则无自用，此直道而应者也。然免逊之理，亦在其中也。"（《阳货篇》"阳货欲见孔子"章疏引）

按此章郭象之义，即庄子入俗容迹的庸俗思想，晋人依此发为"若有意若无意"之寄迹实践伦理，其"理"自最高的境界可以堕为最低的直应，在思想史上最不足称道，而后世唯心主义者的"无字天书"则目为好消息。凡把人道与天道混而同之的思想，没有不在理论上"其旨玄妙"，而同时又在实践上"其行诞妄"。

晋室渡江以后，韩康伯、王坦之、张湛、范宁等皆同时期的人物，其时有儒道同异之论，斗争甚烈，范宁崇儒辟道，王坦之著有《废庄论》（但孔老并重），韩康伯与张湛则折中儒道，"思理伦和"。

韩康伯著有《周易系辞注》，续王弼《易注》；著《辩谦》，折中王坦之与袁宏之辩论。王坦之虽主张废庄，但以庄生之说"推显以求隐，理得而情昧"，"虽可用于天下，不足以用天下人"，也重儒道调和，他说：

"在儒而非儒,非道而有道,弥冠九流,玄同彼我,万物用之而不既,亹
亹日新而不朽,昔吾孔老固已言之矣"。康伯颇与坦之同调,《辩谦》一
文,极折中调和之能事,以"体有而拟无者,圣人之德,有累而存理者,
君子之情",主张"岂惟逃患于外,亦所以洗心于内",发挥降己之"谦"
义,来缝合体用。(皆见《晋书》卷七五)所谓"谦之为义,存乎降己",
不是一般说的谦虚,而是中世纪的奴婢思想,与近代的戡天自由思想相
反。他论有无体用说:

> "道者何? 无之称也,无不通也,无不由也,况之曰道,寂然天
> 体,不可为象,必有之用极,而无之功显。故至乎神无方,而易无
> 体,而道可见矣。"(《易系辞上》注)

> "夫非忘象者,则无以制象,非遗数者,无以极数。至精者无
> 筹策而不可乱,至变者体一而无不周。至神者寂然而无不应。斯
> 盖功用之母,象数所由立。"(《易系辞上》注)

这种唯心主义的遗忘象数的无迹观点,又不得不顺适万物而表现
为有"迹",他说:

> "万物由之以化,故曰'鼓万物'也。圣人虽体道以为用,未能
> 至无以为体;故顺通天下,则有经营之'迹'也。"(《易系辞上》注)

按《庄注》讲"迹",也曾引《诗经》"经之营之,不日成之"句,说明
圣王与物冥,始可作顺时之典礼,韩氏此注,大要与《庄注》同。他所谓
"与道不冥而有求焉,未离乎诣也",即反指无迹者与物冥之义,所谓
"于器不绝而有交焉,未免乎渎也",即后世之乱,由于"尚迹"生之义。

韩注所说"履者礼也"(《说卦》注),当即自然为履、六经为迹之
义;所说"无对于物,而后尽全顺之道"(《易系辞下》注),当即与物无
对而两生之义;所说"变化无体,不可为典要,故其言曲而中"(同上),
当即时中适顺之义。至于无为为上,有为为下之政治思想,韩注更有明
白的解释:

> "夫少者多之所宗,一者众之所归。……阳,君道也;阴,臣道
> 也。君以无为统众,无为则一也;臣以有事代终,有事则二也。故

阳爻画奇,以明君道必一,阴爻画两,以明臣体必二,斯则阴阳之数,君臣之辨也。以一为君,君之德也,二居君位,非其道也。故阳卦曰君子之道,阴卦曰小人之道也。"(《易系辞下》注)

他的伦理思想,稍修改了"容迹"的说法,而代之以降己之谦义,所谓"宅心于卑素",这正是儒道合的实践观点,他说:

"利用之道,由安其身而后动也。精义由于入神,以致其用,利用由于安身,以崇其德。理必由乎其宗,事各本乎其根。归根则宁,天下之理得也。若役其思虑,以求动用,忘其安身,以殉功美,则伪弥多,而理愈失,名弥美,而累愈彰矣。"(同上)

张湛伪《列子注》,虽更接近于游谈乎方外的内容,但对于《杨朱篇》"君臣之道息矣"注说:

"此一篇辞义太径挺抑抗,不似君子之音气。然其旨欲去自拘束者之累,故有过逸之言者耳。"

"名教"既不敢废弃,那么"不经"之谈又如何解释呢? 他好像说聃、周、列子的教义,是补充儒家的认识,《汤问篇》注:

"夫万事可以理推,不可以器徵。故信其心智所知及,而不知所知之有极者,肤识也;诚其耳目所闻见,而不知视听之有限者,俗士也。至于达人,融心智之所滞,玄悟智外之妙理,豁视听之所阂,远得物外之奇形。若夫封情虑于有方之境,循局步于六合之闲者,将谓写载尽于三坟五典,归藏穷于四海九洲,焉知太虚之辽廓,巨细之无垠,天地为一宅,万物为游尘? 皆拘短见于当年,昧然而俱终。故列子阐无内之至言,以坦心智之所滞,恢无外之宏唱,以开视听之所阂,使希风者不觉矜伐之自释,束教者不知桎梏之自解。故刬斫儒墨,指斥大方,岂直好奇尚异,而徒为夸大哉? 悲夫,聃周既获讥于世论,吾子亦独以何免之哉!"

张湛《列子注》所引诸说,除何王向郭外,更多见《诗》《书》《易》《礼》《春秋》之文以及古史之传说,并融合佛家之语义,在折中儒道方面,虽把名迹"假幻化",但义理则完全因袭《庄子注》,例如:

"《诗》《书》《礼》《乐》,治世之具,圣人因而用之,以救一时之弊,用失其道,则无益于理也。夫圣人智周万物,道济天下,若安一身,救一国,非'所以为圣'也。治世之术,实须仁义,世既治矣,则所用之术宜废,若会尽事终,执而不舍,则情之者寡,而利之者众,衰薄之始,诚由于此。……惟圆通无阂者,能惟变所适,不滞一方。"

"夫圣人之道,绝于群智之表,万物所不窥拟,见其会通之'迹',因谓之圣耳,岂识'所以圣'也。"

"孔丘之博学,汤武之干戈,尧舜之揖让,羲农之简朴,此皆圣人因世应务之粗'迹',非'所以为圣'者,'所以为圣'者,固非言'迹'之所逮者也。"(《仲尼篇》注)

"帝王之功德,世为之名,非'所以为帝王'也;揖让干戈,果是所假之涂,亦奚为而不假幻化哉?但骇世之'迹',圣人密用而不显焉。"(《周穆王篇》注)

张湛的折中主义更为显著,明言两可得中,他认为关于有命与肆情二者在《列子》中的矛盾,难以并立,但他调和着说:

"义例不一,以相违反,然治乱推移,爱恶相攻,情伪万端,故要时竟其弊,孰知所以。是以圣人'两情'而不辨,将以大扶'名教',而致弊之由,不可都塞。……故列子叩其'二端',使万物自求其'中',苟'得其中',则智动者不以权力乱其素分,矜名者不以矫抑亏其形生。"(《力命篇》注)

"至理岂有隐藏哉?任而不执,故'冥然无迹,'端崖不见。"(《黄帝篇》注)

"失其'中和',则濡溺恐惧也。……阴阳以'和'为用者也。抗则自相利害,故或生或杀也。"(《周穆王篇》注)

"圣人居'中'履'和',……智周万物,终身全具。"(《仲尼篇》注)

他对于道家无心玄同之义旨,无迹冥漠之自然,更说得神秘不可捉摸，例如他说：

> "夫行之所践，容足而已。足外无余，而人不敢践者，此心不夷、体不闲故也。心夷体闲，即进止有常数，迟疾有常度，苟尽其'妙'，非但施之于身，乃可行之于物，虽六辔之烦，马足之众，调之有道，不患其乱。故轮外不恃无用之辙，号外不赖无用之地，可不谓然也？"

> "直以'巧'极思之，无方不可以常理限，故每举物极，以祛近惑，岂谓物无神主也？斯失之远矣。"（《汤问篇》注）

凡玩弄概念"恶无限"的唯心主义者，必然是宗教的僧侣主义者，必然借所谓"巧妙"的无极推衍，寻到最后的"神主"。《庄子注》犹不敢单言迹辙之外的唯神论，而在《列子注》则游谈乎世外极乐，只未抹杀事功之"迹"，略表其不敢违背名教，惧说"不事王者"罢了。他所谓"所以圣"，不但是神，而且是仙。他说：

> "深思一时，犹得其道，况不思而自得者乎？夫生必由理，形必由生。……生之与形，形之与理，虽精粗不同，而迭为宾主，往复流迁，未始暂停。是以变动不居，或聚或散。抚之有伦，则功潜而事著，修之失度，则'迹'显而变彰。……尽阴阳之妙数，极万物之情者，则陶铸群有，与造化同功矣。若夫偏达数术，以气质相引，俯仰则一出一没，顾眄则飞走易形，盖术之末者也。"（《周穆王篇》注）

他的理论，就如他说："虽此事未验，而此理已然，"不仅关于"命者必然之期，素定之分"如此，而且其全部思想都是这个"理学"。因为他说："观形即事，忧危之迹著矣。求诸方寸，未有不婴拂其心者。将明至理之言，必举美恶之极，以相对偶者也"（《杨朱篇》注）。我们以为理在事中，这是可以在事物中证验的；如理只在无极，那么事物就由循环变化论（此项引文从略），可以被认做"无常"，因而"道理"都在极处，而非在事中。他说：

> "射虽中，而不知'所以中'，则非中之'道'；身虽存，不知'所

以存'，则非存之'理'。"（《杨朱篇》注）

张湛的思想，重点在"俯仰万机，对接世务，皆形迹之事耳，冥绝而灰寂者，固泊然而不动矣"，甚至渗用佛义，谓"意所偏惑，则随志念而转易"，"存亡往复，形气转续，生死变化，未始绝灭"。他的政治思想，虽说到"不有其家"，"不臣天子"，但仍因袭《庄子注》，以为名教典礼，不可或废，以"损《诗》《书》《易》治治术"非救弊之道，他说：

"知贤，则智者为之谋，能者为之使。物无弃才，则国易治也。"（《说符篇》注）

"不能知众人之所知，不能为众人之所能，群才并为之用者，不居知能之地，而无恶无好，无彼无此，则以为无心者也。故明者为视，聪者为听，智者为谋，勇者为战，而我无事焉。"（《仲尼篇》注）

他的思想并不是反对过江名门贵族的法外横夺，如他担心着当时现实，"横认外物以为己有，乃标名氏以自异，倚亲族以自固，整章服以耀物，借名位以动众，封殖财货，树立权党，终身欣玩，莫由自悟"（《天瑞篇》注），而是想以"生化之本，归之于无物"，想逃出这个封建的浊世而又不能遗迹，把一切看做虚伪，来做内心的慰藉，所谓"神之所交谓之梦，形之所接谓之觉，原其极也，同归虚伪"（《周穆王篇》注）。当时渡江贵族的内讧，实与北方的外患，相为表里，故《世说新语》载卫玠渡江，形神惨悴，语人曰："见此茫茫，不觉百端交集，苟未免有情，亦复能遣此？"如果用像张湛辈的思想还原术，那就一切幻假，存亡齐泯了。真实悲剧的主观消解，正反映出悲剧真实的无法解脱，"圣理冥绝，故不可拟言，唯疑之耳"（《仲尼篇》注）。我们知道，《庄子·逍遥游》所以成为当时的"通"理，就因为"无待常通"，精神胜利而已。张湛从佛义"存亡往复，形气转续"之中，企图变悲剧为喜剧，"未始绝灭"。至拔理于向郭的支道林《逍遥游》"支理"，又进一步佛化庄生，直寻天真了。《世说新语·文学篇》注引支氏《逍遥游论》：

"夫逍遥者，明至人之心也。庄生建言大道，而寄指鹏鷃，鹏以营生之路旷,故失适于体外,鹢以在近而笑远,有矜伐于心内。至人乘天正而高兴,游无穷于放浪,物物而不物于物,则遥然不我得,玄感不为,不疾而速,则逍然靡不适:此‘所以为’逍遥也。若夫有欲,当其所足,足于所足,快然有似天真。犹饥者一饱,渴者一盈,岂忘烝尝于糗粮,绝觞爵于醪醴哉;苟非自足,岂所以逍遥乎!”

支道林反对向注,说“桀跖以残害为性,若适性为得者,彼亦逍遥矣!”(《高僧传·支遁传》)此即所谓“一切众生,皆有佛性,但能修智慧,断烦恼,万行皆足,便成佛也”。按智慧即“般若”,修智慧者始足以言逍遥,而非任性逍遥。庄佛相通,复合于儒,故《文学篇》又记:

“支道林造即色论,论成,示王中郎(坦之),中郎都无言。支曰:‘默而识之乎!’”(按此句出于《论语》)

按支道林之在东晋,时人比于向秀之在西晋,“遁比向秀,雅尚庄老,二子异时,风尚玄同也。”(同上注引《道贤论》)这就是说,儒道合论者,末流已有沙门气味了。

按支道林之作逍遥义,《世说新语》及《高僧传》屡称其事,必为信史。支道林所据之佛教义,即《世说新语》,所指的《大小品》。小品者,陈寅恪氏断为支谶译《道行经》,其《逍遥游》新义,陈氏复断为佛教之般若学格义,此义渊源于河外,支道林始倡于江东。陈说甚是。①

但“儒道合”在支道林新义中,儒家的色彩更淡了,充其量不过是一句“默而识之”的外表,实际上已经转为“佛道同”了。支义“才藻新奇,花烂映发”(《世说新语》),“至晋哀帝即位,频遣使两使,征请入都,止东安寺,谓《道行般若》,白黑钦崇,朝野悦服。”(《支遁传》)他的支配力量,也算很大的了。按向义分“迹”与“所以迹”,名教之儒在六经为“迹”,而自然之道在与物玄冥的“所以迹”,合而一之,是谓“儒道

---

① 陈著《逍遥游向郭义及支遁义探源》,详见《清华学报》十二卷四期。本章写竟,始见陈著,按陈氏以向郭义探源于“四本论”中主“才性合”之钟会思想,与著者以“儒道合”论定向郭《庄》学,从“合”的方面而研究思想源流,不谋而合。

合",我们在上面已有详述。但支义反是,存与所以存,无与所以无,"二迹"无寄,无有冥尽,才算上义。他在《大小品对比要钞序》(《出三藏记集》八)中所论,正可作和向义比较研究的旁证,他说:

> "夫般若罗密者,众妙之渊府,群智之玄宗,神王之所由,如来之照功。其为经也,至无空豁,廓然无物者也。无物于物,故能齐于物;无智于智,故能运于智。是故夷三脱于重玄,齐万物于空同。"

> "理冥则言废,忘觉则智全。若存无以求寂,希智以忘心,智不足以尽无,寂不足以冥神。何则?故有存于所存,有无于所无。存乎存者,非其存也,希乎无者,非其无也。何则?徒知'无'之为'无',莫知'所以无',知'存'之为'存',莫知'所以存'。希'无'以忘'无',故非'无'之'所无',寄'存'以忘'存',故非'存'之'所存';莫若遗其'所以无',忘其'所以存'。忘其'所以存',则无'存'于'所存',遗其'所以无',则忘'无'于'所无'。忘无故妙存,妙存故尽无,尽无故忘玄,忘玄故无心。然后'二迹'无寄,无有冥尽。是以诸佛因般若之无始,明万物之自然。"

照上面的话看来,"迹"与"所以迹","二迹无寄",始证逍遥,这就不同于向义所谓"所以迹"之"寄迹"论了。这即是说,"神王"与"如来"合,不同于"所以尧"与"尧"合了。

第 七 章

葛洪内神仙外儒术的道教思想

第一节　廉价的符水道教与高贵的金丹道教的对立

　　道家思想到了魏晋时代成了正宗,这给予中国人民精神上的毒害,是很深的。然而,伪冒了"道"的招牌,集中了所有原始的、封建的、愚诬荒谬的理论与做法,而以宗教形式出现,对中国广大人民进行欺骗、麻醉、恐吓、毒害至两千年之久,其流毒远较道家更为深刻广泛的,却是正宗的神仙道教。因此,对道教思想的彻底检查与批判,是治思想史者不可卸却的责任。本章便是企图剖解神仙道教在创始时期的理论与仪式的奠基祖师葛洪的思想,而在详细论述葛洪思想以前,还须回溯道教的原始形态。

　　作为宗教来说,道教是在东汉末叶发生的,它曾经是起义农民的斗争旗帜,道教徒最初主要是被压迫的下层群众。

　　早在晚汉顺帝时,民间就已有"太平道"出现。《后汉书·襄楷传》说:

　　　　"初,顺帝时,琅邪宫崇诣阙,上其师于吉于曲阳泉水上所得神书百七十卷,皆缥白素朱介,青首朱目,号《太平清领书》,其言以阴阳五行为宗,而多巫觋杂语。有司奏:'崇所上妖妄不经',乃收藏之,后张角颇有其书焉。"(按宫崇或作宫嵩,于吉或作干吉,见《神仙传》卷十;《太平清领书》即现存之《太平经》。)

桓帝时,襄楷上书中说:

"前者宫崇所献神书专以奉天地顺五行为本,亦有兴国广嗣之术,其文易晓,参同经典,而顺帝不行。"

据此,太平道的原始教义当为由谶纬正宗神学蜕化而来而带民间异端教派之色彩。以阴阳五行为宗、以奉天地顺五行为本,正足以表现原始道教为汉代神学的神秘气氛中的产物。多巫觋杂语、被有司斥为妖妄不经,又足以表现原始道教之为民间异端教派而不足以登大雅之堂。

桓帝时,起义农民就有以民间宗教为号召的,如农民领袖陈景,自称为黄帝子,另一个农民领袖管伯,自称为"真人",又如李伯自立为"太初皇帝"、盖登自立为"太上皇帝",从这些称号看来,上述的农民起义似皆与民间异端教派有关。至灵帝熹平年间,农民领袖张角更以太平道广泛地组织了起义者,他的徒众在十余年间发展到数十万人,遍布青、徐、幽、冀、荆、扬、兖、豫各州,最后在"苍天已死,黄天当立"的号召下,发动了声势空前壮大的农民战争。《后汉书·皇甫嵩传》载其事迹如下:

"初,钜鹿张角自称大贤良师,奉事黄老道,畜养弟子,跪拜首过,符水咒说以疗病,病者颇愈,百姓信向之。角因遣弟子八人使于四方,以善道教化天下,转相诳惑,十余年间,众徒数十万,连结郡国,自青、徐、幽、冀、荆、扬、兖、豫八州之人,莫不毕应。遂置三十六方,方犹将军号也,大方万余人,小方六七千,各立渠帅,讹言苍天已死,黄天当立,岁在甲子,天下大吉。以白土书京城寺门及州郡官府,皆作甲子字。"

与张角在东方传布太平道同时,张衡(脩)在汉中传布五斗米道,

这两个异端教派在教法上是大略相同的,《三国志·张鲁传》注引《典略》说:

> "熹平中,妖贼大起,三辅有骆曜,光和中,东方有张角,汉中有张脩,骆曜教民缅匿法,角为太平道,脩为五斗米道。太平道者,师持九节杖为符祝,教病人叩头思过,因以符水饮之,得病或日浅而愈者,则云此人信道,甚或不愈,则为不信道。脩法略与角同,加施静室,使病者处其中思过。又使人为奸令祭酒,祭酒主以《老子》五千文使都习,号为奸令;为鬼吏,主为病者请祷,请祷之法,书病人姓名,说服罪之意,作三通;其一上之天,著山上,其一埋之地,其一沉之水,谓之三官手书;使病者家出五斗米以为常,故号五斗米师。……后角被诛,脩亦亡,及鲁在汉中,因其民信,行脩业,遂增饰之,教使作义舍,以米肉置其中,以止行人。又教使自隐,有小过者,当治道百步,则罪除。又依月令春夏禁杀,又禁酒,流移寄在其地者不敢不奉。"

《张鲁传》说:

> "祖父陵客蜀,学道鹄鸣山中,造作道书,以惑百姓,从受道者出五斗米,故世号称'米贼'。陵死,子衡行其道,衡死,鲁复行之。"

> "鲁遂据汉中,以鬼道教民,自号师君。其来学道者初皆名鬼卒,受本道已信,号祭酒,各领部众,多者为治头大祭酒,皆教以诚信不欺诈,有病自首其过,大都与黄巾相似。诸祭酒皆作义舍,如今之亭传;又置义米肉,悬于义舍,行路者量腹取足,若过多,鬼道辄病之。犯法者,三原然后乃行刑,不置长吏,皆以祭酒为治,民夷便乐之。"

这些史料指出,五斗米道与太平道的教法略同,因此,我们可以把这两个教派合并起来考察。

值得注意的是:太平道与五斗米道在其粗具端倪的教规中,在一定程度上反映了农民的中世纪的平等要求。不置"长吏"而代之以"祭酒"：正意味着要求泯没统治者与被统治者的界限而还原于宗教上的平等；立义舍、置义米肉、令行路者量腹取足，更突出地表现了起义农民的朴素的共产主义的形态，而在中世纪封建的财产所有制之下闪出了弱者对于生命权和生活权的狂暴的幻想。此外，如对犯法的人"三原后乃行刑"，则与汉代之以酷吏为治、以刑法为威的统治政策相对立，禁酒、春夏禁杀，则与汉代豪门贵戚的靡费浮华相对立，这些教法都是从下层起来的，虽采取宗教迷信的形式，但具有深厚的社会基础，并获得了广大农民群众的拥护和支持，所谓"民夷便乐之"。

上述的教法在现存的《太平经》（即《太平清领书》）中多少可以找到一些影子，有人曾举禁酒、顺时令、立义舍、道德要素、忏悔、崇老子五项来论证《太平经》与太平道、五斗米道的教义的相应之处。然而，当这些在一定程度上反映了农民要求的教法一提到宗教理论的说明时，就充满着神秘的诡异之辞。

但在这些神秘的诡异之辞中，也片断地透露出起义农民的反抗意识及其对统治阶级的诅咒与仇恨。举例说：《太平经》以人生有六大罪，第三罪是"积财亿万，不肯救穷周急，其罪不除"，第五罪是："天生人，幸使人人有筋力，可以自衣食，……而轻休其力，其罪不除。"（丁部卷四、卷六七）这种道德观念的阶级性是很鲜明的，和司马迁所序的游侠人物的实际相合，他们反对敛聚财货而不周济贫困，主张人人劳动，自食其力。《太平经》又以上古之人纯朴而少疾病，中古渐失法度，"流就浮华，竭尽财为送终之具，而鬼神益盛"，"下古更炽，事鬼神而害生民。"（丙部卷三、卷三六）这种反对封建社会滥费的宗教仪式的观念，其阶级性质也是很明显的。

如果把上述的断片和前引史籍所载的教法联系起来考察，则可以看出：（一）当时的起义农民，通过神秘的教义，向往于渺茫的上古的纯朴世界，而农民领袖之自称为"太初皇帝"、"太上皇帝"或亦以恢复上世之世为号召。这种向往，实与德国农民战争时代的农民从古代基督教的千载太平的幻梦中寻求有利的出发点具有类似的性质；（二）恩格斯论及德国农民战争时说:"另一方面,这不仅超越现在,而且超越未来的境界,必定成为狂暴的空想。在第一次实际应用时,它自然要退回到当时情形所许可的狭隘范围内。攻击私有财产,要求财产公有,不得不化为浅薄的慈善组织;渺茫的基督教平等,只归结到法律之前的公民平等,废止一切官厅的权力,最后变为组织由人民选举的共和政府。"这一段话颇能启发我们对汉末农民道教的分析。由于历史条件的不同,汉代的农民还提不出财产公有的要求,还提不出要组织由人民选举的共和政府的要求,甚至还提不出如唐宋以后对土地的要求,然而,尽管如此,他们已经做了"在当时情形所许可的狭隘范围内"所能做的事:他们已经建立了"义舍"制度,已经废止一切官厅的权力——"长吏",而代之以"祭酒",而若明若暗地对私有财产进行攻击,诅咒了"积财亿万"的豪门贵族的"其罪不除"。(三)恩格斯又指出:"中世纪的中等阶级和现时资产阶级一样,资产阶级要求一个廉价的政府,中等阶级则首先要求一个廉价的教会。中等阶级的异端要求恢复古代简单的教会制度和废止独占的僧侣阶级。……廉价的整理是要撤销僧侣,主教,罗马宫殿,简单一句话,是要撤销为教会所浪费的一切。"(重点系引者所加)汉代农民虽然并不代表中等阶级,但他们的道教也是廉价的宗教,在当时的具体历史条件下,它反对与正宗神学相联结的"事鬼神而害生民"的宗教,它要撤销"流就浮华,竭尽财为送终之具"的封建的浪费。

这些农民起义的道教徒先后被统治阶级所剿灭,其首领或被杀,或受招安。不屈的,仍下草泽为流人如故,而受招安的却变成统治阶级的帮凶,农民道教的分化开始了,太平道与天师道的命运也颇有不同,张角被杀害后,太平道衰亡了;张鲁投降了曹操,他的天师道也流传甚广,甚至晋时名门子弟如王凝之、卢循等皆为其信徒。

当廉价的符水道教随着农民起义的失败而终结时,高贵的金丹道教即代之而兴起,其代表人物即为葛洪。此后,神仙家便和巫祝分手,金丹派便和符水派分手,道教的一部分更变质而为统治阶级所御用,走上了朝廷。农民道教只是在生命无保障之下作幻想式的抗议,而贵族道教却是违反生死自然的辩证规律而颠倒一切人生的道理来寻求长生久视的神仙世界。

应该指出,葛洪的高贵的金丹道教极端仇视农民的符水道教,他在《抱朴子·道意篇》说:

"曩者有张角、柳根、王歆、李申之徒,或称千岁,假托小术,坐在立亡,变形易貌,诳惑黎庶,纠合群愚。进不以延年益寿为务,退不以消灾治病为业。遂以招集奸党,称合逆乱。"

"淫祀妖邪,礼律所禁。然而凡夫终不可悟。唯宜王者更峻其法制,犯无轻重,致之大辟。购募巫祝不肯止者,刑之无赦,肆之市路,不过少时,必当绝息。所以令百姓杜冻饥之源,塞盗贼之萌,非小惠也。"

"妖伪转相诳惑,久而弥甚,既不能修疗病之术,又不能返其大迷。不务药石之救,惟专祝祭之谬。祈祷无已,问卜不倦,巫祝小人,妄说祸祟。疾病危急,唯所不闻,闻辄修为,损费不訾。富室竭其财储,贫人假举倍息。田宅割裂,以讫尽箧柜倒装而无余,……财产穷罄,遂复饥寒冻饿而死,或起为劫剽,或穿窬斯滥。丧身于锋镝之端,自陷于丑恶之刑,皆此之由也。"

"第五公诛除妖道,而既寿且贵,宋庐江罢绝山祭,而福禄永终;文翁颇破水灵之庙,而身吉民安;魏武禁淫祀之俗,而洪庆来假。"

此外又说:

"诸妖道百余种,皆煞生血食。"(《微旨篇》)

"巫书妖妄,过差之言。"(同上)

"诸虚名道士,既善为诳诈,以欺学者,又多护短匿愚,耻于不知。"(同上)

《祛惑篇》说:

"余数见杂散道士辈,……或有偶受体自然,见鬼神,颇能内占,知人将来及已过之事,……或长于符水禁祝之法,治邪有效。
而未必晓于不死之道也。……问以金丹之道,则率皆不知
也。……此等与彼穿窬之盗,异途而同归者也。"

下举古强、蔡诞、项曼都、白和诸杂散道士伪惑之事。结尾说:

"长生之道,真人所重,可不勤求足问者哉! 然不可不精简其
真伪也。余恐古强、蔡诞、项曼都、白和之不绝于世间,好事者省余
此书,可以少加沙汰其善否矣。"

可知原始道教的分化,是高贵的金丹与廉价的符水的对立,是神仙与巫
祝的对立,是真人与杂散道士的对立,是封建名门与依附农民的对立。
而葛洪则站在名门豪族的阶级立场,把道教的金丹派从理论与法要上
确立起来,使在俗则为名门贵族,入山则为神仙贵族,永远和农民为死
敌,而长寿而富贵永享!

第二节　葛洪生平及其道教思想的传授

研究葛洪生平,最可宝贵的史料是《抱朴子外篇·自叙》。《自叙》
作于东晋元帝建武年间(公元 317 年左右),时洪"齿近不惑"(约 40
岁)。《自叙》中,对壮年以前的生活及其性格思想,有详细说明。至壮
年以后的生活,《晋书》卷七十二《本传》,有简略记载。现在根据两文,
对葛洪生平试行综述。

葛洪字稚川,自号抱朴子,丹阳句容人。祖系,吴大鸿胪。父悌,吴
平后,入晋为邵陵太守。关于葛洪的出生年岁,《自叙》及本传都无记
载。但从《自叙》中,我们可以间接把近似的年岁推断出来。《自叙》说
"今齿近不惑"。又说"今将遂本志,委桑梓,适嵩岳,以寻方平梁公之
轨。先所作子书内外篇,幸已用功夫,聊复撰次,以示将来云尔"。又
说"洪年二十余,乃计作细碎小文妨弃功日,未若立一家之言,乃草创
子书。会遇兵乱,流离播越,有所亡失。连在道路,不复投笔。十余年,
至建武中乃定,凡著《内篇》二十卷,《外篇》五十卷。"又说"晋王应天

顺人,拨乱反正,结皇纲于垂绝,修宗庙之废祀,念先朝之滞赏,并无报以功来,洪随例就彼。庚寅诏书赐爵关中侯,食句容之邑二百户。……昔仲由让应受之赐而沮为善,丑虏未夷,天下多事,国家方欲明赏必罚,以彰宪典,小子岂敢苟洁区区之懦志,而距弘通之大制? 故遂息意而恭承诏命焉。"《外篇·吴失篇》说:"余生于晋世。"

根据上引资料,可知以下数点,即:

一、《自叙》是在"齿近不惑"时写的,即近 40 岁时所写。

二、那时已将子书内外篇撰次起来。

三、这个时候即是建武中。计上距年二十余草创子书之时凡十余年。二十余,加上十余年,正合"齿近不惑"。

四、两晋建武年号有两个,一为公元 304 年秋七月,晋惠帝为成都王颖所挟持,改元建武,至十一月,又为河间王颙所挟持,即废,未满半年;一为公元 317 年,东晋元帝以丞相琅玡王,晋位晋王,改元建武,一年即废。葛洪所指建武,当为晋王之建武。次年,元帝称帝。

五、由此可知在晋王建武初(公元 317 年),洪"齿近不惑",那时封侯食邑,而子书内外篇也已撰定。从这里上推四十年,为西晋武帝咸宁四年(公元 278 年),吴主孙皓天纪二年,吴亡前二年。那么,洪之生年,最早不应过武帝咸宁四年,而至迟也不会迟于武帝太康三年(公元282 年),也即是在吴亡国的前后一二年内(公元 278—282 年之间)。又据《外篇·吴失篇》"余生于晋世"之言,则葛洪生当吴亡国后一二年可知。

葛洪生当吴亡国后一二年内,他的家庭是吴国的世臣。《自叙》于此写得很详细:"祖父仕吴,历宰海盐、临安、山阴三县,入为吏部侍郎、御史中丞、庐陵太守、吏部尚书、太子少傅、中书、大鸿胪、侍中、光禄勋、辅吴将军,封吴寿县侯。父仕吴五官郎、中正、建城南昌二县令、中书郎、廷尉、平中护军、拜会稽太守。未辞,而晋军顺流,西境不守。博简秉文经武之才,朝野之论,佥然推君。于是转为五郡赴警。大都督,给亲兵五千,总统征军,戍遏疆场。天之所坏,人不能支,故主钦若,九有同宾,君以故官,赴除郎中,稍迁至大中大夫,历位大中正、肥乡令,……以疾去官,发诏见用为吴王郎中令,……迁邵陵太守,卒于官。"其父晚年,虽随孙皓降晋,但家世仕吴,吴士的亡国悲哀可想见是十分深重的。《世说新语》载吴士入洛,如陆机陆云,当年便受尽调侃。这在《抱朴子》书中,也可以找到些微消息。《外篇》卷十五《审举》说:

> "今普天一统,九垓同风,王制政令,诚宜齐一。夫衡量小器犹不可使往往而有异,况人士之格而可参差无检乎? 江表虽远,密迩海隅,然染道化,率礼教,亦既千余载矣。往虽暂隔,不盈百年,而儒学之事,亦不偏废也。惟以其土宇褊于中州,故人士之数不得钧其多少耳。及其德行才学之高者,子游仲任之徒,亦未谢上国也。昔吴土初附,其贡士见偃以不试,今太平已及四十年矣,犹复不试,所以使东南儒业,衰于在昔也。此乃见同于左衽之类,非所以别之也。且夫君子犹爱人以礼,况为其恺悌之父母耶? 法有招患,令有损化,其此之谓也。"

贡士见偃以不试,乃见同于左衽之类,染道化、率礼教的吴士,几乎被恺悌之父母视同化外,其悲哀的心绪,真是无可诉说了。然而悲哀也止于悲哀而已,一般的吴士,却以学习"京城上国,公子王孙贵人之所为"为光荣为时髦了。这又使吴士愤慨万千。《外篇》卷二十五《疾谬》说:

> "无赖之子,白醉耳热之后,结党合群,游不择类。……携手连袂,以遨以集,入他堂室,观人妇女,指玷修短,评论美丑,……或有不通主人,便共突前,严饰未办,不复窥听,犯门折关,逾垝穿隙,有似抄劫之至也。其或妾媵藏避不及,至搜索隐僻,就而引曳。……要呼愦杂,入室视妻,促膝之狭坐,交杯觞于咫尺,弦歌淫冶之音曲,以诱文君之动心。载号载呶,谑戏丑亵,穷鄙极黩,尔乃笑。……习俗行惯,皆曰此乃京城上国,公子王孙,贵人所共为也。余每折之曰:夫中州礼之所自出也,礼岂然乎? 盖衰乱之所兴,非治世之旧风也。……亦安以我之不可,从人之可乎! 可叹非一,率

如此也。已矣夫,吾末如之何也!"

又《外篇》卷二十六《讥惑》说:

"丧乱以来,事物屡变,冠履衣服,袖袂财制,日月改易,无复一定。乍长乍短,一广一狭,忽高忽卑,或粗或细,所饰无常,以同为快。其好事者朝夕放效。所谓'京辇贵大眉,远方皆半额'也。……上国众事,所以胜江表者多,然亦有可否者。君子行礼,不求变俗,谓违本邦之他国,不改其桑梓之法也。况其在于父母之乡,亦何为当事弃旧,而强更学乎? 吴之善书,则有皇象、刘纂、岑伯然、朱季平,皆一代之绝手。如中州有锺元常、胡孔明、张芝、索靖,各一邦之妙,并用古体,俱足周事。余谓废已习之法,更勤苦以学中国之书,尚可不须也。况于乃有转易其声音,以效北语,既不能便,良似可耻,可笑。所谓不得邯郸之步,而有匍匐之嗤者。此犹其小者耳。乃有遭丧者,而学中国哭者,令忽然无复念之情。昔锺仪庄舄,不忘本声,古人韪之。孔子云,丧亲者若婴儿之失母,其号岂常声之有? 宁令哀有余而礼不足。哭以泄哀,妍拙何在? 而乃冶饰其音,非痛切之谓也。又闻贵人在大哀,或有疾病,服石散,以数食宣药势,以饮酒为性命,疾患危笃,不堪风冷,帏帐茵褥,任其所安。于是凡琐小人之有财力者,了不复居于丧位,常在别房,高床重褥,美食大饮,或与密客引满投空,至于沉醉,曰此京洛之法也。不亦惜哉!"

引锺仪庄舄来勉励江表之人,亡国人的旧邦之思,跃然纸上了。然而这不是单纯的对故国的忠荩,而是江东豪族亡国后,在中州豪族的欺侮调弄下的哀鸣。而葛洪的幼年青年生活,便是在这种空气里面度过的,更不论他的父亲曾官至晋室的卿尹了。

葛洪13岁时没有了父亲,此后的生活,似乎很艰困。《自叙》说:"年十三而慈父见背,夙失庭训,饥寒困悴,躬执耕穑,承星履草,密勿畴袭。又累遭兵火,先人典籍荡尽,农隙之暇无所读,乃负笈徒步行借。又卒于一家少得全部之书,益破功日,伐薪卖之,以给纸笔,就营田园处，以柴火写书。坐此之故，不得早涉艺文。常乏纸，每所写，反复有字，人鲜能读也。"

　　我们要指出，这一没落的江东豪族少年，在被歧视的政治环境里生活，自然不能跟祖父时代一样的豪华舒适，指挥如意。然而我们也不能看到"饥寒困悴，躬执耕稿，承星履草，密勿畴袭"等诉苦说话，便以为他真的穷到连饭都没得吃，真的亲自下田去耕稿。实际上，他是并不亲自种田的，他只是把自己的时间花在读书中而已，在田园里时，也只是就所营田园处，以柴火写书而已。我们知道，一个中世纪农民，在时间与经济上是不可能读书的，而葛洪则是写书与读书，这就判定葛洪所说的"躬执耕稿，承星履草，密勿畴袭"，至多是反映一个封建地主的亲自管理监督农事，并不是真的亲自下田。实际的种田生活，决不是"承星履草，密勿畴袭"等字面所能轻轻写尽的。

　　就这样，葛洪"广览"了许多的书本。《自叙》说："年十六，始读《孝经》《论语》《诗》《易》，贫乏无以远寻师友，孤陋寡闻，明浅思短，大义多所不通。但贪广览，于众书乃无不暗诵精持，曾所披涉，自正经、诸史、百家之言，下至短杂文章近万卷。……竟不成纯儒，不中为传授之师。其河洛图纬，一视便止，不得留意也。不喜星书、算术、九宫、三棋、太一、飞符之属，了不从焉。由其苦人而少气味也。晚学风角、望气、三元、遁甲、六壬、太一之法，粗知其旨，又不研精。亦计此辈率是为人用之事，同出身情，无急以此自劳役，不如省子书之有益，遂又废焉。案《别录》《艺文志》，众有万三千二百九十九卷，而魏代以来，群文滋长，倍于往者，乃自知所未见之多也。江表书籍，通同不具，昔欲诣京师，索奇异，而正值大乱，半道而还，每自叹恨。今齿近不惑，素志衰颓，但念损之又损，为乎无为，偶耕薮泽，苟存性命耳。博涉之业，于是日沮矣。"

　　从读书的经历上来看，葛洪是从汉儒所法定的儒家经典入手的，然而经过汉末以及魏晋之际的学风转变，汉儒专一经守师法的严整烦琐学风已被扬弃，所以他竟广览众书，自正经、诸史、百家之言，下至短杂

文章,无不暗诵精持了。于是"竟不成纯儒,不中为传授之师"。这是
两汉经济体制,所谓汉法度的森严被荡决以后,在思想意识界的反映,
这在上几章里我们已经申说明白。在汉末作为转变学风的一个主要人
物是郭泰,泰是精于河洛星纬的,葛洪于此却表示不很留意,更不从事
科学之类的学问。但晚年(也不过是 40 岁以前),对风角、望气、三元、
遁甲、六壬、太一之法的学习,虽说后来又废弃,却使他仍与河洛星纬
接近了一步。所谓河洛星纬,所谓风角望气,是燕齐方士集合了原始
迷信在中世纪社会的演出,而这正是神仙道教的胚胎素材。到齿近不
惑的时候,素志衰颓,于是"念损之又损,为乎无为",索性再穿上
道家的外衣。这样的一个读书的经历,是一个颇为特殊的经历。然
而,倘若了解森严的汉法度的解体,了解汉末黄巾以原始迷信为手段
的农民起义,了解豪门大族的安固生活在乱离中的流荡,了解吴士在
亡国后的悲哀,则这样的读书经历,正反映出一个没落的江东豪族的
生活,一面想在旧生活上留恋,一面又彷徨无主地在思想历程上寻求
安慰。

从儒家正宗入手的葛洪,在思想意识方面,自然没有一丝一毫与农
民共声气的地方。因而他以剿灭农民"叛变",巩固封建地主的利益而
建功立业起来了。《自叙》说:

"昔太安中,石冰作乱,六州之地,柯振叶靡,违正党逆。义军
大都督邀洪为将兵都尉,累见敦迫。既桑梓恐虏,祸深忧大,古人
有急疾之义,又畏军法,不敢任志。遂募合数百人,与诸军旅进。
曾攻贼之别将,破之日,钱帛山积,珍玩蔽地,诸军莫不放兵,收拾
财物,继毂连担。洪独约令所领不得妄离行阵。士有摭得众者,洪
即斩之以徇,于是无敢委仗。而果有伏贼数百,出伤诸军,诸军悉
发,无部队,皆人马负重,无复战心,遂致惊乱,死伤狼藉,殆欲不
振。独洪军整齐毂张,无所损伤,以救诸军之大崩,洪有力焉。后
别战,斩贼小帅,多获甲首,而献捷幕府。于是大都督加洪伏波将
军,例给布百匹。诸将多封闭之,或送还家,而洪分赐将士,及施知

故之贫者,余之十匹,又径以市肉酤酒,以飨将吏,于时窃擅一日之美谈焉。"

考石冰之乱,即张昌之乱,冰为昌之别帅,太安为惠帝年号。《晋书·惠帝纪》,太安二年(公元 303 年),"五月,义阳蛮张昌举兵反,以山都人丘沉为主,改姓刘氏,伪号汉,建元神凤,攻破郡县。南阳太守刘彬、平南将军羊尹、镇南大将军新野王歆并遇害。六月,遣荆州刺史刘弘等讨张昌于方城,王师败绩。秋七月,……张昌陷江南诸郡,武陵太守贾隆、零陵太守孔纮、豫章太守阎济、武昌太守刘根皆遇害。昌别帅石冰寇扬州,刺史陈徽与战,大败,诸郡尽没。临淮人封云举兵应之,自阜陵寇徐州。……冬十一月,……景寅,扬州秀才周玘、前南平内史王矩、前吴兴内史顾秘,起义军以讨石冰。冰退自临淮,趣寿阳,征东将军刘准,遣广陵度支陈敏击冰。"次年,即永兴元年,"三月,陈敏攻石冰斩之,扬徐二州平。"又考《晋书》卷一百《张昌传》:"张昌本义阳蛮,少为平氏县吏。……李流寇蜀,昌潜遁半年,聚党数千人。……会壬午诏书,发武勇以赴益土,号曰壬午兵。自天下多难,数术者云:'当有帝王,兴于江左,'及此调发,人咸不乐西征,昌党因之诳惑百姓,各不肯去。而诏书催遣严速,所经之界,停留五日者,二千石免。由是郡县官长,皆躬出驱逐,展转不远,屯聚而为劫掠。是岁江夏大稔,流人就食者数千口。太安二年,昌于安陆县石岩山屯聚,去郡八十里,诸流人及避戍役者多往从之。……旬月之间,众十三万。皆以绛科头,撂之以毛。江夏义阳士庶,莫不从之。……别率石冰,东破江扬二州,伪置守长。当时五州之境(即江、扬、徐、荆、豫五州)皆畏逼从逆。"可见这是规模颇为不小的农民起义,参加的主要成分是晋朝所调发的征蜀兵士,后来又加上"流人"及避戍役者,也有少数民族参加,也就是说主要成分是农民。葛洪所组织的"义"军,据《晋书》本传所说,乃是响应顾秘、周玘等的。本传说:"太安中,石冰作乱,吴兴太守顾秘为义军都督,与周玘等起兵讨之。秘檄洪为将兵都尉,攻冰别率,破之,迁伏波将军。冰平,洪不论功赏。"这次反动的战功,当时洪虽不论,但到元帝时,却又追叙旧功,他以此封侯食邑。

　　剿平石冰领导的农民暴动的时候，葛洪的年龄，该在 20 岁左右。青年的葛洪，在"勋业"上没有起家，使他转到洛阳去读书。可是北方的离乱，又使他退回来。这时，江东却又发生了陈敏的"叛乱"，他只得因故人嵇含见用为广州刺史的机会，先到广州去。但嵇含没有赴任就被杀了，他只得暂住在广州。《自叙》说："（石冰）事平，洪投戈释甲，径诣洛阳，欲广寻异书，了不论战功。……正遇上国大乱，（中州是八王之乱，赵代是刘渊称帝，而青徐一带则有王弥之乱，可参看《晋书·惠帝纪》、《载记·刘元海》及《列传·王弥传》。）北道不通，而陈敏又反于江东（参看《怀帝纪》，及《列传·陈敏传》），归涂（途）隔塞。会有故人谯国嵇君道见用为广州刺史，乃表请洪为参军，虽非所乐，然利可避地于南，故黾勉就焉。见遣先行催兵，而君道于后遇害，遂停广州，频为节将见邀用，皆不就。"

　　与北国豪族的命运一样，江东豪族也在进退维谷的局面下流离失所起来。青年的葛洪，不但不能取得富贵，相反的，四方的离乱，使他连自己的家园都不能归守，这才消沉起来了。故《自叙》接着在"频为节将见邀用，皆不就"之下，说道："永惟富贵可以渐得，而不可顿合。其间屑屑，亦足以劳人。且荣位势利，譬如寄客，既非常物，且其去不可得留也。隆隆者绝，赫赫者灭，有若春华，须臾凋落。得之不喜，失之安悲？悔吝百端，忧惧兢战，不可胜言，不足为也。且自度性笃懒而才至短，以笃懒而御短才，虽翕肩屈膝，趋走风尘，犹必不办大致名位，而免患累，况不能乎？未若修松乔之道，在我而已，不由于人焉。将登名山，服食养性。非有废也，事不兼济，自非绝弃世务，则曷缘修习玄静哉！"这里是说，神仙道教的思想（修松乔之道），是在生活的颠沛流离中昂扬成长起来的。早年的富贵之志，这里转了一个大弯。然而，并不是说，葛洪就此不再有用世之志了，这证之以后的封侯食邑，以及《外篇》中的许多言论，他是并没有完全消极的，他只是真正的变成了内神仙外儒术的进退两可的机会主义者罢了。

在这一个期间,葛洪曾走了好多路。《内篇》卷四《金丹篇》说:"往者上国丧乱,莫不奔播四出,余周旋徐豫荆襄江广数州之间。"他的故人嵇含的遭际,该给他很大的刺激吧?《晋书》卷八十九《嵇含传》:"含字君道,祖喜,徐州刺史,父蕃太子舍人。……永兴初,(含)除太弟中庶子,西道阻阂,未得应召。范阳王虓为征南将军,屯许昌,复以含为从事中郎,寻授振威将军、襄城太守。虓为刘乔所破,含奔镇南将军刘弘于襄阳,弘待以上宾之礼。……属陈敏作乱,江扬震荡,南越险远,而广州刺史王毅病卒,弘表含为平越中郎将、广州刺史,假节。未发,会弘卒,时或欲留含领荆州。含性刚躁,素与弘司马郭劢有隙,劢疑含将为己害,夜掩杀之,时年四十四。"葛洪与嵇含交好,到广州去,原也是先行为嵇含催兵,却不道含未发被杀,于是他只得单独留在广州了。这一个停留是颇为凄寂的。

这里,我们得补叙一下葛洪学习神仙之术的经过。《内篇》卷四《金丹篇》说:"昔左元放于天柱山中精思,而神人授以《金丹仙经》。会汉末乱,不遑合作,而避地来渡江东,志欲投名山以修斯道。余从祖仙公又从元放受之,凡受《太清丹经》三卷及《九鼎丹经》一卷、《金液丹经》一卷。余师郑君者,则余从祖仙公之弟子也,又于从祖受之,而家贫无用买药。余亲事之洒扫,积久乃于马迹山中立坛盟受之,并诸口诀之不书者。……余受之已二十余年矣。"《内篇》卷十六《黄白篇》说:"余昔从郑公受《九丹》及《金银液经》,因复求受《黄白中经》五卷。郑君言,曾与左君于庐江铜山中试作,皆成也。"《内篇》卷十九《遐览篇》说:"昔者幸遇明师郑君,但恨子弟不慧,不足以钻至坚,极弥高耳。于时虽充门人之洒扫,既才识短浅,又年尚少壮,意思不专,俗情未尽,不能大有所得,以为巨恨耳。"《晋书》本传说:"究览典籍,尤好神仙导养之法。从祖玄,吴时学道得仙,号曰葛仙公,以其炼丹秘术授弟子郑隐,洪就隐学,悉得其法焉。后师事南海太守上党鲍玄。玄亦内学,逆占将来,见洪深重之,以女妻洪,洪传玄业。"由此可知:

一、葛洪学神仙之术,当在 20 岁前,故著《内篇》时即说:"余受之已二十余年矣",又说"年尚少壮,意思不专",这是初期对神仙之术的学习。

二、其传授的来历是左慈授葛玄,玄传郑隐,隐传洪。

三、后来又师事南海太守鲍玄,玄亦内业,洪传其业,且为玄之女婿,这是后期对神仙之术的学习。这学习,可能在奉嵇含命到广州之后。

四、由是得葛洪的神仙之术传授如下表:

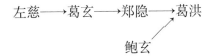

五、这神仙之术的学习,《自叙》中没有具体提到。只说"晚学风角、望气、三元、遁甲、六壬、太一之法,粗知其志"。风角、望气原是方士法术,与神仙家一脉相通。

六、关于鲍玄,《晋书》卷八十《许迈传》:"时南海太守鲍靓隐迹潜遁,人莫知之,迈乃往候之,受中部之法及《三皇文》。"卷九十五《鲍靓传》:"鲍靓字太玄,东海人也,……学兼内外,明天文河洛书,……为南海太守……尝见仙人阴君,授道诀,百余岁卒。"鲍靓明内学,与《洪传》鲍玄同;明天文河洛书,与《自叙》言晚学风角望气有关。又曾为南海太守,又靓字太玄,不知鲍靓即是鲍玄否?不过籍贯上党与东海不同。这还待详考。

葛洪停留在广州的时间究竟多么长久,无从确实查考。我们知道,他是在陈敏反叛后(惠帝永兴二年公元305年)才南去的,那正是所谓"上国大乱"的时间,晋室内部,豪强们自相火并,爆发为"八王之乱",统一的局面完全破坏,在山东有王弥之乱,在山西河北有匈奴刘渊独立,在河北有鲜卑慕容廆独立,在四川有李特李雄父子相继独立,晋室豪强在火并中互相消灭,渐趋佳弱,而中原一带就为北方各民族所占据。于是在怀帝永嘉五年(公元311年),洛阳陷落,帝被匈奴刘聪将刘曜所虏,那就是所谓"永嘉之乱"。越五年(公元316年),长安陷落,愍帝也被刘曜所虏,北国复亡。所以从公元305到316年,是北国从大乱到复亡的期间,这期间,前期以八王之乱为主,后期则以胡人作乱为主。那时北国的豪强们,受不住乱离之苦,主要的是受不住胡人的压迫,纷纷南渡。永嘉末年,南渡的人物最多。《世说》载卫洗马(玠)渡江,形神惨悴,说:"对此茫茫,令人百端交集。"这茫茫江水中,正不知混和了多少北国豪强们的奔离家业之痛泪。南渡的豪强们拥戴琅玡王司马睿为首领,在江东建立政权。琅玡王于永嘉二年(公元308年)即镇建业,建兴三年(公元315年)晋位丞相,建武元年(公元317年)自称晋王,明年即帝位,是为东晋元帝。可见当北国大乱,晋室土崩瓦解的时候,江东实际上即乘统一解纽之会,隐隐先已树立独立的根基。然而北国豪强们的南渡,是不能带同了家业一起南渡的,他们要继续维持豪强的地位,继续作土地的霸占与分封,势必要与江南的豪强们分此杯羹。这样,就造成了江南豪族与北国豪族妥协合作的条件。而江南豪族在政治上的地位就被提高了。《自叙》说:"晋王应天顺人,拨乱反正,结皇纲于垂绝,修宗庙之废祀,念先朝之滞赏,并无报以功来。洪随例就彼。庚寅诏书,赐爵关内侯,食句容之邑二百户,……遂恭承诏命焉。"先朝滞赏今天被记起来了,而且分封了,而被封的也恭承诏命了,这就是江南豪族与北国豪族妥协合作的具体例子。葛洪被封在建武中,从南方回来至迟当也在建武之前。则他停留在南方的时间,是从陈敏乱后至建武之前,即公元305至317年之间,那是一个可能的最长的南居时间。在这时间,他"频为节将见邀用,皆不就。……将登名山,服食养性,……以寻方平梁公之轨",这番栖逸退隐之志,当是受南海太守鲍玄很深的影响。而子书内外篇,大约便于此时大部撰定。关于南居生活,《晋书》本传说:"洪见天下已乱,欲避地南土,乃参广州刺史嵇含军事。及含遇害,遂停南土多年,征镇檄命,一无所就。后还乡里,礼辟皆不赴。"

在偏安江左的小朝廷中,葛洪并不顶得意。《自叙》对建武后的生活未有记录,《晋书》本传记载得也很概略。本传说:

"元帝为丞相,辟为掾,以平贼功,赐爵关内侯。咸和初,司徒(王)导召补州主簿,转司徒掾,迁谘议参军。干宝深相亲友,荐洪才堪国史,选为散骑常侍,领大著作,洪固辞不就。以年老,欲炼丹以祈遐寿,闻交阯出丹,求为勾漏令,帝以洪资高不许。洪曰:'非欲为荣,以有丹耳。'帝从之。洪遂将子侄俱行,至广州,刺史邓岳留不听去,洪乃止罗浮山炼丹。岳表补东莞太守,又辞不就。岳乃以洪兄子望为记室参军。在山积年,优游闲养,著述不辍。……后忽与岳疏云:当远行寻师,克期便发。岳得疏,狼狈往别,而洪坐至日中,兀然若睡而卒。岳至,遂不及见,时年八十一。视其颜色如生,体亦柔软,举尸入棺,甚轻如空衣,世以为尸解得仙云。"(《太平寰宇记》谓卒年六十一)

咸和为成帝年号,咸和初为公元 326 年。考《晋书》卷八十一《邓岳传》:"郭默之杀刘胤也,大司马陶侃使岳率西阳之众讨之(时岳为西阳太守),默平,迁督交广二州军事,建武将军,领平越中郎将,广州刺史,假节。"又考《晋书》卷七《成帝纪》,咸和四年冬十二月,右将军郭默害江州刺史刘胤,陶侃率众讨之,明年五月,擒郭默斩之。邓岳为广州刺史,在咸和五年(公元 330 年)之后,葛洪再度南行到广州,当也在咸和 5 年之后了。由此看来,葛洪封侯食邑后在江南,也至少住了 14 年左右(公元 317—330 年)。就是说,洪再度南行时,当在五十四五岁光景。这 14 年的时光,是以掾属主簿之类的佐吏职位度过去的,在官阶上说,并不得意。

晚年的葛洪,被邓岳留在广州,在罗浮山修道,度他的神仙丹鼎生涯。本传说他"止罗浮山炼丹……在山积年,优游闲养,著述不辍"。所谓在山积年,究竟多少年呢,本传没有交代明白,但如以本传所载卒年 81 而论,则在山当在二十六七年以上。但《太平寰宇记》又记他卒年 61,则在山仅六七年。考本传,洪死时,邓岳当为广州刺史。考《岳传》,岳卒于广州刺史任内,又《成帝纪》,咸康二年(公元 336 年)冬十月,广州刺史邓岳击夜郎,五年(公元 339 年)三月,广州刺史邓岳伐蜀。以后,即不再见有有关邓岳的记载,邓岳以咸和五年任广州刺史,至咸康五年,历时10年。则葛洪在山,当邓岳广州刺史任内,似以六七年为合理。就是说,关于葛洪的年寿,《太平寰宇记》所载61,比《晋书》本传所载81较为可信。

总结葛洪一生,他本是江南世贵子弟,少年时饱受亡国悲哀,然而儒道双修,仍找到了他的安心立命之处。青年的葛洪,以协平农民暴动石冰之乱,建立功业,可是功成不赏。北国的复亡与江南的鼎沸,使他流浪到广州,这时,他沉浸在神仙生活的向往之中。东晋开国,他以旧功被录,封侯食邑,然而仕途既不达,江南又离乱靡已,他终于再度南行,以丹鼎生涯终老罗浮。可知他出则为仕宦贵族,处则为神仙贵族,儒道双修,出处两得,外儒术而内神仙的具体应用,在他的一生中,作了典型的体现。

葛洪对自己的身份,曾加以夫子自道式的说明。《自叙》说:"不成纯儒,不中为传授之师。"又说:"洪忝为儒者之末。"又说:"念精治五经,著一部子书,令后世知其为文儒而已",这是说,他是一个儒者。但又说:"将遂本志,委桑梓,适嵩岳,以寻方平梁公之轨,"又说:"每览巢、许、子州、北人、石户、二姜、两袁、法真、子龙之传,尝废书前席,慕其为人",这是说,他是想做一个隐逸之士,神仙家之流。他的著作,《内篇》自说"属道家",《外篇》自说"属儒家"。可知他儒道双修,是自己承认的。关于抱朴子的得名,他有一段自述:"洪期于守常,不随世变。言则率实,杜绝嘲戏,不得其人,终日默然,故邦人咸称之为抱朴之士,是以洪著书,因以自号焉。"所抱之"朴",当即为他的神仙贵族的幻想吧。

葛洪的著述,据《自叙》所说:"凡著《内篇》二十卷,《外篇》五十卷,碑颂诗赋百卷,军书檄移章表笺记三十卷,又撰俗所不列者为《神仙传》十卷,又撰高尚不仕者为《隐逸传》十卷;又抄五经、七史、百家之言,兵事方伎、短杂奇要三百一十卷,别有目录。"据此则所著作共二百二十卷,所抄述共三百一十卷,两共五百三十卷,真是洋洋大观。著述

之见于后代书史所著录或引述者,计有:

《隋志》著录:

《汉书钞》三十卷　　　　　《后汉书钞》三十卷

《神仙传》十卷　　　　　　《抱朴子·内篇》二十一卷

《抱朴子·外篇》三十卷　　《遁甲肘后立成囊中秘》一卷

《遁甲反复图》一卷　　　　《遁甲要用》四卷

《遁甲秘要》一卷　　　　　《三元遁甲图》一卷

《遁甲要》一卷　　　　　　《神仙服食方》十卷

《玉函煎方》五卷　　　　　《序房内秘术》一卷

《新旧唐书》著录:

《要用字苑》一卷　　　　　《史记钞》十四卷(新)

《老子道德经序诀》二卷　　《太清神仙服食经》一卷(新)

《宋史》著录:

《大清玉碑子》一卷　　　　《太乙真君固命歌》一卷

《七录》著录:

《龟决》二卷　　　　　　　《周易杂占》十卷

《肘后急要方》四卷　　　　《抱朴君书》一卷

《道藏》目录著录:

《神仙金汋经》三卷　　　　《大丹问答》一卷

《金木万灵论》一卷　　　　《抱朴子别旨》一篇

《元始上真众仙记》一卷

(此见宋灵佑宫《道藏目录》)

释法琳《辨正论》引:

《修撰庄子》一七卷　　　　《服食方》四卷

《晋书》本传称:

《抱朴子内外》一百十六篇　《碑诔诗赋》百卷

《移檄章表》三十卷　　　　《神仙》、《良吏》、《隐逸》、《集异》

　　　　　　　　　　　　　等传各十卷

《五经史汉百家之言方伎》
《杂事》三百一十卷

《金匮药方》一百卷。(《内篇杂应篇》云："余所撰百卷，名曰《玉函方》，皆分别病名，以类相续，不相杂错。其九十〔注，当作救卒〕三卷皆单行径易，约而易验，篱陌之间，顾盼皆药，众急之病，无不毕备。家有此方，可不用医。"当即《金匮药方》。)

《肘后要急方》四卷

所以本传说他"博闻深洽，江左绝伦，著述篇章，富于班马"。虽然其中大部分都是抄述的，然而其数量实为不少。

在《遐览篇》，葛洪曾列举各种道经、诸符的名称，那可能是当时流行的道书，而今天却成为东晋初年的道书总录了。为之分类，每类撮记其一二部，如下：

一、文　《三皇内文》天地人三卷、《元文》上中下三卷、《樊英三壁文》三卷。

二、经　《混成经》二卷、《九生经》、《老君玉历真经》(道书称经者，数量最多)。

三、录　《元录》二卷、《杂集书录》、《黄老仙录》。

四、记　《墨子枕中五行记》五卷、《隐守记》、《玉策记》。

五、书　《养生书》一百五卷。

六、图　《守形图》、《观天图》、《木芝图》。

七、契　《左右契》。

八、仪　《升天仪》。

九、言　《微言》三卷。

十、九宫　《九宫》五卷。

十一、子　《凌霄子》、《去丘子》。

十二、集　《三尸集》、《角里先生长生集》。

十三、法　《登名山渡江海敕地神法》三卷、《兴利宫宅官舍法》五卷。

十四、秘法　《采神药治作秘法》三卷。

十五、要　《赵太白囊中要》五卷、《郄公道要》。

十六、大禁　《入温气疫病大禁》七卷。

十七、律　《道士夺算律》三卷。

十八、术　《立亡术》。

十九、道意　《少君道意》十卷。

二十、大览　《孔安仙渊赤斧子大览》七卷。

二十一、口诀　《李先生口诀》。

二十二、肘后　《肘后》二卷。

此外尚有书名见各篇者,不列,诸符亦不列。

据方维甸统计,《抱朴子》所举"仙经神符,多至二百八十二种"(《校刊抱朴子内篇序》),真是洋洋大观。但其中绝无道家诸子(《老子》《庄子》等都不在内),更无汉末流行为黄巾所本的太平清领书之流,因为葛洪出自郑君所传,则其本门户之见摈弃他家是很显然的。在这许多道书中他认为最重要的,是《三皇文》、《五岳真形图》。讲变化之术的,"大者唯有《墨子五行记》","其次有《玉女隐微》","又有《白虎七变法》","过此不足论也"。

第三节　内神仙的唯心主义理论及其修仙方术

葛洪的道教思想,关于神仙部分,集中表现在《抱朴子·内篇》二十篇中。关于《内篇》的性质,葛洪在《自叙》中有所说明:"内篇言神仙方药、鬼怪变化、养生延年、禳邪却祸之事,属道家。"又,在《内篇》之首,洪自序作书旨趣道:"今为此书,粗举长生之理。其至妙者不得宣之于翰墨。盖粗言较略,以示一隅,冀愤悱之徒省之,可以思过半矣。"可知内篇的中心旨趣是长生之理。一切方药,一切禳邪却祸的方法,目的为了养生延年,为了长生,而长生的极致,则可以登神仙。至于鬼怪变化,实为禳邪却祸的宗教所必须具有的空虚的胡说,因而也在他所究明之列。

考二十篇的篇目,依《道藏》本,次第如下:

《畅元》第一 《论仙》第二 《对俗》第三 《金丹》第四

《至理》第五 《微旨》第六 《塞难》第七 《释滞》第八

《道意》第九 《明本》第十 《仙药》第十一 《辩问》第十二

《极言》第十三 《勤求》第十四 《杂应》第十五 《黄白》第十六

《登涉》第十七 《地真》第十八 《遐览》第十九 《袪惑》第二十

这20篇中:《畅元》、《地真》论道之本体;《释滞》、《道意》、《明本》论儒道之异,儒道本末;《论仙》、《对俗》、《至理》、《塞难》、《辩问》论神仙必有,服食可信;《金丹》、《仙药》、《黄白》言求仙之主要方法;《微旨》、《杂应》言求长生及却祸的各种小方术;《登涉》言登山涉水的方法及诸符;《遐览》举各种道书;《极言》、《勤求》、《袪惑》言求仙须终极求之,敬礼良师。其中除论道之本体及儒道本末的五篇外,其余15篇全属神仙家言,即论道之本体及儒道本末的五篇,其中所谓"道",也是神仙家的"道";与道家之"道",是有区别的。所以,我们可以断言,抱朴子内篇20篇,全属神仙家言,是现存体系最完整的关于神仙家言的著作。

下面,我们试对葛洪的神仙思想,加以绅绎。

葛洪论道之本体,袭用道家范畴,名之曰"元"(即玄),这是道教依附道家的地方,不从葛洪始。不但在范畴上袭用道家,即"元"的含义,也与道家所说相似。《畅元》篇一开头就说:

"元者,自然之始祖,而万殊之大宗也。"

这表明宇宙的"始祖"或"大宗"(注意身份性的豪族在理论上用的祖宗名词)是元,一切(万殊)都从"元"产生出来。接着论元的深远高旷,无所不在,无所不有,无所不为,无所不能:

"眇眛乎其深也,故称微焉;绵邈乎其远也,故称妙焉;其高则冠盖乎九霄,其旷则笼罩乎八隅。光乎日月,迅乎电驰,或倏烁而景逝,或飘泞而星流,或湜漾于渊澄,或氛霏而云浮。因兆类而为有,托潜寂而为无。沦大幽而下沉,凌辰极而上游。金石不能比其刚,湛露不能等其柔,方而不矩,圆而不规。来焉莫见,往焉莫追。乾以之高,坤以之卑,云以之行,雨以之施。胞胎元一,范铸两仪,吐纳大始,鼓冶亿类,佪旋四七,匠成草昧。辔策灵机,吹嘘四气,幽括冲默,舒阐粲尉。抑浊扬清,斟酌河渭。增之不溢,挹之不匮,与之不荣,夺之不瘁。"

凡宇宙的生成、运动,都是元的作用。一切都从元出,而元又超乎一切之上。这个元,是先天的祖宗,是葛洪的上帝。

元的同义语是"道",这也是袭用道家的。《道意篇》说:

"道者涵乾括坤,其本无名。论其无,则影响犹为有焉;论其有,则万物尚为无焉。隶首不能计其多少,离朱不能察其仿佛,吴札晋野竭聪不能寻其音声乎窈冥之内,猏猑狏猪疾走不能迹其兆朕乎宇宙之外。以言乎迩,则周流秋毫而有余焉,以言乎远,则弥纶太虚而不足焉。为声之声,为响之响,为形之形,为影之影。方者得之而静,员者得之而动,降者得之而俯,升者得之以仰。强名为道,已失其真。况复乃千割百判,亿分万析,使其姓号至于无垠,去道辽远,不亦远哉!"

元和道都是宇宙生成运动的根源。道与元一样,也是无所不在,无所不有,无所不为,无所不能,是上帝的代名词。故元即是道,道即是元。这一点是很与自然泛神论接近的。在魏晋以后,《易》《老》、《庄》并称三玄,因此,玄就代替了道,成为道的同义语,而在葛洪的思想中,则毋宁说是以元易道,故首篇即标《畅元》,但为了数典不忘其祖,又揭明《道意》。不过,我们知道,葛洪的道,乃道教的神仙之道,与道家之道不同。道家主无,而道教主有,故道家贵无生,而道教贵长生。

从元中产生了元一,产生了两仪。这里没有物质,都是些空虚的数字。《畅元》说:"胞胎元一,范铸两仪。"元一又是一个神秘的东西,与之相关的,还有一个神秘的真一。《地真篇》说:

"元一之道,亦要法也。无所不辟,与真一同功。吾《内篇》第一名之为《畅元》者,正以此也。守元一复易于守真一,真一有姓字、长短、服色、目(一本作日),元一但此见之,初求之于日中。所谓知白守黑,欲死不得者也。然先当百日洁斋,乃可候求得之耳,亦不过三四日得之。得之守之,则不复去矣。守元一,并思其身份为三人,三人已见又转益之,可至数十人,皆如己身。隐之显之,皆自有口诀。此所谓分形之道。左君及蓟子训葛仙公,所以能一日至数十处,及有客座上,有一主人与客语,门中又有一主人迎客,而水侧又有一主人投钓,宾不能别何者为真主人也。师言守一,兼修明镜,其镜道成,则能分形为数十人,衣服面貌皆如一也。"

关于真一,描写得更详尽神秘。《地真篇》又说:

"余闻之师云:'人能知一,万事毕',知一者,无一之不知也,不知一者,无一之能知也。道起于一,其贵无偶,各居一处,以象天地人,故曰三一也。天得一以清,地得一以宁,人得一以生,神得一以灵。金沉羽浮,山峙川流,视之不见,听之不闻。存之则在,忽之则亡;向之则吉,背之则凶;保之则遐祚罔极,失之则命雕气穷。老君曰:'忽兮恍兮,其中有象,恍兮忽兮,其中有物',一之谓也。故《仙经》曰:'子欲长生,守一当明。思一至饥,一与之粮,思一至渴,一与之浆'。一有姓字服色,男长九分,女长六分,或在脐下二寸四分下丹田中;或在心下绛宫金阙,中丹田也;或在人两眉间,却行一寸为明堂,二寸为洞房,三寸为上丹田也。此乃是道家所重,世世歃血,口传其姓名耳。一能成阴生阳,推步寒暑,春得一以发,夏得一以长,秋得一以收,冬得一以藏。其大不可以六合阶,其小不可以毫芒比也。……吾闻之于先师曰:'一在北极大渊之中,前有明堂,后有绛宫,巍巍华盖,金楼穹隆。左罡右魁,激波扬空。元芝被崖,朱草蒙茏。白玉嵯峨,日月垂光,历火过水,经元涉黄。城阙交错,帷帐琳琅,龙虎列卫,神人在傍。不施不予,一安其所,不迟不疾,一安其室,能暇能豫,一乃不去。守一存真,乃能通神。少

— 261 —

欲约食,一乃留息。白刃临颈,思一得生。知一不难,难在于终。
守之不失,可以无穷。陆辟恶兽,水却蛟龙,不畏魍魉,挟毒之虫。
鬼不敢近,刃不敢中。'此真一之大略也。"

这一个元一与真一,是神秘的灵物,然而它却是从天上回到了人
间,从广大无垠、涵乾括坤的元与道,变成了男长九分女长六分可以守
之勿失的具体存在了。这就是说,葛洪思想中的元,从本体的元,变成
了生活修养的元一与真一,这正是神仙道教的当行本色!

在《微旨篇》中也有类似的说法:

"或曰:'愿闻真人守身炼形之术。'抱朴子曰:'深哉问也! 夫
"始青之下月与日,两半同升合成一。出彼玉池入金室,大如弹丸
黄如橘,中有嘉味甘如蜜,子能得之谨勿失。既往不追身将灭,纯
白之气至微密,升于幽关三曲折,中丹煌煌独无匹,立之命门形不
卒,渊乎妙矣难致诘。'此先师之口诀,知之者不畏万鬼五兵也。'"

又,在《对俗篇》中,引《仙经》道:

"《仙经》曰:'服丹守一,与天相毕,还精胎息,延寿无极。'此
皆至道要言也。"

这个"一",是神仙道教在葛洪之前,早就发生发展了的范畴,而且
也是袭用道家的。《老子》:"昔之得一者,天得一以清,地得一以宁,神
得一以灵,谷得一以盈,侯王得一以为天下贞。"这正是《地真篇》所曾
援引而稍变其文的句子。《世说》载晋武登极,探策卜世,得一,群臣失
色,裴楷即以此数语为之解释。可见"一"这范畴的引用,当时很风行。
葛洪神秘的"一",反映人间最高统治者的地位和形象。

"元"、"道"、"一",都是袭用道家特别是老子的原有范畴,但意义
却不一样,因为它被晚起的神仙道教赋予新的内容了。而且为了达到
长生的目的,"守一"这种生活修养的基本法门是更被强调了的,其重
要,远出"元"与"道"之上。

现在,进而论神仙道教的中心目的,即长生与成仙。

神仙道教叫人求长生,学做神仙。为什么要求长生? 为什么要学

做神仙呢？在《抱朴子》书中没有正面的回答。拆穿了说，神仙思想原是封建贵族想延长他的生前享受至生命的极限以外、甚至延长至永远（与天相毕）的一种荒唐的想望，在乱离之世，封建贵族的生活被震撼着的时候，神仙思想更帮助他们追求超人间的永远幸福。这完全是从封建贵族本身的利益出发的，完全跟治国平天下不相干的，说出来实在并不怎样冠冕堂皇。也许就为此，《抱朴子》书中对此问题不作正面答复。不过，我们仍可以从侧面来探索他的言外之意。在《对俗篇》中，他以问答方式，说明神仙之可贵：

> "或曰：'审其神仙可以学致，翻然凌霄，背俗弃世，烝尝之礼，莫之修奉，先鬼有知，其不饿乎？'抱朴子曰：'盖闻身体不伤，谓之终孝，况得仙道，长生久视，天地相毕，过于受全归完，不亦远乎？果能登虚蹑景，云舆霓盖，餐朝霞之沆瀣，吸元黄之醇精，饮则玉醴金浆，食则翠芝朱英，居则瑶堂瑰室，行则逍遥太清。先鬼有知，将蒙我荣。或可以翼亮五帝，或可以监御百灵。位可以不求而自致，膳可以咀茹华璲，势可以总摄罗酆，威可以叱咤梁柱。诚如其道，罔识其妙，亦无饿之者。得道之高，莫过伯阳，伯阳有子名宗，仕魏为将军，有功封于段干。然则今之学仙者，自可皆有子弟以承祭祀之事，何缘便绝？'"

有吃，有喝，有住，而且那些吃的喝的住的都不是人间凡品，还可以有权位，有威势，还可以遗泽于子孙，得到高官厚禄，真是封建贵族最如意的想法。他又在《论仙篇》里说：

> "学仙之法，欲得恬愉淡泊，涤除嗜欲，内视返听，尸居无心。……仙法欲静寂无为，忘其形骸。仙法欲令法逮蠢蠕，不害含气。……仙法欲止绝臭腥，休粮清肠。……仙法欲溥爱八荒，视人如己。"

这是说，消极的可以免除烦恼累赘，一切生理心理的负担都可蠲除。又说：

> "仙人殊趣异路，以富贵为不幸，以荣华为秽污，以厚玩为尘

壤,以声誉为朝露。蹈炎飙而不灼,蹑玄波而轻步。鼓翮清尘,风驱云轩,仰凌紫极,俯栖昆仑。"

这是说神仙的快乐是超世间的。

在乱离之世的没落贵族,像葛洪那样的,占田封地食户以及一切优裕生活,不再能安全地保持时,甚至已经丧失了时,更有理由去学长生了。《论仙篇》又说道:

"吾徒匹夫,加之罄困,家有长卿壁立之穷,腹怀翳桑趣粮之馁,冬抱戎夷后门之寒,夏有儒行环堵之瑛。欲经远而乏舟车之用,欲有营而无代劳之役。入无绮纨之娱,出无游观之欢。甘旨不经乎口,元黄不过乎目,芬芳不历乎鼻,八音不关乎耳。百忧攻其心曲,众难萃其门庭。居世如此,可无恋也。"

这样的没落行头,当然要去"值不群之师",求"得要道之诀"了。

可是,神仙是贵族的颠倒的世界意识,天上的神仙贵族,正反映出人间封建贵族的迷离心理,因而神仙绝不是每一个人连农民在内都有缘(有福或有可能)做得到的。《金丹篇》说道:

"服神丹令人寿无穷已,与天地相毕,乘云驾龙,上下太清。黄帝以传元子,戒之曰:此道至重,必以授贤。苟非其人,虽积玉如山,勿以此道告之。……无神仙之'骨',亦不可得见此道也。"

神仙之骨,是生来的、先天的,那么天上的神仙贵族,原与人间的贵族阶级一样,是生来之福,非可强求。而被压迫阶级的凡夫俗子的贱骨,注定没有做神仙的阶级性质! 这道理在《塞难篇》讲得更详尽:

"抱朴子曰:命之修短,实由所值。受气结胎,各有星宿。……命属生星,则其人必好仙道,好仙道者,求之亦必得也。命属死星,则其人亦不信仙道,不信仙道,则亦不自修其事也。"

这就是说,贱命、贱骨在天上的概念叫做"死星",贵命、贵骨,在天上的概念叫做"生星",前者必好仙,后者必不信。不但如此,而且就是同属神仙,也还严分等级。人间的封建等级以及身份性地主阶级的高低,被反映到天上去了。《论仙篇》道:

　　"《仙经》云:'上士举形升虚,谓之天仙;中士游于名山,谓之
地仙;下士先死后蜕,谓之尸解仙。'"

　　《金丹篇》述《丹经》道:"其经曰:上士得道,升为天官。中士得道,
栖集昆仑。下士得道,长生世间。"《遐览篇》道:

　　"余晚充郑君门人,……郑君言:'君有甄事之才,可教
也。……今自当以佳书相示也。'……弟子五十余人,唯余见受
《金丹之经》及《三皇内文》、《枕中五行记》,其余人乃有不得一观
此书之首题者矣。"

　　这样讲求身份性,早在学习的时候,都已分出等级来了的。

　　我们知道,这种求长生的神仙思想,与道家的无生及齐生死之说,
是并不相同的。因此,神仙道教虽然窃假了道家的"元"、"道"、"一"
等范畴,附会在道家的名义之下,但在不能自圆其说的时候,便不得不
露骨地攻击起道家来。《外篇·用刑篇》道:"道家之言,高则高矣,用
之则弊,辽落迂阔。譬犹干将不可以缝线,巨象不可使捕鼠。……若行
其言,则当燔桎梏,堕囹圄,罢有司,灭刑书,铸干戈,平城池,散府库,毁
符节,撤关梁,掊衡量,胶离朱之目,塞子野之耳,泛生不系,反乎天牧,
不训不营,相忘江湖,朝廷阒尔若无,人民则至死不往来。可得而论,难
得而行也。"《内篇·释滞篇》道:

　　"《五千》文虽出老子,然皆泛论较略耳。其中了不肯首尾全
举其事,有可承接者也。……至于文子、庄子、关令尹喜之徒,其属
文笔虽祖述黄老,宪章元虚,但演其大旨,永无至言。或复齐死生,
谓无异以存活为徭役,以殂殁为休息,其去神仙已千亿里矣,岂足
耽玩哉! 其寓言譬喻,犹有可采,以供给碎用,充御卒乏。至使末
世利口之奸佞,无行之弊子,得以《老》《庄》为窟薮,不亦惜乎!"

　　这里把道家的两位大师都骂倒了。一位是泛论较略,一位是永无
至言。而齐生死之说,则更是"去神仙千亿里"。在《外篇·应嘲篇》
中,更有对庄子无益于统治者的论点,毫不留情地攻击:

　　"常恨庄生言行自伐,桎梏世业,身居漆园而多诞谈。好画鬼

魅,憎图狗马。狭细忠贞,贬毁仁义。可谓雕虎画龙难以征风云,空板亿万不能救无钱,孺子之竹马不免于脚剥,土桴之盈案无益于腹虚也。"

不但对《老》《庄》有微辞,对其他道书,只要是不关长生之道的,也一律加以抨击。《勤求篇》道:

"昔者之著道书多矣,莫不务广浮巧之言,以崇元虚之旨,未有究论长生之阶径,箴砭为道之病痛,如吾之勤勤者也。"

这便明确地揭橥出神仙道教的中心目的是长生,唯有长生之道,乃是道教的正宗。这是极可注意的一点(这在下文详论)。

葛洪认为神仙是必定有的,神仙是可以学得的。他曾用很多篇幅反复说明神仙的必有。他证诸古人的记载,验之龟鹤的大年,以为人的生命不但可以延长,而且可以否定生命的极限,而取得长生。这些反复的说明,这里不多引举。他认为延长人的生命,依靠内修与外养两方面工夫。所谓内修,如上举的"守一"便是;而外养,主要的却靠服食,服食中以金丹为最要紧的大药。这两方面的工夫中,显然的,外养更重于内修,他曾以极多篇幅,不惮其详地描写金丹的服炼。《金丹篇》中说:"余考览养性之书,鸠集久视之方,曾所披涉,篇卷以千计矣,莫不皆以还丹金液为大要者焉。然则此二事,盖仙道之极也。服此而不仙者,古来无仙矣!"可见重视之至。为什么金丹能令人延年呢?他在《金丹篇》中说道:

"夫丹之为物,烧之愈久,变化愈妙;黄金入火,百炼不消,埋之毕天不朽。服此二物,炼人身体,故能令人不老不死。此盖假求于外物以自坚固,有如脂之养火而不可灭,铜青涂脚入水不腐,此是借铜之劲以扞其肉也。金丹入身中,沾洽荣卫,非但铜青之外傅矣。"

"凡草木烧之即烬,而丹砂烧之成水银,积变又还成丹砂,其去凡草木亦远矣!故能令人长生。神仙独见此理矣,其去俗人亦何缅邈之无限乎!世人少所识多所怪,或不知水银出于丹砂,告之终不肯信,云丹砂本赤物,从何得成此白物? 又云丹砂是石耳,今烧诸石皆成灰,而丹砂何独得尔? 此近易之事,犹不可喻,其闻仙道而大笑之,不亦宜乎? 上古真人愍念将来之可教者,为作方法,委曲欲使其脱死亡之祸耳。可谓至言矣。然而俗人终不肯信,谓为虚文。若是虚文者,安得九转九变,日数所成,皆如方耶?"

丹砂水银的变化,在中国的炼丹家的试验下,是被证明了的。这原是化学的发轫点,然而这科学上的发现,却被道教所错误运用,作为长生延年的大药了。而这种错误运用似乎起源甚早。《论仙篇》说道:"夫作金皆在神仙集中,淮南王抄出以作《鸿宝枕中书》,虽有其文,然皆秘其要文,必须口诀临文指解,然后可为耳。其所用药,复多改其本名,不可按之便用也。刘向父德,治淮南王狱中所得此书,非为师授也。向本不解道术,偶偏见此书,便谓其意尽在纸上,是以作金不成耳。……外国作水精碗,实是合五种灰以作之,今交广多有得其法而铸作之者。……愚人乃不信黄丹及胡粉是化铅所作。"可见在纪元前一世纪便有作黄金法的传说,而制玻璃(水精)法也早自西方"外国"传来了。

《金丹篇》列举各种丹法,如九鼎神丹、太清九转丹、还丹、九光丹等至三十种之多,又举饵黄金法、饵银法,写得极为详细。今撮引数例如下:

一,九鼎神丹　第一之丹,名曰丹华。当先作元黄,用雄黄水、矾石水、戎盐、卤盐、矾石、牡蛎、赤石脂、滑石、胡粉,各数十斤,以为六一泥,封之,火之,三十六日成。服之七日仙。又以元膏丸此丹,置猛火上,须臾成黄金。又以二百四十铢合水银百斤,火之亦成黄金。金成者,药成也。金不成,更封药而火之,日数如前,无不成也。(尚有神符、神丹、还丹、饵丹、炼丹、柔丹、伏丹、寒丹等,合共九丹。)

二,还丹　若取九转之丹内神鼎中,夏至之后曝之,鼎热,内朱儿一斤于盖下,伏伺之,候日精照之,须臾翕然俱起,煌煌辉辉,神光五色,即化为还丹。取而服之一刀圭,即白日升天。

三,九转之丹 九转之丹者,封涂之于土釜中,糠火,先文后武。其一转至九转,迟速各有日数多少,以此知之耳。其转数少,其药力不足,故服之用日多得仙迟也。其转数多,药力成,故服之用日少而得仙速也。

四,乐子长丹 乐子长丹法:以曾青、铅、丹、合汞及丹砂,着铜筒中,乾瓦白滑石封之,于白砂中蒸之,八十日。服如小豆,三年仙矣。

五,金液 金液,太乙所服而仙者也,不减九丹矣。合之,用古秤黄金一斤,并用元明龙膏(水银)、太乙旬首中石(雄黄)、冰石(紫石英)、紫游女、元水液金(水银或其化合物)、化石(硝石)、丹砂,封之成水。《真经》云,金液入口则其身皆金色,……若求升天,皆先断谷一年,乃服之也。若服半两,则长生不死,万害百毒不能伤之。可以畜妻子,居官秩,任意所欲,无所禁也。若复欲升天者,乃可斋戒,更服一两,便飞仙矣。以金液为威喜巨胜之法。取金液及水银一味合煮之,三十日出,以黄土瓯盛,以六一泥封,置猛火炊之,六十时,皆化为丹,服如小豆大,便仙,以此丹一刀圭,粉水银一斤,即成银。又取此丹一斤置火上扇之,化为赤金而流,名曰丹金,以涂刀剑,辟兵万里。以此丹金为盘碗,饮食其中,令人长生。以承日月,得液如方诸之得水也,饮之不死。以金液和黄土,内六一泥瓯中,猛火炊之,尽成黄金,中用也。复以火炊之,皆化为丹,服之如小豆,可以入名山大川为地仙。以此丹一刀圭,粉水银立成银,以银一两和铅一斤,皆成银。

吃了这样的丹,在人间可以淫乱享乐,无所不为;升天又可以成仙,妙哉!贵族的宗教!

关于物质变化,葛洪在《黄白篇》中加以说明,以为"变化乃天地之自然。"他说:

"水火在天,而取之以诸燧(方诸、阳燧)。铅性白也,而赤之以为丹;丹性赤也,而白之以为铅。……变化者乃天地之自然,何为嫌金银之不可以异物作乎?"

所以在《黄白篇》中,如同在《金丹篇》中一样,详细的描写黄金与白银的做法。神仙已经外荣华,为什么还要作金银? 原来为了服食,并非为了致富。《黄白篇》说:

"余曾诣于郑君曰:'老君云,不贵难得之货;而至治之世,皆投金于山,捐玉于谷,不审古人何用金银为贵,而遗其方也?'郑君答余曰:'老君所云,谓夫披沙剖石,倾山漉渊,不远万里,不虑压溺,以求珍玩,以妨民时,不知止足,以饰无用;及欲为道,志求长生者,复兼商贾,不敦信让,浮深越险,干没逐利,不吝躯命,不修寡欲者耳。至于真人作金,自欲饵服之致神仙,不以致富也。故《经》曰:金可作也,世可度也。银亦可饵服,但不及金耳。'余难曰:'何不饵世间金银,而化作之? 作之则非真,非真则诈伪也。'郑君答余曰:'世间金银皆善,然道士率皆贫,……故宜作也。又化作之金,乃是诸药之精,胜于自然者也'。"

这里,撮引黄金做法如下:

作黄金法　先取武都雄黄,丹色如鸡冠,而光明无夹石者,多少任意,不可令减五斤也。捣之如粉,以牛胆和之,煮之令燥。以赤土釜容一斗者,先以戎盐石胆末荐釜中,令厚三分,乃内雄黄末,令厚五分,复加戎盐于上,如此相似至尽。又加碎炭火如枣核者,令厚二寸。以蚓蝼土及戎盐为泥,泥釜外,以一釜复之,皆泥令厚三寸,勿泄。阴干一月,乃以马粪火煴之,三日三夜,寒,发出,鼓下其铜,铜流如冶铜铁也。乃令铸此铜以为筒。筒成,以盛丹砂水。又以马屎火煴之,三十日,发炉鼓之,得其金,即以为筒,又以盛丹砂水。又以马粪火煴三十日,发取捣治之。取其二分煴丹砂,一分并汞,汞者,水银也,立凝成黄金矣。光明美色,可中钉也。

总结这种金丹与金银的做法,有几个特点:第一便是富有诱惑性,长生与金银,是大家都喜爱的;第二是做法麻烦,原料药品都是不易得来的东西;第三做法步骤模糊,药品的分量没有比例,令人无从下手做;第四,做时须经过一番仪式(仪式下文另详),又多禁忌,做的地点又必须在名山之上,困难甚多。因此,非常明显,这只是一种富有诱惑性的谎言,叫人家去相信它,可是叫人家永远做不到。

金丹黄白,是神仙要道、延年大药。其他可以服食的,还有很多,但不及金丹黄白。《仙药篇》便专门论述延年的药物,其中有今中药中的常品,如茯苓、地黄、麦门冬、天门冬、尤、黄精之类,但大部分却是不经见的东西,如五芝、计石芝、木芝、草芝、肉芝、菌芝,各有百许种,极神怪荒唐之大观。撮举两个怪物的例子,以见一斑:

一,石芝　石象芝生于海隅名山及岛屿之涯,有积石者,其状如肉象,有头尾四足,良似生物也。附于大石,喜在高岫险峻之地,或却着仰缀也。赤者如珊瑚,白者如截脂,黑者如泽漆,青者如翠羽,黄者如紫金,而皆光明洞彻如坚冰也。晦夜去之三百步,便望见其光矣。大者十余斤,小者三四斤。非久斋至精,及佩老子入山灵宝五符,亦不能得见此辈也。凡见诸芝,且先以开山却害符置其上,则不得复隐蔽化去矣。徐徐择王相之日,设醮,祭以酒脯,祈而取之,皆从日下禹步闭气而往也。又,若得石象芝,捣之三万六千杵,服方寸匕,日三,尽一斤,则得千岁,十斤则万岁。亦可分人服也。

二,肉芝　万岁蟾蜍,头上有角,颔下有丹书八字,体重。以五月五,日中时取之。阴干百日,以其左足画地,即为流水;带其左手于身,辟五兵,若敌人射己者,弓弩矢皆反还自向也。千岁蝙蝠,色白如雪,集则倒县,脑重故也。此二物得而阴干,末服之,令人寿四万岁。……行山中,见小人乘车马,长七八寸者,肉芝也,捉取服之,即仙矣。

在服食之外,为了求得延年长生,禳邪祛祸,葛洪在《杂应篇》中,介绍了各种小方术。此种小方术,如断谷法、不寒之道、不热之道、辟五兵之道、隐沦之道、自然解脱法、不病术、预知术、坚齿之道、聪耳之道、

明目之道、登峻涉险远行不极之道、辟疫之道,皆极荒诞可笑之能事,而为后世道教所祖述。撮引数例如下:

一,断谷法 先作美食极饱,乃服药以养所食之物,令不消化,可辟三年。欲还食谷,当以葵子猪膏下之,则所作美食皆下,不坏如故也。……又有引石散,以方寸匕投一斗白石子中,以水合煮之,亦立熟如芋子,可食以当谷也。

二,不寒之道 以立冬之日,服六丙六丁之符,或闭口行五火之炁千二百遍,则十二月中不寒也。

三,辟五兵之道 吾闻吴大皇帝曾从介先生受要道云,但知书北斗字及日月字,便不畏白刃。帝以试左右数十人,常为先登陷阵,皆终身不伤也。郑君云:但诵五兵名,亦有验。刀名大房,虚星主之;弓名曲张,氐星主之;矢名彷徨,荧惑星主之;剑名失伤,角星主之;弩名远望,张星主之;戟名大将,参星主之也。临战时,常细祝之。或以五月五日,作赤灵符著心前,……或佩西王母兵信之符,……或交锋刃之际,乘魁履罡,呼四方之长,亦有明效。

为了作丹作黄金,须跋涉山川,或入深山大谷,幽静无人之处,方易成功。《抱朴子》中有一篇《登涉》,便专门写登山涉水的方法。《登涉篇》的开头说:

"凡为道合药,及避乱隐居者,莫不入山。然不知入山法者,多遇祸害。"

接着便说明入山的时间,在山中如何辟邪治怪,如何对付毒蛇猛兽。又说明如何涉江渡海,辟蛟龙之害。又介绍了入山符十九道。大都是荒谬可笑的,然而也有极少部分,是根据原始的医药经验。撮引数例如下:

一,明镜辟邪 古之入山道士,皆以明镜径九寸以上,悬于背后,则老魅不敢近人。或有来试人者,则当顾视镜中,其是仙人及山中好神者,顾视镜中故如人形;若是鸟兽邪魅,则其形貌,皆见镜中矣。

二,山精呼名　山中山精之形,如小儿而独足,走向后,喜来犯人。人入山,若夜闻人声音大语——其名曰蚑知——而呼之,即不敢犯人也。……山中有大树,有能语者,非树能语也,其精名曰云阳,呼之则吉。

三,辟蛇　带武都雄黄,色如鸡冠者,五两以上,以入山林草木,则不畏蛇。蛇若中人,以少许雄黄末内疮中,亦登时愈也。蛇种虽多,唯有蝮蛇及青金蛇中人为至急,不治之一日则煞人。人不晓治之方术者,而为此二蛇所中,即以刀割所伤疮肉以投地,其肉沸如火炙,须臾焦尽,而人得活。

四,渡江涉海辟蛟龙之道　道士不得已而当游涉大川者,皆先当于水次破鸡子一枚,以少许粉杂香末,合揽器水中,以自洗濯,则不畏风波蛟龙也。……又法,临川先祝曰:"卷蓬卷蓬,河伯导前辟蛟龙,万灾消灭天清明。"

关于符箓,葛洪不加重视,书中偶述符水断谷,他处不常提到符箓。《登涉篇》所引符十九道,乃全书所引符箓的全部,可是全属于入山之用,如老君入山符、入山辟虎狼符、入山佩带符等。符只是一种求仙的辅助工具,作用在于禳邪祛祸,保护道士的安全而已。在《遐览篇》,虽举诸大符之名,末后加以评论道:"郑君言符出于老君,皆天文也。老君能通于神明,符皆神明所授。今人用之少验者,由于出来历久,传写之多误故也。又信心不笃,施用之亦不行。……凡为道士求长生,志在药中耳,符剑可以却鬼辟邪而已,诸大符云用之可以得仙者,亦不可专据也。"

葛洪在书中曾两次叙述了禹步的方法,一在《仙药篇》,一在《登涉篇》,详略各异。(按《扬子法言·重黎篇》:"昔姒氏治水土,而巫步多禹。"可知禹步原为巫步。)在《仙药篇》者,如下:

禹步法	前举左	右过左	左就右	
	次举右	左过右	右就左	
	次举左	右过左	左就右	如此三步,当满

二丈一尺,后有九迹。

在《登涉篇》者,如下:

禹步法 一步七尺,合二丈一尺,顾视九迹。正立,右足在前,左足在后。次复前(注:此下当有左足次前四字)右足,以左足从右足,并,是一步也。次复前右足,次前左足,以右足从左足,并,是二步也。次复前(注:此下当有左足次前四字)右足,以左足从右足,并,是三步也。如此禹步之道毕矣。凡作天下百术,皆宜知禹步。

关于道教的某种仪式,葛洪不很重视,有时还认为无益。在《道意篇》里,他说:

"凡夫不能守真,无杜遏之检括,爱嗜好之摇夺,驰骋流遁,有迷无反。……于是有倾越之灾,有不振之祸。而徒烹宰肥腯,沃酹醪醴,撞金伐革,讴歌踊跃,拜伏稽颡,守请虚坐,求乞福顾,冀其必得,至死不悟,不亦哀哉!……夫福非足恭所请也,祸非裡祀所禳也。若命可以重祷延,疾可以丰祀除,则富姓可以必长生,而贵人可以无疾病也。"

他反对"烹宰肥腯,沃酹醪醴,撞金伐革,讴歌踊跃,拜伏稽颡,守请虚坐,求乞福顾"等禳邪祈福的仪式。可是他重视另一种仪式,那便是道书传授及金丹传授的仪式。在书中,他屡次提到传授道书及金丹,须经隆重的仪式。《金丹篇》说道:

"《九鼎神丹经》曰,黄帝服之,遂以升天。……黄帝以传元子,戒之曰:此道至重,必以授贤。……受之者以金人金鱼,投于东流水中,以为约,唼血为盟。无神仙之骨,亦不可得见此道也。合丹当于名山之中无人之地,结伴不过三人。先斋百日,沐浴五香,致加精洁,勿近秽污,及与俗人往来,又令不信道者知之,谤毁神药,药不成矣。"

"金液入口,则其身皆金色。老子授之于元君。元君曰:此道至重，百世一出，藏之石室，合之皆斋戒百日，不得与俗人相往来，于名山之侧东流水上，别立精舍，百日成，服一两便仙。"

"受《金液经》，投金人八两于东流水中，饮血为誓，乃告口诀。不如本法，盗其方而作之，终不成也。凡人有至信者，可以药与之，不可轻传其书，必两受其殃。天神鉴人甚近，人不知耳。"

"合此金液九丹，既当用钱，又宜入名山，绝人事。……郑君言：所以尔者，合此大药皆当祭，祭则太乙、元君、老君、元女皆来鉴省。作药者若不绝迹幽僻之地，令俗间愚人得经过闻见之，则诸神便责作药者之不遵承经戒，致令恶人有谤毁之言，则不复佑助人，而邪气得进，药不成也。必入名山之中，斋戒百日，不食五辛生鱼，不与俗人相见，尔乃可作大药。作药须成乃解斋，不但初作时斋也。"

《明本篇》说：

"五经之事，注说炳露，初学之徒，犹可不解，岂况金简玉札，神仙之经，至要之言？又多不书，登坛歃血，乃传口诀。苟非其人，虽裂地连城，金璧满堂，不妄以示之。"

《遐览篇》说：

"余闻郑君言，道书之重者，莫过于《三皇文》、《五岳真形图》也。古人仙官至人，尊秘此道，非有仙名者，不可授也。受之四十年一传，传之歃血而盟，委质为约。"

无论传道书，或传金丹法，或作金丹，都要有隆重的仪式，筑坛，歃血，委质为约。这种仪式，是为了保证金丹的成功。而地点，则以名山深山为宜。《金丹篇》曾列举诸名山之名，如下：

"按《仙经》：可以精思合作仙药者，有华山、泰山、霍山、恒山、嵩山、少室山、长山、太白山、终南山、女儿山、地肺山、王屋山、抱犊山、安丘山、潜山、青城山、峨眉山、绥山、云台山、罗浮山、阳驾山、黄金山、鳖祖山、大小天台山、四望山、盖竹山、括苍山，此皆是正神在其山中，其中或有地仙之人。"

葛洪对于道书,以为惟有金丹道书是最重要的。其他杂道书,大都"妨日月而劳意思",没有什么了不起。可是后世之作道书者,大都只能作"不要之道书"。《遐览篇》说:

"杂道书,卷卷有佳事,但当校其精粗,而择所施行。不事尽谙诵,以妨日月而劳意思耳。若金丹一成,则此辈一切不用也。"

《金丹篇》说:

"余考览养性之书,鸠集久视之方,曾所披涉篇卷以千计矣,莫不皆以还丹金液为大要者也。"

《释滞篇》说:

"道书之出于黄老者盖少许耳,率多后世之好事者各以所知见而滋长,遂令篇卷至于山积。古人质朴,又多无才,其所论物理,既不周悉,其所证按,又不著明,皆阙所要而难解,解之又不深远,不足以演畅微言,开示愤悱,劝进有志,教戒始学,令知元妙之途径、祸福之源流也。徒诵之万遍,殊无可得也。虽欲博涉,然宜详择其善者而后留意,至于不要之道书,不足寻绎也。"

《勤求篇》说:

"古人质正,贵行贱言,故为政者不尚文辨,修道者不崇辞说。风俗衰薄,外饰弥繁,方策既山积于儒门,而内书亦鞅掌于术家。……后之知道者,于吉、容嵩、桂帛诸家,各著千所篇,然率多教戒之言,不肯善为人开显大向之指归也。其至真之诀,或但口传,或不过寻尺之素,在领带之中。……故世间道士,知金丹之事者,万无一也。而管见之属,谓仙法当具在于纷若之书,及于祭祀拜伏之间而已矣。夫长生制在大药耳,非祠醮之所得也。……诚欲为道,而不能勤求明师,合作异药,而但昼夜诵讲不要之书,数千百卷,诣老无益。"

我们倒并不关心金丹道书究竟有没有什么价值,其他杂道书,究竟有用或无用,我们只觉得道书著作之富是很可惊人的。所谓"篇卷以千计",所谓"篇卷至于山积",所谓"内书鞅掌于术家",所谓"于吉、容嵩、桂帛诸家,各著千所篇",那该是多可注意的数量。在《黄白篇》,光只提到《神仙经》、《黄白之方》,便有"二十五卷,千有余首"。从著作者之多,从著作品之多,从葛洪以金丹来抨击杂道书这点,我们可以意味到道教已在道书数量之增多中,同时也发展出许多派系,就是说道教在发展之初,便已起了分化了。至于道教的发展,留待第四卷再论。

第四节　外儒术的应世经络及其反动性格

封建的名门豪族,在迷离不安的局面下,并不是单纯地梦想着神仙的生活。两晋之际,豪族内讧,民变四起,胡人侵扰。北方豪族大举南渡,江南豪族流离分化,他们都感受着脱离了户籍的"流人"暴动的威胁。阶级斗争的尖锐,越发使他们一方面要在实际上守卫阶级的利益,另一方面觉得飘荡空灵的神仙宗教在欺骗作用上更为必要。这种客观现实在思维方面的反映,便构成了内神仙外儒术的葛洪思想。

关于儒道双修的理论,葛洪在《抱朴子》中屡有说明。《外篇·循本篇》说:

"玄寂虚静者,神明之本也;……德行文学者,君子之本也。"

所谓神明之本,即神仙道教之本,所谓君子之本,即阶级利益之本。葛洪在这里便坦白地表示了豪族通过宗教和伦常的作用而要求的儒道双修的根本。在这两个根本之间,葛洪并不是视同一律的。《内篇·释滞篇》说:

"内宝养生之道,外则和光于世。治身而身长修,治国而国太平。以六经训俗士,以方术授知音。欲少留则且止而佐时,欲升腾则凌霄而轻举者,上士也。自持才力,不能并成,则弃置人间,专修道德者,亦其次也。黄帝荷四海之任,不妨鼎湖之举;彭祖为大夫,八百年,然后西适流沙;伯阳为柱史;宁封为陶正;方回为闾士;吕望为太师;仇生仕于殷,马丹官于晋;范公霸越而泛海;琴高执笏于宋康;常生降志于执鞭,庄公藏器于小吏;古人多得道而匡世,修之于朝隐,盖有余力故也。何必修于山林,尽废生民之事,然后乃成乎?"

这里,以神仙养生为内,以儒术应世为外。"以六经训俗士,以方术授知音",这就是内外两可的"修之于朝隐"。最上等的名士,一方面在"朝"做统治阶级,另一方面以"隐"的内容实行欺骗。其次,如不能双修,则专修道德,因此神仙是最基本的。《释滞篇》又说:

"世之谓一言之善,贵于千金,然盖亦军国之得失,行己之臧否耳。至于告人以长生之诀,授之以不死之方,非特若彼常人之善言也,则奚徒千金而已乎!"

军国得失(例如他参与剿灭农民战争的战功),行己臧否(例如他前后做官僚的行径)只值千金,而长生之诀,不死之方(神仙)则值千金以上。这里,更充分暴露了统治阶级的意识,事业和道德都可以换算成货币的价格,然而最肮脏的意识到了理论却又还原做奇妙的东西。在《内篇·塞难篇》及《明本篇》中,葛洪论儒道本末说:

"儒教近而易见,故宗之者众焉,道意远而难识,故达之者寡也。道者,万殊之源也,儒者大淳之流也。"(《塞难篇》)

"道者儒之本也,儒者道之末也。"(《明本篇》)

"凡言道者,上自二仪,下逮万物,莫不由之。但黄老执其本,儒墨治其末耳。"(同上)

葛洪之所谓内外,就对己对人而言,其所谓本末,又有轻重之异。他强调《内篇》的重要性,不在朝做统治者是可以的,但不做神仙是不可以的。名门最上等的人物既修须长生,又须兼匡世。《外篇·应嘲篇》说:

"客嘲余云:'先生载营抱一,韬景灵渊,背俗独往,邈尔萧然。……伯阳以道德为首,庄周以《逍遥》冠篇,用能标峻格于九霄,宣芳烈于冈极也。今先生高尚勿用,身不服事,而著《君道臣节》之书;不交于世,而作讥俗救生之论;甚爱骭毛,而缀用兵战守之法;不营进趋,而有《审举穷达》之篇:蒙窃惑焉。'抱朴子曰:'君臣之大,次于天地,思乐有道,出处一途。隐显任时,言亦何系?大人君子,与事变通。老子无为者也,鬼谷终隐者也,而著其书,咸论世务。何必身居其位,然后乃言其事乎? ……余才短德薄,干不适治,出处同归,行止一致。岂必达官乃可议政事,居否则不可论治乱乎?'"

"思乐有道,出处一途,隐显任时,言亦何系?大人君子,与事变通,……出处同归,行止一致。"这不仅说明儒道双修使名门豪族出处两得,而且也说明名门豪族在封建秩序被搅乱时代从外边向内退守,而仍不能忘情于外的那副贪欲相,理由是"君臣之大,次于天地"。这意思,在《外篇·喻蔽篇》说得更清楚:

"余雅谓王仲任作《论衡》八十余篇,为冠伦大才。有同门鲁生难余曰:'……王充著书,兼箱累裘,而乍出乍入,或儒或墨。……'抱朴子答曰:'……夫发口为言,著纸为书,书者所以代言,言者所以书事。若用笔不宜杂载,是议论常守一物。昔诸侯访政,弟子问仁,仲尼答之,人人异辞。盖因事托规,随时所急。譬犹治病之方千百,而针灸之处无常。却寒以温,除热以冷,期于救死存生而已。岂可诣者逐一道如齐楚而不改路乎? ……淮南《鸿烈》,始于《原道俶真》,而亦有《兵略主术》;庄周之书,以死生为一,亦有畏牺慕龟,请粟救饥'。"

他曲解王充的思想之后,说明自己内神仙而外儒术,在于不废弃任何机会,"因事托规,随时所急",以达到豪族地主的"救死存生"的目的,这不是自相矛盾。表面有矛盾,而内容是统一的。而且,我们更要注意,连同他的内神仙也是要以金丹来对抗符水,以神仙来对抗巫祝,以名门豪族来对抗起义农民,"令百姓杜冻饥之源,塞盗贼之萌"的。

考葛洪的外儒术的应世经络,具载于《抱朴子·外篇》五十卷中。篇目如下:

卷一《嘉遁》	卷二《逸民》	卷三《勖学》
卷四《崇教》	卷五《君道》	卷六《臣节》

卷七《良规》　　　卷八《时难》　　　卷九《官理》

卷十《务正》　　　卷十一《贵贤》　　卷十二《任能》

卷十三《钦士》　　卷十四《用刑》　　卷十五《审举》

卷十六《交际》　　卷十七《备阙》　　卷十八《擢才》

卷十九《任命》　　卷二十《名实》　　卷二十一《清鉴》

卷二十二《行品》　卷二十三《弭讼》　卷二十四《酒诫》

卷二十五《疾谬》　卷二十六《讥惑》　卷二十七《刺骄》

卷二十八《百里》　卷二十九《接疏》　卷三十《钧世》

卷三十一《省烦》　卷三十二《尚博》　卷三十三《汉过》

卷三十四《吴失》　卷三十五《守塉》　卷三十六《安贫》

卷三十七《仁明》　卷三十八《博喻》　卷三十九《广譬》

卷四十《辞义》　　卷四十一《循本》　卷四十二《应嘲》

卷四十三《喻蔽》　卷四十四《百家》　卷四十五《文行》

卷四十六《正郭》　卷四十七《弹祢》　卷四十八《诘鲍》

卷四十九《知止》、《穷达》、《重言》　卷五十《自叙》

除《自叙》一卷外,余49卷51篇,便是《外篇》的全部了。《外篇》内容,分为五项:第一是关于政治的,如《君道》、《臣节》、《官理》、《贵贤》、《任能》、《用刑》、《审举》、《百里》、《汉过》、《吴失》等;第二是对风俗习尚的批评,如《交际》、《名实》、《清鉴》、《行品》、《弭讼》、《酒诫》、《疾谬》、《讥惑》、《省烦》等;第三是对汉末以来,学风及思潮的批评,如《钧世》、《尚博》、《正郭》、《弹祢》、《诘鲍》等;第四是关于个人生活修养及态度的,如《嘉遁》、《逸民》、《守塉》、《安贫》、《仁明》、《知止》、《穷达》等;第五是表白著书用意的,如《应嘲》、《喻蔽》、《百家》等。其他如《博喻》、《广譬》等,则因文体特殊,内容驳杂琐碎,不易确定其应属哪项。

现在分项加以说明。

葛洪的政治思想,虽自称属儒家,但实际上乃汉酷吏的继承,是内法外儒的"王霸道杂之"的憧憬。自从汉王朝崩坏以来,安固森严的汉法度破坏无遗，曹操用人便只问才不才，不问行品如何。一切礼度法制，趋向简易严峻。为了适应军事屯田的封建经济，礼度法制的简易严峻是必要的。这样，曹操有了成功，司马氏也有了成功。然而曹氏亡于权臣内蚀，而司马氏则亡于豪族内讧、胡人外铄。因此在君主之下个别军事领袖（亦即名门豪族）的权势争夺，不利于名门间稳定局面的维持。在许多名门豪族之上，似应有一个共同的领袖，他处在不可与争的地位，来维持名门间的平衡，这个领袖，便是最高地主或最高家长。葛洪在《君道》、《臣节》、《良规》诸篇中，说明阶级关系是绝对的，尊卑的对立应该调和，因为"君"如父，像"天"，这道理是如自然规律，不可改易的。他说：

> "清玄剖而上浮，浊黄判而下沉，尊卑等威，于是乎著。往圣取诸两仪，而君臣之道立；设官分职，而雍熙之化隆。君人者，必修诸己以先四海，去偏党以平王道，遣私情以标至公。"（《君道》）

> "喻之元首，方之股肱，虽有尊卑之殊邈，实若一体之相赖也。"（《臣节》）

> "臣喻股肱，则手足也，履冰执热，不得辞焉。"（同上）

> "夫废立之事，小顺大逆，不可长也！夫君，天也，父也，君而可废，则天亦可改，父亦可易也。……而世人诚谓汤武为是，而伊霍为贤，此乃相勖为逆者也。又见废之君，未必悉非也。……见废之主，神器去矣，下流之罪，莫不归也。"（《良规》）

在他看来，君只要"去偏党以平王道，遣私情以标至公"，不偏不倚地维持名门间的均势，而臣能尽股肱之力，尊事其君，则魏晋以来的内讧篡弑都可避免。

人君非用人佐治不可，《审举篇》说："人君虽明并日月，神鉴未兆，然万机不可以独统，曲碎不可以亲总，必假目以遐览，借耳以广听，诚须有司，是康是赞。故圣君莫不根心招贤，以举才为首务。施玉帛于丘园，驰翘车于岩薮，劳于求人，逸于用能"。在《任能》、《钦士》两篇中，也有同样的说法，兹不再琐引。

关于用人的方法,葛洪在《审举篇》中,以及《汉过》、《吴失篇》中,痛论卖官之弊及奸邪害正之状。他以为审举之法,在乎公平,而对舞弊严加惩罚。《审举篇》说:

"汉之末叶,桓灵之世,柄去帝室,政在奸臣,纲漏防溃,风颓教沮。抑清德而扬诡媚,退履道而进多财。力竞成俗,苟得无耻。或输自售之宝,或卖要人之书,或父兄贵显,望门而辟命,或低头屈膝,积习而见收。夫铨衡不平,则轻重错谬。……以之治人,则虐暴而豺贪,受取聚敛,以补买官之费;立之朝廷,则乱剧于棼丝,引用驽庸,以为党援。而望风向草偃,庶事之康,何异悬瓦砾而责夜光,弦不调而索清音哉? 何可不澄浊飞沉,沙汰臧否,严试对之法,峻贪夫之防哉! 殄瘁攸阶,可勿畏乎? ……遣其私情,竭其聪明,不为利欲动,不为属托屈。所欲举者,必澄思以察之,博访以详之。修其名而考其行,校同异以备虚饰,令亲族称其孝友,邦间归其信义。尝小仕者有忠清之效,治事之干,则寸锦足以知巧,刺鼠足以观勇也。又秀孝皆宜如旧,试经答策,防其置对之奸,当令必绝。其不中者勿署吏,加罚禁锢。其所举书不中者,刺史太守免官,不中左迁,中者多不中者少后转,不得过故。若受而赇举所不当,发觉有验者,除名,禁锢终身,不以赦令原,所举与举者同罪。今试用此法治,一二岁之间,秀孝必多不行者,亦足以知天下贡举不精之久矣。过此则必多修德而勤学者矣。"

上面我们已经说过,为了适应军事屯田的封建经济,礼度法制的简易严峻是必要的。军事屯田的封建经济,是在军事体系之下维持统治权的稳定,同时还要准备随时的流动。晋之占田制只是在屯田制的基础之上进行的修改。这种不安定的经济制度,反映在礼制与法制上的,是两汉森严整齐法度的崩溃,是魏晋清峻通脱风尚的养成。在《省烦篇》中,葛洪便指出繁礼的无用,主张"删定三礼,割弃不要":

"安上治民,莫善于礼,弥纶人理,诚为曲备。然冠昏饮射,何烦碎之甚邪? 人伦虽以有礼为贵,但当令足以叙等威而表情敬,何在乎升降揖让之繁重,拜起俯伏之无已邪？……自建安之后,魏之武文,送终之制,务在俭薄,此则墨子之道,有可行矣。余以为丧乱既平,朝野无为,王者所制,自君作古。可命精学洽闻之士,才任损益,免于拘愚者,使删定三礼,割弃不要,次其源流,总合其事,类集以相从。其烦重游说,辞异而义同者,存之不可常行,除之无所伤损,卒可断约而举之,勿令沉隐,复有凝滞。其吉凶器用之物、俎豆觚觯之属、衣冠车服之制、旗章采色之美、宫室尊卑之品、朝飨宾主之仪、祭奠殡葬之变、郊祀禘祫之法、社稷山川之礼,皆可减省,务令约俭。"

文中说减削繁礼,在"丧乱既平"之后,实际上,则自"建安之后",早已"务在俭薄"了,文中之意,无非是把军事屯田时期的礼制变更,在丧乱既平之后,予以合法的确定罢了,并非真要等到丧乱既平之后才实行。

与礼度并行的刑法,葛洪主张趋于严峻,主张"以杀止杀",来对付人民。《用刑篇》说:

"德敬治狡暴,犹以鞴鞴御锋刃也,以刑罚施平世,是以甲胄升庙堂也。

"仁之为政,非为不义也,然黎庶巧伪,趋利忘义,若不齐之以威,纠之以刑,远羡羲农之风,则乱不可振,其祸深大。以杀止杀,岂乐之哉！"

"仁者为政之脂粉,刑者御世之辔策。脂粉非体中之至急,而辔策须臾不可无也。

"安于感深谷而严其法,卫子疾弃灰而峻其辟,夫以其所畏,禁其所玩,峻而不犯,全民之术也。

"刑之为物,国之神器,君所自执,不可假人,犹长剑不可倒捉,巨鱼不可脱渊也,乃崇替之所由,安危之源本也。"

"以刑罚施平世,是以甲胄升庙堂",则从反面来推论,很分明地是说乱世该用峻刑严法了。因此,他得出刑是"国之神器"的结论。他更主张恢复肉刑。《用刑篇》道：

　　"或曰：'然则刑罚果所以助教兴善，式遏轨忒也。若夫古之肉刑，亦可复与？'抱朴子曰：'曷为而不可哉！'"

在礼与法之外，葛洪特别注意所谓风教问题。自从汉王朝衰亡以来，"纲漏防溃，风颓教沮"。纲与防意味着礼与法，风与教乃指风俗教化而言。在纲漏防溃之后，主张薄礼而峻法，则在风颓教沮以后，又当怎样呢？

现在且看葛洪所指出的风颓教沮，是哪些现象。

第一，是教育沦丧。《勖学篇》说："世道多难，儒教沦丧，文武之轨，将遂凋坠，或沉溺于声色之中，或驱驰于竞逐之路。孤贫而精六艺者，以游夏之资而抑顿乎九泉之下；因风而附凤翼者，以驽庸之质犹回遑乎霞霄之表。舍本逐末者，谓之勤修庶几，拥经求己者，谓之陆沉迂阔。于是莫不蒙尘触雨，戴霜履冰，怀黄握白，提清挈肥，以赴邪径之近易，规朝种而暮获矣。若乃下帷高枕，游神九典，精义赜隐，味道居静，确乎建不拔之操，扬青于岁寒之后，不揆世以投迹，不随众以萍漂者，盖亦鲜矣。"尤其对封建贵族子弟的抛弃教育，表示非常惋惜。《崇教篇》说："王孙公子优游贵乐，婆娑绮纨之间，不知稼穑之艰难。……省文章既不晓，睹学士如草芥，口笔乏乎典据，牵引错于事类，剧谈则方战而已屈，临疑则未老而憔悴。虽菽麦之能辩，亦奚别乎瞽瞍哉！"

第二，是名实乖滥。《名实篇》说："门人问曰：'闻汉之末世，灵献之时，品藻乖滥，英逸穷滞，贪饕得志，名不准实，……其故何哉？'抱朴子答曰：'……夫佞者鼓珍赂为劲羽，则无高而不到矣，乘朋党为舟楫，则无远而不济矣。持之以夙兴侧立，加之以先意承指，其利口谀辞也似辨，其道听涂（途）说也似学，其心险貌柔也似仁，其行污言洁也似廉，其好说人短也似忠，其不知忌讳也似直，故多通也'。"因名实乖滥，影响到识鉴的不易。而汉季以后，偏有以识鉴知名的，用人取士，多凭品藻，这颇使葛洪不以为然。《清鉴篇》说："夫貌望丰伟者不必贤，而形器尪瘁者不必愚，咆哮者不必勇，淳淡者不必怯，或外候同而用意异，或气性殊而所务合。"《行品篇》说："物有似而实非,若然而不然。料之无惑,望形得神,圣者其将病诸,况乎常人? 故用才取士,推昵结友,不可以不精择,不可以不详试也。"

第三,是交际趋附。《交际篇》说："余以朋友之交,不宜浮杂,面而不心,扬雄攸讥。故虽位显名美,门齐年敌,而趋舍异规,业尚乖互者,未尝结焉。或有矜其先达,步高视远,或遗忽陵迟之旧好,或简弃后门之类味,或取人以官而不论德。其不遭知己,零沦丘园者,虽才深智远,操清节高者,不可也;其进趋偶合,位显官通者,虽面墙庸琐,必及也。如此之徒,虽能令壤虫云飞,斥鷃戾天,手捉刀尺,口为祸福,得之则排冰吐华,失之则当春凋悴,余代其踧踖,耻与共世。穷之与达,不能求也。然而轻薄之人,无分之子,曾无疾非俄然之节,星言宵征,守其门庭,翕然诂笑,卑辞悦色,提壶执贽,时行索媚,勤苦积久,犹见嫌拒,乃行因托长者以撝合之,其见受也,则踊悦过于幽系之遇赦,其不合也,则懊悴剧于丧病之逮己也。通塞有命,道贵正直,否泰付之自然,津涂何足多咨,嗟乎细人,岂不鄙哉? 人情不同,抑何远邪? 每为慨然,助彼羞之!"

第四,是狂诞轻薄。《疾谬篇》说："世故继有,礼教渐颓,敬让莫崇,傲慢成俗。侪类饮会,或蹲或踞,暑夏之月,露首袒体。盛务唯在摴蒲弹棋,所论极于声色之间,举足不离绮襦纨袴之侧,游步不去势利酒客之门。不闻清谈讲道之言,专以丑辞嘲弄为先。……嘲戏之谈,或上及祖考,下逮妇女,往者务其必深焉,报者恐其不重焉,倡之者,不虑见答之后患,和之者,耻于言轻之不塞。"又说："轻薄之人,迹厕高深,交成财赗,名位粗会,便背礼叛教,托云率任。……于是腊鼓垂无赖之子,白醉耳热之后,结党合群,游不择类,……携手连袂,以遨以集,入他堂室,观人妇女,指玷修短,评论美丑。"又说："俗间有戏妇之法,于稠众之中,亲属之前,问以丑言,责以慢对,其为鄙黩,不可忍论。"又说："汉之末世,……蓬发乱鬓,横挟不带,或褒衣以接人,或裸袒而箕踞。……宾则入门而呼奴,主则望客而唤狗。……诬引《老》、《庄》,贵于率任,大行不顾细礼,至人不拘检括,啸傲纵逸,谓之体道。呜呼惜乎,岂不哀哉!"《刺骄篇》说:"世人闻戴叔鸾阮嗣宗,傲俗自放,见谓大度,而不量其材力非傲生之匹,而慕学之。或乱项科头,或裸袒蹲夷,或濯脚于稠众,或溲便于人前,或停客而独食,或行酒而止所亲。此盖左衽之所为,非诸夏之快事也。"

第五,是谈辩益惑。《知止篇·重言》说:"浅近之徒,则不然焉,辩虚无之不急,争细事以费言,论广修坚白无用之说,诵诸子非圣过正之书。损教益惑,谓之深远。委弃正经,竞治邪学。或与暗见者较唇吻之胜负,为不识者吐清商之谈口,对非敌力之人,旁无赏解之客,何异奏雅乐于木梗之侧,陈玄黄于土偶之前哉!"

第六,是酗酒善讼。《酒诫篇》说:"其初筵也,抑抑济济,言希容整。……日未移晷,体轻耳热。夫琉璃海螺之器并用,满酌罚余之令遂急。醉而不止,拔辖投井。于是口涌鼻溢,濡首及乱。……载号载呶,如沸如羹。或争辞尚胜,或哑哑独笑,或无对而谈,或呕吐几筵,或值蹶良倡,或冠脱带解。……"《弭讼篇》引刘君士由之论说:"大婚之礼,古人所重,……而末世轻慢,伤化败俗,举不修义,许而弗与,讼阅秽辱,烦塞官曹。"

以上六点,我们认为即是葛洪所指出的所谓"风颓教沮"的现象。这些现象,葛洪认为是从"汉之末世"起才发生的。葛洪的这一认识是对的。但所谓"风颓教沮",正是森严的汉法度崩溃下来在风俗教化方面的演出,因此,这一崩溃过程,才从"汉之末世"开头。从那时起,汉经学的家法冲破了(教育沦丧),乡举里选制被官爵买卖所代替了(名实乖滥),生徒浮华交会起来了(交际趋附),礼度仪检不再讲究了(狂诞轻薄),学风转向玄虚谈辩了(谈辩益惑),许多人疯狂地饮酒,男女婚姻的纽带松弛了(酗酒善讼),一切风俗教化崩溃下来,"颓沮"下来了。葛洪对风颓教沮的现象感到愤惋羞愧,希望这种现象能够纠正过来。然而我们并不能因此就认为葛洪希望回复汉法度的森严。在上文,我们已指出,葛洪主张省烦峻法,其趋向并非复古,而是要密切地配合魏晋以来军事屯田的封建经济生产的。安固的县乡亭经济生产既不得不为流荡的军事屯田经济生产所替代,则风颓教沮实为不可避免的现象;而且风颓教沮非但不可避免,即葛洪所指出的六点,正是军事屯田的经济生产在封建贵族生活方面的必然反映。不过葛洪所以要对此现象感到愤愧,乃是认为这现象太过火了,也就是说抛弃了两汉的安固生活,则在流荡生活中也不能变成散漫,毫无纪律,陷于无政府状态。要以简易严峻的作风来代替繁重雍容的作风,而不是散漫与废弛。葛洪屡次赞许魏武帝,又对晋室四帝表示钦佩,颇足以说明这点消息。《讥惑篇》非议京洛人居丧饮酒食肉,不守礼度,结尾说:"吾闻晋之宣景文武四帝,居亲丧皆毁瘠逾制,又不用王氏二十五月之礼,皆行七月服。于时天下之在重哀者,咸以四帝为法。世人何独不闻此,而虚诬高人,不亦惑乎!"可见一方面要毁瘠逾制,一方面又要从二十五月之礼改为七月服,那精神便是简而有制。因此,我们对于葛洪的《勖学》、《崇教》,认为他所崇所勖,并不是汉学汉教之旧。对于他的《讥惑》、《刺骄》、《疾谬》,认为他的所讥、所刺、所疾,乃是担心流荡生活中的散漫无纪律状态,还不是要以安固来代替流荡,而是要在流荡生活中采取简易严峻的作风。葛洪的此种论调,当时是"吾道不孤"的,比葛洪略早的傅玄,便曾一面责备儒教不修,一面大大赞赏过军事屯田经济(参看《晋书·傅玄传》)。葛洪在《博喻篇》中,对时代所需要的生活方式,有着最露骨的阶级意识,即生活规范是为了对付人民的反抗:"盘旋揖让,非御寇之容;掼甲缨胄,非庙堂之饰;垂绅振佩,不可以挥刃争锋,规行矩步,不可以救火拯溺。"

与风教问题密切相关的,是葛洪对汉末以及魏晋学风,给予了一系列的批判。这批判是借三个人的思想行为作对象来进行的,这三个人是郭泰、祢衡与鲍敬言。窥葛洪之意,似以郭泰代表汉末清议,以祢衡作为放诞者的前驱,以鲍敬言作为危险理论的极致。这样拟定之后,才对之提出了一系列的批判。书中《正郭》、《弹祢》、《诘鲍》三篇,联在一起,次序先后依照历史的顺序,而篇名也采同一文法结构,当不是出于偶然的。总括他的批判的话看来,他对于这些人物的活动是以无益于统治阶级的生死存亡而予以否定,还不是客观的批判,好像外儒术内神仙才是正路。

郭泰代表汉末清议,这在第二卷已有专章论及,兹不再赘。葛洪以为郭泰只是一个"游侠之徒,未合逸隐之科。有道之世而臻此者,犹不得复厕高洁之条贯,为秘丘之俊民,而修兹在于危乱之运,奚足多哉!"又说他"欲立朝则世已大乱,欲潜伏则闷而不堪,或跃则畏祸害,确尔则非所安。彰徨不定,载肥载瞿"。林宗既知"汉之不救,非其才之所办",则当"仰跻商洛,俯泛五湖",或者"掩景渊洿,韬鳞括囊"。然而他却"自西徂东,席不暇温,欲慕孔墨栖栖之事"。"进无补于治乱,退无迹于竹帛,观倾视汩,冰泮草靡,未有异庸人也"。又借诸葛元逊之言说,"林宗隐不修遁,出不益时,实欲扬名养誉而已。街谈巷议以为辩,讪上谤政以为高"。又借殷伯绪之言说,"林宗入交将相,出游方国,崇私议以动众,关毁誉于朝廷,……周旋清谈闾阎,无救于世道之陵迟,无解于天民之憔悴"。又借周恭远之言说:"林宗既不能荐有为之士,立毫毛之益,而遁逃不仕者,则方之巢许,废职待客者,则比之周公,养徒避役者,则拟之仲尼,弃亲依豪者,则同之游夏。是以世眩名实,而大乱滋甚"。在葛洪以为郭泰不能确定自己的立场,究竟是出还是处,以在野之身而东奔西走,讪上谤政,结果徒然眩乱了世之名实。这里,并没有从清议的内容上来批判,只暴露不利于统治者学风的弊病。

对于祢衡,葛洪历举其狂傲恃才,诞慢凌人的事实,并作出结论:"言行轻人,密愿荣显。是以高游凤林,不能幽翳蒿莱。然修己驳刺,迷而不觉,故开口见憎,举足蹈祸,赍如此之伎俩,亦何理容于天下,而得其死哉!犹枭鸣狐嚾,人皆不喜,音响不改,易处何益。许下人物之海也,文举为之主,任荷之足为至到,于此不安,已可知矣。……而复走投荆楚间,终陷极害,此乃衡懵蔽之效也。盖欲之而不能得,非能得而弗用者矣。于戏才士,可勿戒哉!"这是从行为上来批判的。所谓"许下人物之海",言下之意,葛洪是颇有意于到这样的"人物之海"里翻腾游泳一番的。我们以为,这里的批判,应与《讥惑》、《疾谬》联起来看,作为对嵇阮一流人物的批判才能显出它的意义来。

对于鲍敬言的批判,是从思想内容上来着眼的,他把鲍敬言误看做"好《老》、《庄》之书,治剧辩之言"的人物来批判的。葛洪私窃汉代内法外儒的"王霸道杂之"的理论来批判清谈,是地主阶级的偏见,并无可取之处,我们暂不具论。倒是文中所引鲍敬言的无君论,是思想史上非常难得的材料,值得细加寻绎。这点将在后面详论。

葛洪对汉末魏晋学风的批判,实在没有什么高明的见解,除了从行为上记录了些现象外,至多根据汉代"王霸道杂之"的内法外儒的理论在表面上驳诘一番,其目的是为了挽救地主阶级的命运,害怕有些言论对统治者不利,有些言论更有危害性(如鲍敬言)罢了。

葛洪对文化的见解,以为古不如今,今胜于古。这是除了因反对鲍敬言的复古理论而应持的逻辑外,毕竟在一堆胡言中出现了一些合理的因素。《钧世篇》说:

"古者事事醇素,今者莫不雕饰,时移世改,理自然也。至于鬮锦丽而且坚,未可谓之减于蓑衣。辒辌妍而又牢,未可谓之不及椎车也。"

"古书之多隐,未必昔人故欲难晓,或世异语变,或方言不同,经荒历乱,埋藏积久,简编朽绝,亡失者多。或杂续残缺,或脱去章句,是以难知,似若至深耳。且夫《尚书》者政事之集也,然未若近代之优文诏策军书奏议之清富赡丽也;《毛诗》者华彩之辞也,然不及《上林羽猎二京三都》之汪涉博富也。"

《尚博篇》说:

"俗士多云,今山不及古山之高,今海不及古海之广,今日不及古日之热,今月不及古月之朗,何肯许今之才士不减古之枯骨?重所闻轻所见,非一世之所患矣。"

在生活修养方面,葛洪否认劳动,主张守埆、安贫、知止。这原是道家思想的延长,例如他说,"将垦九典之芜薉,播六德之嘉谷,厥田邈于上士之科，其收盈乎天地之间。何必耕耘为务哉！"（《守塉》）"以三坟为金玉，五典为琴筝，讲肆为钟鼓，百家为笙簧。使味道者以辞鲍，酣德者以义醒，超流俗以高蹈，轶亿代而扬声。方长驱以独往，何货贿之秽情？"（《安贫》）"祸莫大于无足，福莫厚乎知止。"（《知止》）这里不加详论了。

现在，我们大略谈谈《抱朴子·外篇》的体裁及其逻辑形式。

葛洪自称《外篇》为子书。《自叙》说，"先所作子书《内外篇》"，"年二十余，……乃草创子书，……至建武中乃定。凡著《内篇》二十卷，《外篇》五十卷"。《内外篇》都称子书。但《内篇·自序》却说，"余此书……不以合于余所著子书之数，而别为此一部，名曰《内篇》，与《外篇》各起次第"。则似仅《外篇》称为子书。但《外篇》有若干篇还带有显著的辞赋风格，如《嘉遁》、《守塉》完全楚辞格调，《博喻》、《广譬》两篇则是连珠体。《博喻》共97则，《广譬》共85则。辞义琐碎，内容无足观，但这样用连珠体大规模的来写作，共达百八十则以上，则是颇可注意的。撮举数例，以见一斑：

"抱朴子曰：盈乎万钧，必起于锱铢，竦秀凌霄，必始于分毫。是以行潦集而南溟就无涯之旷，寻常积而玄圃致极天之高。"

"抱朴子曰：桑林郁蔼，无补柏木之凄冽，膏壤带郭，无解黔敖之蒙袂。然茧纩绵纴，此之自出，千仓万箱，于是乎生。故识远者贵本，见近者务末。"

"抱朴子曰：偏才不足以经周用，只长不足以济众短。是以鸡知将旦，不能究阴阳之历数；鹊识夜半，不能极晷景之道度，山鸠知晴雨于将来，不能明天文；蛇蟺知潜泉之所居，不能达地理。"（《博喻》）

"抱朴子曰：粗理不可浃全，能事不可毕兼。故悬象明而可蔽，山川滞而或移，金玉刚而可柔，坚冰密而可离。公旦不能与伯氏跟徒于冯云之峻，仲尼不能与吕梁较伎于百仞之溪。"

"抱朴子曰：毒粥既陈，则旁有烂肠之鼠，明燎宵举，则下有聚

死之虫。乌箓之丰,则鼎俎承之;小才任大,则泣血涟如。桑霍为戒厚矣,范疏之誉明矣。"(《广譬》)

据傅玄《连珠序》,连珠乃汉章帝时,班固、贾逵、傅毅受诏而作。其文体辞丽而言约,不指说事情;必假喻以达其旨,而览者微悟。欲使历历如贯珠,故谓之连珠。任昉《文章缘起》,以为连珠始于扬雄。《北史·李先传》,则以为始于韩非、班固等,特仿其体而为之。我们认为假譬喻来表达意思,以事理来推类人理,而取得结论,原为荀韩书中所常有之体,但使之以历历如贯珠的方式作集中的表现,如所谓连珠者,我们同意傅玄的说法,实始于班固傅毅之徒。不过当时并未盛行,陆士衡《演连珠》,实为拟作,而葛洪乃大规模地使用了这样的文章形式。近人译形式逻辑的三段论式为连珠,二者虽并不全同,却很相似。譬如同样分三段(也有不完全的),同样有前提与结论。不过连珠的前提,却常是事理与人理的类举,因此前提与结论间的关联,就常陷于似是而非,不似三段论式的密切。

把连珠体作为主要的形式来应用,以表达思想,我们说,这是葛洪在逻辑方面的形式。可是葛洪并没有称之为连珠,只是以博喻、广譬名篇而已。葛洪所用的连珠,有如下四种形式:

一、事理人理在前,结论在后,完全式:

四灵翳逸而为隆平之符,幽人嘉遁而为有国之宝,何必司晨而衔镳,羁绁于忧责哉? ·····················(事理)

有用人之用也,无用我之用也。 ·············(人理)

徇身者不以名汨和,修生者不以物累己。 ·········(结论)

二、结论在前,事理人理在后,完全式:

粗理不可浃全,能事不可毕兼。 ···············(结论)

故悬象明而可蔽,山川滞而或移,金玉刚而可柔,坚冰密而可离。 ······················(事理)

公旦不能与伯氏跟迕于冯云之峻,仲尼不能与吕梁较伎于百仞之溪。 ·····················(人理)

三、事理在前,结论在后,不完全式:

小鲜不能解灵虬之远规,凫鹥不知鸿鹄之非匹,⋯⋯(事理)

是以耦耕者笑陈胜之投耒,浅识者嗤孔明之抱膝。⋯⋯(结论)

四、结论在前,事理在后,不完全式:

天秩有不迁之常尊,无礼犯遄死之重刺,⋯⋯⋯⋯⋯(结论)

是以玄洲之禽兽虽能言而不得厕贵牲,蛮蛮之负蹶虽寄命而不得为仁义。⋯⋯⋯⋯⋯⋯⋯⋯⋯⋯⋯⋯⋯⋯⋯(事理)

指出这一点是必要的,因为他的这种形式逻辑是他进行理论诡辩的主要方法,实际上我们只要仔细分析他的前提和结论,他的论式常是谬误的。

综合如上所述,葛洪的道教思想是道教中的金丹派,其目的在乎求长生,做神仙,我们可以称之为金丹道教,也可以称之为神仙道教。这一派道教是在原始道教的分化中生长起来的。原始道教本来是原始巫术的集中表演,凡卜筮、阴阳、神仙、黄白、房中、巫蛊、谶纬、符水、占星、望气诸种方术,都是凑成原始道教的素材。在汉末,原始道教与以求人身存在和生命延续为主的农民暴动结合起来,曾爆发为黄巾天师道起义,毁灭了汉代的封建统治。但是汉朝的封建地主,以曹操为首,利用了军事屯田的经济体制,最后敉平了那些"民变"。就在农民暴动被扑灭的过程中,原始道教起了分化。其中符水派被目为妖道,为邪教,仍下草泽而成为流民暴动的旗号;其金丹派则上朝廷而取得了合法的地位,成为道教的正宗。

葛洪便是企图为金丹道教,在理论上奠立基础的一个反动人物。他使原始巫术部分的理论化起来。假借道家的一些理论与范畴,套在部分的原始巫术身上,使他能够打起一面维护统治阶级利益的招牌来。同时,又指斥原始巫术中的另一部分,即为农民所利用的,如符水、首过等为不足道,为妖邪,使之不合法,归于用严法制裁之列。他完全站在封建贵族的立场,为消灭民变而在宗教方面奠立理论基础,确定实际法要,以否定农民暴动中对宗教力量的运用,他的目的是从思想意识上打垮农民"叛变"的一种毒辣阴谋。以金丹对抗符水,以神仙对抗"妖邪",以封建贵族对抗"反叛"农民,是处处针锋相对的。

因此,葛洪的神仙,乃是神仙贵族。如果照他说"妖邪"为农民的宗教,则神仙便为贵族的宗教,"妖邪"所凭仗的方术是廉价的符水,而神仙所凭仗的方术是高贵不易觅得的金丹。作为一个人民,非但在星宿上在骨器上不配做神仙,即在财力上也绝不可能如法炼就金液神丹等费钱的大药。神仙贵族,在幻想里筑就了漂亮的富丽的仙山楼阁,那些仙山楼阁是仿照了现实宫殿的样式构筑起来的,其材料是黄金与白玉。神仙贵族便这样的无忧无虑的过他的永远的长生。

然而神仙贵族并不能永远生活在幻想里,他有他的现实的名门地主的生活。因此,"内宝养生之道,外则和光于世",他有他的作为儒家的一套应世经络。这一套应世经络,使他能够出处两得,内外双修。他可以跨出一步,协同别的名门地主,或则协同"应天顺人、拨乱反正"的君主,如晋王之类的,剿灭农民"叛变",因而封侯食邑;但也可以在十分混乱的局面下,退后一步,结屯自守,做一个隐遁的君子。否则,也可以将子侄南行,上罗浮山去炼丹修道。

因此,葛洪的思想,是完全站在魏晋之世统治者的立场的。特别在中世纪的封建国家遭受内外矛盾的打击而形成割裂局面的时候,他的内神仙外儒术的支配阶级思想才最符合于身份性地主的要求,才最能适应屯田以至官品占田的经济基础。

葛洪严厉地批判了汉末的清议,以为讪上谤政是不合于君臣之义的,他主张如不能积极地去参加政权,便应当消极地"潜鳞括囊",用不着东奔西走,街谈巷议。又批判了清谈家的先驱狂士祢衡,又批判了"好《老》《庄》之书,治剧辩之谈"的无君的鲍敬言。作为一个名门贵族,不但应当遵守封建的礼法,而且要用简易而严峻的礼法,拥戴一个共同的君主,来维持名门地主间的均势。这个从清议到清谈的否定,是葛洪思想的另一特点。

这样,葛洪的思想,乃得到了凝定。他的思想是封建割据时代名门豪族出处两得的思想型。后世承其流风的,实在不少。凡是歌咏山水田园的诗人,凡是徘徊于山林廊庙之间的人物,都是被其思想沾溉的。而其神仙思想,则又充满了十分荒谬的对人民恐吓麻醉兼施的毒辣作用,企图使人民的求生斗争,或者软化,或者吓倒,永远乖乖地伏贴在封建地主的脚下。

在《魏晋南北朝思想的性格与相貌》章以及《向秀唯心主义的庄学与儒道综合派》章中,我们说,葛洪属于"儒道异"派,是儒道两面论者,是骑墙派,是机会主义者,在本章中,我们以内神仙外儒术来详细申述葛洪属于"儒道异"派的具体情况。主张"儒道异"者,基本上时而依违两可,时而徘徊两不可。他们不但以道非儒,以儒非道,并且进一步在道而反道,据儒以非儒。这在本章中,我们更加以充分的说明。

"儒道异"派以中古名门地主身份,借神仙与儒者面目出现,不论或出或处,总企求出处两得,维持并涂饰其丑恶的剥削统治,态度是积极明朗的。而"儒道合"派则寄迹朝市,滑稽丸转,但求个人的容迹,处而如出,出亦如处,态度是消极暧昧的。两者虽同属名门地主,而前者为统治阵营派系纠纷中的当权派,而后者则为失势派,或失势而仅求依附的。这又是"异""合"两派的分歧处。"儒道异"派的葛洪,虽然表面上以神仙自期,而在地主阶级被农民战争所摧毁之时,又不妨拿儒道儒术来做"剿匪"的谋士! 其反动性格是明显的。

第 八 章

范缜以前唯物主义和
无神论的战斗传统的演进

第一节 有神无神争辩的意义与
古代无神论晚出的原因

　　有神无神的争辩,表面上是宗教问题,实质上是哲学问题。因为,追问人的形体毁灭之后,其精神或灵魂能否永存而不灭,直接是对于人死为鬼不为鬼有所肯定,间接是对于有神无神有所肯定。所有这些肯定都在哲学上有其最后的根据,这根据就是精神能否离开物质而独立存在。有鬼论与有神论对于这一哲学问题,支持着肯定的解答;而肯定这一问题就是唯心主义。无鬼论与无神论对于这一哲学问题,支持着否定的解答,而否定这一问题就是唯物主义。所以,神灭与否的争辩,本质上就是唯心主义与唯物主义对立的特殊形态。

　　正因如此,世界哲学史上,从古代至于现代,唯心主义与唯物主义的斗争,往往以神灭与否的争辩为其导火线。最显著的例如:19 世纪德国的唯心唯物之争,即因瓦格纳(R.Wagner,1805—1864)在 1854 年格丁根(Göttingen)的自然科学大会上,宣读其论文《人类的起源与精神的实体》而起。因为这篇论文的要旨,在于阐明人类的灵魂(精神),可能离开人类的物质过程(形体的存废)而独立存在(不灭)。这种神不灭论显然是唯心主义的世界观。因此,引起了符格特(K. Vogt,1817—1895)的著名抗辩书:《盲目信仰与科学》。符格特在盛怒之下所发出的著名警句:"思想之于脑髓,有如胆汁之于胆囊,尿液之于肾脏",虽然是庸俗的唯物主义观点,但就反唯心主义说,态度却是坚定的。

神灭与否的争辩,在世界哲学史上的意义如此,在中国哲学史上的意义当然也不能例外。并且,中国的神灭与否的争辩,从南北朝时代起,又成了名理谈论上的话题,因而,它除了一般的哲学意义之外,又代表了中国中世纪逻辑史上一个特殊的发展形态,即在这一争辩上,不但显示着哲学的范畴,同时也发挥着、并且孕育着特定的逻辑范畴和逻辑思想。具备着这样性格的理论斗争,是以南北朝齐梁之际,由范缜的《神灭论》所引起的争论最为著名。这一争论之所以著名,一方面因为它构成了空前巨大的论战局面,另一方面因为它更显示了神灭思想的伟大的异端战斗力量。但是,我们应该知道,神灭思想不是范缜一人的创造,其战斗的传统是无神论思想一般的属性。因此,我们需要对中国无神论思想的发展作一次探本溯源的研究。

根据一般的通则,古代的哲学是氏族社会宗教迷信观念的否定者;同时,最古的唯物主义哲学,在其起源上说来,或多或少又是和宗教在一起的,这里有"科学思维的萌芽同宗教、神话之类的幻想的一种联系"(列宁:《哲学笔记》,页253)。在中国古代的西周时代,更存在着神化的先王观念与天帝的主宰信仰,因而没有出现严格意义的无神论思想。这是因为无神思想需要两个前提条件:其一,古代自由人对于氏族残余制度的肃清;其二,以自然科学为基础的自然认识,摆脱宗教的世界观;而这两个必需的前提条件,在西周维新的中国古代比较薄弱(参照本书第一卷第四、五、六等章)。

降及春秋,对于氏族遗制的肃清,虽以政权下移的渐进方式开始进行,但是,第一由于自由民这一类国民阶级的不完全性,第二由于维新传统的束缚,以至最初出现的唯物思想,如五行说,依然拖带着浓厚的宗教因素。而且在贤人作风支配之下,作为世界观基础的自然认识,仍然被西周的宗礼思想所束缚。春秋战国之际孔墨显学的出现,也受过时的旧传统所影响,孔门肯定祭祀,墨家主张明鬼,他们虽然对神鬼观念抽去了些内容,但都保存神鬼的形式。

百家学说中公孟子首言"无鬼",这自是古代的光辉命题;但他和"无鬼"相平行,同时又肯定了"君子必学祭祀",显然仍未脱离孔子"焉能事鬼"与"祭之以礼"的二律背反的支配。在这一点上,公孟子的无鬼论的战斗性就显得特别脆弱;无怪被墨子运用了类比的矛盾律所攻击(《墨子·公孟篇》)。

较为晚出的《老子》书中,虽然强调了"自然之义",但还有所谓"以道莅天下,其鬼不神"的命题,但同时又说"子孙以祭祀不辍",可见《老子》作者关于神鬼问题的认识大体与公孟子同一境界。

到了战国中叶,由于财产所有形式的变化,国民富族和自由人的成长,对于氏族遗制的打击起了积极的作用,由于铁的普遍使用及农工商业的发达,促进了自然科学的进一步的成就,无神思想才开始在"形"与"知"的关系方面,引起了思想家的注意;并由古代的进步学派,作出了初步的合理解决。例如:

(1)《墨经·经上》说:"生,刑(形)与知处也。"

"形"与"知"相结合(处)既然是"生";则依逻辑反而推之,"知"与"形"相分离当然即是"死"。假如将此所谓"知"作为"神"的同义语,则离开了"形"的"神"虽不必一定是"灭",而与"死"相连,却也决不能说一定是"不灭"。《墨经》作者对于神鬼思想所以能作出否定的解答,与其对于先王观念的否定及自然科学的成就,是有必然关系的。

(2)《荀子·天论篇》说:"形具而神生,好恶、喜怒、哀乐藏焉。夫是之谓天情。"

"形具而神生",其反面的命题自然是形毁而神灭。"好恶、喜怒、哀乐"既以"神生"为依据,自必随神灭而消散。荀子以为"夫是之谓天情","情""诚"字通,则精神不能离开物质而独立存在,即是宇宙或自然的本然法则。似此,无鬼论,无神论与唯物主义,就结成了相互渗透的关系。《史记·孟荀列传》说:"荀卿嫉浊世之故,……不遂大道而营巫祝,信机祥",正是此义。

并且,上引荀子的无神思想,不仅较《墨经》更进了一步,同时也是整个古代无神思想的综合与发展。《史记·孟荀列传》说荀子"推儒墨道德之行事兴废序列",其中一部分的实际所指,当属此事。

总之,无神思想自从战国中叶以来,才开始发育起来,所以到了战国末叶,才有了比较完整的体系。神灭思想的晚出与古代国民思想的晚出,同样是古代维新路线的结果。这里,我们不能把中国古代思想和希腊古代思想作机械地对比。

第二节　两汉道家与儒家的斗争及
无神论思想的发展

《墨经》作者及荀子的无神思想,到了秦汉以降的中世纪时代初期,成了绝学,而由董仲舒所代表的思孟学派与阴阳学派混血的有神论及有鬼论的宗教化儒学,则成了钦定的正宗思想。特别是由于汉武帝以法典形式所建立的中世纪统治体系,循着"以农村为出发点"的原理,必然在统治阶级的支配思想方面大倡特倡宗教的统治,以配合其超经济剥削的秘诀。更由于编制社会劳动人口的必要以及对身份性地主阶级的妥协,通过了孝道的道德形式,厚葬之风与有鬼之论,取得了理论根据,而处于正宗地位的儒家,就放弃了古代的无神思想,成为有鬼论的支柱(参照王充:《论衡·薄葬篇》)。

但是,随着儒家的正宗化,道家即转入异端地位。因而,与儒家之支持厚葬论及有鬼论相反,道家遂成了薄葬论、无鬼论与无神论思想的支持者及发展者。在中世纪的汉代,如果说思想上有新的进展,这进展即应首推处于异端的道家在此三方面的新的成就与其战斗的业绩。道家在汉代所以有此成就与业绩,因其与正宗儒家的纯粹贤人作风相反,颇具有相对的智者气象,对于自然科学研究显示了某种限度的关心,并且成了初期中世纪时代的自然科学家。

道家自然科学认识的加深,与自然科学观点的取得,正是其薄葬论、无鬼论与无神论思想所从产生的重要根据。因此,汉代道家的无神论思想有历史的传统。在这里,我们想以杨王孙、桓谭与王充三个异端学者的神灭思想为例,说明其发展的程序。

(一)杨王孙的裸葬书所表现的无神论思想

杨王孙在汉武帝"独尊儒术"的时代学"黄老之术",自是异端学者;他在风行"厚葬"的潮流里面,提倡了并且实行了"裸葬",尤为对于中世纪正宗的大胆的抗议与勇敢的战斗。据说杨王孙在临死的时候,教训其子说:

"吾欲裸葬,以反吾真。必亡易吾意! 死则为布囊盛尸,入地七尺;既下,从足引脱其囊,以身亲土。"(《前汉书》卷六七本传)

主张薄葬而至于"裸",与并世的厚葬之风恰成一尖锐的对比;非有愤世嫉俗的异端战斗魄力者,断不能有此决策。所以使其子有"欲默而不从,重废父命;欲从之,心又不忍"的两难之感。其子不得已,"乃往见王孙友祁侯",祁侯与王孙书说:

"先令裸葬,令死者亡知则已;若有其知,是戮尸地下,将裸见先人,窃为王孙不取也。且《孝经》曰:'为之棺椁衣衾。'是亦圣人之遗制,何必区区独守所闻?"(《前汉书》卷六七本传)

祁侯此书,有两点可以注意:其一,死者"有知""亡知"之辨,是有神无神与否的同义语;可见裸葬论与无神论有其内在联系。其二,引《孝经》以责裸葬,执"圣人之遗制"而非"区区独守所闻"的"黄老之术";可见当时厚葬与薄葬,有神与无神,是儒道两家所争辩的问题。

正因如此,杨王孙的《报祁侯书》才说:

"盖闻古之圣王,缘人情不忍其亲,故为制礼,今则越之,吾是以裸葬,将以矫世也。夫厚葬诚亡益于死者,而俗人竞以相高,靡财单币,腐之地下;或乃今日入而明日发,此真与暴骸于中野何异?且夫死者,终生之化而物之归者也;归者得至,化者得变,是物各反其真也。反真冥冥,亡形亡声,乃合道情。夫饰外以华众,厚葬以鬲真,使归者不得至,化者不得变,是使物各失其所也。且吾闻之,精神者,天之有也;形骸者,地之有也。精神离形,各归其真,故谓之鬼,鬼之为言,归也。其尸块然独处,岂有知哉?裹以币帛,鬲以棺椁,支体络束,口含玉石,欲化不得,郁为枯腊,千载之后,棺椁朽腐,乃得归土,就其真宅;繇是言之,焉用久客?昔帝尧之葬也,窾木为椟,葛藟为缄,其穿下不乱泉,上不泄殠;故圣王生易尚,死易葬也。不加工于亡用,不损财于亡谓;今费财厚葬,留归鬲至,死者不知,生者不得,是谓重惑。呜呼!吾不为也。"(《前汉书》卷六七本传)

传末载:"祁侯曰:'善!'遂裸葬。"就王孙此书分析,可得下列几点意义:

第一,杨王孙所说:"不加工于亡用,不损财于亡谓",直与墨子的薄葬论如出一辙(皆从经济观点立说)。但是,墨子薄葬而又明鬼,杨王孙则以"死者不知"为前提而主张裸葬。此种原则性的差别,必须特别注意。

第二,杨王孙的"死者不知"的命题,其本身虽不是明显的无神论,但他以生与死为事物的变化,却是新的命题。桓谭《新论》的《祛蔽篇》(《弘明集》题为《新论形神》),与王充《论衡》的《论死篇》中所有进一步展开了的无神思想,无疑是从此派生而演出。

第三,杨王孙所说:"精神者,天之有也;形骸者,地之有也。精神离形,各归其真",虽不是荀子式的一元无神论,但其对于生、死、鬼、知、精神、形骸等观念所加的解释,如"鬼之为言归"等,是唯物的而不

— 299 —

是唯心的见解；至少也不是有鬼论有神论的世界观。

第四，正因杨王孙的思想根本不同于宗教迷信的世界观，所以他对于汉代帝王及中世纪贵族的厚葬之风，能够提出有力的批判，敢于宣称自己的裸葬是"将以矫世"，直指自己所批判的对象是"越礼"的"俗人"。此种战斗是勇敢而伟大的。

第五，杨王孙托出了"古之圣王"以对抗儒家的"圣人之遗制"，诚然未脱中世纪学风的"经学态度"。但是，此种思想的卑屈性，早在先秦诸子的先王观念中预伏了根株；尤其在中世纪初期的西汉，正是"经学态度"绝对化的时代，所以虽杨王孙也不能摆脱这种支配风尚。

总之，杨王孙的《裸葬书》，当做一个理论体系来看，诚然尚未能臻于完备，但它无疑地是古代无神论思想到中世纪异端思想的过渡形态，是中世纪无神论思想的初期成就。杨王孙在反对厚葬上所表现的战斗精神，正是无神思想的应有的性格。

（二）桓谭的无神论与唯物主义思想

两汉之际的桓谭，无疑地是儒家的经古文学派。但其反谶纬迷信的异端理论源泉，虽不能说不出于儒家，至少不是完全出于儒家，而与汉代道家的自然之义无神论，似乎颇有渊源。关于此点，因《新论》原书不存，无从取得直接的证据；但班固所说下列一段故事，则透露了此中的重要消息：

> "嗣虽修儒学，然贵老严（庄）之术。桓生（谭）欲借其书。嗣报曰：若夫严子者，绝圣弃智，修生保真，清虚淡泊，归之自然，独师友造化而不为世俗所役者也。……今吾子……既系孪于世教矣，何用大道为自眩曜？昔有学步于邯郸者，曾未得其髣髴，又复失其故步，遂匍匐而归耳。恐似此类，故不进。"（《前汉书》卷一〇〇上《叙传》）

据班固所说，桓谭向班嗣所借的书，明明是道家著作。此次虽被班嗣所拒绝，但不能说桓谭遂因此终身未读道家之书，反而可以证明桓谭于"遍习五经""尤好古学"(本传语)之余,对于道家著作有高度的研究兴趣。本传记其"博学多通"(《后汉书》卷五八),或指此事。

桓谭研究道家的动机,史无记载。但其"憙非毁俗儒,以是多见排抵"(本传语)的异端悲剧地位,则似与此不无因果关系。关于桓谭的整个思想系统,本书已另章研究;于此只说其无神思想的大体轮廓。

桓谭无神思想的详细内容,无从探悉。但《弘明集》中引有《新论》论形神的一段文字,兹摘其要点如下:

"余尝过故陈令同郡杜房,见其读《老子》书言:'老子用恬淡养性,致寿数百岁。今行其道,宁能延年却老乎?'余应之曰:'……譬犹衣履器物,爱之则完全乃久。……精神居形体,犹火之然烛矣:如善扶持,随火而侧之,可毋灭而竟烛;烛无火亦不能独行于虚空,又不能复然其炮。炮犹人之耆老,齿堕发白,肌肉枯腊,而精神弗为之能润泽内外周遍,则气索而死,如火烛之俱尽矣。……夫古昔平和之世,人民蒙美盛而生,皆坚强老寿,咸百年左右乃死;死……犹果物谷实久老,则自堕落矣。后世遭衰薄恶气,娶嫁又不时,勤苦过度,是以身生子皆俱伤,而筋骨血气不充强,故多凶短折,中年夭卒。……昔齐景公……云:使古而无死何若? 晏子曰:上帝以人之殁,为善仁者息焉,不仁者如焉。今不思勉广,日学自通,以趋立身扬名,如但贪利长生,多求延寿益年,则惑之不解者也'。

"或难曰:'以烛火喻形神,恐似而非焉。今人之肌肤,时剥伤而自愈者,血气通行也;彼蒸烛缺伤,虽有火居之,不能复全。是以神气而生长,如火烛不能自补完,盖其所以为异也;而何欲同之?'应曰:'……譬(犹炭)火之爨赤,如水过渡之,亦小灭;然复生焉。此与人血气生长肌肉等;顾其终极,或为炙为炮耳。曷为不可以喻哉?'

"余后与刘伯师……言……人既禀形体而立,……其肌骨血气充强,则形神枝而久生,恶则绝伤;犹火之随脂烛多少长短为迟速矣。欲灯烛自尽易以不能,但促敛旁脂以染渍其头,转侧蒸干,使火得安居,则皆复明焉;及本尽者,亦无以爇。今人之养性,或能使堕齿复生,白发更黑,肌颜光泽,如彼促脂转烛者;至寿极,亦独死耳。明者知其难求,故不以自劳;愚者欺或而冀获尽脂易烛之力,故汲汲不息。

"又,草木五谷,以阴阳气生于土,及其长大成实,实复入土而后能生;犹人与禽兽昆虫,皆以雌雄交接相生。生之有长,长之有老,老之有死,若四时之代谢矣;而欲变易其性,求为异道,惑之不解者也。"(《弘明集》卷五)

此段文字在明藏本《弘明集》中的标题为"《新论·形神》,晋桓谭",其作者是否即为汉桓谭,当有可考虑之处。按《金楼子·杂记篇》谓:"桓谭有《新论》,华谭又有《新论》,扬雄有《太玄经》,杨泉又有《太玄经》,谈者多误动形言也。或云,桓谭有《新论》,何处复有华谭?扬子有《太玄经》,何处复有《太玄经》?此皆由不学使之然也",又《弘明集》中所收其他文字,最早为汉末之《牟子》,未有及两汉之际文献者。因此,此处之桓谭是否即为晋华谭之误,固甚可疑。但此篇作者为桓谭而非华谭,亦有如下之旁证:(一)《太平御览》卷八七○《火部》引《新论》:"余与刘伯师夜坐,灯中脂炷燋秃将灭,余谓伯师曰:'人衰老亦如彼秃炷矣。'伯师曰:'人衰老应自续。'余曰:'益性可使白发更生黑,至寿极亦死耳'。"此段内容与《弘明集》所载者同,其标题作"桓谭《新论》"而不作"华谭《新论》"。(二)刘宋陆澄《法论目录序》谓:"置难形神,援譬薪火,庾关发其议,谢瞻广其意,然桓谭未及闻经,先著此言,有足奇者,宜其缀附也",目录中之标题亦作"桓君山《新论·论形神》",据此,以桓谭此文未闻经言而取譬相类,故作例外之著录。(三)高丽、宋、元三藏本《弘明集》中此文标题皆作"桓君山《新论·形神》","晋桓谭"似为明藏本所增改。据以上三证,疑此处之桓谭为华谭实未有充足理由。今仍视此文为桓谭作品来论述。

在上述引文中,可注意者有如下几点:

第一，"以烛火喻形神"，是王充、傅玄、杨泉等中世纪无神论者的传统逻辑，而由桓谭开其端倪；再晚的范缜，其所为"刀利"之喻，也由此递嬗而出。如果说杨王孙的《裸葬书》是从古代到中世纪的过渡文献，则桓谭此论即是中世纪无神论的开山著作。这一著作，以"故陈令同郡杜房读《老子》书"说起，尤可证桓谭无神思想确与汉代道家颇有渊源。

第二，神之于形，"犹火之随脂烛多少长短为迟速"；形为本而神为末，"及本尽者亦无以爇"。此不仅是杨王孙"死者亡知"命题的发展，而且是从王充到范缜的神灭思想的先行形态。

第三，桓谭虽是儒家，但也承认汉代道家的自然哲学，所以本传称其"博学多通"。上述的神灭命题均是直接观察自然事物的概括。例如："余见其旁有麻烛，而炪垂一尺所，则因以喻事"；"余尝夜坐饮内中，然烛，烛半复欲灭，即自整视，见其皮有剥钊，乃扶持转侧，火遂度而压，则维人身或有亏剥剧，能养慎善持，亦可得度"；"余后与伯师夜爇脂火坐语，灯中脂索而炷燋秃将灭息，则以示晓伯师言：人衰老亦如彼秃灯矣"，皆是确证。此等自然认识，虽仍不脱直观的原始性质，而由此则可证明：桓谭的神灭思想确以汉代道家所特有的自然哲学为基础。

第四，桓谭的自然认识，并不止于自然与人事的个别类比，实是一种唯物主义的世界观。他概括"草木五谷"与"禽兽昆虫"的生长通则，以证明"生之有长，长之有老，老之有死，若四时之代谢"，就是明证。这种唯物主义的世界观，正是无神论的理论根源；他在这里，不但给秦汉以来的"长生"迷信以有力的打击，同时也是桓谭神灭思想的方法论的基础。就此点来看，桓谭此论，实为王充《物势》、《自然》及《论死》三篇的雏形。

第五，桓谭从唯物主义世界观出发，不仅在神灭问题上作出了光辉的成就，而且也导出了社会医学与政治医学的寿夭观。例如他说："古昔平和之世，人民皆坚强老寿"，"后世遭衰薄恶气，故多凶短折中年夭卒"，这显然含着人民性的思想内容。

总之,在桓谭的思想体系中,无神论思想虽然仍不甚彻底(下文另有说明),但大体上看来,他的反谶纬迷信的异端战斗,社会医学与政治医学的寿夭观,唯物主义的世界观与神灭论,则是互有内在关联的统一体。

(三)王充论衡的无神论体系

东汉初叶的王充,是中世纪伟大的无神论者;其思想体系本书已另章论述,于此只说其神灭思想的基本特点。

王充的神灭思想,与桓谭相较,有这样的区别,即王充公然表明了异端的战斗态度以及公然宣布吸取道家"自然之义"建立了唯物主义的世界观;将儒家的唯心主义目的论作为批判对象,在更雄厚的自然科学基础上建立了超出前人的神灭论体系。

王充的《论衡》,在中世纪思想史上是一部被无神论精神所渗透了的伟大战斗著作;其神灭思想,则主要在于《论死》与《薄葬》两篇。据此两篇研究,可知王充的神灭思想,有下列两个特点值得郑重提出:

第一,使无鬼论与薄葬论取得了有机的结合,并运用了形式逻辑的矛盾律,对于墨家薄葬而右鬼的言论相违,提出了光辉的批判;同时,对于儒家为提倡孝道而讳言无鬼的阿谀性与伪善性,给予了无情的揭发。在这里,薄葬论就不仅是经济上的当然(如墨子及杨王孙的观点),而且更是逻辑上的实然。单从此点来看,王充在神灭思想的发展史上,实在完成了一个新的任务。

第二,神灭思想在《论死篇》中,已经具有了严格的逻辑形态;从判断到推理,都提供了模范的程式。兹摘其具有承先启后意义的一则类比推理如下:

"形须气而成,气须形而知。天下无独然之火,世间安得有无体独知之精?……人之死,犹火之灭也:火灭而耀不照,人死而知不惠,二者宜同一实。论者犹谓死有知,惑也。人病且死,与火之且灭何以异?火灭光消而烛在,人死精亡而形存。谓人死有知,是谓火灭复有光也。"

王充此一神灭思想的类比推理,就承先方面说,首先使杨王孙的"死者亡知"命题,得到了逻辑根据;其次使桓谭"以烛火喻形神"的类比方法,得到了更清楚而更确定的表现形式。就启后方面说,首先是傅玄与杨泉神灭思想的母体,其次是范缜与邢邵神灭思想的源泉。

综观两汉神灭思想的发展,本质上是唯物主义与唯心主义斗争的产物,通过两条战线的斗争,形成了伟大的异端思想家王充严整的理论体系。

第三节 魏晋佛老思想的融合与分野、 儒道两家神灭思想的兴起

道家学说自王充以降,逐渐变成了农民战争的旗帜。到了魏晋时代,一方面由于敌对王朝思想政策中反对命题的约束,另一方面由于老庄思想与道教迷信对于中世纪统治阶级的适应机能;于是,道家就代替了儒家的正宗地位。一般人多以为王充替魏晋的道家复兴开辟了道路,而实则王充的道家思想,是与自然科学及无神论相结合的体系,是与唯心主义正宗思想相对立的唯物主义体系;魏晋的道家思想,则是玄学的、宗教的正宗思想。二者同名而异实,不可混为一谈。如果以魏晋的正宗道家与王充相较,它正是变质的道家思想。

魏晋变质的道家思想,不论清谈派之摄取佛理作谈助,或神仙派之导引炼丹求长生,对于名门地主的经虚涉旷的生活,都是适切的意识形态,而与佛教的神不灭义均有水乳交融之势,所以在道家复兴的魏晋时代,神灭思想便主要地为儒家所继承。然而,从另一方面讲来,佛教以外来的宗教输入中土,自必引起道家的夷夏之争,或门户之见,所以不仅神仙派反佛,一部分清谈派也揭出了神灭旗帜以对抗佛教的神不灭义,反而与"崇有"的儒家取得了理论上的相互资助。兹依次述明如下:

（一）曹植辩道论的意义

魏初曹植的《辩道论》，斥"神仙之书，道家之言"为"接奸诡以欺众，行妖慝以惑人"，实含有对于农民在野道教相颉颃的反动性，上面各章已经说明；但对于桓谭无神论思想的不彻底性，则批评得有些价值。他说：

> "中兴笃论之士，有桓君山者，其所著述多善。刘子骏尝问人言，诚能抑嗜欲，闭耳目，可不衰竭乎？时庭中有一老榆，君山指而谓曰：此树无情欲可忍，无耳目可闭，然犹枯槁腐朽，而子骏乃言可不衰竭，非谈也。君山援榆喻之未是也。何者？余前为王莽典乐大夫，《乐记》云：文帝得魏文侯乐人窦公，年百八十，两目盲。帝奇而问之：何所施行？对曰：臣年十三而失明，父母哀其不及事，教臣鼓琴，臣又能导引（严可均《全后汉文》所辑桓谭《新论》作"臣不能导引"），不知寿得何力。君山论之曰：颇得少盲专一内视情不外鉴之助也。先难子骏以内视无益，退论窦公便以不鉴证之。吾未见其定论也。君山又曰：方士有董仲君者，系狱阳死，数日目陷虫出，死而复生，然后竟死。生之必死，君子所达，夫何喻乎？夫至神不过天地，不能使蛰虫夏潜，震雷冬发。时变则物动，气移而事应。彼仲君者，乃能藏其气，尸其体，烂其肤，出其虫，无乃大怪乎？"（《广弘明集》卷五）

今按曹植此论，虽未谈及神灭，实为无神论文献；此中原因，在于曹植重道家之道义，而反对道家之道教。他在反对农民的廉价道教并施以辱骂之余，更不信神仙道教有助于统治，所以在怀疑道教的行文中，无意地流露怀疑有神的思想。但这不是说他连道家的泛神论也反对的。他的出发点只在于消灭农民道教作乱的危险性而已。可见道家也与一切的学派同样，并无固定不变的思想内容，因而一个人属于何学派并不足以限其思想的发展，因为思想内容的社会根源是阶级集团的地位，其理论根源是世界观的分野。

（二）傅玄＝杨泉的学派性及其神灭思想

魏晋之际的傅玄，著有《傅子》百二十卷。《隋志》及《旧新唐志》均入杂家；原书久佚，后世有辑本。与傅玄约略同时而稍后的杨泉，著有《物理论》十六卷。《隋志》列入儒家，原书自宋已佚，而亦有辑本。兹据严可均《全晋文》(卷四七至五一)所辑《傅子》四卷，及孙星衍《平津馆丛书》所辑《物理论》一卷，二书对校，见其内容颇多重复。此事，马瑞辰的《物理论·辑本序》曾说：

> "《物理论》引《傅子》尤多，其不言《傅子》者亦多出于《傅子》。杨子是书正足与《傅子》相表里。"

严可均的《傅子辑本按语》也说：

> "《意林》所载《傅子》，乃杨泉《物理论》也。所载《物理论》，仅前四条是《物理论》，其第五条至九十七条，乃《傅子》也。"

我们以为，原书既皆佚失，而辑本又多羼越，势难强为分别；只有认二书为一家之学，合称傅玄＝杨泉的思想，较为稳妥。

就《傅子》与《物理论》二书来看，傅玄＝杨泉不但皆以儒家自命，其政治理论，也确乎均属于儒家。但是，在政治论上，虽是儒家观点，而在世界观及人性论上，则是与自然科学相结合的王充式的汉代道家思想。

现在我们先来考察傅玄＝杨泉的世界观：

> "所以立天地者，水也；成天地者，气也。水土之气，升而为天。天者，君也。夫地有形而天无体，譬如灰焉，烟在上灰在下也。……夫天，元气也；皓然而已，无他物焉。"(《物理论》页一)

> "所以立天地者，水也。夫水，地之本也。吐元气，发日月，经星辰，皆由水而兴。"(《物理论》页五)

> "九州之外皆水也。余昔在会稽，仰看南山，见云如瀑练，方数丈，其声如琅磕。须臾，山下居民惊骇，洪水大至。"(《物理论》页五)

傅玄＝杨泉的这一世界观与当时的天文科学有密切关系。按汉晋间的天论主要有盖天、浑天、宣夜三家，桓谭扬雄即主浑天说，大天文学家张衡更以仪象为验，给予科学的论证，使浑天说成为这一时期最占优势的天文学说，以后如马融、郑玄、蔡邕、陆绩、王蕃皆从此说；傅玄、杨泉也参取此说以建立其世界观。

张衡在《浑天仪》中曾作这样的推测："天地各乘气而立，载水而浮"，"天表里有水"（《经典集林》卷二十七），这一推测是错误的，但显然是傅玄、杨泉所谓"所以立天地者，水也，成天地者气也"，"九州之外皆水也"的张本。这里应该指出，傅玄、杨泉的世界观尽管在这一推测上与浑天说有同样的缺点，但他们能撷取当时的自然科学成果来说明宇宙，既不陷于虚无缥缈的玄想，也没有附加神秘的内容，这正表明他们是唯物主义者。

傅玄、杨泉参取浑天说作为他们世界观的基础，同时也接受了汉代唯物主义者关于"气"的学说：他们认为，自然界是依于"气"的自然之理而运动着，即有一定的自然法则支配的，以风和水为例，他们这样写道：

"风者，阴阳乱气激发而起者也。……方土异气，疾徐不同；和平则顺，违逆则凶，非有使之者也。气积自然，怒则飞沙扬砾，发屋拔树，喜则不摇枝动草，顺物布气；天下（疑应作"天地"）之性，自然之理也。"（《物理论》页二至页三）

"人之性如水焉，置之圆则圆，置之方则方，澄之则渟而清，动之则流而浊。先王知中流之易扰乱，故随而教之；谓其偏好者，故立一定之法。"（《物理论》页七，《傅子》卷三页二）

上引傅玄＝杨泉对于风的解释，颇近于荀子《天论篇》与王充《雷虚篇》；其人性论则近于告子的"性犹湍水"之说。所有这些见解，皆与道家有关。但是，从这样唯物主义的世界观出发，则历史的运动，或世道的治乱，皆有自然法则可寻，而没有神意或宿命观念存在的余地。所以说：

"奸与天地俱生,自然之气也。人主以政御人,政宽则奸易禁,政急则奸难绝。"(《物理论》页六)

"民富,则安乡重家,敬上而从教;贫,则危乡轻家,相聚而犯上。饥寒切身而不行非者,寡矣。"(《物理论》页七至八、《傅子》卷三页五至页六)

王充曾经说过:"夫饥寒并至而能无为非者寡,然则温暖并至而能不为善者希。"(《论衡·治期篇》)傅玄=杨泉的历史观与王充如出一辙。但王充以为"岁之饥穰""皆在时命";而傅=杨则以为系于田之"水""陆"。在这一问题上,傅=杨较之王充自有进步之点。

自然、人类与历史,既然都是一种纯粹的自然过程,一切有神论的世界观当然都在摈斥之列。这样,就替神灭思想奠定了根柢。所以说:

"人含气而生,精尽而死。死犹澌也,灭也。譬如火焉,薪尽而火灭,则无光矣。故灭火之余,无遗炎矣;人死之后,无遗魂矣。"(《物理论》页六)

傅=杨这种神灭思想,无疑地是得力于汉代的道家。因为,和桓谭的《祛蔽篇》、王充的《论死篇》相较,不但论证方法相同,即其取譬的素材,语法的构造,都无不相同。诚然,在傅=杨这里,神灭思想并无新的发展,然在佛教与老、庄的神学思想盛行的时代,能够保存进步的神灭论的遗产,自属难能可贵。

我们应该特别指出,傅=杨对于当时流行的佛道思想,不但强调神灭以对抗宗教迷信,而且对于名门地主的清谈玄风,也有严厉的批判。例如:

"夫空言易设,但责其实事之效,则是非之验可立见也。"(《傅子》卷三页二)

"虚无之谈,无异春蚨秋蝉,聒耳而已。"(《困学纪闻评诗》引《物理论》)

正因为如此,傅=杨虽采取了汉代道家的观点,而却自称为儒家:

"傅子曰:'圣人之道如天地,诸子之异如四时。四时相反,天

地合而通焉'。"(《物理论》页十、《傅子》卷三页七)

"五经则四海也,傅记则四渎也,诸子则泾渭也。至于百川沟洫浍浍,苟能通阴阳之气,达水泉之流,以四海为归者,皆溢也。"(《物理论》页十)

"天地至神,不能同道而生万物;圣人至明,不能一检而治百姓。故以异致同者,天地之道也;因物制宜者,圣人之治也;既得其道,虽有诡常之变,相害之物,不伤乎治体矣。水火之性相灭也,善用之者,陈釜鼎乎其间,羹之煮之,而能两尽其用,不相害也;五味以调,百品以成。天下之物,为水火者多矣;若施釜鼎乎其间,则何忧乎相害,何患乎不尽其用也?"(《傅子》卷二页九)

由此可见,傅=杨虽颇有杂家倾向,而实为由汉代道家的无神论或神灭论精神所武装的儒家。南北朝时代反佛的神灭论者多是与道家混合了的,或吸收了道家思想中科学精神的儒家。这种学风,实由傅=杨开其端绪。

(三)鲍敬言的无君论和无神论

无君之论,在清谈家阮籍当初,就已发其端绪。阮籍《大人先生传》说:"古者无君而庶物定,无臣而万事理。……君立而虐兴,臣立而贼生。……造制礼法,束缚下民。……惧民之知其然,故重赏以喜之,严刑以威之。"这理论当给予鲍敬言以重大的影响,因为鲍生的论点有些便是阮籍理论的继续发展与补充,而在体系上自然是较为完密的。

鲍敬言的无君论,是从历史发展的观点出发的。他以为在原始社会,是并没有君臣之分的。"曩古之世,无君无臣,穿井而饮,耕田而食,日出而作,日入而息。泛然不系,恢尔自得。不竞不营,无荣无辱。山无蹊径,泽无舟梁。川谷不通,则不相并兼;士众不聚,则不相攻伐。是高巢不探,深渊不漉,凤凰栖息于庭宇,龙鳞群游于园池。饥虎可履,虺蛇可执。涉泽而鸥鸟不飞,入林而狐兔不惊。势利不萌,祸乱不作,干戈不用,城池不设。万物玄同,相忘于道。疫疠不流,民获考终,纯白在胸,机心不生,含餔而熙,鼓腹而游。其言不华,其行不饰。安得聚敛,以夺民财？安得严刑,以为坑阱？”(《抱朴子·诘鲍》)在原始社会,人类还没有阶级,因此没有君,也没有臣。没有剥削,没有犯罪,没有刑法。每一个人都平等地生活着劳动着。

然而这样的社会,终于为阶级社会所替代了。“儒者曰：天生烝民而树之君。岂其皇天谆谆言,亦将欲之者为之辞哉？夫强者凌弱,则弱者服之矣,智者诈愚,则愚者事之矣。服之,故君臣之道起焉,事之,故力寡之民制焉。然则隶属役御,由乎争强弱而校智愚,彼苍天果无事也。”(《抱朴子·诘鲍》)人压迫人,人役用人,是由于人类中间产生了强者与智者。他们欺侮别人,欺骗别人。于是许多愚者和弱者便变成了被压迫被役用的对象。人类有了分工,阶级社会于是形成。在他看来,这全是人为的,并非苍天之意。说是天意,乃是“欲之者为之辞”,是骗人的一派胡言。这完全是违反“万物并生之意”的。

从此,便发生战争：“造剡锐之器,长侵割之患,弩恐不劲,甲恐不坚,矛恐不利,盾恐不厚。”(《抱朴子·诘鲍》)压迫者拼命地整军经武,准备战争。如果没有人对人的欺压,也就没有战争：“若无凌暴,此皆可弃也。”而且战争的残酷是这么严重：“王赫斯怒,陈师鞠旅,推无仇之民,攻无罪之国,僵尸则动以万计,流血则漂橹丹野。无道之君,无世不有,肆其虐乱,天下无邦,忠良见害于内,黎民暴骨于外。岂徒小小争夺之患邪？”(《抱朴子·诘鲍》)

从此,便有了刑戮：“白玉不毁,孰为珪璋,道德不废,安取仁义？使夫桀纣之徒,得燔人罪谏者,脯诸侯,菹方伯,剖人心,破人胫,穷骄淫之恶,用炮烙之虐。若令斯人并为匹夫,性虽凶奢,安得施之？使彼肆酷恣欲,屠割天下,由于为君,故得纵意也。君臣既立,众慝日滋,而欲攘臂乎桎梏之间,愁劳于涂炭之中,人主忧栗于庙堂之上,百姓煎扰乎困苦之中,闲之以礼度,整之以刑罚,是犹辟滔天之源,激不测之流,塞之以撮壤,障之以指掌也。”(《抱朴子·诘鲍》)罪恶是阶级社会的产物或结果,用刑罚来裁判罪恶,罪恶并不能裁判掉,反而被桀纣之徒更暴虐地利用了刑罚来残害良善。

从此,因阶级剥削的存在,人类就生活在贫困之中:"君臣既立,而变化遂滋,夫獭多则鱼扰,鹰众则鸟乱,有司设则百姓困,奉上厚则下民贫。壅崇宝货,饰玩台榭,食则方丈,衣则龙章,内聚旷女,外多鳏男,采难得之宝,贵奇怪之物,造无益之器,恣不已之欲,非鬼非神,财力安出哉!"(《抱朴子·诘鲍》)这些压迫者剥削者,是吃鱼的獭,是吃鸟的鹰,他们享用特别好,全是从剥削来的。"夫谷帛积则民有饥寒之俭,百官备则坐靡供奉之费,宿卫有徒食之众,百姓养游手之人。民之衣食,自给已剧,况加赋敛,重以苦役?下不堪命,且冻且饥,冒法斯滥,於是乎在。"(同上)原来衣食不足的人民,此刻在赋敛苦役之下,又冻又饿,不得不犯那压迫者所制定的法律了。"王者忧劳于上,台鼎鞠颠于下,临深履薄,惧祸之及。恐智勇之不用,故厚爵重禄以诱之,恐奸衅之不虞,故严城深池以备之。而不知禄厚则民匮而臣骄,城严则役重而攻巧。"(同上)压迫者想尽方法来保卫自己的阶级利益,不知禄愈厚则民愈匮,城愈严则攻愈巧,真是弄巧成拙,愈搞愈坏了。这里应该特别指出的是鲍敬言的光辉的命题,即生产是人的事,鬼神不能造出财力,这就从无君论导出了他的无神论来。

而且,愈是造作种种法禁,愈是易为狡黠者所利用,愈是增加问题的复杂性:"所以救祸而祸弥深,峻禁而禁不止也。关梁所以禁非,而猾吏因之以为非焉;衡量所以检伪,而邪人因之以为伪焉。大臣所以扶危,而奸臣恐主之不危;兵革所以静难,而寇者盗之以为难:此皆有君之所致也。"(同上)

如果有个君主,能够把剥削来的拿点出去,把兵器收藏起来,自己的享用减省一点,大家以为这就是了不起的圣君贤主了;却不知道在从前本无剥削,本无战争,这只能看做强盗发善心,少拿一点便算好了。"散鹿台之金,发钜桥之粟,莫不欢然;况乎本不聚金而不敛民粟乎?休牛桃林,放马华山,载戢干戈,载櫜弓矢,犹以为泰;况乎本无军旅而不战不戍乎?茅茨土阶,弃织拔葵,杂囊为帏,濯裘布被,妾不衣帛,马

不秣粟,俭以率物,以为美谈;所谓盗跖分财,取少为让,陆处之鱼,相濡以沫也。"(《抱朴子·诘鲍》)

希望人类生活得好,那便得消灭阶级,消灭剥削,从解决生产资料的所有权着手,让大家回到原始社会,依照自己的需要分得土地。"夫身无在公之役,家无输调之费。安土乐业,顺天分地。内足衣食之用,外无势利之争。"(同上)消极的免掉了劳役与租税,积极的有了土地,有了生业,于是足衣足食,和乐相处,再也用不到什么统治者君主了。这里"顺天分地",便指依照自然的需要来分配土地,以期消除剥削的关系,他的这个勇敢的乌托邦的主张,反映了农民的小私有者的心理,而不是什么社会主义。

我们以为从阮籍到鲍敬言,无君论的提出,不是一件偶然的事。经过汉末到两晋的大混乱,人民的痛苦是十分厉害的,封建社会的内在矛盾也暴露出来。汉法度之下的封建秩序已被黄巾大暴动所破毁,因而国有土地的军事屯田以及占田的统治,其凶残与酷虐,尤过于汉法度的森严。然而流民暴动在名门地主的围剿下,此起彼灭,仍继续蔓延。无君论思想,便反映了当时农民反抗贫困的实际以及对地主斗争的意识上的小私有者的要求。我们觉得很可惜,文献不足,不知鲍敬言主张人民要采取什么样的具体行动,才能达到无君的目的,才能达到"顺天分地"的目的。这个文献不足的现象,是由于鲍敬言原未有所写作呢?还是由于葛洪的删削以及其他的原因以至失传了呢? 此刻我们无从断定。如果仅就现存的文字资料来看,则无君论虽采用老、庄思想的虚无理论,但它是一种好的乌托邦思想。好的幻想是代表"弱者的抗议"(列宁语)。

(四)成公绥＝鲁褒的钱神论所表现的无神论思想

神灭论是神不灭论的反对命题,而神不灭论则是中世纪黑暗的掩护者,因而有神论这一颠倒意识,即是中世纪的正宗思想。所谓晋代,在有神论或神不灭论的掩护之下,似乎是一个清高风流、经虚涉旷的理

想世界,而实质上则是绝顶腐败贪污的恶浊世界。关于这一点,干宝的《晋纪总论》,提供着不少的具体资料:

> "武皇既崩,……民不见德,唯乱是闻。……善恶陷于成败,毁誉胁于势利。……学者以《老》、《庄》为宗而黜六经,谈者以虚薄为辩而贱名检,行身者以放浊为通而狭节信,进仕者以苟得为贵而鄙居正,当官者以望空为高而笑勤恪;是以目三公以萧杌之称,标上议以虚谈之名。刘颂屡言治道,傅咸每纠邪正,皆谓之俗吏;其倚仗虚旷,依阿无心者,皆名重海内。……由是,毁誉乱于善恶之实,情慝奔于货欲之涂;选者为人择官,官者为身择利;而秉钧当轴之士,身兼官以十数。……故观阮籍之行而觉礼教崩弛之所由;察庾纯贾充之事而见师尹之多僻;考平吴之功知将帅之不让;思郭钦之谋而悟戎狄之有衅;览傅玄刘毅之言而得百官之邪;核傅咸之奏,钱神之论,而睹宠赂之彰。"(《全晋文》卷一二七引)

干宝在这里,认为傅玄之言与《钱神》之论,都是暴露现实的进步思想。我们叙述过傅玄的神灭思想以后,即应对于《钱神论》加以研究。

按成公绥与鲁褒,时代相接,各有《钱神论》一篇。惟成论(《全晋文》卷五九)共69字,除开首4句16字外,全与鲁论(《全晋文》卷一一三)相同。此或系成公绥本有《钱神论》,鲁褒更加以扩充,另成其《钱神论》;或系成公绥本无《钱神论》(本传不载),《御览》(八三六)所录为误引。究竟如何,不甚可考。为慎重计,应暂视为成鲁二人的共同思想。兹择其重要文句如下:

> "钱之所祐,吉无不利;……由是论之,可谓神物。无位而尊,无势而热,排朱门,入紫闼。钱之所在,危可使安,死可使活。钱之所去,贵可使贱,生可使杀。故忿诤辩讼,非钱不胜;孤弱幽滞,非钱不拔;怨仇嫌恨,非钱不解;令问笑谈,非钱不发。洛中朱衣,当途之士,爱我家兄,皆无己已;执我之手,抱我终始,不计优劣,不论年纪,宾客辐辏,门常如市。谚云:钱无耳可暗使,岂虚也哉?又

曰：有钱可使鬼，而况于人乎？子夏云：死生有命，富贵在天；吾以死生无命，富贵在钱。何以明之？钱能转祸为福，因败为成，危者得安，死者得生。性命长短，相禄贵贱，皆在乎钱，'天'何与焉？"（《全晋文》卷一一三）

我们知道，在神灭论与神不灭论对立的晋代，本有一部分无神论者。例如：阮修素执无鬼论，自谓此理足可以辨正幽明（《晋书》卷四九本传）。阮修以人死无鬼，尝说："今见鬼者云着生时衣服。若人死有鬼，衣服有鬼邪？"修伐社树，或止之。修曰："若社而为树，伐树则社移，树而为社，伐树则社亡矣。"（同上）但是，晋代的无神论思想，要以成公绥＝鲁褒为最彻底。例如前引："死生无命，富贵在钱"，"性命长短，相禄贵贱，皆在乎钱，'天'何与焉？"无疑地是中世纪无神论最尖锐的命题。

《钱神论》的政治斗争意义，前人已有所说明。例如《晋书》（卷九四）《隐逸列传·鲁褒传》曾说："元康之后，纲纪大坏。褒伤时之贪鄙，乃隐姓名而著《钱神论》以刺之。"正是此义。

但我们以为，《钱神论》更巨大的意义，在于它从世界观上根本否定了神（佛与天）的主宰性的存在；并从现实上明确地指出只有"洛中朱衣，当途之士"所最爱的"钱"，才"可谓神物"，才是"性命长短，相禄贵贱"的唯一最高决定者。此一判断，不仅推翻了神不灭论、有神论与有鬼论的宗教迷信世界观，同时也对于这种世界观所伪装的恶浊现实，给予了深刻的讽刺与鞭挞。

诚然，《钱神论》只一般地肯定了无神，而没有正面地主张神灭；但是，从无神论出发，必然要导出神灭论的主张。因而，它对于以后的神灭思想，也就奠定了更进一步的基础。

（五）孙盛对罗含的更生的批判

东晋的罗含，"谢尚与之为方外之好"（《晋书》卷九二《文苑列传》本传）。东晋谢氏率皆信佛（详下节）。罗含受此影响，著《更生论》，以

"万物有数而天地无穷"为根据,证成人死而神不灭。其论有以下的话:

> "万物有数而天地无穷。然则无穷之变,未始出于万物;万物不更生则天地有终矣,天地不为有终则更生可知矣。……又,神之与质,自然之偶也;偶有离合,死生之变也;质有聚散,往复之势也。人物变化,各有其往;往有本分,故复有常。物散虽混淆,聚不可乱;其往弥远,故其复弥近。又,神质冥期,符契自合;世皆悲合之必离,而莫慰离之必合;皆知聚之必散,而莫识散之必聚;未之思也,岂远乎?……今谈者徒知向我非今,而不知今我故昔我耳。达观者所以齐死生,亦云'死生为寤寐'。诚哉是言!"(《弘明集》卷五)

今按东晋竺僧敷著《神无形论》(《全晋文》卷一五七),以有形便有数,有数则有尽;神既无尽,故知无形。上引罗含的论旨,正与敷义近似。所异者,仅在敷以形之有尽而明神之无形,含以万物有数而证神之不灭;是罗含的《更生论》,明以佛教的神不灭义为母体。

又按东晋释慧远著《沙门不敬王者论》五篇,其第五篇为《形尽神不灭》(《弘明集》卷五),而以"问曰"起论,"答曰"作结。可见当时的神灭与否的争辩,已相当展开。《高僧传》所说:"异学之徒,咸谓心神有形",当指此时此事。在这种风气之下,孙盛的《与罗君章书》,可为神灭思想的代表文献。此书为对于罗含《更生论》中的神不灭思想所作驳斥,其主要命题如下:

> "形既粉散,知亦如之,纷错混淆,化为异物;他物各失其旧,非复昔日。此有情者所以悲叹。若然,则足下未可孤以自慰也。"
> (《弘明集》卷五、《全晋文》卷六三)

孙盛与孙统孙绰为从兄弟。《晋书》(卷八二)《孙盛传》载其"善言名理。殷浩擅名一时,与抗辩者,唯盛而已。盛尝诣浩谈论,对食奋掷,麈尾悉落饭中,食冷而复暖者数四,至暮忘餐,理竟不定"。是孙盛也染当时清谈之习者。就上引《与罗君章书》来看,其神灭思想固不得称为系统化。但是,第一,其所为神灭的肯定判断,异常明确。第二,神灭与否的正式主客争辩,由孙盛起始有文献可纪;孙盛以前,虽亦有"异学之徒"对抗于佛教的神不灭义而主张神灭,而针锋相对的辩难则以孙盛与罗含的"更生"之争为始点。第三,东晋以降,神灭与否的争辩,不但为反佛的论据支柱之一,而且为善谈名理者兴致所寄的中心话题;此事当以孙盛为始祖。

据此三点,我们对于孙盛的《与罗君章书》,不应轻视。

(六)神灭思想的进步性及其人民性的本质

从先秦到东晋,无神论思想发展的大体情形,已如上述。在这里我们应该得出下列几点结论:

第一,在先秦,《墨经》作者及荀子的思想,富有明显的无神论体系,而墨荀两家在战国末期都是进步的学派。

第二,在儒家正宗的汉代,处于异端地位的道家,成了无神论思想的继承者和发展者;在佛道盛行的魏晋,神灭思想成了儒家排佛反道的斗争武器,一部分反佛的道家,也接受了神灭思想。

第三,道家"自然之义"的积极因素,是和科学相联系着的。所以所有的神灭论者,不论自称为儒家或道家,都接受了或发展了道家"自然之义"中的科学精神。这是因为神灭思想和科学精神本质上有不可分离的关系。

第四,中世纪的统治者永远以唯心主义的神学为正宗思想,所以所有的神灭论者都是和神学的正宗思想相斗争的唯物主义战士。神灭论者处于被压抑的地位,因而对于现实采取了批判态度的异端人物,才能是神灭论思想的继承者及发展者,同时才能是富有人民性的思想家。

第四节　南北朝佛教的国教化及其社会根源

中国历史上所谓南北朝，是中世纪社会秩序重新改编的时代。

自西晋愍帝建兴四年（公元 316 年）汉王刘曜攻陷长安，愍帝出降以后，中原豪族逃奔江东，建立了东晋政权。这种政权，本质上是身份性地主把持的豪门专政；外有北方民族的威胁，内则穷极奢华，尽超经济剥削之能事。所以，在短短 272 年中，五易王朝（公元 317 年东晋建国，陈亡于公元 589 年）。在处于不安定状态的而又赋有着清谈传统的统治者看来，实在需要一种被玄学精神所贯串了的宗教体系，一方面作为主观的麻醉剂，另方面作为安定社会秩序的力量。于是，所谓佛教，遂成了南朝帝王王子士族的共同信仰。

先就帝王信佛者来说：东晋如明帝、哀帝、简文帝、孝武帝，皆崇信佛教；而恭帝深信浮屠道，铸货千万，造丈六金像于瓦官寺，迎之步从十余里（《晋书》卷十本纪），尤为著名。宋高祖刘裕假口于僧徒谶语行篡弑（《南史》本纪、《建康实录》、《高僧传·慧义传》），足证其信仰佛教之深；宋文帝《元嘉》佛教之盛，致与玄谈合流，元嘉三十年中（自公元 424 年至公元 453 年），都中造寺见于纪载者，十有五处。齐高帝时，以竟陵王子良为中心，招致名僧讲说佛法，如玄畅、僧柔、慧次、法安、法度、宝志、法献、僧佑、智称、道禅、法护、法宠、僧旻、智藏等，皆其所敬礼的著名僧徒。梁武帝不但三度舍身入寺与众为奴（《北山录·异学篇》），而且更正式宣布佛教为国教：

> "道有九十六种，唯佛一道是为正道；其余九十五种皆是外道。朕舍外道以事如来。若有公卿能入此誓者，各可发菩提心。老子、周公、孔子等虽是如来弟子，而为化既邪，止是世间之善，不能革凡成圣。公卿百官侯王宗室，宜反伪就真，舍邪入正。……事佛心强，……乃是清信。……其余诸信，皆是邪见。"（《敕舍道事佛》，见《全梁文》四）

按此一文献,发于武帝天监三年(公元 504 年),在中世纪思想史上,实与汉武帝罢黜百家及光武帝宣布图谶于天下,有相同的意义。梁简文帝与武帝同样,不但信佛,而且擅长佛理。陈武帝与陈后主对于佛教,仍祖梁武帝之遗规,不但奖挹名僧,且均曾舍身。

再就王子信佛者来说:宋有临川王道规、嗣子义庆、江夏王义恭、衡阳王义季、彭城王义康、南郡王义宣、庐陵王义贞、建平王弘、子景素、巴陵王休若、山阳王休祐、竟陵王诞、豫章王子尚。齐有文惠太子及竟陵王、豫章文宪王嶷及其子子范、子显、子云、子晖、临川王映、长沙王晃、宣都工鉴、晋安王子懋、始安王遥光及巴陵王昭胄。及至梁代,武帝诸子多知佛法,其兄弟辈有临川王弘、安成王秀、南平王伟、鄱阳王恢、始兴王憺,其侄辈有长沙王业及子韶、衡阳王元简、桂阳王象,其孙有大球。陈代则有晋安王伯恭、新安王伯固、鄱阳王伯山、新蔡王叔齐、始兴王叔陵。

最后就士族信佛者来看:吴国张氏有敞、裕、祎、邵、茂度、演、镜、永、辩、岱、绪、充、稷、茂宗、敷、畅、悦、淹、融、卷等 20 人,所以张融作《门律》自称“吾门世恭佛”(《弘明集》卷六)。庐江何氏有充、何皇后、尚之、点、求、默、胤、敬容等 8 人。吴郡陆氏有澄、慧晓、倕、任、杲、煦、罩等 7 人。汝南周氏有颙、舍、弘正等 3 人。琅邪王氏有导、荟、珣、珉、谧、羲之、献之、弘、练、微、僧达、华、琨、景文、奂、肃、融、昙首、僧绰、僧虔、俭、斌、慈、志、揖、彬、寂、筠、克、固等 30 人,王筠《答释法云书难范缜神灭论》说:“弟子世奉法言,家传道训”,诚非虚语。陈郡谢氏有鲲、安石、万石、灵运、超宗、茂卿、弘微、庄、瀹、览、举等 11 人。共 79 人。[①]

据此可知,佛教在南朝所以能够发展到国教化的新的阶段,完全是出于帝王王子及士族豪门的提倡。所以汤用彤关于此事,一则说“佛法既上流人士所提倡”(汤用彤:《汉魏两晋南北朝佛教史》下册,页

---

① 以上三项资料根据汤用彤《汉魏两晋南北朝佛教史》下册第 428—460 页所载,酌加补订归约而出。

417)，再则说"南朝佛教于士大夫阶级之势力，以及其与玄学关系之密切，即此亦可知矣"（同上书，页429），三则说"晋司徒王导奖进僧徒，于江东佛法之兴隆颇有关系。"（同上书，页433）

与南朝在腐烂基础上渡江再版其豪门政权相对，北朝政权的历史任务则是：以落后民族的氏族社会移植到中土，并在中土的黄河流域，这一块已经建立起封建制社会的地基上，促使自己的社会过渡到中世纪阶段。北朝的这一过渡，以北魏孝文帝（公元471—499年）为分水岭。孝文以前，为对于中世纪社会的急起直追时期；孝文以后，为对于中世纪社会的迎头赶上时期。北朝名主之醉心华化，即以此为基础。

在这里，为了具体地理解北朝思想，我们应该记取普列汉诺夫（1856—1918年）下列两则名言：

"差不多每个社会都受到其邻近社会的影响，所以可以说，对于每一个社会都有一定的影响其发展的社会的历史的环境。每个特定的社会从其邻近的社会方面所受到的影响的总和是永远也不会等于另一个社会在同时所受到的影响的总和。因此，任何社会生活于自己的特殊的历史环境中，这个历史环境也许——而实际上亦时常有过——和其他民族的历史环境很相类似，可是永远也不会和永远也不能和它完全同一样。"（《论一元论历史观之发展》，新华书店中译本，页282）

"一个国家的文学对于另一个国家的文学的影响是和这两个国家的社会关系的类似成正比例的。当这种类似等于零的时候，影响便完全不存在。例子：非洲的黑人至今没有感受到欧洲文学的任何影响。这个影响是单方面的，当一个民族由于自己的落后性，不论在形式上亦不论内容上不能给别人以任何东西的时候。例子：前世纪的法国文学影响了俄国的文学，可是没有受到任何俄国的影响。最后，这个影响是互相的，当由于社会关系的类似及因之文化发展的类似的结果，交换着的民族的双方，都能从另一民族取得一些东西的时候。例子：法国文学影响着英国文学，同时自身

亦受到英国文学的影响。"(《论一元论历史观之发展》,页285)

上引普列汉诺夫的名言,虽是说的别种问题,而在方法上却可以作为我们理解北朝思想发展具体途径的钥匙。这就是说,根据这种方法我们可以断定:首先,由于南北朝"社会关系的类似",所谓"邻近社会的影响"必然是其思想发展的"异常有力的多样性的因素"之一。其次,北朝"由于自己的落后性",在思想发展上必然接受南朝的影响而不能使自己的思想影响于南朝。又次,当北朝对于南朝的中世纪社会达到了迎头赶上时期,其间的影响也必然转变成相互交流的形式。最后,由于南北朝的社会,不论在历史的传统上,或现实的内容上,都不"完全同一样",所以其间的思想发展各有其独立的个性。所有这些,都表现在佛教的发展过程上面。兹更具体详述如下:

第一,在北朝开始的时候,就尽量吸收了南朝的思想。例如:北魏道武帝攻略黄河北岸,所过僧寺,见沙门道士,均加敬礼;不但喜览佛经,而且好黄、老之术。天兴元年(公元398年)称帝伊始,即敕建寺塔于都城,并优礼士族,重用儒生,奠定了北魏国基。又如:献文帝因相传宋孝武帝大明四年(公元460年),建业中兴寺设斋,有一沙门容止独秀,举众莫识。问之,答言"从天安来"。言讫,忽然不见。践祚以后,遂改元天安(见《释老志》)。由此可见,北魏帝王,不但崇佛,且引南朝神话以自重。更如北朝佛教,自孝文帝起,始着重理论研究,而带有名理色彩。但是,此一发展,也是受了南朝的影响。因为北朝信佛而谈名理者,多为南朝人士。如崔光的祖与父均仕于刘宋,光17岁始来北朝;王肃与王翊都是王导的后裔,也都是年长以后才来北朝。冯亮本在南方,被魏人俘虏,始居北朝。裴植先仕于江南,裴粲或亦来自南朝。总之,北朝佛教思想的发展,是由于受了南朝的影响,甚为明白。至于北朝佛教影响于南朝,则是北周武帝建德三年(公元574年)毁佛以后的事。汤用彤曾说:

"……释子多南奔陈朝(北周之慧海法彦)。最重要者,北齐学僧昙迁靖嵩逃至江南,得习《摄论》(法侃慧迁亦北方《十地》学者,至南方学《摄论》)。智者大师谓亦因毁法南下(据隋柳顾言禅师碑文)。前者乃法相宗之先河,后者奠天台宗之基础。而《楞伽》禅法亦疑在此时南趋。此宗兴起,原在嵩岳。二祖以后,乃移江北。夫自魏孝文以后,南方僧人尝来北方(见前)。周武毁法,北方僧人,又驱而之南方。于是学术交流,文教沟通,开辟隋唐一统之局势,而中华佛教诸大宗派亦于是酿成焉。"(《汉魏两晋南北朝佛教史》下册,页545)

第二,佛教在北朝,与在南朝同样为帝王王子等贵族的意识形态。首先,北朝的皇后多出家为尼。例如:北魏孝文皇后冯氏、宣武皇后高氏、孝明皇后胡氏等,皆其著名者。所以《伽蓝记》曾说:

"椒房嫔御,学道之所。掖庭美人,并在其中。亦有名族处女,性爱道场,落发辞亲,来依此寺。屏珍丽之饰,服修道之衣,投心八正(原作"投心入正",兹据汤用彤校改。——引者按),归诚一乘。"

其次,王子多信佛者。如北魏城阳王徽、广陵王恭、高阳王雍、彭城王勰、北海王详、清河王怿、汝南王悦、广平王怀等,均或立寺,或与僧徒交游。就中如彭城王勰,本传载其被尚书令高肇诬为通南诏蛮贼,逼饮毒酒见害事,曾说:

"景明报德寺僧,鸣钟欲饭。忽闻勰薨,二寺一千余人,皆嗟痛,为之不食,但饮水而斋。"(《北史》卷一九)

因此,勰与僧徒交谊之厚,可以想见。又次,帝王信佛者如:北魏自太武帝以降,文成帝大兴佛法,所造大同云冈石窟,不但在魏时为献文孝文二帝经常驾幸之所,至今犹为世界驰名的胜地;而孝文帝于建功德以外,对于佛理尤为悉力提倡,名僧云集,在北朝佛教发展史上,完成了新的阶段,下逮宣武、孝明之世,译经讲论与功德福田之业,亦称极盛。正因佛教在北魏是统治者加意提倡的正宗思想,故寺僧数目,代有增加。据汤用彤(参见汤用彤:《汉魏两晋南北朝佛教史》下册,页512)统计,有如下表:

年　　代	寺　　数	僧 尼 数	备　　注
孝文帝太和元年 （公元 477 年）	（平城京内） 　约百所 （四方） 　　6478	（京内） 　二千余人 （四方） 　77258 人	太和十年遣 1327 僧 尼还俗。
宣武帝延昌中 　（公元 512—515 年） 孝明帝神龟元年 　（公元 518 年）	（天下） 　13727 （洛阳城内） 　500	（僧侣益众）	此时已迁都洛阳。
魏末 （公元 534 年）	（洛阳） 1367（《伽 蓝记》） （天下） 　三万有余	（天下） 　200 万	佛经流通大集中国， 凡 有 415 部，合 1919 卷。

第三，我们说佛教在北朝有其国教化地位，或不免引起反对的看法。足以为反对论者借口的根据，即北魏太武帝与北周武帝的两次毁佛事件。因此，我们需要对这两次事件略加分析。关于此事，首先我们应该指出：这两次事件虽同为毁，而思想史的意义则大有差别。总括说来：北魏毁佛是在其尚未确定于封建社会的时期，对于佛教采取态度上的一种暂时的动摇；而北周毁佛则是在佛教已经发达的地基上所引起的政权与教权冲突的一般封建统治阶级内部矛盾的暴露。具体言之，可分为如下几点：

（1）北魏太武帝太平真君五年（公元 446 年），下距孝文帝太和九年（公元 485 年）施行均田法（北朝封建社会的正式起点）约 40 年。太武之世，尚处于由氏族社会到封建社会的过渡时期。在向封建社会叩门的时代，其思想上的探索，表现为天兴以来佛道儒的多元并用。佛道两家固是露骨的宗教，其所信任的儒家，例如崔浩，就《北史》（卷二二）及《魏书》（卷三五）本传来看，也是董仲舒一流的宗教化的儒家。崔浩之师事道士寇谦之，是向土著宗教的结合；其发动太武毁佛则是土著宗教对于外来宗教的联合进攻。至于太武帝之采纳崔浩之议,无疑地是由于北朝尚未确定于封建社会的过渡时期的反映。所谓向封建社会过渡,就意识形态上说就是向宗教的迫近。所以太武帝虽一度毁佛,而却始终没有离开宗教立场。天兴元年的称帝诏书(《魏书》卷二),从字句到思想都是班彪《王命论》的学舌。这一个决策的诏书,也就规定了北朝思想发展的路向:在起点上虽可于各种宗教之间有所选择,而选择的结果必然在宗教范围以内定于一尊。崔浩如果不以宗教观点反佛,太武绝不会受其影响毁佛。稍后的李玚,以儒家人文主义观点斥佛为"鬼教",虽经"自理"(即"自白"与"自首"中间的"自明"),终被"罚金一两"(《魏书》卷五三本传)。即可作为旁证。

(2)北周武帝自建德以降的毁佛,上距均田法施行已八九十年。在此期间佛教发展极速。关于太武以降者,已见前引汤表;北齐时,国都邺城,佛寺多至数千;周武毁佛时,僧侣还俗者达三百万;均为例证。又据汤用彤统计(汤用彤:《汉魏两晋南北朝佛教史》下册,页518—519),自北魏孝文帝延兴三年(公元473年)至宣武帝熙平二年(公元517年),前后44年中,沙门谋叛者8次。同时,北朝帝王,亦屡次下诏,限制出家立寺,以遏止佛教势力。此因当时的佛寺,有独立的经济制度,独立的行政系统;凡为僧侣,即可避免租税力役,不受国法约束(梁启超:《佛教研究十八篇》上册,中华书局,页9)。是佛教寺院俨然为一与政权对立的独立王国。在此情形下,周武厉行毁佛,自为政权对教权的一种反攻。据《房录》(卷十一)所载:"八州寺庙,出四十千,尽赐王公,充为宅第;三方释子,减三百万,皆复军民,还归编户。"其政治经济意义,殊为明白。今按政权与教权的冲突,乃是中世纪统治阶级内讧的一般现象。汤用彤竟归咎于"僧伽之腐败",颇为欠妥。

(3)毁佛本来即以佛教的高度发展为前提,固不应执此而否认北朝佛教势力的雄厚。且北魏太武帝于公元446年毁佛,旋即"颇悔前事",主谋毁佛的崔浩于公元450年被诛。《北史》(卷二一)本传载:

"及浩幽执,被置槛内,送于城南,使卫士数十人溲其上,呼声嗷嗷,闻于行路。自(来)宰司之被戮辱,未有如浩者。世皆以为报应之验。"

可见佛教势力并未稍减。汤用彤说:"计终帝之世,法废积七年。然禁稍宽弛,笃信之士,得密奉事(《释老志》)。至文成帝(晃之子)即位,佛法又兴。"(汤用彤:《汉魏两晋南北朝佛教史》下册,页 496)当为实录。北周武帝于公元 577 年决行毁佛,至公元 578 年(平齐之明年)崩御;及宣静二帝继立,佛教复兴,较之北魏毁佛,为时更暂。总计北朝两次毁佛,都是佛教发展的暂时挫折,并未动摇佛教的国教地位。

第四,与南朝始终信佛不同,北朝在佛道儒三者之间,曾经有过一个犹豫选择的时期。这一点特征,除了上述北朝社会的过渡性为主因之外,其自身文化遗产的贫乏性,当也为副因之一。正因在文化遗产的承藉有此差别,所以南朝的佛教富有名理性质,而北朝的佛教则最重净行与皈依。汤用彤所持"南统""北统"之说(同上书,页 418—419)大体近乎实际。

总之,南北朝的佛教,通过了特殊的途径而同归于国教化的新的发展阶段,实为中世纪社会秩序重新改编的反映。

第五节　南北朝反佛斗争的发展与神灭思想的新形式

贯串于思想史上的规律,是唯心主义和唯物主义的斗争,在中世纪特别表现为宗教正宗和无神论的斗争。南北朝时代的 271 年中,既有佛教国教化,必然也有反佛的无神论与之相抗争。此时代的无神论者,大体上都是桓谭与傅玄、杨泉式的儒家,即以儒家而接受了道家自然之义的学者。不过,由于正宗的主流已在佛教,反佛遂为其唯一的斗争任务,此其不同之点。又由于南朝北朝的文化遗产及其佛教的发展有别,所以北朝与南朝的反佛思想,也颇有差异。

先说北朝。北朝的两次毁佛,皆道家的神仙派为主谋者;例如北魏的寇谦之与北周的卫元嵩,皆为道家。但此等毁佛,只是一种直接的政治行动;其真正从理论上与佛教作斗争者,则仍为儒家。例如:高谦之、阳固、裴延俊、张普惠(《广弘明集》"惠"字作"济")、李玚、杨炫之、刘昼、章仇子陁、樊逊、李公绪等人,就《北史》、《魏书》及《北齐书》本传来看,同为儒家。

北朝由于名理不发达,所以北朝儒家在反佛思想斗争上,多从政治伦理方面立论,鲜有新义。例如:杨炫之的《洛阳伽蓝记》,为公认的反佛的激烈文献,也只从尊君、理财、卫国等处着眼;李玚《上言宜禁绝户为沙门》,以孔子"未知生焉知死"论据,主张不应弃堂堂之政而从鬼教(《魏书·李孝伯附传》、《北史》卷三三),为唯一的无神论萌芽,然由于《自理》(《全后魏文》卷三三)之作而被迫取消其议。大体言之,北朝初期,从未出现无神论及神灭论思想。北齐以降,如樊逊的《天保五年举秀才对策》(《北齐书》本传),及邢邵与杜弼的论生灭(《北齐书》卷二四《杜弼传》),其所展开的无神或神灭思想,及其名理精神,皆出现于范缜以后;在某种意味上可视为南朝反佛理论的北渐,而不是北朝固有的思想路向。

次说南朝。南朝的士族由于在晋时已有了充分的名理教养,其时佛教也富于佛理研究;故反佛的理论斗争,远较北朝为发展。例如,从南朝初期,反佛的理论,就已经从多方面展开,而神灭思想即作为反佛理论的有机一环而率先出现。关于此事,《弘明集》的编者梁释僧佑说得最为明白:

> "夫二谛差别,道俗斯分:道法空寂,包三界以等观;俗教封滞,执一国以限心。心限一国,则耳目之外皆疑。……详检俗教,并宪章五经。……一疑经说迂诞,大而无征。二疑人死神灭,无有三世。三疑莫见真佛,无益国治。四疑古无法教,近出汉世。五疑教在戎方,化非华俗。六疑汉魏法微,晋代始盛。"(《弘明集·后序》)

今按僧佑此说,如果剥去其门户偏见,颇能道出南朝反佛的中心论题。其所述六大争论颇值得我们注意。兹就前三疑而言,它明确地指出：

（一）当时反佛的"俗教"是"宪章五经"的儒家。

（二）当时反佛的儒家是"耳目之外皆疑"的肯定感觉为实在的理论者。

（三）肯定感觉为实在的观点，是无神论或神灭论所依据的理论。

与此三点同时，它又在相反的方面指出：

（一）与儒家的肯定感觉的观点相反，佛教是从"等观三界"的泛滥于超感觉、超经验的世界出发，而以"耳目之外"为地基来建立空寂的系统；因而，从这里也就说明了从感觉或经验出发的思想是中世纪无神论思想的唯物主义的本质或其历史的界限。

（二）与儒家的无神及神灭思想相反，佛教是有神论及神不灭义的支持者，因而也就解明了神之有无及神灭与否的争辩，是当时反佛斗争的重要论题。

南朝初期的神灭思想，首先我们可以从佛家著作中所谓"客难"的看法上得其鳞爪。例如：刘宋的郑鲜之（道子）所作《神不灭论》（《弘明集》卷五）中，即有下列五段由"客难"所代表的神灭思想：

"形神同灭，照识俱尽。"

"客难曰：'子之辨形神尽矣，即取一形之内，知与不知精矣。然形神虽粗妙异源，俱以有为分。夫所以为有，则生为其本。既孰有本已尽，而资乎本者独得存乎？出生之表，则廓然冥尽，既冥尽矣，非但无所立言，亦无所立其识矣。识不立，则神将安寄？既无所寄，安得不灭乎？'"

"难曰：'子推神照于形表，指太极于物先，诚有其义，然理贵厌心，然后谈可究也。夫神形未尝一时相违，相违则无神矣。草木之无神无识，故也。此形尽矣，神将安附而谓之不灭哉？苟能不灭，则自乖其灵不资形矣。既不资形，何理与形为生终不相违？不能相违，则生本是同，断可知矣。'"

"难曰：'神不待形，未可顿辨。就如子言，苟不待形，则资形"

之与独照,其理常一。虽曰相资而本不相关,佛理所明,而必陶铸。此神以济彼形何哉?'"

"难曰:'形神虽异,自然相济,则敬闻矣。子既譬神之于形,如火之在薪,薪无意于有火,火无情于寄薪,故能合用无穷,自与化永。非此薪之火移于彼薪,然后为火;而佛理以此形既尽,更宅彼形。形神去来,由于罪福。请问此形为罪,为是形邪?为是神邪?若形也,则大冶之一物耳。若神也,则神不自济,系于异形,则子形神不相资之论,于此而颠矣。'"

"难曰:'神既形为照,形因神为用,斯则然矣。悟既由神,惑亦在神,神随此形,故有贤愚。贤愚非神,而神为形用。三世周回,万劫无算,贤愚靡始,而功显中路。无始之理玄,而中路之功末,孰有在末之功,而拔无始之初者邪?若有嘉通,则请从后尘。'"

凡此有关形神离合而怀疑形尽神不灭之说,在郑论中虽是假出客问以为折驳对象,然在当时必有其人实持此义,以与佛教相斗争。此等人当是僧佑所说宪章五经的反佛儒家。

(一)何承天在报应问、白黑论及达性论所表现的无神论思想

据文献考察,在南朝初期,最先以无神论与神灭论观点反佛的儒家,当以数学家何承天为代表。据《宋书》(卷六四)本传:何承天元嘉二十四年坐宣漏密旨免官,卒于家,年 78。是知何氏生于东晋废帝太和五年(公元 370 年),卒于刘宋文帝元嘉二十四年(公元 447 年)。按此,其卒前一年,正是北魏太武帝毁佛之年。但是北朝由寇谦之、崔浩所发动的毁佛,如前所述,并无何等理论;而时代相先后,在南朝由何承天所作的反佛斗争,则是从无神论或神灭论观点出发的思想斗争。综计何承天的反佛理论斗争,共有三次:其一,《报应问》之争;其二,《白黑论》之争;其三,《达性论》之争。兹分别述之于下:

(一)何承天的《报应问》,是从无神论观点反对佛教报应之说的文献。刘少府作《答何衡阳书》以驳之。二文同见《广弘明集》(卷二

〇）。刘文只是滥用因果律，武断地肯定报应为实有，殊无足取。兹仅录何文如下：

> "西方说报应，其枝末虽明，而即本常昧。其言奢而寡要，其譬迂而无征。乖背五经，故见弃于先圣；诱掖近情，故得信于季俗。
>
> 夫欲知日月之行，故假察于璇玑；将申幽冥之信，宜取符于见事。故鉴燧悬而水火降，雨宿离而风云作，斯皆远由近验，幽以显著者也。
>
> 夫鹅之为禽，浮清池，咀春草，众生蠢动，弗之犯也；而庖人执焉，鲜有得免刀俎者。燕翻翔求食，唯飞虫是甘，而人皆爱之，虽巢幕而不惧。非直鹅燕也，群生万有，往往如之。是知：杀生者无恶报，为福者无善应。所以为训者如彼，所以示世者如此，余甚惑之。
>
> 若谓燕非虫不甘，故罪所不及；民食刍豢，奚独婴辜？若谓禽豸无知，而人识经教，斯则未有经教之时，畋渔网罟，亦无罪也？无故以科法入中国，乃所以为民陷阱也。彼仁人者，岂其然哉？
>
> 故欲谓佛经但是假设权教，劝人为善耳，无关实叙。是以圣人作制，推德翳物，我将我享，实膺天祐。固获三品，宾庖豫焉。若乃见生不忍死，闻声不食肉，固君子之所务也。窃愿高明，更加三思。"

按何承天此论，明显地是从儒家观点和他的天文历数的科学知识结合在一起的，并自然哲学反对佛教报应之说。但是儒家在思想传统上，对于"天"的理解，没有摆脱有神论的宗教观点。例如：所谓"圣人作制，推德翳物，我将我享，实膺天祐"，即是明证。所以以儒家思想与无神论相结合，一方面甚难成为彻底的无神论，另一方面也必然使自己的体系陷于矛盾。儒家的这一矛盾，曾经为南朝的佛家所批评。例如僧祐在其《弘明集·后序》中，关于此点曾说：

> "若疑莫见真佛，无益国治，则禋祀望秩，亦宜废弃。何者？苍苍积空，谁见上帝之貌？茫茫累块，安识后只之形？民自躬稼，社神何力？人造庸暧，蜡鬼奚功？然犹盛其牺牲之费，繁其岁时之

祀者,岂不以幽冥宜尊,教民美报耶? 况佛智周空界,神凝域表,上帝成天,缘其陶铸之慈,圣王为人,依其亭育之戒,崇法则六天咸喜,废道则万神斯怒。今人莫见天形而称郊祀有福,不睹金容而谓敬事无报,轻本重末,可为震惧者三也。"

僧佑此论,虽不足证成有神,而运用矛盾律以攻击儒家观念的自相抵触,则不仅恰中儒家的弱点,在逻辑方法上,也有注意的价值。然而,何承天在南北朝佛教有神论思想正宗化的时代,率先提出了无神论观点以反对佛教的报应之说,对于其后的反佛斗争,是有着发端的意义。

(二)所谓《白黑论》之争,乃是《报应问》之争的延长或扩大。在何承天与刘少府之间,所争者只是神鬼报应的有无;而在《白黑论》之争中,则已经从有神无神转到了神灭与否的争论。我们前面说过:神灭与否的争辩是有神无神之争的具体形态,所以从《报应问》到《白黑论》的发展,在逻辑上是合理的。

这次论争以释慧琳的《均善论》(又名《白黑论》)为导火线。此论设为白学先生与黑学道士的问答,对于佛理颇多讥评。其重要论旨如下:

"今效神光无径寸之明,验灵变罔纤介之异,勤诚者不睹善救之貌,笃学者弗克陵虚之实,徒称无量之寿,孰见期颐之叟? 咨嗟金刚之固,安觌不朽之质? 苟于事不符,宜寻立言之指,遗其所寄之说也。且要天堂以就善,曷若服义而蹈道? 惧地狱以敕身,孰与从理以端心? 礼拜以求免罪,不由只肃之意。施一以徼百倍,弗乘无吝之情。美泥洹之乐,生耽逸之虑。赞法身之妙,肇好奇之心。近欲未弭,远利又兴。虽言菩萨无欲,群生固已有欲矣。甫救交敝之氓,永开利竞之俗,澄神反道,其可得乎? ……是以周孔敦俗,弗关视听之外;老庄陶风,谨守性分而已。……周孔疑而不辨,释迦辨而不实,将宜废其显晦之迹,存其所要之旨。"(《宋书》卷九七《天竺迦毗黎国传》)

此外,该文批评到佛教的糜费奢华,"务权化之业,结师党之势。"其论既出,一时僧众,谓其身为比丘,不能忌经护师,竟尔贬黜释教,欲加摈斥(《高僧传·道渊传》载琳被斥交州);赖蒙宋文帝善救,"得免波罗夷"。当时,何承天以慧琳此论富有无神思想,独为同情,乃送《均善论》于宗炳(释慧远弟子),并作《与宋居士书》,请其对于此次争议,"试寻二家谁为长者?"于是,何承天与宗炳之间,遂起争论(此即所谓"白黑论之争")。计此争论,其辩难文书有如下五篇:

(1)宗炳:《答何衡阳书》(《弘明集》卷三);

(2)何承天:《答宗居士书释均善论》(同上);

(3)宗炳:《答何衡阳书》(同上);

(4)宗炳:《明佛论》一名《神不灭论》(《弘明集》卷二);

(5)何承天:《答宗居士书》(《弘明集》卷三)。

在宗何的往复辩难中,以慧琳的《均善论》为论题,首先接触到有神无神,及报应虚实等问题;但循着辩难的逻辑,终于出现了神灭与否的争论。兹为使易于理解双方持论的真相,并便于分析其正误起见,特将双方的主要意见,对照摘录如下(见次页表):

(三)所谓《达性论》之争,系由《白黑论》之争派生而出;更严格地说来,直可视为《白黑论》之争的继续发展。如前所述,宗炳在《白黑论》之争时,曾作《明佛论》以证成神不灭义。何承天遂针锋相对,作《达性论》以难宗作《明佛论》。何论要旨,除不信报应而外,仍坚持形死神灭:

"生必有死,形毙神散;犹春荣秋落,四时代换。奚有于更受形哉?"(《弘明集》卷四、《艺文类聚》二二、《全宋文》卷二四)

《达性论》既出,颜延之作《释达性论》以难之,何作《答颜光禄》,颜作《重释达性论》,何又作《重答颜光禄》(各文并见《弘明集》卷四、《全宋文》卷二三及三七)。宾主往复辩难甚苦。但此次争论,神灭与否又处于副次地位;只在"人"与"众生"差别同异所在的争辩上,何承天提出了鬼神问题和有无问题。例如在《重答颜光禄》中说:

宗炳的神不灭论	何承天的神灭论
今人形至粗,人神实妙,以形从神,岂得齐终?	形神相资,古人譬以薪火。薪弊火微,薪尽火灭;虽有其妙,岂能独传?
若身死神灭,是物之真性,但当即其必灭之性,与周孔并力致教。……何(为)诳以不灭,欺以佛理,使烧祝发肤,绝其胖合,……以伤尽性之美? 夫火者,薪之所生;神非形之所作,……极则超形独存。无形而神存,法身常住之谓也。……昔不灭之实,事如佛言,而神背心毁,自逆幽司,安知今生之苦毒者,非往生之故尔邪?	华戎自有不同。何者? 中国之人,禀气清和,合仁抱义,故周孔明性习之教;外国之徒,受性刚强,贪欲忿戾,故释氏严五戒之科。来论所谓"圣无常心,就物之性"者也。 夫明天地之性者,不致惑于迂诞,识盛衰之径者,不役心于理表。倘令雅论,不因善权笃诲,皆由情发,岂非通人之蔽哉?

"又云'天下宁有无形之有? 顾此唯疑,宜见定正。'寻来旨,似不嫌有鬼,当谓鬼宜有质。得无惑于天竺之书说鬼别为生类故邪? 昔人以鬼神为教,乃列于典经,布在方策;郑乔吴札亦以为然。是以《云和》六变,实降天神;《龙门》九成,人鬼咸格。足下雅秉《周礼》,近忽此义,方诘无形之有,为支离之辩乎?"

综观上述何承天所作三次反佛斗争,可得结论如下:

第一,佛教的神不灭义是其报应思想的理论基础,所以神灭论与无鬼论成了当时一般反佛者的共同思想。佛教在刘宋元嘉年间为最盛,故反佛的论争也集中于此点。例如:"任城彭丞著《无三世论》,僧含作《神不灭论》以抗之。"(汤用彤:《汉魏两晋南北朝佛教史》下册,新华书店中译本,页 427)前引郑鲜之的《神不灭论》,也作于元嘉之际(郑氏卒于元嘉三年)。《宋书》(卷六九)《范晔传》载:"晔尝谓死者神灭,欲著《无鬼论》。……又语人寄语何仆射:天下决无佛鬼。"何承天在这一点上,可谓以无神论、无鬼论及神灭论与佛教相抗争的代表者。

第二,何承天的神灭论,大体是承袭汉晋以来的"薪火"之喻,并无新义;其无神论与无鬼论,也由于儒家的"天"的信仰,未能贯彻。论点一涉及儒家经典,即不自觉地丧失了无神无鬼的反佛斗争精神,例如《答宗居士书释均善论》,"华戎自有不同"(前表引)以下,曾说:

> "惩暴之戒,莫苦乎地狱;诱善之劝,莫美乎天堂。将尽残害之根,非中庸之谓。周孔则不然:顺其天性,去其泰甚。淫盗著于五刑,酒荤明于周诰。春田不围泽,见生不忍死。五犯三驱,钓而不网。是以仁爱普洽,泽及独鱼。嘉礼有常俎,老者得食肉。春耕秋收,蚕织以时。三灵格思,百神咸秩。方彼之所为者,岂不弘哉?"

似此所说,只是与佛教站在同一层次上作门户之争。于儒家的有神则信之,于佛家的有神则反之,实是自相矛盾之说。关于此事,梁僧佑的《弘明集·后序》说:

> "若疑人死神灭,无有三世,是自诬其性灵,而蔑弃其祖祢也。然则周孔制典,昌言鬼神,《易》曰:游魂为变,是以知鬼神之情状。既情且状,其无形乎?《诗》云:三后在天,王配于京,升灵上昊,岂曰灭乎?《礼》云:夏尊命是鬼敬神,大禹所只,宁虚诞乎?《书》称周公代武云:能事鬼神,姬旦祷亲,可虚罔乎?苟亡而有灵,则三世如镜,变化轮回,孰知其极?俗士执礼而背叛五经,非直诬佛,亦侮圣也。若信鬼于五经,而疑神于佛说,斯固聋瞽之徒,非议所及,可为哀矜者二也。"

执僧佑此评以绳何承天,确有"信鬼于五经,而疑神于佛说"的"聋瞽"之嫌。

第三,何承天的无神及神灭思想,虽有一般儒家所难免的严重缺点,但其所作的三次反佛斗争,确已刺中了佛教正宗的若干论点,而具备了人民性的战斗的基本性格。此点,由何尚之《答宋文帝赞扬佛教事》(《弘明集》卷一一,《全宋文》卷二八)中取得明证。尚之说:

> "时有沙门慧琳,假服僧次,而毁其法,著《白黑论》(汤用彤定琳论作于元嘉十年前后)。衡阳太守何承天与琳比狎,雅相击扬,著《达性论》。并拘滞一方,诋呵释教。永嘉太守颜延之,太子中

舍人宗炳,信法者也,检驳二论,各万余言。琳等始亦往还,未抵迹
乃止。炳因著《明佛论》,以广其宗。帝善之,谓侍中何尚之曰:
'……颜延年之折《达性》,宗少文之难《白黑论》,明佛法汪汪,尤
为名理,并足开奖人意。若使率土之滨皆纯此化,则吾坐致太平,
夫复何事?'……"

这样看来,佛教的隆替与封建王朝的治乱直接相关;则反佛即是
"异端",已极为明白。

(二)刘孝标辩命论所发展的无神论思想

何承天以后,宋梁之际的刘峻(字孝标,刘宋后武帝大明六年至梁
武帝普通二年,公元462至521年)所作《辩命论》,在南朝无神论思想
发展史上,也是重要文献。据《梁书》(卷五〇)及《南史》(卷四九)本
传,我们知道,他的身世具备着被压迫人物的悲剧的性格。例如:8岁
被掠为奴;贫不自立,与母并出家为尼僧;寄人庑下自课,博闻异书;齐
竟陵王子良时,因人求为国职,抑而不许;梁武帝天监初年,文学之士,
多被引进,擢以不次,峻贫瘁冗散,竟不见用。所作《自序》,固是异端
的控诉,而《辩命》之论则尤为孤愤之作。此论从实质上看来,是王充
自然哲学的引申。例如他说:

"夫通生万物,则谓之道;生而无主,谓之自然。自然者,物见
其然不知所以然,同焉皆得不知所以得,鼓动陶铸而不为功,庶类
混成而非其力,生之无亭毒之心,死之岂虔刘之志,坠之渊泉非其
怒,升之霄汉非其悦。荡乎大乎,万宝以之化;确乎纯乎,一化而不
易;化而不易,则谓之命。命也者,自天之命也;定于冥兆,终然不
变,鬼神莫能预,圣哲不能谋,触山之力无以抗,倒日之诚弗能感,
短则不可缓之于寸阴,长则不可急之于箭漏,至德未能逾,上智所
不免。是以放勋之世,浩浩襄陵;天乙之时,焦金流石;文公躔其
尾,宣尼绝其粮,颜回败其丛兰,冉耕歌其芣苡,夷叔毙淑媛之言,
子舆困臧仓之诉,圣贤且犹若此,而况庸庸者乎?……咸得之于自

然,不假道于才智。故曰:'死生有命,富贵在天。'其斯之谓矣。"
(《梁书》卷五〇本传、《艺文类聚》二一、《全梁文》卷五七)

上文"天命"与"自然"为同义语。倘译为今语,即是一种机械的必然法则。这种机械的必然法则,在刘孝标看来,就是宇宙的构成及发展的原理,就是国家治乱与人生穷通的最高决定者。这种思想,和《论衡》的《逢遇》、《命禄》、《幸偶》、《命义》、《治期》、《自然》等篇,实相近似。

刘孝标的唯物主义世界观成熟于齐梁之际,其意义颇为重大其一,南朝以来,反佛的儒家(例如何承天),由于被传统的宗教天道观所支配,以至在无神、神灭的斗争上,显示了种种的缺点与矛盾。刘孝标这种思想的出现,对于以前反佛的缺点与矛盾,提供了理论上的补充。其二,对于以后的反佛理论,预示了使儒家的反神学传统与道家的自然哲学重新结合(在桓谭、傅玄、杨泉的思想中曾经结合)而走向更高级发展的可能。其三,刘孝标著《辩命论》,较范缜在竟陵王座上发表不信因果的偶然论,晚出 18 年(参看下章《范缜生年学行略表》),而与范缜发表的《神灭论》则约略同时;且刘范二人,均与竟陵王及梁武帝有相当渊源,其境遇也颇相近,二人在思想上自可能相互影响。由于刘孝标在南朝反佛理论的发展上,占有着这种承先启后的地位,所以我们对于他的《辩命论》,不能不特别重视。

第 九 章

范缜神灭论的唯物主义体系与
战斗业绩及其影响

第一节 范缜思想在唯物主义发展史上的地位

范缜在南北朝佛教国教化时代,不但"盛称无佛",并且是反佛斗争的勇敢坚决的发动者,无疑地是王充以来伟大的唯物主义思想家。这一位伟大的异端思想家,在中世纪思想史上的地位,可以说是两汉魏晋(乃至先秦)以来所有神灭思想的综合者和发展者。

第一,反神学斗争与唯物主义自然哲学的综合及发展。南朝自刘宋以来,反佛的儒家,例如何承天,缺乏着王充所坚持的首尾一贯的世界观;而是富有唯物主义的自然哲学的学者,例如刘孝标,又不在文字中明白地反佛。这二者的分离存在,到了范缜才完成了有机的综合。如前所述,在两汉之际,儒家桓谭曾吸收道家自然之义而主张神灭;西晋初叶儒家傅玄与杨泉也曾如此。但桓谭所反的是图谶宗教,傅=杨所反的是《老》、《庄》的玄学与神仙之术;到了范缜才用之于反佛的新的斗争中来。"对象决定着事物的性质。"(费尔巴哈语)此一综合,正由于以反佛为对象而获得了具体化的发展。

第二，名理教养与反佛斗争的综合及发展。魏晋以来的士族名理教养，其先与《老》、《庄》相结合，其后又与佛教相结合，始终是宗教迷信、神学与玄学的方法论；所以，在范缜以前，有名理教养者多不反佛，而反佛者又多缺乏着名理教养。例如：将何承天的反佛著作与佛教信徒的辩难文献相较（例如梁释僧佑的《弘明集·后序》等），便可以发现双方世界观与方法论教养之间的不相应的对照。这就是说，反佛的学者，在世界观上虽以唯物主义而与佛家的唯心主义相对立，而在方法论上，却显出落后于佛家的学者。但是，到了范缜才吸收了士族的名理教养，将本来被宗教家与玄学家所玩弄的方法，转化为反佛的斗争武器。名理教养的这一从神不灭义到神灭论的转化，相似于辩证法之脱离黑格尔而从属于唯物主义，取得了新的发展的地基。在这里，表现着"方法论从属于世界观"的范例。

由于这两大综合与发展，皆由范缜所完成，所以他也就使从来的反佛斗争，迈进于新的阶段。在这一新的阶段上，首先，继承了过去唯物主义的传统，丰富了自己神灭论的体系构成；其次，使神灭思想的反佛战斗威力，发展到尖锐化的程度，空前的坚定与勇敢；最后，表现出反佛的著作，具有了不但赶上论敌，而且也超过论敌的逻辑构成。

诚然，神灭思想的悠久发展，唯物主义的自然哲学的绵延不绝，反佛斗争的长期进行，清谈名理的传统，这一切条件，确乎提供了完成前述两大综合与发展的可能性。但是，由可能性到现实性的转化，却需要配合着思想家的主观条件。因此，我们应该对于范缜的时代及其身世特点，率先加以研究。

范缜的生卒年月，《梁书》（卷四八）及《南史》（卷五七）本传不详；其生平学行，所载也多失实。兹参考前人考证，更据《宋》、《齐》、《梁书》及《南史》所载与范缜有关诸人的传纪，特制下表：

范缜生年学行略表

公元	朝代帝王年号	生年	学　行	备　考
450	宋文帝元嘉二十七年	1	生于南乡舞阴。	其前三年,何承天卒。
467	宋明帝泰始三年	18	闻沛国刘瓛聚众讲说,始往从之。卓越不群而勤学,瓛甚奇之,亲为之冠。	本传载缜少孤贫,事母孝谨云云,当在此前。
478	宋顺帝昇明二年	29	发白皤然,乃作伤暮诗《白发咏》以自嗟。	本传载缜博通经术,尤精《三礼》。性质直,好危言高论,不为士友所安。唯与外弟萧琛善,名曰口辩。每服缜简诣云云,当在此前。
479 至 485	齐高帝建元元年至武帝永明三年	30—36	仕齐,位尚书殿中郎。永明中与魏氏和亲,简才学之士以为行人,缜及从弟云,萧琛,琅邪严幼明,河东裴昭明,皆著名邻国。	刘瓛儒业冠于当时,都下士子贵游,莫不下席受业。齐高帝召瓛入华林园问以政道,竟陵王子良亲为修谒,均此时期事。
486 至 487	齐武帝永明四年至五年	37—38	竟陵王子良招宾客,缜亦预焉。五年开西邸,萧衍、沈约、谢朓、王融、萧琛、范云、任昉、陆倕等并在,号曰"八友"。	刘孝标因人求为子良国职,吏部尚书徐孝嗣抑而不许。当在此时。
489	齐武帝永明七年	40	缜盛称无佛,与子良作不信因果之辩,子良不能屈。与太原王琰及王融辩神灭,宣称不能卖论取官。	竟陵王子良表武帝为瓛立馆于杨烈桥故主第。瓛遇疾,未及徙;子良遣从瓛学者彭城刘绘、顺阳范缜,将厨于瓛宅营斋。瓛卒,门人受学者并吊服临送。

（续表）

公元	朝代帝王年号	生年	学　行	备　考
494 至 497	齐明帝建武元年至四年	45—48	为宜都太守,性不信神鬼。时,夷陵有伍相庙,唐汉三神庙,胡里神庙,缜乃下教断不祠。	
500	齐东昏侯永元二年	51	缜以母忧居于南州,萧衍（梁武帝）起兵,至南州,缜墨绖来迎。衍与缜有西邸之旧,见之甚悦。	
501	齐和帝中兴元年	52	建康城平,缜为晋安太守。在郡清约,资公禄而已。	
502 至 504	梁武帝天监元年至三年	53—55	征为尚书左丞。及还,虽亲戚无所遗。唯饷前尚书令王亮。（亮,天监二年废为庶人,与缜在齐时同台为郎,旧相友爱。）	天监三年武帝下敕舍道事佛。
505	梁武帝天监四年	56	为王亮伸冤,攻击司徒谢朏,经御史中丞任昉劾奏,谪徙广州。	刘孝标著《辩命论》在此前后。
507	梁武帝天监六年	58	缜从广州召还,为中书郎。发表《神灭论》,与曹思文等 64 人,展开争辩。	本传有"在南累年"语。缜卒年无从考知,然此后事迹皆不见记载。恐卒年即在此后不久。

就上表分析,我们可以知道:

第一,在南朝身份性地主阶级统治的时代,范缜这种少孤家贫而出身寒微的幼年遭遇，虽然不是他反抗正宗意识的决定条件，但对于他孕育反抗精神是有关系的。这一点，他和王充相似。本传所说，"在瓛门下积年，恒芒履布衣，徒行于路；瓛门下多车马贵游，缜在其间，聊无耻愧"，可为明证。本传又说他"性质直，好危言高论"。其所言所论者为何，史无明文，但"不为士友所安"一语，却可以证明其言论与正宗思想非为同科；其如何"危"其言而"高"其论，虽无从知悉，而"琛名曰口辩"，此"口辩"二字则带有"名理"意味。范缜以这样的思想和性格，处于"车马贵游"之间，就一方面说，固然表现出中世纪进步思想家的超人和俗人斗争的形式，所谓"卓越不群"；就另一方面说，则是他与身份性地主阶级发生颉颃，而陷于孤愤境遇的根源。此所谓"孤愤"，例如，29 岁即作《白发咏》以自嗟；与梁武帝虽有"西邸之旧"而不在"八友"之列；两次发表神灭思想，而论敌多是西邸旧游；天监初年，西邸人物大都显贵，而范缜所"私相亲结"者，却是在亡齐时代"同台为郎"而入梁废为庶人的王亮；以 58 岁的老境，谪徙广州，也是出于西邸旧游的任昉的弹劾。其终身不与贵族们相契，而落落寡合，可以想见。

第二，范缜虽然处于孤愤境遇，却始终作着"不为士友所安"的异端战斗，而从未与代表正宗思想的贵族势力相妥协。例如，竟陵王子良的西邸，在文惠太子的扶持之下，招致了大批的名僧讲说佛法，子良本人也"精信释教"，而范缜在这一佛教圣地（西邸在南北朝佛教发展上，有重要的地位），竟"盛称无佛"，"不信因果"。非有战斗的魄力者，不敢出此！所以《南史》本传说：

> "此论出，朝野喧哗，子良集僧难之，而不能屈。……子良使王融谓之曰：神灭既自非理，而卿坚执之，恐伤名教。以卿之大美，何患不至中书郎，而故乖刺为此，可便毁弃之。缜大笑曰：使范缜卖论取官，已至令仆矣，何但中书郎邪！"

这样看来，斥那些同时代蜕化了的人物附和佛教为"卖论取官"，以"大笑"表示对俗人的鞭挞，这种对于自己理论的忠实态度，实为老唯物主义战士的模范。并且经过了这次波折以后，范缜实际上也确乎没有放弃他的无神论立场。例如本传说：

> "后为宜都太守,性不信神鬼,时夷陵有伍相庙,唐汉三神庙,
> 胡里神庙,缜乃下教断不祠。"

他的这种毁庙政策,在和宗教斗争的历史意义上讲来,客观上反而帮助有神论者的借口,这是无神论者的偏激,但这却表现出他的天真的言行一致之处。梁武帝天监三年宣布佛教为国教,范缜于天监六年就发表了《神灭论》,这是针锋相对的战斗。在论战展开以后,由皇帝和教皇(梁武帝与大僧正释法云)联合发动了论客王公朝贵 64 人之多,而范缜在他的《答曹思文难神灭论》中,仍然不屈不挠,这更是中世纪唯物主义战士的模范态度。

第三,如前所述,范缜不但是反佛的神灭论者,而且是反一切迷信观念的无神论者。但是,我们更必须指出,他不仅是思想上的理论战士,而且也是政治上的现实批判者。例如《梁书》(卷一六)《王亮传》说：

> "天监……四年夏,高祖宴于光华殿,谓群臣曰:朕日昃听政,
> 思闻得失,卿等可谓多士,宜各尽献替。尚书左丞范缜起曰:司徒
> 谢朏,本有虚名,陛下擢之如此;前尚书令王亮,颇有治实,陛下弃
> 之如彼;是愚臣所不知。高祖变色曰:卿可更余言。缜固执不已,
> 高祖不悦。御史中丞任昉因奏曰:臣闻息夫历诋,汉有正刑;白褒
> 一奏,晋以明罚。况乎附下讪上,毁誉自口者哉? ……又今月十
> 日,……诏留侍中臣昂等十人,访以政道,缜不答所问,而横议沸
> 腾。……缜言不逊,妄陈褒贬,伤济济之风,缺侧席之望,不有严
> 裁,宪准将颓。……臣谨案尚书左丞臣范缜,衣冠绪余,言行舛驳,
> 夸谐里落,喧诟周行,曲学谀闻,未知去代,弄口鸣舌,只足饰
> 非。……顾望纵容,无至公之议;恶直丑正,有私讦之谈。宜实之
> 徽缠,肃正国典。……玺书语缜……具以状对。所诘十条,缜答支
> 离而已。"

上引《王亮传》语,虽皆出诸正宗家之口,而我们却可以从相纽的方面

看出了范缜的学行的伟大处：其一，当面不仅攻击司徒，而且攻击皇帝，以致"高祖变色"，而仍"固执不已"，可见他所作现实的政治批评，态度异常坚定。其二，"夸谐里落，喧诟周行"，可见范缜不仅对上层公然指摘，并且也向下层宣传。其三，"曲学谀闻"，"只足饰非"，可见范缜的现实批评，从人民性的观点出发，而在群众中间，也的确发生了"物质的力"。总之，范缜对于当时以豪族地主为阶级根源的、以佛教为国教的中世纪统治阶级的宗教世界观，采取了对角线的战斗态度。无怪乎统治阶级的维护者要把他以"附下讪上"之"异端"罪名，准之封建法律而"肃正国典"了！

上面所述的，是我们关于范缜的时代及其身世性格和战斗精神的认识。但是，这样的战斗，需要着一个坚固的思想体系。这就是他的两次发表的《神灭论》。

《梁书》及《南史》均于范缜与子良论不信因果文下，载"子良不能屈，缜退论其理著《神灭论》"。而与《弘明集》所载，显然矛盾。但矛盾只是旧史将范缜在梁时所作的《神灭论》误入竟陵王时代，而不能断定在竟陵王时代范缜没有发表过神灭思想的议论。所以，我们认为，范缜作过两次神灭论的战斗，第一次在竟陵王时代，从偶然论的观点出发到神灭论作结，而以竟陵王所集的名僧为对手。这次的神灭之争，发生在齐武帝永明七年（公元 489 年），而刘瓛也正是这一年死去的。据《南史》（卷五〇）《刘瓛传》说：

"……竟陵王子良亲往修谒，七年，表武帝为瓛立馆，以杨烈桥故主第给之。未及徙居，遇疾。子良遣从瓛学者彭城刘绘、顺阳范缜将厨于瓛宅营斋。及卒，门人受学者并吊服临送。"

似此，范缜之"盛称无佛"，"不信因果"，并与王融辩论神灭，必然和"将厨于瓛宅营斋"，及瓛卒"门人受学者并吊服临送"直接相关。正因为这一次是对于本师而起的争论，所以豪门太原王琰著论讥缜，才有"呜呼！范子曾不知其先祖神灵所在"之言。第二次，在梁武帝时代，以王公朝贵为对手，展开了大规模的神灭论战。

第二节　范缜神灭论中的唯物主义
世界观与逻辑思想

我们已经知道范缜神灭论的特点之一,是和唯物主义的自然哲学世界观相结合的。这种世界观,从王充时代起,就包含着两个似乎相反而实相一致的构成部分:其一,机械的必然论;其二,自发的偶然论。这二者在南北朝时代各有传人,例如:上节所述刘孝标的《辩命论》代表着前者,而范缜则代表着后者。范缜的偶然论,前面已经说过,表现在他和竟陵王子良所作因果有无的辩论中。其原文如下:

"子良精信释教,而缜盛称无佛。子良问曰:君不信因果,何得富贵贫贱? 缜答曰:人生如树花同发,随风而堕。自有拂帘幌坠于茵席之上;自有关篱墙落于粪溷之中。坠茵席者,殿下是也;落粪溷者,下官是也。贵贱虽复殊途,因果竟在何处?"

在这里,范缜明白地肯定了人生的富贵贫贱,完全是偶然的际遇,并无所谓因果。此所谓无因果,就是说人生是循着自然法则的运行而延续,所谓因果报应的神意,根本就不存在。这种见解,和王充《论衡·物势篇》所说"天地合气,人物自生"同样,都是无神论的根据。并且,这种世界观,王充在儒家正宗化的汉代,用以反对儒家的"天地故生人"之说,范缜在佛教国教化的南朝,用以反对佛教的"三世因果"之义,都是老唯物主义的理论基础。关于王充本书已有专章论述。关于范缜,我们必须知道,他以"博通经术,尤精《三礼》"的儒家而吸收了道家的"自然之义",这首先就使他的《神灭论》,不但成为反对宗教迷信的无神论著作,而且成为反对唯心主义的唯物主义文献。现在我们要对于此点加以研究。

《神灭论》这名著(全文载《梁书》卷四八《范缜传》)通篇用问答体,共分五段。前四段逐层说明神灭的道理;后一段说明"浮屠害政,桑门蠹俗",其结果使人们相信"神不灭",故能"惧以阿鼻(按:地狱之名)之苦,诱以虚诞之辞",指出所以著论的目的。这种五分法,是萧琛的《难范缜神灭论》的传统分段方法。但萧琛是分做五段加以辩难,我们则是分做五段而疏证其义理:

> "或问予曰:'子云神灭("子云"二字据《弘明集》卷九《萧难》增补。——引者按),何以知能灭也?'答曰:'神即形也,形即神也;是以形存则神存,形谢则神灭也。'"

> "问曰:'形者,无知之称;神者,有知之名。知与无知,即是有异;神之与形,理不容一。形神相即,非所闻也。'答曰:'形者,神之质;神者,形之用。是则形称其质,神言其用;形之与神,不得相异也。'"

这是第一段。《神灭论》立论的主旨,它的唯物主义的本质,即无神论的基础,及其逻辑思想的精髓,均在于此。关于逻辑方面,俟下文详述。现在我们先来考察这里的唯物主义及无神论的思想:

第一,"即""异"二字是问题的关键。"即"者"来即我谋"(《诗·卫风氓》)之"即",义谓"接近";译为哲学用语,则与"结合"、"涵蕴"、"渗透"等词可以互训。"异"者"群居五人则长者必异席"(《礼·曲礼》)之"异",义谓"分离";《论语》所谓"叩其两端"(《子罕篇》)之"两",《左传》所谓"国不堪贰"(隐公元年传祭仲语)之"贰",《公孙龙子》"坚白石二"(《坚白论篇》)之"二",皆与此同义;凡两件东西只能相粘着而不能相化合,彼此永远保持游离状态的关系,皆谓之"异"。据此可知,所谓"形神相即","不得相异",就是说灵魂和形体永远相互涵蕴,不能分离。反之,主张灵魂和形体可以相异,也就是说二者可以互相分离而独存。前者是神灭论的基本命题,后者是神不灭义立论的前提。所以,神灭与否的争辩,其关键就在于"形神相即"与"形神相异"之争。范缜所说:

> "神即形也,形即神也。"

这是明白的"形神相即"论。而问者所谓:

> "神之与形,理不容一。'形神相即',非所闻也。"

这也是明白的"形神相异"论。

第二，从"形神相即"出发，自然也可能导出"形神平行"论。但是，范缜则以为在"相即"的"形"与"神"中间，则不是平行的关系，而是以"形"为基础、以"神"为派生的主从关系。在这种关系中，"神"的"生""灭"随"形"的"存""谢"为转移。所以他说：

> "形存则神存，形谢则神灭也。"

这种观点，无疑地是唯物的一元论。此所谓唯物的一元论，就是说只有形骸是基本的存在，人的精神和灵魂，只是形体所发生的一种作用，或从属于形体的一种性质，根本不能离开形体而独立存在。前引荀子所谓"形具而神生"，即是此义。所以说：

> "形者，神之质；神者，形之用。是则形称其质，神言其用；形之与神（按：严格地说，应该是"神之与形"），不得相异也。"

第三，根据上述唯物的一元论的命题，依逻辑推论，就可以说，宇宙间只有物质是基始的存在，精神则是物质的属性，或物质的作用，根本不能离开物质而独立存在。这样，就成了唯物主义的世界观。这种世界观，对于范缜的体系来说，是他的无神论的理论的基础。我们前面说，范缜的《神灭论》，不但是无神论著作，而且也是唯物主义文献，正是此义。

> "问曰：'神故非质，形故非用（按《梁书》作"神故非用"，兹据《弘明集》校改），不得为异，其义安在？'答曰：'名殊而体一也。'"

> "问曰：'名既已殊，体何得一？'答曰：'神之于质，犹利之于刃（《梁书》作"刀"，兹据《弘明集》校改，以下同此）；形之于用，犹刃之于利。利之名非刃也，刃之名非利也；然而，舍利无刃，舍刃无利。未闻刃没而利存，岂容形亡而神在？'"

> "问曰：'刃之与利，或如来说；形之与利，其义不然。何以言之？木之质，无知也；人之质，有知也。人既有如木之质，而（又）有异木之知；岂非木有其一，人有其二耶？（二"其"字据《弘明集》校增）'答曰：'异哉言乎！人若有如木之质以为形，又有异木之知"

以为神,则可如来论也;今人之质,质有知也;木之质,质无知也;人之质非木质也,木之质非人质也,安在("在"字据《弘明集》校增)有如木之质,而复有异木之知哉?'

"问曰:'人之质所以异木质者,以其有知耳;人而无知,与木何异?'答曰:'人无无知之质,犹木无有知之形。'

"问曰:'死者之形骸,岂非无知之质耶?'答曰:'是无人质。'(按《弘明集》作"是无知之质也"。)

"问曰:'若然者,人果有如木之质,而(又)有异木之知矣。'答曰:'死者如木(《弘明集》作"死者有如木之质"),而无异木之知;生者有异木之知,而无如木之质也。'

"问曰:'死者之骨骼,非生者("者"字据《弘明集》校增)之形骸耶?'答曰:'生形之非死形,死形之非生形,区已革矣(按谓区以别矣);安有生人之形骸,而有死人之骨骼哉?'

"问曰:'若生者之形骸,非死者之骨骼;非死者之骨骼,则应不由生者之形骸,不由生者之形骸,则此骨骼从何而至此耶?'答曰:'是生者之形骸,变为死者之骨骼也。'

"问曰:'生者之形骸,虽变为死者之骨骼,岂不从(《弘明集》作"因")生而有死?则知死体犹生体也。'答曰:'如因荣木变为枯木,枯木之质,宁是荣木之体?'

"问曰:'荣体变为枯体,枯体即是荣体;丝体变为缕体,缕体即是丝体;有何别(《弘明集》作"咎")焉?'答曰:'若枯即是荣,荣即是枯,应荣时凋零,枯时结实也。又荣木不应变为枯木;以荣即枯,无所复变也。荣枯是一,何不先枯后荣,要先荣后枯,何也?丝缕之义,亦同此破。'

"问曰:'生形之谢,便应豁然都尽;何故方受(原作"爱"据《弘明集》校改)死形,绵历未已耶?'答曰:'生灭之体,要有其次,故也。夫歘("忽"本字)而生者,必歘而灭;渐而生者,必渐而灭。歘而生者,飘骤是也;渐而生者,动植是也。有歘有渐,物之理也。'"

这是第二段。在体系构成上,本段是对于第一段主旨的补充说明。但是,却也有其独立的论点。兹分述如下:

第一,以"利之于刃"喻"神之于形",以"木之荣枯"及"丝"之变"缕",喻人之生死;固然没有超出第一段主旨的范围,但是,在这里,首先应该注意的是:范缜的《神灭论》和以前各家不同,前人证成神灭,所取素材,不出"薪火""烛脂"等事,而范缜却汲取了更多的自然素材,表现了更深刻化的自然认识(物之理)。这就说明了范缜的神灭思想,不但有了更雄厚的自然科学基础,而且也与自然科学取得了更密切的结合。

第二,此所谓更深刻化的自然认识,就是说范缜对于自己所汲取的自然素材,已经有了"质"的认识。例如,他明白告诉我们,人"有知"而木"无知",是因为"人之质"和"木之质"本不相同。并且这样的看法,一方面固然表现着范缜的自然认识的具体性,而另一方面却也证明了第一段主旨所说神是形的产物,只能即形而存在,不能离形而独立。这样就更进一步确定了"形存则神存,形谢则神灭"的必然性。本来古代的神灭论者荀子,早也说过:

> "水火有气而无生,草木有生而无知,禽兽有知而无义,人有气、有生、有知、亦且有义。"(《王制篇》)

范缜所说的"人无无知之质,犹木无有知之形",正是荀子的注脚。不过,把这一看法,转移到"质""用"关系上来,借以证成神灭,则是荀子思想的发展。

第三,范缜已经认识"质"的变动性。所以"人之质"虽然是"有知之质",而一旦"生者之形骸,变为死者之骨骼",即转化成"无知之质",即所谓"是无人质"。在这里,"人质"与"非人质",有着相通互转的道路。他说的"荣体变为枯体,丝体变为缕体",其"质"的转化,也同此义。并且,在范缜看来,质的变动性即是事物运动发展的内在原因。例如他明白肯定:如果从"荣"到"枯"不是质的变动,即是"无所复变"。质的变动,范缜以为是合法则性的过程。所以木之荣枯,一定"要先荣后枯","不先枯后荣"。

第四,范缜以为,质的差别性,是事物所以相互区别的标帜;反之,"若枯即是荣,荣即是枯",即"应荣时凋零,枯时结实",非致"是亦彼也,彼亦是也"的"荣枯是一"的齐物论境地不可。正由于范缜强调了质的差别性,所以又使其质的变动性的理解更加具体化。这就是说,他又进一步指出:不同的质有其不同的变动规律。"欻而生者必欻而灭,渐而生者必渐而灭";"有欻有渐,物之理也"。荀子曾说:"物也者大共名也。"(《正名篇》)则范缜这里所谓"物之理",即应为宇宙间的普遍法则之义。

据上四点可知,《神灭论》从第一段到第二段,虽是补充说明,而这种补充,却不是平面地扩张范围,而是纵深地发展第一段的主旨;在诸多的发展中,尤以"质"的认识有其卓然独到的见解。

"问曰:'形即是神者,手等亦是神("神"字据《弘明集》校增)耶?'答曰:'皆是神之分也。'

"问曰:'若皆是神之分,神既能虑,手等亦应能虑也?'答曰:'手等亦应能有痛痒之知,而无是非之虑。'

"问曰:'知之与(此三字据《弘明集》校增)虑,为一为异?'答曰:'知即是虑;浅则为知,深则为虑。'

"问曰:'若尔,应有二虑,虑既有二,神有二(以上八字据《弘明集》校增)乎?'答曰:'人体惟一,神何得二?'

"问曰:'若不得二,安有痛痒之知,复有是非之虑?'答曰:'如手足虽异,总为一人;是非痛痒,虽复有异,亦总为一神矣。'

"问曰:'是非之虑,不关手足,当关何处?'答曰:'是非之虑("虑"字《梁书》作"意",兹据《弘明集》校改),心器所主。'

"问曰:'心器是五藏之心,非耶?'答曰:'是也。'

"问曰:'五藏有何殊别,而心独有是非之虑乎?'答曰:'七窍亦复何殊?而司用不均。'(《弘明集》"均"下有"何也"二字)

"问曰:'虑思无方,何以知是心器所主?'答曰:'五藏各有所

司,无有能虑者(此十一字,《弘明集》作"心病则思乖"五字),是以知("知"字据《弘明集》校补)心为虑本.'

"问曰:'何虑("虑"字《梁书》原缺,《弘明集》作"知",于义不通。兹以己意改补)不寄在眼等分中?'答曰:'若虑可寄于眼分,何故不寄于耳分耶?'

"问曰:'虑体无本,故可寄之于眼分;眼目("目"字《弘明集》作'自')有本,不假寄于佗分也。'答曰:'眼何故有本,而虑无本?苟无本于我形,而可遍寄于异地,亦可张甲之情寄王乙之躯,李丙之性,托赵丁之体。然乎哉? 不然也。'"

这是第三段。前两段都是从生死之际说明形神关系,本段则是就活人来论证形神关系。这里的结论,仍然是形为神之质,神为形之用;而论锋所指,则转向于新的领域,因而也就使神灭论取得了新的根据。兹分述如下:

第一,范缜以活人的生命为对象,从其中分析出形成生命的两种要素,其一,是生理的构造;其二,是心理的作用;而以前者为后者的基础。所谓心理的作用,在范缜统名之为"神",相当于今人说的"精神"这一概念,它的构成要素,计有感觉(知)、思维(虑)、情欲(情)、性格(性)等四种。所谓生理的构造,在范缜统名之为形;形的构造要素,计有手足、眼耳、七窍、五脏等,而以心器(专司思维的器官构造)为五脏之一。范缜以为每一种心理作用,都为司其机能的生理构造所决定,永远"相即"而不能"相异"。所说"苟无本于我形,而可遍寄于异地,亦可张甲之情,寄王乙之躯;李丙之性,托赵丁之体,然乎哉? 不然也",正是阐明此义。

第二,范缜以为思维的判断能力(是非之虑),虽然和感觉的知觉反应(痛痒之知)形态不同,而却同为心理作用的一种。所以说"皆是神之分也"。至于心理作用的种类不同,则是因为生理构造的差异。例如手等的构造,就只能有"痛痒之知"而不能有"是非之虑"。这种情形,可以视为形神关系的通则。所以又说:"七窍亦复何殊,而司用不均。"至于思维能力,也在生理构造上有方有本,不能离形而独立活动。思维能力的所本,在范缜看来,也有专司其用的器官,这就是五脏之一的"心"。心的构造,就是专司思维作用的器官,所以说"是非之虑,心器所主"。

第三,范缜以"是非之虑"为"心器所主",将循环系统认成神经系统,当然是一种错误。但是,其一,心为思官之说,发自孟轲,至清儒戴东原仍祖述其义。其二,在科学不发达时代,不能据此苛责古人。在这里,我们所注意的是范缜的进求方向:其一,对于精神活动而求其本于形体构造,这完全符合于生理心理学的道路;其二,从形的构造形态中,寻求精神的基础或差异,也就是无质不能有用,凡用皆本于质的命题。王充《论衡》的《物势篇》,从生物的器官构造上,探求其优胜劣败的根源,在范缜这里,无疑地得到了合理的承借。

"问曰:'圣人形犹凡人之形,而有凡圣之殊,故知形神异矣。答曰:不然!金之精者能昭,秽者不能昭,有能昭之精金,宁有不能昭之秽质?又岂有圣人之神,而寄凡人之器?亦无凡人之神,而托圣人之体。是以八采重瞳,勋华之容;龙颜马口,轩皞之状;此("此"字据《弘明集》校增)形表之异也。比干之心,七窍列角(《弘明集》作"并列"),伯约之胆,其大若拳,此心器之殊也。是知圣人定分,每绝常区,非惟道革群生,乃亦形超万有。凡圣均体,所未敢安。'

"问曰:'子云圣人之形,必异于凡者。敢问阳货类仲尼,项籍似帝(原作大,据《弘明集》校改)舜,舜项孔阳,智革形同,其故何耶?'答曰:'珉似玉而非玉,鸡(《弘明集》作"鹄")类凤而非凤,物诚有之,人故宜尔。项阳貌似而非实似,心器不均(《弘明集》作"貌似而非实,以心器不均"),虽貌无益。'

"问曰:'凡圣之殊,形器不一,可也;圣人(此二字据《弘明集》校增)员极,理无有二,而丘旦殊姿,汤文异状,神不侔色,于此益明矣。'答曰:'圣同于心器,形不必同也(《弘明集》作"圣与圣同,同于圣器;而器不必同也")。犹马殊毛而齐逸,玉异色而均美。是以晋棘荆(《弘明集》作"楚")和,等价连城;骅骝骐骊,俱致千里.'

"问曰:'形神不二,既闻之矣。形谢神灭,理固宜然。敢问经云:为之宗庙,以鬼飨之。何谓也?'答曰:'圣人之教然也。所以弥(《弘明集》作"从")孝子之心,而厉偷薄之意。神而明之,此之谓矣。'

"问曰:'伯有被甲,彭生豕见,《坟素》著其事,宁是设教而已耶?'答曰:'妖怪茫茫,或存或亡,强(《弘明集》作"理")死者众,不皆为鬼,彭生伯有,何独能然?乍为人豕(《弘明集》作"乍人乍豕")未必齐郑之公子也.'

"问曰:'《易》称故知鬼神之情状,与天地相似而不违。'又曰:'载鬼一车,其义云何?'答曰:'有禽焉,有兽焉,飞走之别也;有人焉,有鬼焉,幽明之别也。人灭而为鬼,鬼灭而为人,则未之知也。'"

这是第四段。这一段所论共有二事:其一,说明圣凡之殊,由于心器不同;圣与圣同,也只是同为圣器,而其器的构造则不必同。其二,对于旧籍所载鬼怪斥之为妄,而对于儒家经典有关鬼神祭祀的记载,则释为以神道设教的必要的礼制。范缜在这两点上,都显示了不可讳言的重大错误。兹分述于下:

第一,范缜论到了"圣凡之殊",由于儒家传统的约束,对于自古传来的圣人神话,自然就失掉了批判的能力。这样,神灭论中的重要范畴,例如形、神、心器、貌、实等,其确切所指,也就陷于概念混乱。关于这一点,萧琛的《难范缜神灭论》早已经指出:

"《论》又云:'圣同圣器,而器不必同。犹马殊毛而齐逸。今毛复是逸器耶?马有同毛色而异驽骏者如此,则毛非逸相,由体无圣器矣。人形骸无凡圣之别,而有贞脆之异。……向所云圣人之体旨(指),直语丘舜之形,不言器有圣智。非矛盾之说,勿近于此惑。'"

我们对于范缜的论敌,在理论的根源上与社会的根源上,均有着最大的反感;而独于此点,即他们指出了范缜的立论是一种"矛盾之说",则颇有同感。但论敌仅从形式逻辑上指出了范缜的缺点,至于圣凡的问题,这些论敌也完全不解。这是因为形神问题虽可从自然科学取得合理的解决,而人类"圣凡之殊"则完全是社会范畴,只有历史唯物主义才能解答,旧唯物主义者从生理构造上或心理学上来区分圣凡,都要陷于错误。在这里,我们可以说,范缜和其他旧唯物主义者一样,虽是自然哲学上的唯物主义者,而却是社会科学上的唯心主义者。这是范缜的历史局限,而同时也是其立论陷于"矛盾之说"的根源。它不是当时论敌们所能了解的。

第二,范缜对于一般旧籍所载鬼的故事,虽然斥之为妖怪茫茫的妄谈,而对于儒家经典的宗教迷信,却只敢说"圣人之教然也"。对于这样的"圣人之教",只有"神而明之"借以"弥孝子之心,而厉偷薄之意"。在这里,范缜就变成了依违于有神无神之间的折中主义者,表现出无神论的不彻底性。从王充时代的儒家,到南朝初叶的反佛的儒家何承天,都不免此失,而在范缜,也一样是留下了这个有待历史解决的,并且也只有历史才能解决的矛盾。

"问曰:'知此神灭,有何利用耶?'答曰:'浮屠害政,桑门蠹俗,风惊雾起,驰荡不休,吾哀其弊,思拯其溺。夫竭财以赴僧,破产以趋佛,而不恤亲戚,不怜穷匮者何? 良由厚我之情深,济物之意浅。是以圭撮涉于贫友,吝(吝)情动于颜色;千钟委于富僧,欢意畅于容发。岂不以僧有多余之期,友无遗秉之报,施阙于周急(《弘明集》作"务施不关周急"),归(《弘明集》作"立")德必在于己。又惑以茫昧之言,惧以阿鼻之苦,诱以虚诞之辞,欣以兜率之乐,故舍逢掖,袭横衣,废俎豆,列瓶(瓶)钵;家家弃其亲爱,人人绝其嗣续;致使兵挫于行间,吏空于官府,粟罄于堕游,货殚于泥木。所以奸宄弗胜,颂声尚拥。惟此之故,其流莫已,其病无限(《弘明集》作"垠")。若陶甄禀于自然,森罗均于独化,忽焉自有,怳尔而无,来也不御,去也不追,乘夫天理,各安其性,小人甘其陇亩,君子保其恬素;耕而食,食不可穷也,蚕而衣,衣不可尽也,下有余以奉其上,上无为以待其下,可以全生,可以养亲,可以为己,可以为人(以上12字据《弘明集》校增),可以匡国,可以霸君,用此道也。'"

这是第五段。范缜在这篇名著结尾的本段中,表明了神灭思想的战斗任务在于反佛。单就本段来看,范缜反佛的立场,是道家自然之义与儒家德治主义的混合;其反佛的理由,如指出佛教于政为害,于俗为蠹,在思想上为欺骗,在经济上为堕游,在国防上为失败主义,在伦理上为弃亲绝嗣等等的议论,较之南北朝时代的一般反佛理论(例如荀济的《论佛教表》),并无甚多的精义。但是,如果将本段与以前四段联合起来考察,我们马上就可以看出下列几点新的意义:

第一,由于有了本段,使《神灭论》不只是哲学上的纯粹理论,而且是实践上的战斗原理;使"解释世界"的哲学变成了"改革现实"的哲学。我们前面曾说:"范缜不仅是思想上的理论战士,而且也是政治上的现实批评者",从本段中也获得了进一步的明证。

第二,范缜以神灭思想为根据,揭发了佛教欺诈敛财的罪恶,如"竭财以赴僧,破产以趋佛","圭撮涉于贫友,吝情动于颜色。千钟委于富僧,欢意畅于容发","粟罄于堕游,货殚于泥木"等不关周急的施舍,范缜又以为皆由于佛教的欺诈:"惑以茫昧之言,惧以阿鼻之苦,诱以虚诞之辞,欣以兜率之乐。"在这里,我们应记取:

自由的科学的研究在经济学范围内所遇到的敌人,不仅和它在其他范围内所遇到的相同。经济学研究的材料,含有一种特殊的性质,那会把人心中最激烈最卑鄙最恶劣的感情唤起,把代表私人利害的仇神召到战场上来,成为自由的研究之敌。(参看《资本论》第一卷初版序,人民出版社版,页5)

是的,宗教的最后要求总不能忘了地租。因此,《神灭论》之所以在当时成为皇帝与教皇以及一般王公朝贵的众矢之的,就在于它把代表整个中世纪统治阶级的私人利害的仇神召到战场上来。

第三,西洋的唯名论者奥卡姆(Wilhelm von Occam,1280—1347 年或 1349 年),在 1322 年贝当鲁亚的宗法大会上,曾以其犀利的辩才,纵论教皇不应有私产,以致身罹缧绁,著作并遭禁止;在加特力教所支配的经院哲学黑暗时代,成了异端战斗上可歌可泣的光辉代表者。范缜在神灭论战中,攻击到佛教欺诈敛财的罪恶,正与奥卡姆的战斗性,事同一律。

世界观是逻辑推理程序中的大前提。因而,在分析了《神灭论》中的无神论思想及其唯物主义的本质以后,我们应进而研究其逻辑思想。在这里,我们为了探本溯源,应该从中世纪逻辑史的特征出发:

在本书第一卷中,我们已经指出,作为古代逻辑思想摇篮的名辩思潮,其所辩的素材在于"坚白";并以"坚白"为契机而划分成"坚白离"与"坚白盈"两派的对抗,公孙龙代表着前者,《墨经》作者代表着后者,而以后者为唯物主义逻辑思想的综汇。到现在,我们应进而指出,作为中世纪逻辑思想摇篮的名理清谈,其所谈的素材,到了南北朝时代,一般的趋向,则在"形神"。例如宋文帝称:"颜延年之折《达性》,宗少文之难《白黑论》,明佛法汪汪,尤为名理"(见本节第一段)。又如《北齐书》(卷二四)及《北史》(卷五五)《杜弼传》称:"弼性好名理,探味玄宗。……尝与邢邵扈从东山,共论名理。"(按其所论,即今传的《与邢邵议生灭论》,详见下文。)皆为明证。

我们又应指出,与古代的坚白之辩,其辩的关键在于"盈""离"同样,中世纪的形神之争,其争的关键在于"即""异";又与古代在坚白之辩中划分为"盈""离"两派同样,在中世纪的形神之争中,划分为"形神即"与"形神异"两个对抗的学派;更与古代的名辩中,由"盈"派的《墨经》作者代表了唯物主义逻辑思想的综汇同样,中世纪的名理中,也由"即"派的范缜代表了唯物主义逻辑思想的成就。但是,与古代的名辩之以坚白为素材,因而在逻辑思想上展开思辩领域的唯心主义与唯物主义的斗争不同,中世纪的名理,在佛教国教化的神学世界中而以形神为素材,则其逻辑思想必然富于另一种社会的现实性格,即为宗教而服务。从这里,我们可以清楚地看出了范缜《神灭论》在中国逻辑史上的战斗性格及其历史地位。

我们更应指出,范缜的逻辑思想,具有二重性的作用和意义。此即是说,一方面它意味着古代贤人作风的中世纪延长,从贤人作风的中世纪延长出发,他只能在具体的思想内容的展开程序中,显示出逻辑的运动线条,而没有建立起以思维为对象的独立体系的认识论逻辑学。但是,从另一方面来说,以现实的社会范畴为素材,只要论题把握了时代矛盾的核心,而又取得了变革现实的作用,其著作即易于成为论争的导火线;而循着论争所固有的破立规律,在辨别同异、考校是非上,即不但对于概念、判断及推理等方面可能作出应有的界说及锤炼,而且也往往提供出"具体的逻辑学"的特定范本。范缜逻辑学的贡献,正是这种二重性所交互规定的产物。

范缜的《神灭论》一出,朝野喧哗,连当时皇上梁武帝及光禅寺大僧正释法云在内,共计受到了66人、75篇文章的攻击。在这些攻击范缜的文章中,虽然都题名为"难"(辩难),而实则只是对于范缜加了一些"背经"、"乖理"、"灭圣"的背叛帽子,充满着武断的教条背诵,毫无名理价值;所以范缜对之,一概不答;只对于东宫舍人曹思文"上启"皇帝并奉"诏答"嘉许的代表著作,即《难范中书"神灭论"》,提出了一篇《答曹录事"难神灭论"》(二文题目从日本大正新修《大藏经》第五二卷。中文本《弘明集》前者名《难"神灭论"》,后者名《答曹舍人》)。今合范《论》、曹《难》、范《答》三文,宾主往复诘辩,计四十一则(曹思文《重难范中书"神灭论"》诘辩四则除外),针锋互对,破立相反。范缜除了在涉及"圣凡之殊"的场合,一度陷于概念混乱(见前)而外,自始至终,未曾有反逻辑规律的判断和推理;前后命题相生而互用,根据和归结递嬗而前进,充分表现着名理教养的优越。范缜"著《神灭论》自谓辩摧众口,日服千人"(见萧琛:《难"神灭论"序》),实出于名理的自信,未可目为夸张。

在范缜的逻辑思想中,其判断和推理所依据的前提,可以归约成这样一个根本原理:宇宙万有为"质"与"用"的统一体,"用"由"质"而生,离"质"即没有"用",二者永远"相即",不得"相异"。这一根本原理,当然也就是唯物主义的世界观。根据这种世界观来看形神关系,也就是统一在生命现象中的"质"与"用"。所以说"形者,神之质;神者,形之用"。"质"与"用",不是生命现象的两个孤立的部分,而是同一实体的相互渗透的两个侧面。所以说"形称其质,神言其用"。从这里出发,可能产生两个判断:其一,就积极方面说,产生了一个肯定判断:"神即形也,形即神也。"其二,就消极方面说,产生了一个否定判断:"神之与形,不得相异。"这两个判断,通过了交互规定的力,产生了一个在唯物主义世界观支配之下的必然性的结论:"是以形存则神存,形谢则神灭也。"就一般的逻辑原理讲,结论的正确性的保证,以大前提的周延性为最高根据。范缜对于"形存则神存,形谢则神灭"的结论,也指出其大前提在一般"质""用"关系上的普遍妥当性。就中最典型的表现,即所谓:"神之于质犹利之于刃,形之于用犹刃之于利;利之名非刃也,刃之名非利也;然而,舍利无刃,舍刃无利。未闻刃没而利存,岂容形亡而神在?"由于这一指出,一方面加强了"神灭"结论的充足理由;另一方面又摧毁了"名殊而体一"的疑难。从"名殊而体一"的观点出发,则"名"的独立化,并不足以否定"名"对于"体"的从属性,在这里,范缜就迈进了唯名论的途径,并通过了这一途径,复归于原来出发点的唯物主义的世界观。范缜在神灭争辩中,从挑战到应战,始终固守着这一逻辑阵地,发挥着这一思维方法。

范缜的逻辑思想,和当时豪族名门的名理清谈有原则性的差别。用他自己的话说,逻辑的任务,在于"穷理"而不在于"穷辩"(《答曹录事难神灭论》语)。此所谓"穷理",就是即物而穷其理。在这里,逻辑学与认识论就取得了有机的统一。因此,我们可以看出,范缜在逻辑上的光辉成就,与其在认识论上关于"质"的深刻而具体的理解(见前),密切而不可分。诚然,由于时代的限制,范缜的自然知识也不免于错误。例如为了证明"神形相即",他曾经说过:

"如蛩巨（駏）相资，废一则不可。此乃是灭神之精据，而非存
神之雅决。子意本欲请战，而定为我援兵耶?"（《答曹录事难神灭
论》）

今按："蛩"虽寄生于"駏"，而"蛩"仍自为一生命有机体；所以"蛩"
"駏"关系，与"质""用"关系殊不同科。执此以证神灭，显然是一种取
譬非类的错误。所以曹思文的《重难范中书神灭论》曾说：

"蛩蛩巨虚（驉），是合用之证耳；而非形灭即神灭之据也。何
以言之? 蛩非虚（驉）也，虚（驉）非蛩也，今灭蛩蛩而駏驉不死，斩
駏驉而蛩蛩不亡，非相即也；今引此以为形神俱灭之精据，又为救
兵之良援，斯倒戈授人，而欲求长存也。悲夫! 斯即形灭而神不灭
之证一也。"

"论云：'形之与神，犹刃之于利；未闻刃没而利存，岂容形亡
而神在?' 雅论据形神之俱灭，唯此一证而已；愚有惑焉。何者?
神之与形，是二物之合用，即论所云蛩巨（駏）相资是也。今，刃之
于利，是一物之两名耳；然一物两名者，故舍刃则无利也。二物之
合用者，故形亡则神逝也。今引一物之二名，以征二物之合用，斯
差若毫厘者，何千里之远也! 斯又是形灭而神不灭之证二也。"

在这里，我们必须指出：范缜的错误，只在于取譬非类；此诚不可为
讳。曹思文的错误，则在于将取譬的错误曲解成论敌的本意，将错就错
地走入舍本逐末的歧途，而导出了夸张的结论；这就是所谓"可谓穷
辩，未可谓穷理"的清谈诡辩的例子。兹将双方正误列表对照如下：

范缜神灭论的逻辑正误	曹思文难神灭论的逻辑正误
（大前提）凡质用相即（是）→	←——（大前提）有二物合用（是）
（推理一）……↓……‖……（非）→	←（推理一）↓…………‖……（是）
（判断一）蛩駏相资（是）→	←——（判断一）蛩駏相资（是）
（推理二）……↓……‖……（是）→	←（推理二）↓…………‖……（是）
（判断二）舍刃无利（是）→	←——（判断二）舍刃无利（是）
（推理三）……↓……‖……（是）→	←（推理三）↓…………‖……（非）
（结论）形神相即（是）→	←（结　论）形神合用（非）

观上表可知,范缜的大前提,是一个全称判断;而曹思文的大前提,则是一个偏称判断。偏称判断和全称判断之间,根本没有对当关系,依逻辑规律曹论即不能难范缜;今范缜以全称判断立论,而曹思文以偏称判断难之,本质上就犯了诡辩论的错误。由于诡辩,所以他的大前提,当做一个独立的判断来看,虽然为"是",而将这一偏称判断和范缜的全称判断对当起来,即成为"非"。前引曹思文所说"形灭而神不灭之证二也",就是以偏称判断来否认全称判断的诡辩论的错误。

总之,就所有的辩难文献来分析,范缜的论敌,只能从枝节上作一点一滴的论难;对于范缜立论的大前提,在 66 人的 75 篇文章中,则没有一人一语能提出符合于逻辑规律的批判。所以,我们可以说:范缜较之并世的王公朝贵,实在具有着更丰富的自然认识和更高度的名理教养,因而,范缜也就在中国的中世纪逻辑史上具有空前的成就。

第三节　范缜以后南北朝反佛战斗中的无神论及神灭思想

南北朝的反佛战斗,在范缜以后仍然继续发展,无神论或神灭论思想,绵延未绝。尤其北朝,在范缜以前的反佛战斗中,并没有无神及神灭的思想,但到了范缜以后,竟相继出现。这种后起的思想,虽不能视为范缜的直接影响,但不能说与范缜全无关系;为慎重起见,所以特名为范缜以后的无神论及神灭思想的延续。

(一)朱世卿的法性自然论

朱世卿的生年行事皆难详知。惟其作《法性自然论》,陈释真观作《因缘无性论》难之(二文并载《广弘明集》卷二五,日本大正新修《大藏经·史传部》四作卷二二),可断二人同时。又按:真观于陈时住泉亭光显寺,入隋,住灵隐山天竺寺。大业中(公元 605—616 年)卒。真观难朱世卿文,严可均辑入《全隋文》(卷三四),而以朱文辑入《全陈文》(卷一〇);《广弘明集》则于二人名上皆冠以"陈"字。是知此次争辩,当在陈时。若依此递推,朱世卿卒年,当早于真观;至迟不得在陈亡(公元589年)以后。而朱世卿生年,或与范缜卒年相接。关于朱世卿的学行,可由真观《因缘·无性论》的序中窥其大略。该序开首数语有下面的话:

"泉亭令德,有朱三议者,非惟外学通敏,亦是内信渊明。常自心重《大乘》,口诵《般若》,忽著自然之论,便成(兴)有性之执。或是示同邪见,或是实起倒心。交复有损正真,过伤至道,聊裁后论,以祛彼执。"

据此可知,朱世卿在南朝末叶,是本出于佛而又反佛的学人。其反佛的基本观点,是援引道家自然之义的世界观,而以《法性自然论》为其代表著作。此论设寓兹先生与假是(氏)大夫问答,以"寓兹所说则盛辨自然,假是所明则高陈报应";而以"自然锋镝,克胜于前;报应干戈,败绩于后"(真观《因缘无性论》语)。《法性自然论》的重要论旨是这样:

"……人为生最灵,……皆由自然之数,无有造为之者。夫有造为之者必劳,有出入之者必漏,有酬酢之者必谬;此三者非造物之功也。故墨子曰:使造化三年成一叶,天下之叶少哉!盖圣人设权巧以成教,借事似以劝威。见强勇之暴寡怯也,惧刑戮之弗禁;乃陈祸淫之威。伤敦善之不劝也,知性命之不可易;序福善以奖之。故听其言也,似若勿爽;征其事也,万不一验。……故鹖冠子曰:夫命者自然者也,贤者未必得之,不肖者未必失之。斯之谓矣。……夫富贵自有贪竞,富贵非贪竞所能得;贫贱自有廉让,贫贱非廉让所欲邀;自有富贵而非贪求,贫贱而不廉让。且子罕言命,道借人弘;故性命之理,先圣之所惮说,善恶报应,天道有常而关哉?"

朱世卿显然是根据道家的自然之义来反对佛家的因果报应之说。但是,他所承借的却不是刘孝标《辨命论》中机械观点,而是范缜无神思想的偶然观点。并且他所取证的比喻和语法,也和范缜颇相类似。
兹列表对照如下:

范缜的偶然论	朱世卿的法性自然论
人生如树花同发,随风而堕。自有拂帘幌坠于茵席之上;自有关篱墙落于粪溷之中。……贵贱虽复殊途,因果竟在何处?	譬如温风转华,寒飙飓雪,有委溲粪之下,有参玉阶之上。风飙无心于厚薄,而华霰有秽净之殊途;天道无心于爱憎,而性命有穷通之异术。

这样相类似的文字和思想,如果出于同时代人的手笔,将不免有抄袭之嫌。范缜与竟陵王所作不信因果之辩,虽是口头论难,也曾哄传一时。朱世卿去范缜未久,当受过他的影响。事实的具体经过,或不尽如我们所推测,然朱世卿既后于范缜,而在反佛教因果报应的无神论斗争上,又使用了同一的论据,通过了同一的取譬程序,导出了同一的结论,实在不能不说其间存在着广义的传承关系。

(二)樊逊的天保五年举秀才对策

在范缜以后,北朝的反佛战斗,理论方面有了长足的进步。此所谓长足的进步,即与以前只有反佛政变而无反佛理论不同,首先也与南朝一样,出现了反佛的无神论思想。此种无神论思想,可以樊逊天保五年(公元554年)的《举秀才对策》为代表。该对策共有五段,其中有两段涉及无神。兹摘录其一段如下:

"臣闻天道性命,圣人所不言。盖以理绝涉求,难为称诣。……至若玉简金书,神经秘录,三尺九转之奇,绛雪玄霜之异,淮南成道,犬吠云中,子乔得仙,剑飞天上,皆是凭虚之说,海枣之谈,求之如系风,学之如捕影,而燕君齐后秦皇汉帝信彼方士,冀遇其真,徐福去而不归,栾大往而无获,犹谓升退倒影抵掌可期,祭鬼求神,庶或不死,江璧既返,还入骊山之墓,龙媒已至,终下茂陵之坟。方知刘向之信《洪宝》,没有余责,王充之非黄帝,比为不相。……二班勒史,两马制书,未见三世之辞,无闻一乘之旨,帝乐王礼,尚有时而沿革,左道怪民,亦何疑于沙汰。"(《北齐书》卷四五《樊逊传》,《全北齐文》卷七)

樊逊此说,较诸南朝的无神论思想,虽不足称为十分高明,但较诸北朝前期的道家者流,伪造神怪魔术与佛教作迷信竞赛,代替理论斗争的落后情势,则不可同日而语。并且在宗教支配的北朝,樊逊率先以无神论观点,对于各种迷信思想给以全盘的批判,这种战斗精神,颇为难能而可贵。

尤应注意者是,樊逊虽以儒为宗而抨击"刘向之信《洪宝》",虽排斥道家而强调"王充之非黄帝";此种"有宗旨而无门户"的作风,更为值得发扬。

(三)邢邵的神灭争辩

北朝的神灭思想,也出于范缜以后。就文献可考,北朝的神灭论者,可以邢邵为代表。据《北齐书》(卷二四)及《北史》(卷五五)《杜弼传》载:

"弼性好名理,探味玄宗。……尝与邢邵扈从东山,共论名理(即辩论神灭。——引者按)。……前后往复再三,邢邵理屈而止。文多不载。"

此时北朝的思想界,染有南朝谈说名理的风习;且其所谈名理的素材,也为神灭与否,或形神关系的论题。所可惜者,邢邵在其与杜弼"往复再三"的辩论中,如何发表了他的神灭思想,详情已无从考知。只有"扈从东山"的一次辩论,保存在《杜传》里;《文苑英华》(七五八)及《全北齐文》(卷五),题为《与邢邵议生灭论》,流传于世。不过,邢邵的神灭思想,在杜弼的《与邢邵议生灭论》中,是被杜弼(弼是信佛者)当做了批判的对象,赖以流传,恐难免遭受割裂及曲解。兹为保存佚文,逐条辑出;明知已非旧观,然这是仅有的研究依据。

(1)人死还生,恐是为蛇画足。

（2）圣人设教，本由劝奖。故惧以将来理望，各遂其性。

（3）死之言澌，精神尽也。

（4）季札言无不之，亦言散尽。若复聚而为物，不得言无不之也。

（5）神之在人，犹光之在烛，烛尽则光穷，人死则神灭。

（6）舍此适彼，生生恒在。周孔自应同庄周之鼓缶，和桑扈之循歌。

（7）鹰化为鸠，鼠变为鴽，黄母为鳖，皆是生之类也。类化而相生，犹光之去此烛，复然彼烛。

（8）欲使土化为人，木生眼鼻，造化神明，不应如此。

右辑佚文八则，可知邢邵的神灭思想，并无新义。然此在北朝，是仅有的反佛理论。并且此等佚文，在《杜传》中，也是被割裂了的残骸。例如第五则以"烛尽则光穷"喻"人死则神灭"，在《杜传》中，载有杜弼的驳语：

> "旧学前儒，每有斯语；群疑众惑，咸由此起。盖辨之者未精，思之者不笃。窃有未见可以核诸烛，则因质生光，质大光亦大。人则神不系于形，形小神不小。故仲尼之智，必不短于长狄；孟德之雄，乃远奇于崔琰。神之于形，亦犹君之有国。国实君之所统，君非国之所生。不与同生，孰云俱灭？"

就此则分析，可以看出下列几点意义：

第一，邢邵对于杜弼的神不灭之论，必有驳难，而《杜传》则只字未提。依此例他，可知邢邵的本义，定多挂漏。

第二，杜弼的神不灭思想，取譬于"君之有国"；并由"国是君之所统，君非国之所生"，以证神不与形俱灭。由此可知，神不灭论不但是教权的奴婢，而且也是君权的羽翼。神灭争辩，在当时的实践意义，尤为明白了。

第三，邢邵与杜弼的神灭之辩，也是以形神及质用关系为争论中心。此点从杜弼所说"未见可以核诸烛，则因质生光，质大光亦大；人则神不系于形,形小神不小",取得证明。从这里,虽然不能说邢邵一定受了范缜的影响,而却可以证明从范缜所开始的质用关系之争,形神关系之争,到了邢邵时代,尚在北朝继续发展。

第 十 章

佛学与魏晋玄学的合流

第一节　汉魏的禅学与般若学

科学和宗教,正如列宁所指出的,是常在一起联系着的。因此,科学在一定的情况之下可能摆脱神学的因素而支持唯物主义,然而也可能附庸于神学。自秦汉以来,阴阳五行说,虽然如《黄帝内经》中还保持着素朴的唯物主义的形态,但一般讲来,已经和神学、宗教结合在一起,就其有教养的哲学形态而言,成为以儒家经籍缘饰的正宗神学,就其粗俗的宗教形态而言,又成为与方技道术相结合的各种迷信符咒。《后汉书·方术列传》:"汉自武帝,颇好方术,天下怀协道艺之士,莫不负策抵掌,顺风而届焉。后王莽矫用符命,及光武尤信谶言,士之赴趣时宜者,皆驰骋穿凿争谈之也。"我们且取下列史料略加按证:

"是时(武帝时)李少君亦以祠灶谷道却老方见上,上尊之。"(《史记·封禅书》)

"齐人少翁,以鬼神方见上,上有所幸王夫人,夫人卒,少翁以方,盖夜致王夫人及灶鬼之貌云。"(同上)

　　"儒书言：淮南王学道，招天下有道之人，倾一国之尊，下道术之士，是以道术之士，并会淮南，奇方异术，莫不争出。"（《论衡·道虚》）

　　"成帝末年，颇好鬼神，亦以无继嗣，故多上书言祭祀方术者，皆得待诏。"（《汉书·郊祀志》）

　　"哀帝即位，寝疾，博征方术士，京师诸县，皆有侍祠使者。"（同上）

　　"莽奏起明堂辟雍灵台，……征天下通一艺教授十一人以上，及有逸礼古书《毛诗》、《周官》、《尔雅》、天文、图谶、钟律、月令、兵法、史篇文字，通知其意者皆诣公车，网罗天下异能之士，至者前后千数。"（《汉书·王莽传》）又《平帝纪》："（元始五年）征天下通知逸经古记、天文历算、钟律小学、史篇方术本草及以五经《论语》《孝经》《尔雅》教授者在所，为驾一封轺传，遣诣京师，至者数千人。"

从这些材料中可以看出，在西汉之世，定于一尊的儒学是和鬼神方术相互通款的，后者又是和科学混杂在一起的。此种方术，又兼括"方技""数术"。《七略》判"方技"为四家，即医经、经方、房中、神仙（《初学记》卷二十引，《汉志》同），《汉志》列"数术"为六家，即天文、历谱、五行、蓍龟、杂占、形法。哀平之际，图谶纬候之学大盛，东汉之世，更为俗儒所宗。《隋书·经籍志》："光武以图谶兴，遂盛行于世。汉世又诏东平王苍正五经章句，皆命从谶，俗儒趋时，益为其学，篇卷第目，转加增广，言五经者皆凭谶为说。"谶纬本为方士所依托，自谶纬繁兴，鬼神方术亦随之炽张。在《后汉书》中，我们可以看到，东汉儒者，大多兼明方术（主要是数术），或通"星官风角算历"，或通"天官推步之术"，或"善风角星算、六日七分，能望气占候吉凶"，或"善天文阴阳之术"，或"兼综风角星官算历河图七纬推步变易"。

这一时代，也正是佛教自西域输入中国的时代。

严格说来，佛教的输入，当上推至西汉末叶，哀帝时已有伊存授经事：

> "昔汉哀帝元寿元年，博士弟子景卢受大月氏王使伊存口授
> 《浮屠经》。"（鱼豢《魏略·西戎传》，《三国志》裴注引）

奉祀浮屠见于史籍者，始自楚王英（光武之子）。《后汉书》本传载
英"晚节更喜黄老，为浮屠斋戒祭祀"，明帝给楚王英的诏书中也说到：
"楚王尚黄老之微言，尚浮屠之仁祠，洁斋三月，与神为誓。"这时已有
伊蒲塞与桑门（优婆塞与沙门）。汉末，桓帝好神仙祭祀事，于宫中立
黄老浮屠之祠，事见襄楷上疏。据此，佛教传入之初，不过是作为祭祀
方术之一，梁启超在《佛教教理在中国之发展》中说"楚王英襄楷时
代，盖以佛教与道教同视，或径认为道教之附属品"，汤用彤于《汉魏两
晋南北朝佛教史》又详加考论，所言均属史实。

正由于佛教最初被当做一种祭祀方术，因此，当时来华的译经名
僧，也多半被当做方技道术之士看待。这在《高僧传》中是可以按
证的：

> "安清，字世高，……志业聪敏，克意好学，外国典籍，及七曜
> 五行，医方异术，乃至鸟兽之声，无不综达。（康僧会《安般守意
> 经》序亦称："有菩萨名安清，字世高，……博学多识，贯综神模，七
> 正盈缩，风气吉凶，山崩地动，针脉诸术，睹色知病，鸟兽鸣啼，无音
> 不照。"）

> "昙柯迦罗，此云法时，……幼而才悟，质像过人，诗书一览，
> 皆文义通畅，善学四韦陀论，风云星宿，图谶运变，莫不该综，自言
> 天下文理，毕己心腹。

> "康僧会……笃志好学，明解三藏，博览六经，天文图谶，多所
> 综涉。"

上引诸人都是汉末或三国时人物，他们都有一定的科学知识，并以
之附庸于方术。他们和 16 世纪以来基督教传入中国的人物有些相似，
是以科学和方术的结合作为弘教的手段，晋时佛图澄便曾以方术取得
石勒的信任：

"（石勒）召澄，问曰：'佛道有何灵验？'澄知勒不达深理，正可以道术为征，因而言曰：'至道虽远，亦可以近事为证'，即取应器盛水，烧香咒之，须臾生青莲花。光色曜目，勒由此信服。"（《高僧传·佛图澄传》）

据此，汉末僧徒施行的方术，或由于传法之初恐时人不达深理，而以道术为征。

当然，浮屠之祠与中土的各种鬼神祭祀，并非尽合，但作为神人仙鬼之祠来说，在时人心目中，其性质是可以当做同类的东西看待的；外来僧徒的方术，未必就是图谶纬候之学，但作为方技数术来说，在时人心目中，其性质也可以当做同类的东西看待的。因此，我们可以这样说，汉代传习已久的鬼神方术，实为佛法在中国的最初流布提供了有利的条件；佛教输入之初，实以鬼神方术而见合于世俗。

在宗教形式上，佛教传入之初既列于鬼神方术，那么在教义上，也就容易被当时人理解为与黄老图谶不相出入的神道，《后汉纪》中说：

"浮屠者，佛也，西域天竺，有佛道焉。佛者，汉言觉，其教以修慈悲心为主，不杀生，专务清净，其精者号为沙门，沙门者，汉言息心，盖息意去欲，而欲归于无为也。又以人死精神不灭，随复受形，生时所行善恶，皆有报应，故所贵行善修道，以炼精神而不已，以至无为而得为佛也。佛身长一丈六尺，黄金色，项中佩日月光，变化无方，无所不入，故能通百物而大济群生，……有经数十万，以虚无为宗，苞罗精粗，无所不统，善为宏阔胜大之言，所求在一体之内，而所明在视听之外，世俗之人以为虚诞，然归于玄微深远，难得而测，故王公大人，观死生报应之际，莫不瞿然自失。"（《孝明皇帝纪》）

《后汉书》中说：

"至于佛道神化，兴自身毒，而两汉方志，莫有称焉。……汉自楚英始盛斋戒之祀，桓帝又修华盖之饰，将微义未译，而但神明之邪，详其清心释累之训，空有兼遣之宗，道书之流也。且好仁恶杀,蠲敝崇善,所以贤达君子,多爱其法焉。然好大不经,奇谲无已,虽驺衍谈天之辩,庄周蜗角之论,尚未足以概其万一。又精灵起灭,因报相寻,若晓而昧者,故通人多惑焉。"(《西域传论》)

按此处所论,似即为汉魏之际安世高系统的禅学。此派人物可考者为南阳韩林、颍川皮业、会稽陈慧,曾向三人请问者为康僧会。这派的主要经典为《安般守意经》、《阴持入经》、《六度集经》等。从这些经典的译文中,可以按证《后汉纪》及范书所论佛教的轮廓及其与中土道术的离合。

世高系统的禅学主旨在于修炼精神,在于守意而明心。此派认为,"心"是极端微妙的,康僧会《安般守意经序》中说:

"心之溢荡,无微不浃,恍惚仿佛,出入无间,视之无形,听之无声,逆之无前,寻之无后,深微细妙,形无丝发。"(《大正藏》卷一五,页163)

这种对"心"的描述,和中国道家对"道"的描述是相通的。然而据此派讲来,这样神妙的"心",因了诸"阴"的积聚,便从"心"之转而孳生亿万"意"念,"弹指之间,心九百六十转,一日一夕,十三亿意",同时,"意有一身,心不自知",即无数纷繁意念之生灭,为"心"之本然所不知,且此"心"之为意欲所蔽,犹如明镜处于泥秽垢污,只有澄清一切意欲,才能使"心"复明。这时,人就成为神,并且由于修练这一神妙的"心"而可能达到一切神通。

这种精神修练,便是"摄心还念",使"诸阴皆灭",便是"安般守意",便是行禅观,它的最高境界是:

"得安般行者,厥心即明,举明所观,无幽不睹,往无数劫方来之事,人物所更,现在诸刹,其中所有世尊法化弟子诵习,无遗不见,无声不闻,恍惚仿佛,存亡自由,大弥八极,细贯毛厘,制天地,住寿命,猛神德,坏天兵,动三千,移诸刹,八不思议,非梵所测,神德无限,六行之由也。"(《大正藏》卷一五,页163)

康僧会所论"安般"的最高境界实本于所译《六度集经》中的"四

禅"，《禅度无极章》中说：

> "菩萨心净，得彼四禅，在意所由，轻举腾飞，履水而行，分身散体，变化万端，出入无间，存亡自由，摸日月，动天地，洞视彻听，靡不闻见。心净观明，得一切智，未有天地众生所更，十方现在亦心所念，未萌之事，亦生魂灵为天为人，入太山、饿鬼、畜生道中，福尽受罪，殃讫受福，无远不如。"（《大正藏》卷三，页39）

这一最高的神境，也就是"佛"的境界。汉末牟子《理惑论》便是这样来理解"佛"的：

> "佛之言觉也，恍惚变化，分散身体，或存或亡，能小能大，能圆能方，能老能少，能隐能彰，蹈火不烧，履刃不伤，在污不染，在祸无殃，欲行则飞，坐则扬光，故号为佛也。"（《弘明集》卷一）

在中国人看来，这样宗教的"佛"，从神学意义上解释也就是"道"，因此，《理惑论》中便把"安般"的最高境界当做"道"，当做"无为"，在汉魏佛经的译文中，也是如此，牟子说：

> "道之言导也，导人致于无为，牵之无前，引之无后，举之无上，抑之无下，视之无形，听之无声，四表为大，蜿蜒其外，毫厘为细，间关其内，故谓之道。"（同上）

在这里，"佛"与"道"合，"道"与"心"合，由"安般守意"的精神修炼言，可以由人而成神，由心而合道。

在安世高系统的佛学中，这一微妙的"心"的修炼，即所谓"安般守意"，不论在理论上或宗教实践上都有详细的说明，特别是现存的《安般守意经》一书，言之尤悉。这一经籍，由康僧会作序，而经文与注文错综不分，宫本在经末注云："此经按经首序及见经文，似是书之错经注不分而连书者也，义当节而注之，然往往多有不可分处，故不敢擅节，以遗后贤焉。"（《大正藏》卷一五，页173）在这一经注不分的译本中，往往用中国固有的概念，特别是道家的术语传译或注释经文，当然，我们要判别何者为佛学的本然思想，何者为佛道融合思想，还需要经过一番说明，但这种混合中印思想的传译注释，已是表现汉魏时期佛学风貌的重要史料。

在这一译本中，"安般守意"的涵义是这样表述的：

"安为身，般为息，守意为道，守者为禁，亦谓不犯戒，禁者亦为护，护者遍护一切无所犯，意者息意亦为道也。安为生，般为灭，意为因缘，守者为道也。安为数，般为相随，守意为止也。安为念道，般为解结，守意为不堕罪也。安为避罪，般为不入罪，守意为道也。安为定，般为莫使动摇，守意莫乱意也；安般守意，名为御意，至得无为也。安为有，般为无，意念有不得道，意念无不得道，亦不念有，亦不念无，是应空定意随道行。有者谓万物，无者谓疑，亦为空也。安为本因缘，般为无处所，道人知本无所从来，亦知灭无处所，是为守意也。

安为清，般为净，守为无，意名为，是清净无为也。无者谓活，为者谓生，不复得苦，故为活也。安为未，般为起，已未起便为守意，若已意起，便为守意，若已起意，便走为不守，当为还，故佛说安般守意也。安为受五阴，般为除五阴，守意为觉因缘，不随身口意也。守意者无所著为守意，有所著不为守意，何以故？意起复灭故。意不复起为道，是为守意。守意莫令意生，生因有死为不守意，莫令意死，有死因有生意亦不死，是为道也。"（《大正藏》卷一五，页163—164）

显然，从哲学的涵义言，"安""般"是对立的两个范畴，"安""般"为"生""灭"，为"有""无"，"生"、"有"则为有万物，"灭"、"无"则为空万物，"守意"则为"生""灭"、"有""无"的统一，亦即为"道"，亦即为"无为"；这种统一，意味着不生不灭、非有非无、无为而无不为。这里所表现的世界观，正是以万物之"有"为心意之外化，因之可以通过"安般守意"而使之"无"，但这种"无"并不是绝对的虚无，"意不复起为道"，固已摒去意念，但摒去意念，仍是"守意"，仍是有意可守，这就是一方面既主张"莫令意生"，另一方面又主张"莫令意死"。可以想见，这种"有"虽然客观上好像是指万物之总体，或宇宙之大全，但它却是各种意念生起之总和。这一总体与大全,就其排斥个别性与特殊性而言,与"无"没有差异,因此,"安般守意"的最高境界乃是心灵上的万有总体的混沌观,而反对执著任何个体或殊相;就其不执著任何个体而言,所直观到的便是"无",即与"有"相统一的"无"。因此,"安般守意"的最高境界,又是超脱一切个别的、特殊的、无数意念的生灭而直观出一个作为绝对的、统一的意念——"心"。就此种超脱而言,即为"止"、"寂",就此种直观而言,即为"观"。在早期禅学中,虽没有像后来的天台宗那样侈言止观寂照,但对"止""观"已连类并提,如说:"止与观同","佛有六洁意,谓数息相随,止观还净"(《安般守意经》),"何等为九(指九绝处),一止,二观,……","二法为行,一为止,二为观"(《阴持入经》)。世界万物的本体或总体,就全体言,是"有",亦是"无",就个体言,乃是有生有灭的各个意念,当直观到这种"有""无"的统一时,即入神境,好像安般守意的结果,并不是槁木死灰的空虚,而是得大自在,得大神通,无所不入,神与道合,即这一神秘的"心"与"心"通过意念而外化的宇宙万物的合一,以及"心"在这种合一中所获得的绝对自由;因此,就可以"别天地,住寿命"等等,即回复于"心"之本然,世间的一切苦难也均由此解脱。

"安般守意"的主旨即在于此,在这里,有些问题,我们还需作补充的论证与考察。

(一)心意外化而为万物,在此派禅学中并未如后世所传译的唯识宗经论那样详加论述,但亦不无痕迹可循。《安般守意经》释"无身"说:

"有身亦无身,何以故,有意有身,无意无身。"(《大正藏》卷一五,页167)

"无有故者,谓人意及万物,意起已灭,物生复死,是为无有故也。"(《大正藏》卷一五,页167)

"视上头无所从来者,谓人无所从来,意起为人,亦谓人不自作来者,为有所从来,人自作自得,是为无所从来也。"(《大正藏》

卷一五,页 167)

"知起何所,灭何所? 谓善恶因缘起便复灭,亦谓身亦谓气生灭,念便生,不念便死,意与身同等。"(《大正藏》卷一五,页 167)

据此,则身之有无,可归结为意之有无,意与身同等;推身以至万物,则物之生死,可归结为意之起灭。这就露骨地暴白出唯我论的世界观。

又"心"之溢荡为"阴"(见前引《安般》序),"阴"积聚于"心"(参看《阴持入经》注),"阴"有五阴,即色、痛、想、行、识。今大藏经中标名为陈慧注的《阴持入经注》中说:

"四大可见谓之色。

志所存愿,惨怛惧失之情为情劳,谓之痛也。

想,像也,默念日思在所志,若睹其像之处已则前,故日思想矣。

衍,行也,已处于此,心驰无极,思善存恶,周旋十方,靡不迎也,故日衍也。

识,知也,至睹所衍,心即知之,故日识也。"(《大正藏》卷三三,页九下)

由此可见,"阴"是主观的感觉思维,此种主观的感觉思维被认为不依存于客观物质世界而直接由"心"所起,而客观物质世界复被认为是五阴所外化的"五阴相",从下列的例子中可以窥见:

"何等为五阴相? 譬喻火为阴,薪为相也。"(《安般守意经》,《大正藏》卷一五,页 167)

这样看来,此派实认为不是由薪生火,而是由火外化为薪,同理,不是由外物引起人的感觉思维,而是由人的感觉思维外化为外物。从这样颠倒的世界观出发,"安般守意"便可以从物质世界中获得绝对自由。

(二)应该指出,在安世高系统的禅学中也援引了一些中国本有的概念。在下列的译文中,表现得最为明显:

"理家又曰:'夫身,地水火风矣,强为地,软为水,热为火,息为风,命尽神去,四大各离,无能保全,故云非身矣。'王曰:'善哉!佛说非身,吾心信哉!'"(《六度集经》卷三,《布施度无极经》,见《大正藏》卷三,页16)

此假合为"身"的"四大"复按中国"气"的概念而指为"气"的化现。

"深睹人原始,自本无生。元气强者为地,软者为水,暖者为火,动者为风,四者和焉,识神生焉。……神依四立,大仁为天,小仁为人,众秽杂行,为蜎飞蚑行蠕动之类。由行受生,厥形万端。识与元气。微妙难睹,形无系发,熟能获把,然其释故禀新,终始无穷矣。"(《六度集经》卷八,《察微王经》,见《大正藏》卷三,页51)

《阴持入经注》又以"元气"注释五阴说:

"师云:五阴种,身也,身有六情,情有五阴,……灭此生彼,犹谷种朽于下,栽受身生于上;又犹元气,春生夏长,秋萎冬枯,百谷草木,丧于土上,元气潜隐,禀身于下,春气之节,至卦之和,元气悄躬于下,禀身于上,有识之灵,乃草木之栽,与元气相含,升降废兴,终而复始。"(《大正藏》卷三三,页10)

此种"元气"概念之导入佛经译文,颇可注意。按汉代"气"的概念,可以作唯物主义理解,亦可作唯心主义理解,前者如王充,后者如正宗神学。汉魏经师采用"阴"这一译名,似与汉代神学"阴阳"之概念有关。我们且举如下材料以资对比:

"性者生之质,命者人所禀受也。情者阴之数,精内附著,生流通也。情者魂之使,性者魄之主,情生于阴以计念,性生于阳以理契。"(《孝经·援神契》)

"情生于阴,欲以时念也。性生于阳,以就理也,阳气者仁,阴气则贪,故情有利欲,性有仁也。"(《孝经·钩命诀》)

据此看来,汉儒以"阴"为人的精神中的消极因素,利、欲、贪,均系之,以"阳"为人的精神中的积极因素,仁、理、性均系之。在古佛经的传译中,"阴"的涵义已扩大为感觉思维,且取义于"出入无间,莫睹其形",但同样是做人的精神中的消极因素。在这里,五阴、识神、元气,虽有异义而可旁通。又按《春秋·元命苞》:"元者端也,气泉,无形以起,有形以分,窥之不见,听之不闻",《察微王经》亦谓"识与元气,微妙难睹",这种神秘化的"气",在谶纬中又是与人的精神相感通的,《乐动声仪》说:"神守于心,游于目,穷于耳,往乎万里而至疾,故不得而不速,从胸臆之中而彻太极,控引无题,人神皆感,神明之感,音声相和。"据此,则纬书中所描述之心意,亦为通元气(太极)、达天地的神妙的精神而与佛家言心意之怳惚仿佛、出入无间者,可以旁通。元气、心意、识神等概念,在经文的传译中固可窥见其与中土本有概念相通款的消息。因此,佛经中,援引了"元气"的概念以释宇宙与四大,并以此与识神并提。

安世高一派的禅学理论,已如上述,其修炼方法(数息禅观等)在《安般守意经》、《阴持入经》、《佛说禅行三十七品经》中亦有详细表述,这些表述充满着宗教的罪恶意识与戒律观念,如言守意即是不犯戒、不堕罪,守意是为了止恶等等,此处不作赘述,但须指出,数息之法,在形式上实可与中国道教之食气、吐纳、胎息等相比附。

我们且以《后汉纪》与范书《西域传论》中所说的佛教来和上述的教义作一比较。所谓"息意去欲,而欲归于无为","清心释累"等,当均指"安般守意"的禅法;所谓"练精神而不已,以至于无为而得为佛","所求在一体之内,而所明在视听之外","佛道神化",当即指得安般行与进入四禅学之最高境;至于"空有兼遣之宗""以虚无为宗",则当指"安般守意"之对立范畴的统一、神与道的合一、自我与宇宙的合一。此外,所谓"精神不灭,随复受形,生时所行善恶皆有报应","精灵起灭,因报相寻",在《六度集经》及《阴持入经》注中所在多有;所谓"宏阔胜大之言","好大不经,奇谲无已",更是诸经所充斥;不待烦举。

与安世高康僧会一派的禅学系统并行的为支谶支谦一派的般若学系统。他们所译出的重要经典为《道行经》、《首楞严经》、《维摩诘经》、《大明度经》等。《道行经》与《大明度经》是《般若经》最早的两种古译,其后般若学大盛,此经之各种异译本繁出,在罗什之前,即有如下几种:《放光般若经》(据朱士行所得梵本九十章译出)、《光赞般若经》与《小品经》(西晋竺法护译,《光赞般若》为《放光大品》之异译,《小品经》已佚)、《摩诃般若波罗密道行经》(晋惠帝时卫士度译)、《般若经抄》(即《长安品》,东晋昙摩蜱、竺念译)。因此,对《般若经》的这两种最早的古译,应加特别注意,一方面由此可以窥见汉魏时般若学的思想面貌,另一方面,亦可由此窥见晋宋之际般若学发展的渊源。

如果与安世高系统的"安般守意"的禅观相比较,则支谶支谦系统的"般若""本无"之学,尤重虚无,尤重空有兼遣,前者欲从精神之修练,明心净意,以至于成佛,后者更着重心亦非有,佛亦如幻。这两派在兼遣的义理上固可相通,但他们所侧重的实不相同。《道行般若经》载有这样一段对白:

"舍利弗谓须菩提:'云何有心无心?'

须菩提言:'心亦不有,亦不无,亦不能得,亦不能知处。'

舍利弗谓须菩提:'何而心亦不有,亦不无,亦不能得,亦不能知处者,如是亦不有,亦不无;亦不有有心,亦不无无心。'

须菩提言:'亦不有有心,亦不无无心。'"(《大正藏》卷八,页425—426)

据此,般若学者视"心"为非有非无,即不能对"心"下肯定或否定的判断,如把"心"列为判断对象,则必或为"有",或为"无",如是则非"心"之本然,因此,般若学者所侧重说明的不是"心"的微妙仿佛、出入无间,而是"心"之亦不有,亦不无。由此,佛亦不是作为肯定的对象,《大明度经》中说:

"诸天子复问:'乃至佛亦如幻如人乎?'

曰:'乃至灭度,亦如幻如人。'

诸天子言:'灭度亦复如幻如人乎?'

曰:'设使有法过于灭度者,亦复如幻如人矣。'

善业（即须菩提）告诸天子：'是幻是人，泥洹皆空，俱无所有。'"（《大正藏》卷八，页483）

这样，般若学所否定的乃是一切，如果说出"有"，那么这一"有"便该否定，如果说出"无"，那么这一"无"便该否定，如果说出"非有"，那么，这一"非有"便该否定，如果说出"非无"，那么，这一"非无"便该否定，这种绝对的否定，便是"俱无所有"。在这里，最高的范畴，如心、道、佛都在否定之列。这种无例外的否定，用佛学的术语来说，便是"离四句，绝百非"，下面这一段话，很能表见这一精神：

"佛无所住，亦不在动摇不动摇处住，亦不住，亦无无住，一切无是如如来住，当作是住，不当住不住，亦不当住无住，当作是住，学无所住矣。"（《大明度经》，《大正藏》卷八，页482）

甚至归根到底，"我"亦不可明，"道"亦不可知：

"善业言：菩萨大士，不于始近，不于终近，亦不中近，色无际，道无际，痛想行识道俱无际，是故菩萨无近无得，无知无明，色，菩萨不知不明，不致不得，痛想行识亦如是，都一切，于一切，无知无明，无致无得，当为何菩萨说明度无极？尚不见菩萨，何用见明度无极？菩萨者但名耳，犹我为我，无可专著，我者空虚不可审明，我不可明，道何可知？如是诸法无有专着。"（《大正藏》卷八，页481）

我们且以这一段重要的文句，结合其他文句以及经的古注来考察其中所表现的世界观。

在般若学中，"色"从一定的意义上说，是表征我们所指的物质世界的一个范畴，《大明度经》《行品》的注文中说：

"地水火风谓之色。"

"色"是无限的，其所以无限，乃是由于按它的本然来说，是空无，亦由于人的执著而才显现为"有"，因此，在上段所引经文的注中说：

"色所以无边无极者，色之性本空故。"

紧接这一注释的经文便是：对于色与菩萨都是不可知、不可明、不可致、

不可得的东西,因为它本来就是无,接下去的注文便是:

"色与菩萨于是无有。"

因此,按照般若学看来,我们所指的物质世界是虚幻的、空无的。由此
提出两个重要的论题,即"色"与"幻"无异,或色即是幻,幻即是色;不
宁唯是,甚至我们所指的主观领域,亦同为虚幻。所谓"色、菩萨不知
不明、不致不得,痛想行识亦如是",这两个论题在《般若经》的下列文
句是可以清楚地看到的。我们且把《道行经》与《大明度经》的两种译
文兼引于下:

"(佛言:)'幻与色有异无?幻与痛痒思想生死识有异无?'

须菩提报佛言:'尔天中天,幻与色无异也,色是幻,幻是色,
幻与痛痒思想生死识等无异。'

佛言:'云何须菩提,所想等不随法从五阴字菩萨?'

须菩提言:'如是,天中天,菩萨学欲作佛,为学幻耳,何以故?
幻者当持此所有,当如持五阴,幻如色,色六衰五阴如幻,痛痒思想
生死识作是语,字六衰五阴。'"(《道行经》,《大正藏》卷八,页
427)

"佛言:'云何幻与色异乎?'

'不也,世尊。'

'幻与痛想行识为有异乎?'

'不也,世尊,色犹幻,痛想行识犹为幻。'

'云何善业,明是中想知立行五阴而为菩萨?'

对曰:'菩萨学如幻人,是中持如幻者即五阴,所以者何?如
佛说识如幻,若此识六根亦然,何者?意幻为三界耳!如三界即六
根,即五阴。'"(《大明度经》,《大正藏》卷八,页480)

据此看来,般若学之主旨即在于论证物质世界为虚妄,客观与主观俱为
虚妄,色、三界、痛想行识、五阴、佛、道,俱为虚妄,一切皆是虚妄。于是
佛与菩萨,皆是"名"而非实有,其至"名"亦不可得:

"善业白佛言:'吾以为菩萨者其不可见,名亦不可得。又所

匡政,皆不可见、不可得者。当何为菩萨说法? 如是世尊,所疑有
著,吾与佛也。斯不可得,赍货费耗,皆非有得,但以名为菩萨,至
于佛亦名也。然不住不住,所以者何? 名不可得,是故名者,非住
非不住。'"(《大正藏》卷八,页 479)

由摒绝"有"、"无"而至否定佛为实有而至佛之名亦不可得,其最后所
得的最高范畴,即为"本无"。《大明度经·本无品》中说:

"如法无所从生,为随教,是为本无。

无来原,亦无去迹,诸法本无,如来亦本无,……

一切皆本无,亦复无本无,等无异于真法中本无,诸法本无,无
过去当来现在,如来亦尔,是为真本无。"(《大正藏》卷八,页 494)

又《行品》注文中论及"本空"说:

"师云:一切人自然无有作者,是谓生死亦空,道法亦空,如空
者无有从生死中来得佛者,佛空、法空,故无有出灭诸法者,一切人
本空故,亦无有造作众生者也。"(《大正藏》卷八,页 481)

据此看来,真"本无"之涵义实为绝对意义的对"有""无"的兼遣,而不
是指"有"生于"无"的"无"。就当时贵无一派的玄学家讲来,"有"生
于"无",但这种"无中生有"之说,正如列宁所指出的,是没有的事实。
般若学之"本无",和"无中生有"不同,此派对此种"有""无"都予以否
定,视一切事物为"无本原""亦无去迹","无过去当来现在",无作者,
无生灭,这种"无"乃是超绝时空的"无",而不是显现于时空中的
"无"。

此处我们更须指出:"本无"还不仅是单纯对"有""无"的否定,如
果"本无"是对低一层次的"有""无"的否定而为高一层次的"无",则
此"无"必仍与高一层次的"有"相对立,而仍具有相对性,但"本无"的
涵义则并此相对性而排斥之,即所谓"一切皆本无,亦复无本无",其意
为:若寻求此"本无",则"本无"亦不可得,即"本无"亦不过为一名,犹
说佛为一名,而此名亦复不可得。

洞察这一"本无"的道理,即为"明度无极之行",然其摒绝主观意

识与客观世界言,又与"安般守意"之义相接近:《大明度经》中说:

> "以不取色,不取痛想行识,所以者何? 色无彼受,痛想行识
> 无有彼受,若此色无彼受为非色,痛想行识无有彼受为非识。明度
> 之道,无有彼受,所以者何? 吾受如取影无所得,是为明度无极之
> 行也。"(《大正藏》卷八,页 479)

又在另一处注文中说:

> "师云:观明度为不起色,故言不近也。"

"不取色",即为摒绝客观世界,"不取痛想行识",即为摒绝主观意识。这样的"色"、"识"就成为"非色""非识",其所以如此,以"色""识"本空故。

由此可见,"不起色"与"安般"于义为近,"不取痛想行识"与"守意"亦可相通,只是提法有些不同:前者归结于"识"亦本无,后者偏于"意"有可守,"心"有可明。安世高康僧会一派的禅学,侧重精神之修练,侧重息意去欲、数息行观的宗教实践,而支谶支谦一派的般若学则侧重义解,侧重直探"本无",于空有兼遣虽有甘义繁说,而于数息行观则不甚注意。因此,就佛学思想之本身而言,此派禅学接近于渐悟,而般若学则接近于顿悟,就其与中土学术思想相比较言,前者接近于道术,后者接近于玄学。

魏晋之世,玄学盛行,般若学亦随之而兴,成为佛学思想的主流。佛学与玄学的合流,也就于此时开始。唯心主义最后总是通向神学,而神学的教义总是凭借于唯心主义。

第二节 玄学氛围中般若学的兴起

两晋的义学高僧,往往是清谈人物,他们的风姿、言论、行径、交游,无不习染着当时的时代气氛,在这一气氛中,使他们离开宗教的仪式远些,而接近于玄学中"玉柄麈尾"的仪式。

他们的风姿,正如下面的例子所形容的:

帛法祖："才思俊彻,敏朗绝伦,……研味《方等》,妙入幽微。"

帛尸梨密多罗："天姿高朗,风神超迈,直尔对之,便卓出于物。"

僧伽提婆："从容机警,善于谈笑。"

竺法雅："风彩洒落,善于枢机。"

支孝龙："少以风姿见重,加复神彩卓荦,高论适时。"

支遁："幼有神理,聪明秀彻,初至京师,太原王濛甚重之曰:'造微之功,不减辅嗣。'"(以上见《高僧传》)

不仅他们的风姿神彩绝类于执麈尾的谈客,而且他们的言谈所资,行径所由,亦复酷肖名流:

帛法祖："每至闲晨静夜,辄谈讲道德,于时西府初建,俊乂甚盛,能言之士,咸服其远达。"

帛尸梨密多罗："(周)颛遇害,密往省其孤,对坐作胡呗三契,梵响陵云,次诵咒数千言,声音高畅,颜容不变,既而挥涕收泪,神气自若,其哀乐废兴,皆此类也。"

支孝龙："时或嘲之曰:'大晋龙兴,天下为家,沙门何不全发肤,去袈裟,释梵服,被绫罗?'龙曰:'抱一以逍遥,唯寂以致诚,剪发毁容,改服变形,彼谓我辱,我弃彼荣,故无心于贵而愈贵,无心于足而愈足矣。'其机辩适时,皆此类也。"(以上见《高僧传》)

竺叔兰："性嗜酒,饮至五六斗方畅,尝大醉,醉卧于路傍,仍入河南郡门唤呼,吏录送河南狱,时河南尹乐广与宾客共酣已醉,谓兰曰:'君侨客,何以学人饮酒?'叔兰曰:'杜康酿酒,天下共饮,何问侨旧?'广又曰:'饮酒可尔,何以狂乱乎?'答曰:'民虽狂而不乱,犹府君虽醉而不狂。'广大笑。"(《出三藏记》集卷一三,《竺叔兰传》)

竺法深："竺法深在简文坐,刘尹问道人何以游朱门? 答曰:'君自见其朱门,贫道如坐蓬户。'"

康法畅："畅等常执麈尾行,每值名宾,清谈尽日。"

"庾元规谓畅曰：'此麈尾何以常在？'畅曰：'廉者不求，贪者不与，故得常在。'"

支遁："支道林常养数匹马。或言道人畜马不韵，支曰：'贫道重其神骏！'"

"支公好鹤，住剡东岇山，有人遗其双鹤，少时翅长欲飞，支意惜之，乃铩其翮，鹤轩翥不复能飞，乃反顾翅，垂头视之，如有懊丧意。林曰：'既有陵霄之姿，何肯为人作耳目近玩？'养令翮成，置使飞去。"

"林公见东阳长山，曰：'何其坦迤！'"

"支道林殷渊源俱在相王许。相王谓：'二人可试交一言，而才性殆是渊源崤函之固，君其慎焉。'支初作，改辙远之，数四交，不觉入其玄中。相王抚肩笑曰：'此自是胜场，安可争锋？'"

僧意："僧意在瓦官寺中，王苟子来与共语，便使其唱理。意谓王曰：'圣人有情不？'王曰：'无。'重问曰：'圣人如柱邪？'王曰：'如筹算，虽无情，运之者有情。'僧意云：'谁运圣人邪？'苟子不答而去。"

道壹："道壹道人好整饰言辞，从都下还东山，经吴中，已而会雪下，未甚寒，诸道人问在道所经，壹公曰：'风霜固所不论，乃先集其惨淡，郊邑正自飘瞥，林岫便已皓然！'"（以上见《世说新语》）

这些言谈、行径，无疑是"才思俊彻"、"风神超迈"、"风彩洒落"等等的绝好注脚。在这里，我们所看到的不是汉末的带方士气的高僧，也不是如后世的虔诚佛教徒，而是典型的魏晋名流人物。

由此看来，当时名僧与名士在风姿、言谈、行径上都如出一辙，因此，他们往往披襟致契，结为知音之交，如：

康僧渊："初过江，未有知者，恒周旋市肆，乞索以自营，勿往殷渊源许，值盛有宾客，殷使坐，粗与寒温，遂及义理，语言辞旨，曾无愧色，领略粗举，一往参诣，由是知之。"（《世说新语》）

帛尸梨密多罗:"晋永嘉中,始到中国,值乱,仍过江,止建初寺,丞相王导一见而奇之,以为吾之徒也,由是名显。太尉庾元规、光禄周伯仁,太常谢幼舆,廷尉桓茂伦,皆一代名士,见之终日累叹,披襟致契。"

支孝龙:"陈留阮瞻、颍川庾凯,并结知音之友,世人呼为'八达'。"

支遁:"王洽、刘恢、殷浩、许询、郗超、孙绰、桓彦表、王敬仁、何次道、王文度、谢长遐、袁彦伯等,并一代名流,皆著尘外之狎。"(以上见《高僧传》)

孙绰更以竹林七贤拟配七僧:以法护配山巨源,以帛法祖配嵇康,以法乘配王浚冲,以竺道潜配刘伯伦,以支遁配向子期,以于法兰配阮嗣宗,以于道邃配阮咸。他说:

"护公德居物宗,巨源位登论道,二公风德高远,足为流辈矣。"(《高僧传》卷一,《昙摩罗刹传》)

"帛祖衅起于管蕃,中散祸作于钟会,二贤并以俊迈之气,昧其图身之虑,栖心事外,轻世招患,殆不异也。"(同上书,《帛远传》)

"法乘安丰,少有机悟之鉴,虽道俗殊操,阡陌可以相准。"(同上卷四《法乘传》)

"索索虚衿,翳翳闲冲,谁其体之,在我刘公,谈能雕饰,照足开蒙,怀抱之内,豁尔每融。"(同上书,《竺道潜传》)

"支遁向秀,雅尚《庄》《老》,二子异时,风好玄同矣。"(同上书,《支遁传》)

"兰公遗身高尚妙迹,殆至人之流,阮步兵傲独不群,亦兰之俦也。"(同上书,《于法兰传》)

"孙绰以邃比阮咸,或曰:咸有累骑之讥,邃有清冷之誉,何得为匹?孙绰曰:虽迹有洼隆,高风一也。"(《高僧传》卷一,《于道邃传》)

这种看法,在当时是具有代表性的,它表明了一个重要的事实,即名僧与名士乃是同一类型的人物。

我们再来看他们的学问修养:

帛法祖:"世俗坟索,多所该贯。"

竺道潜:"优游讲席,三十余载,或畅《方等》,或释《老》《庄》,投身北面者,莫不内外兼洽。"

竺法雅:"外典佛经,递互讲说。"

"以经中事数,拟配外书,为生解之例,谓之格义。"

慧远:"少为诸生,博综六经,尤善《庄》《老》。……年二十四,便就讲说,尝有客听讲,难实相义,往复移时,弥增疑昧。远乃引《庄子》义为连类,于惑者晓然。"(以上见《高僧传》)

支遁:"《庄子·逍遥篇》旧是难处,诸名贤所可钻味而不能拔理于郭向之外。支道林在白马寺中将冯太常共语,因及《逍遥》,支卓然标新理于二家之表,立异义于众贤之外,皆是诸名贤寻味之所不得,后遂用支理。"

"支语王(少逸)曰:'君未可去,贫道与君小语',因论《庄子·逍遥游》,支作数千言,才藻新奇,花烂映发,王遂披襟解带,留连不能已。"(以上见《世说新语》)

显然,他们都能贯综内典外书,而且一般都具有颇高的玄学修养,支道林甚至成为《庄》学的权威。另一方面,他们又多半是般若学者,如支孝龙"常披味《小品》,以为心要,叔兰译出《放光》,龙披阅旬日,便就开讲。"支道林曾钻研大小品,作《对比要妙》。竺法雅、慧远、道壹等皆治般若学。由此看来,在两晋之世,不仅名僧与名士同类,而且般若之学更以玄学来缘饰。如果说般若学是引《老》《庄》外典为连类以释佛理,同时也可以说玄学是借《般若方等》以畅胜理。

在这里,我们自不当停留于名僧名士的风尚玄同的论述,更重要的在于探究当时佛理与玄学之间的理论联系。对于这一问题的探究,我们首先要考察当时般若学的分派及其原因。

由于对般若"本无"的理解不同与持义歧异,当时出现了三大般若学派,即本无派、即色派、心无派。安澄《中论疏记》引梁释宝唱《续法论》说:

"宋释昙济作《六家七宗论》,论有六家,分成七宗,一本无宗,二本无异宗,三即色宗,四心无宗,五识含宗,六幻化宗,七缘会宗。今此言六家者,于七宗中除本无异宗也。"(《大正藏》卷六五,页93)

汤用彤更采辑遗文,详加考证,今转引其所列之表如下:

六家	七宗	主张之人	
本无	本无	道安	性空宗义
	本无异	竺法深 竺法汰	(竺僧敷)
即色	即色	支道林	(郗超)
识含	识含	于法开	(于法威 何默)
幻化	幻化	道壹	
心无	心无	支愍度 竺法蕴	道恒(桓玄刘遗民)
缘会	缘会	于道邃	

这六家中,除本无、心无二家各自成为独立的一派外,即色、识含、幻化、缘会四宗复可归结为即色一派。

当时般若学理论为什么会发生歧异呢?首先,这是由于早期《般若经》的译理未尽,义多暧昧。

前面已经提到:晋以前《般若经》的古译有二种:一为汉末支谶所译的《道行般若经》,一为吴支谦所译的《明度无极经》。应该说,这些传译遇到了在翻译初期所必然遇到的困难。僧祐在《出三藏记集》中曾说:

"佛之著教,真人发起,大行于外国,有自来矣。延及此土,当汉之末世,晋之盛德也。然方言殊音,文质从异,译梵为晋,出非一人,或善梵而质晋,或善晋而未备梵,众经浩然,难以折中。"(《新集安公注经及杂经志录第四》)

这是佛经早期传译的普遍情况。《般若经》的古译同样是有不少问题
的,同样由于方言殊音、文质从异而难以折中。对支谶的《道行经》,晋
宋时人论述说:

　　"佛泥曰(洹)后,外国高士,抄九十章,为《道行品》,桓灵之
世,朔佛诣京师,译为汉文,因本顺旨,转晋如己,敬顺圣言,了不加
饰也。然经既抄撮,合成章指,音殊俗异,译人口传,自非三达,胡
能一一得本缘故乎? 由是道行颇有首尾隐者,古贤论之,往往有
滞,仕行耻此,寻求其本,到于阗乃得,送诣仓垣,出为《放光品》。"
(道安《道行经序》,见《出三藏记集》卷七)

　　"初天竺朔佛以汉灵帝时出《道行经》,译人口传或不领,辄抄
撮而过,故意义首尾颇有格碍,士行尝于洛阳讲小品,往往不通,每
叹此经大乘之要,而译理不尽,誓志捐身,远求《大品》。"(《僧祐》
《朱七行传》,见《出三藏记集》卷一三)

可见《道行经》的译本,不仅译理不尽,而且其中还有许多疏脱而致首
尾格碍。支谦的《大明度无极经》为《道行般若经》的再译。这位"博览
经籍,莫不究练,世间艺术,多所综习"(《出三藏记集》卷十三《支谦
传》)的高僧在翻译时表现了擅长文辞的才华,支愍度说他"才学深彻,
内外备通,以季世尚文,时好简略,故其出经颇从文丽,然其属辞析理,
文而不越,约而义显,真可谓深入者也"(《合首楞严》《经记》,见《出三
藏记集》卷七),然而,他的译文同样是不能令人满意的,般若学者道安
便说他是"斫凿之巧者也,巧则巧矣,惧窍成而混沌终矣"(《般若抄
序》,同上,卷八)。

　　这两种古译都不能令人满意,于是有朱士行的西行求法。以后,
《般若经》的各种译本增多了,但其真正的义谛仍在辛勤的探索中:或
由"格义",或由"合本"。"格义"是以经中事数配拟外书,为生解之
例,"合本"是比观各种译本之同异,以寻求义旨所在。般若学派分为
六家七宗的时代正是这一译理不尽而须从多方面探索的时代,僧睿在
《毗摩罗诘提经义疏序》中说:"自慧风东扇,法言流咏已来,虽曰讲肆,

格义迂而乖本,六家偏而不即。"(《出三藏记集》卷八)可见,对般若义理的理解,在当时虽经辛勤的探求而仍偏而不即。因此,我们认为,般若学各派分歧的客观条件之一,便是汉魏以来译经未臻完备,经义不够明确,当《般若经》的研究有进一步展开时,分歧的意见便产生了。

《般若经》译本的粗率与暧昧,概念传译上的比附与不确切,固然造成研究上的困难,但另一方面,也大大地便利了玄学与佛学思想的合流,这种暧昧性与不确切性对各种自由比附与任意发挥洞开了广阔的门路。

当然,我们还不能把六家七宗的般若学派的出现完全归之于释理未尽的客观条件,这一客观条件虽提供了对般若义理有各种解释的可能,但这些解释也必有其所依据的出发点。因此,我们所要注意的是:这些般若学者是从哪些角度去理解,以至得出分歧的看法。这一问题,便不是从《般若经》译本本身的暧昧性与不确切性中所能得到解释的。我们认为,这一问题,归根到底,乃是玄学的问题。晋宋的义学僧徒,如前面所说,往往是清谈人物,他们熟悉外典,通习《老》《庄》。他们实际上是以玄学作为理解般若学的钥匙,而且当般若学的本义还封锁于暧昧性与不确切性的迷雾中时,他们除了用玄学作为辨别方向的指示器外,实在也没有更可靠的、更有效的办法。这样,他们的出发点便是玄学的,因而当时玄学中论点的分歧也必然反映到他们对般若学的研究中来。我们甚至可以说:当时般若学各派的分歧,本质上乃是玄学各派的分歧。

般若学各派的分歧,既可理解为玄学各派的分歧,因而般若学的繁兴也可理解为魏晋玄学的进一步发展及其思维形式的延长。这样,六家七宗时代的般若学不仅对中国思想史的发展有所影响,而且直接构成为中国思想发展史大圈里的一小圈。如列宁所说,"每一种思想——整个人类思想发展的大圆圈(螺旋)上的一个圆圈。"(《哲学笔记》,页249)

在这里,我们还须作进一步的说明。自王何的天人之学的路到向郭的《庄》学义注,玄学的发展几乎已达到它所能达到的饱和的程度,支道林讲释《逍遥篇》的轶事暗示我们:在当时,诸名贤已不能拔理于郭向之外,要超过郭向是很困难的;就在这时,玄学的发展从般若学中取得了新的启示。史称支道林由于有般若学的修养,卓然标新理于向郭二家之表,立异义于众贤之外,他竟获得了如此的成功,以至他如在《世说新语》中所表述的,扮演了重要的玄学家的角色。我们从这里所看到的是:般若学扩大了玄学的领域,加浓了玄学的内容。因此,玄学的发展促成了般若学的繁荣,并且通过二者的合流,般若学最后成为玄学的支柱。

般若学在中国流传的社会根源胚胎于玄学的社会根源。这一时代的般若学,其本身也不过是历史必然的产物,当它的使命不自觉地完成时,它便仓促地退出了历史舞台。自罗什以后,经典的传译完备起来了,佛学的暧昧性开始消散了,"格义"与"合本"的研究方法成为没有必要的了,印度哲学本身的派别——特别是龙树的中观哲学,被介绍进来了,这时,六家七宗便告结束,而由僧肇出来作了批判性的总结。

以下我们来考察般若学六家七宗的论点。

本无派的代表人物是道安。他的一生经历可分为四个阶段:第一个阶段是师事佛图澄,与法和、法汰、法雅、法进等同学;第二个阶段是在河北教学,钻研安世高系统的禅学经籍,注《阴持入经十二门经》、《道地经》,并讲说般若;第三个阶段是钻研般若学;第四个阶段是以译经为主,兼讲般若(参看汤用彤著《汉魏两晋南北朝佛教史》第八、九章)。

祐录中载有道安所作的《安般注序》、《阴持入经序》、《人本欲生经序》、《了本生死经序》、《十二门经序》、《大十二门经序》,这些序文有的是第二阶段的作品,有的年代不明,但从内容看来,都是用同一种观点来诠释禅观。祐录中又载有道安所作的《道行经序》与《合放光光赞略解》,其持论与上述的经序稍异,因此,我们认为,道安的思想是发展的,结合他所经历的各阶段来说,他似由禅观而转入般若学。他的早期的禅学思想与后期的般若学思想虽有紧密的联结,但必须加以分别地探讨。

道安的早期禅学思想,主要是以王何玄学而解释世高系统的禅学,这里分几方面来论证:

(一)王弼学说中的一个重要论点是:从静制动,以一御万,以简济众。例如他说:"夫众不能治众,治众者至寡者也。夫动不能制动,制天下之动者贞夫一者也。……自统而寻之,物虽众,则知可以执一御也,由本以观之,义虽博,则知可以一名举也。"(《周易略例明象》)从这一玄学论点去理解安世高系统的禅学,则"安般守意"便是以静制动,以一御万,以简济众。世界是变化的、是万象森罗的,然而得安般行者却因了心的直观,可以和全宇宙合一。因此,道安认为,息心去欲的修练可以达到玄学家所提出的这一最高境界,他说:

> "寄思故有六阶之差,寓骸故有四级之别,阶差者损之又损之,以至于无为,级别者忘之又忘之,以至于无欲也。无为,故无形而不因;无欲,故无事而不适。无形而不因,故能开物,无事而不适,故能成务。成务者即万有,而自彼开物者,使天下兼忘我也,彼我双废者,守于唯守也。……夫执寂以御有,崇本以动末,有何难也?"(《安般注序》,《出三藏记集》卷六)

这里用的几乎都是儒道合派的玄学概念,其中最可注意的则是"执寂以御有,崇本以动末"的命题,他对这一命题又从另一角度发挥说:

> "不滞者,虽游空无识,泊然永寿,莫足碍之,之谓真也。何者?执古以御有,心妙以了识,虽群居犹乌灵,泥洹犹如幻,岂多制形而重无色哉!"(《大十二门经序》,《出三藏记集》卷六)

显然,与"御有"的"有"相对称的"执寂"或"执古"的"寂"或"古"正是"本无"。

(二)何晏曾说:"唯深也,故能通天下之志,夏侯太初是也。唯几也,故能成天下之务,司马子元是也,唯神也,不疾而速,不行而至,吾闻其语,未见其人"(《魏志》卷九《何晏传》注引《魏氏春秋》),其所引为

《易系辞》传文。道安认为，开物成务，可以由执寂御有的安般守意而得，不疾而速，不行而至，亦可以由"成四谛"而致，他说：

> "以慧断知，入三部者，成四谛也，十二因缘讫净法部者，成四信也。其为行也，唯神矣，故不言而成，唯妙矣，故不行而至。"
> （《阴持入经序》，《出三藏记集》卷六）

这样，他从王何的《易》理解释禅学，复从禅学解答了何晏所企望达到的玄学境地。道安由此发挥玄学说：

> "四谛所鉴，鉴乎九止，八解所正，正乎八邪，邪正则无往而不'恬'，止鉴则无往而不'愉'（按以上二句为《庄子》语义）。无往而不愉，故能洞照'傍通'（按引《易》传文），无往而不恬，故能'神变应会'。神变应会，则不疾而速，洞照傍通，则不言而化。不言而化，'故无弃人'，不疾而速，'故无遗物'（按引《道德经》文），物之不遗，人之不弃，斯禅智之由也。"（《人本欲生经序》，《出三藏记集》卷六）

这里，除了插入若干佛学术语外，通段都是三玄的论题，可以看出，道安所主张的禅智途径虽为玄学家所无而为安世高系统的译经中所固有，但问题的提出与最终的归结处，则为玄学佛学所共具。

（三）王弼在《论语》注中释"志于道"说："道者，无之称也，况之曰道，寂然无体，不可为象，是道不可体，但念慕之而已"（刑昺《论语正义》引），何晏《无名论》中说："夫道者唯无所有者也，自天地以来，皆有所有矣。然犹谓之道者，以其复用无所有也"（《列子·仲尼篇》注）。道安亦谓："其为像也，含弘静泊，绵绵若存，寂寥无言，辩之者几矣，恍忽无行求矣。漭乎其难测，圣人有以见因华可以成实，睹末可以达本，乃为布不言之教，陈无辙之轨。"（《道地经序》，《出三藏记集》卷十）

综观以上所述，道安此处所循的实为王何的天人之学的途径，在与世高系统的禅学相融合的"本无"观念中，尚未足表见他的后期论点。

在《道行经》序中，我们可以看到，道安发展了他原来的论点，他说：

"大哉智度,万圣资通,咸宗以成也。地合日照,无法不周,不恃不处,累彼有名,既外有名,亦病无形,两忘玄莫,块然无主,此智之纪也。夫永寿莫美乎上乾,而齐之殇子,神伟莫美于凌虚,而同之涓滞,至德莫大乎真人,而比之朽种,高妙莫大乎世雄,而喻之幻梦,由此论之,亮为众圣宗矣。何者?执道御有,卑高有差,此有为之域耳,非据真如游法性冥然无名也。"(《出三藏记集》卷七)

在这里,他已把"执道御有"贬低为"有为之域",并进而追求"据真如游法性"的更高的义谛了,他在《合放光光赞略节序》中解释"如"与"真际"说:

"等道有三义焉:法身也,如也,真际也。故其为经也,以如为首,以法身为宗也。如者尔也,本末等尔,无能令不尔也。佛之兴灭,绵绵常存,悠然无寄,如日如也。法身者,一也,常净也,有无均净,未始有名,故于戒则无戒无犯,在定则无定无乱,处智则无智无愚,泯尔都忘,二三尽息,皎然不缁,故曰净也,常道也。真际者,无所著也,泊然不动,湛尔玄齐,无为也,无不为也,万法有为而此法渊默,故曰,无所有者,是法之真也。"(同上)

据此看来,道安早期持论,主张执寂御有崇本动末,似以本无与末有相对立,而至此则重本末对立之消解,故以"无所有"为"真";以"本末等尔"为"如",以"有无均净"为"法身",以"无所著"为"真际"。然而道安的思想既由禅观之学以达般若之理,因此他仍然保留了"本无"的空寂之义,仍然执著"无所著",而断言此"无"为"泊然不动,湛尔玄齐"。这就是他的"本无"义。

了解了以上的两方面,我们可以取后人论道安本无义的材料加以按证:

"一者释道安明本无义,谓无在万化之前,空为众形之始,夫人之所滞,滞在未(末)有,若诧(宅)心本无,则异想便息。……详此意,安公明本无者,一切诸法,本性空寂,故云本无。"(吉藏:《中观论疏》,《大正藏》卷四二,页29)

"释道安《本无论》云：如来兴世，以本无弘教，故《方等》众经，皆明五阴本无。本无之论，由来尚矣，谓无在元化之前，空为众形之始，夫人之所滞，滞在未（末）有，若诧（宅）心本无即异想便息。"（安澄：《中论疏记》，《大正藏》卷六五，页92）

"（昙济）著《七宗论》，第一本无主宗曰：如来兴世，以本无弘教，故《方等》深经，皆备明五阴本无，本无之论，由来尚矣。何者？夫冥造之前，廓然而已，至于元气陶化，则群像禀形，形虽资化，权化之本，则出于自然，自然自尔，岂有造之者哉。由此而言，无在元化之前，空为众形之始，故谓本无，非谓虚豁之中，能生万有也。夫人之所滞，滞在未（末）有，宅心本无，则斯累豁矣，夫崇本可以息末者，盖此之谓也。"（《名僧传抄·昙济传》引）

"弥天释道安法师《本无论》云：明本无者，称如来兴世，以本无弘教，故《方等》深经，皆云五阴本无，本无之论，由来尚矣，须得彼养，为是本无，明如来兴世，亦以本无化物，若能苟解本无，即异想息矣，但不能悟诸法本来是无，所以名本无为真，末有为俗耳。"（慧达：《肇论疏》）

综观这四段材料，可以看出，道安的本无义仍带有浓厚的禅观色彩。第一，他主张宅心本无，以息异想，主张崇本以息末，由此所表现的由禅观而至般若的思维发展途径，实可归结为：由"执寂以御有"而至执寂息有，即"末""有"既息，便无可"御"，"御"便是有为之域；由"崇本以动末"而至"崇本息末"，即"末""有"既息，便无可动，"动"便是有为之域。至此，异想已空，此心亦寂，主客泯灭，而归于"渊默"。但"寂"仍可执，"本"仍可崇，这就显露出禅观的本色。第二，按照禅学的持论，外物由心意起，异想息时，外物亦归虚无，这时只剩下一个绝对意义的没有任何感知的空寂常住的"心"，这样的"心"也就是"本无"，道安保留了这一理论。因此，他所谓"崇本息末"的涵义是：一方面，"心"的活动内容抽空了，另一方面，物的内容也抽空了，这样便是"本末等尔"，也是"有无均净"，剩下的是主客二界泯灭后的绝对的空寂的"本无"，这一"本无"实际上就成为所谓"心"的本然，即"泊然不动，湛尔玄齐"的"渊默"的"心"。据此，道安的主张，主要在于空外物，在于息异想而不空心神之本然。第三，外物与异想之所以可空，因其本性空寂故，即所谓"一切诸法，本性空寂"，"无在元化之前，空为众形之始"。

综观以上所论，道安的本无义是禅智与般若义理交融的烦琐的玄学，这种交融还不是一种糅合，而是从禅观解般若、复从般若推演禅观的二重迁化。如果他的禅观途径可联系于王何的天人之学的途径，那么，般若学之持义亦未始不是遁此途径而直探"本无"的进一步玄想。

本无派的异宗，为琛法师。

> "琛法师云：本无者，未有色法，先有于无，故从无出有，即无在有先，有在无后，故称本无。"（吉藏：《中观论疏》，《大正藏》卷四二，页29）

> "《二谛搜》《玄论》十三宗中本无异宗，其制论云：'夫无者何也？壑然无形，而万物由之而生者也，有虽可生，而无能生万物，故佛答梵志，四大从空生也。'《山门玄义》第五卷，《二谛章》下云，复有竺法深即云：诸法本无，壑然无形，为第一义谛，所生万物，名为世谛，故佛答梵志，四大从空而生。"（安澄：《中论疏记》，《大正藏》卷六五，页93）

就以上引文而论，本无异宗似执著有无之先后，形而上学地认为无能生有，有生于无。但其持论无可详考，这里不作论述。

与本无派持义相对立的是心无派。据陈寅恪的考证，心无义的创始者为支愍度（《支愍度学说考》），此派人物有竺法蕴、道桓、桓玄、刘遗民。我们且把有关史料引证如下：

> "心无者，无心于万物，万物未尝无。"（僧肇：《肇论》，《大正藏》，卷四五，页152）

> "无心万物，万物未尝无，谓经中言空者，但于物上不起执心，故言其空，然物是有，不曾无也。"（元康：《肇论疏》，同上，页171）

> "温法师用心无义。心无者，无心于万物，万物未尝无。此释

意云:经中说诸法空者,欲令心体虚妄不执,故言无耳。不空外物,即万物之境不空。"(吉藏:《中观论疏》,《大正藏》卷四二,页29)

"《山门玄义》第五云:第一释僧温,著《心无二谛论》云:有,有形也,无,无像也,有形不可无,无像不可有,而经称色无者,但内止其心,不空外色。……《二谛搜》玄论云:晋竺法温,为释法琛法师之弟子也,其制《心无论》云:夫有,有形者也,无,无像者也。然则有象不可谓无,无形不可谓无(当作'有')是故有为实有,色为真色,经所谓色为空者,但内止其心,不滞外色,外色不存,余情之内,非无如何? 岂谓廓然无形而为无色乎?"(安澄:《中论疏记》,《大正藏》卷六五,页94)

据此看来,心无派持论的要旨有二:(一)有形之外物为"有",而不是"无",而且不可能使之"无",即"万物未尝无","有形不可无","有为实有,色为真色",(二)所谓"无心"乃是指"心"不执著于外物,即"无心于万物","但于物上不起执心","内止其心",由此而言,心无派实以心物皆为"有",心"无"之无,只是"止"其心,"不滞"于色。由这一观点去理解,则经中所言之空无,只是"欲令心体虚妄不执"的一种假设或一种人为的心理状态,而非外物的实际情况。就止心而言,心无宗与本无宗无异,其不同处在于:前者认为心止不滞于物时,物仍是有,而后者则认为心止时物便是无。对于外物的"有""无"的论断分歧,自是哲学上的严重的分歧,故本无和心无二派实处于对立地位。但就心无派不执著于物而言,又是因了和玄学合流,而与本无宗具有时代相同的色彩。

在这里,我们应该指出:心无派的持义似受了玄学中的"崇有"观点的影响。自王何贵无以至裴頠崇有,玄学中实有反对虚无的一派,《崇有论》中说:

"夫至无者无以能生,故始生者自生也,自生而必体'有',则'有'遗而生亏矣,生以'有'为己分,则虚无是'有'之所谓遗者也,故养既化之有,非无用之所能全也,理所有之众,非无为之所能

循也。"(《晋书》卷三五)

这是反对无能体有，无能生有，而主张体有者为有，生有者为有。就崇有而言，与心无派的主旨相同，就具体论证言，则因心无派的论著今已全佚，无可按证。裴頠又说："老子以无为静，而旨在全有"，心无派亦谓经中说诸法空，而外物未尝无，其口吻亦相类似。

因此，我们认为，心无派很可能是玄学中崇有一派在般若学派的代表，因文献不足，此处不能下论断。至于崇有是否即为唯物主义倾向，我们也因文献不足而不强作断案。

即色派的代表人物是支道林、于法开、道壹、于道邃，他们代表即色、识含、幻化、缘会等四宗。

支道林的即色义，乃是玄学与般若学的综合，其持论实出于向郭《庄》注之学而融会般若色空同异之义，因而又标新理于向郭之表。

首先，我们应该指出：向郭《庄》注为王何贵无与裴頠崇有的综合：以"所以迹"为"无迹"，取贵无义，但又谓，"无既无矣，则不能生有，有之未生又不能为生，然则生生者谁哉？块然自生耳！"，则又取裴頠"夫至无者无以能生，故始生者自生也"之义。《崇有论》与向郭义的联系在般若学中也反映为心无义与即色义之间的联系：心无义主无心于万物，即色义主"无物于物，故能齐于物"；其于物皆不作绝对之本无观；另一方面，贵无义与向郭义的联系在般若学中又反映为本无义与即色义之间的联系；本无义主崇本息末，即色义亦主"尽群灵之本无"，且以本无宗之"本无"义为未尽。支道林的"色即为空，色复异空"的本义正是"本无"宗的贵无义和"心无"宗的崇有义的综合发展，在形式上和向郭同其玄学的途径，但在内容上却有区别。

在第六章中，我们已详细论证向秀论"所迹"与"所以迹"的义旨，"所迹"是属于现象界，"所以迹"是属于本体界，"所迹"是可以作为对象的，"所以迹"则是对象之所以成为对象的自身的条件或根据，即"物性"。支道林持义即由"所迹"与"所以迹"的玄学概念的剖析出发，进而达到对"所迹"与"所以迹"的两忘。他在《大小品对比要钞》中说：

　　"理冥则言废,忘觉则智全,若存无以求寂,希智以忘心,智不足以尽无,寂不足以冥神,何则? 故有存于所存,有无于所无。存乎存者,非其存也,希乎无者,非其无也,何则? 徒知'无'之为'无',莫知所以无,知存之为存,莫知所以存,希无以忘无,故非无之所无,寄存以忘存,故非存之所存。莫若遗其所以无。忘其所以存,则无存于所存;遗其所以无,则忘无于所无。忘无故妙存,妙存故尽无,尽无则忘玄,忘玄故无心,然后二迹无寄,无有冥尽,是以诸佛因般若之无始,明万物之自然。"(《出三藏记集》卷八)

　　我们且对这一段话略作辨析:支道林反对"存无以求寂,希智以忘心",而认为"寂不足以冥神",似针对本无宗的"执寂"而发,他贬斥徒"知存之为存,莫知所以存",则似针对"心无"宗的不空外物而发。支道林自己的看法是:按照"所迹"与"所以迹"的范畴来划分,则"有""无"可归结为"所无"、"所存"与"所以无"、"所以存",如果就"所存"、"所无"以论"有""无",则始终陷于"所"的范畴即现象界的范畴,而永远达不到"所以"的范畴即本体界的范畴。因为"所以"的范畴并不存在于"所"的范畴中,因此,他反对"有存于所存,有无于所无",这样的"有""无"都是"所"的范畴内的"有""无"。但他认为,不是要把握"所以"范畴内的"有""无"(即"所以有"与"所以无"),而应该对"所迹"与"所以迹"的范畴都遗去,即所谓"二迹无寄"。

　　在这里,我们所要探索的有两个问题,第一,支道林既斥"徒知无之为无,莫知所以无,知存之为存,莫知所以存",那么,他所说的"所以无"、"所以存"究竟是什么? 第二,他所说的"莫若遗其所以无,忘其所以存",而达到"二迹无寄,无有冥尽"的具体内容是什么?

　　关于第一个问题,也是最主要的问题,是在他的即色义中回答的,由于直接的文献已经丧失,我们只能把后人所论的有关材料揭出如下:

　　"即色者,明色不自色,故虽色而非色也。"(僧肇《肇论》,《大正藏》卷四五,页一五二。元康《肇论疏》释此段云:"今寻林法师《即色论》,无有此语,然林法师集别有《妙观章》云:'夫色之性也,不自有色,色不自色,虽色而空',今之所引,正此引文也。"又《世说新语·文学》注云:"支道林集《妙观章》云:'夫色之性也,不自有色,色不自有,虽色而空,故曰:色即为空,色复异空。'")

"东晋支道林作《即色游玄论》,……彼谓青黄等相,非色自能,人名为青黄等,心若不计,青黄等皆空,以释经中色即是空。"(文才:《肇论新疏》,《大正藏》卷四五,页209)

"支道林著《即色游玄论》,明即色是空,故言即色游玄论,此犹是不坏假名,而说实相,与安师本性空故无异也。"(吉藏:《中观论疏》,《大正藏》卷四二,页29)

"《山门玄义》第五卷云:第八,支道林著《即色游玄论》云:夫色之性,色不自色,不自,虽色而空,知不自知,虽知而寂。彼意明:色心法空名真,一切不无空色心是俗也。述义云:其制《即色论》云:吾以为即色是空,非色减空,斯言矣,何者?夫色之性,不自有色,色不自有,虽色而空,知不自知,虽知恒寂。然寻其意,同不真空,正以因缘之色,从缘而有,非自有故,即名为空,不待推寻破坏方空,即言夫色之性不自有色,色不自有,虽色而空,然不偏言无自性边,故知即同于不真空也。"(安澄:《中论疏记》,《大正藏》卷六五,页94)

这几段引文,内容复出,归结其意,不外下列几点:

(一)色之性不自色,故色即是空。色之性既不自色,则因何而呈色相?此问题之回答无可详征,但可从两方面推测,一是因心起色,故说:"青黄等相,非色自能,心若不计,青黄等皆空",即心计之则有色,心不计则无色。二是因因缘而起色,故说"从缘而有,非自有故"。应该指出:支道林是否主因缘说,未有明文可征,从缘而有之说,或为安澄之推测。

(二)色复异空。这一命题在现存材料中无史实可以详征,但窥其意,支道林似以心计起色,就此所起之色而论,此色为"色""有",而不是"空""无"。

"色不自色"的含义中固包含另一含义,即在非"不计色"的前提下可以色"色"。色不自色是一回事,而心计之而色色又是另一回事,就前者而言,色即为空,就后者而言,色复异空。

在这里,"色不自色"的命题已超越了向郭的玄学藩篱,我们知道,向郭认为"明物物者无物,而物自物耳,物自物耳,故冥也。"(《知北游》注)"物自物"即非"物不自物",其义与"色不自色"异。正因为支道林认为"色不自色",他就必须保留"心""神"。

复次,既然色不自色,则与色相对立的"无"亦不是自无,《大小品对比要钞》中即有一段诠明此意:

"夫无也者,岂能无哉? 无不能自无,理亦不能为理,理不能为理,则理非理矣,无不能自无,则无非无矣。"

因此,支道林的即色义实包含另一命题,即:夫无之性也,不自有无,无不自无,虽无而色,故曰:空即是色,空复异色。色的成立是有条件的,离开了"心计色"这一色之所以色的条件,则色为空,同样"无"的成立亦是有条件的,离开心不计色这一无之为无的条件,则无即为色。

支道林的即色义与道安的本无义在对"有""无""色""空"的实践态度上是大有歧异的。道安一派是要崇本息末,宅心本无,而支道林一派却是兼遗本末,使"二迹无寄,无有冥尽",前者是去现象界而住本体界,而后者则是宅心于本体界与现象界的冥合。这一问题,便是我们所要探求的第二个问题。

我们且看支道林所说的"至人"的理想人格:

"夫逍遥者,明至人之心也,庄生建言大道,而寄指鹏鷃,鹏以营生之路旷,故失适于体外,鷃以在近而笑远,有矜伐于心内。至人乘天正而高兴,游无穷于放浪,物物而不物于物,则遥然不我得,玄感不为,不疾而速,则逍然靡不适,此所以为逍遥也。若夫有欲,当其所足,足于所足,快然有似天真,犹饥者一饱,渴者一盈,岂忘烝尝于糗粮,绝觞爵于醪醴哉! 苟非自足,岂所以逍遥乎?"(《逍遥游论》,《世说新语·文学篇》注引)

　　"夫至人也,览通群妙,凝神玄冥,灵虚响应,感通无方,建同德以接化,设玄教以悟神,述往迹以搜滞,演成规以启源,或因变以求通,事济而化息,适任以全分,分足则教废,故理非乎变,变非乎理,教非乎体,体非乎教,故千变万化,莫非理外,神何动者,以之不动,故应变无穷。"(《大小品对比要钞序》)

　　"夫以万声钟响,响一以持之,万物感圣,圣亦寂以应之。"(同上)

　　这样的"至人"之"心",一方面是寂然不动,一方面又是应变无穷,它不必空万物,而可以随万物而迁化,"物物而不物于物",正是色色而不滞于色。色不能自色,物不能自物,至人之心正可以色色,也可以物物。当"心"与"物"相应而动、无有执滞时,这种"动"也就是"寂",也就是"冥"。因此,支道林主张,"寂"不必也不可能离开了"动"来求得,"无"不必也不可能离开了"有"而求得。这样的"寂"只能"应",而至人便是"寂以应之"。这样的至人更玄化了向郭的冥于内而游于外的至人,故又说:"夫至人也,览通群妙,凝神玄冥,灵虚响应,感通无方"。

　　支道林既说到寂以应变,因此,他也必然有较明确的体用观念,即以"寂"为体,而"应变"则为体之用。在《大小品对比要钞序》中说:"耶赖其至无,故能为用",又说:"至理冥壑,归乎无为,无名无始,道之体也。"

　　我们也许可以这样说,道安的本无义是要通过把握"心"的虚寂而把握万有的本无,支道林的即色义是要通过感应万有而达到"心"的虚寂。郗超《奉法要》中说:"夫空者,忘怀之称,非府宅之谓也。无诚无矣,存无则滞封,有诚有矣,两忘则玄解;然则有无由乎方寸,而无系乎外物。虽陈于事用,感绝则理冥,岂灭有而后无,偕损以至尽哉!"这段话很能表见支道林的即色义。"灭有而后无,偕损以至尽"乃是道安本无派的行径,"无诚无,有诚有,两忘则玄解",则是支道林即色派的行径,二者对本无的实践态度,固有歧异。

支道林的即色义是以"色不自有,虽色而空"为主旨。色不自有,则色因何而有的问题,便需要解答,这一问题的解答,在支道林似为"心计",在于法开为"识含",在道壹为"幻化",在于道邃为"缘会"。这四种解答,主旨皆在说明色不自有、色因何而有的问题。因此,这四家可以归结为即色一派。今列举有关材料于下,以资比观:

识含:"三界为长夜之宅,心识为大梦之主,今之所见群有,皆于梦中所见,其于大梦既觉,长夜获晓,即倒惑识灭,三界都空,是时无所从生,而靡所不生。"(吉藏:《中观论疏》,《大正藏》卷四二,页29)

"《山门玄义》第五云:第四于法开著《惑识二谛论》云:三界为长夜之宅,心识为大梦之主,若觉三界本空,惑识斯尽,位登十地。今谓其以惑所睹为俗,觉时都空为真。"(安澄:《中论疏记》,《大正藏》卷六五,页94)

幻化:"壹法师云:世谛之法,皆如幻化,是故经云,从本已来,未始有也。"(吉藏:《中观论疏》,《大正藏》卷四二,页29)

"《玄义》云:第一释道"壹"著《神二谛论》云:一切诸法,皆同幻化,同幻化故名为世谛,心神犹真不空,是第一义,若神复空,教何所施,谁修道?隔凡成圣,故知神不空。"(安澄:《中论疏记》,《大正藏》卷六五,页95)

缘会:"《玄义》云:第七,于道邃著《缘会二谛论》云:缘会故有是俗,推拆无是真。譬如土木合为舍,舍无前体,有名无实,故佛告罗陀,坏灭色相,无所见。"(同上)

又宗少义《答何承天书》中说:"夫色不自色,虽色而空,缘合而有,本自无有,皆如幻之所作,梦之所见,虽有非有,将来未至,过去已灭,现在不住,又无定有。"(《弘明集》)其持论似为即色各派之综合。

根据以上的论述,晋时般若学六家七宗的主要派别的持论,皆与玄学合流:道安的本无义,是王何贵无的玄学在般若学中的理论延长,支愍度的心无义是裴顾崇有论在般若学中的理论发挥,支道林的心无义

是向郭冥内游外的玄学在般若学中的批判进展。当然,我们这里并不
是机械地认为般若学只是被动的作为表现玄学的工具和素材,相反的,
我们认为,不仅玄学与般若学互相启示而递嬗进展,即般若学之六家七
宗也相互推助而融贯。在这里,我们更不能忽视早期般若学传译的影
响,它的义理尽管在当时未能完全为人所理解,但对晋时的般若学来
说,与各派玄学同为先行的环,同为后来思想所承借的资料。

我们还须指出:自王何贵无、裴颁崇有以至向郭冥内游外的玄学发
展途径,就其历史现实来讲,都是通过名教与自然如何合一的道德问题
之折射,而在理论上作出的抽象的返原。然而,当问题已返原到玄学的
领域内时,在一定的限度内就产生了理论上的惯性发展,即不仅现实是
推动理论发展的根本动力,理论本身的惯性传习在根本动力的范围外
复形成相对的独立过程,般若学的兴起与发展,即为此种相对的独立过
程的一环。当然,这样的环也并不是单一存在的,而是同质异形地存在
的。在六家七宗中,支道林的即色义是最富现实色彩的,这位侈谈色空
的般若学大师谈到"述往迹以搜滞,演成规以启源,或因变以求通"的
至人时,他完全不是宅心世外的高僧,而是与晋时清谈的名士一样,表
现为关心统治阶级世道的俗人。

第三节　晋宋间的般若学与涅槃学

与般若学分为六家七宗的时代相衔接,印度著名论师龙树的中观
哲学通过鸠摩罗什的传译而流入中土,般若学因此获得了进一步的
发展。

鸠摩罗什是一位深通经义的译经大师,他影响并培养了整整一代
的佛教学者。《高僧传》中说:"鸠摩罗什硕学钩深,神鉴奥远,历游中
土,备悉方言。复恨支竺所译,文制古质,未尽善美,乃更临梵本,重为
宣译,故致今古二经,言殊义一。时有生、融、影、睿、严、观、恒、肇,皆领
悟言前,辞润珠玉,执笔承旨,任在伊人,故长安所译,郁为称首"(卷

三），又载时人对罗什弟子的评语说："通情则生融上首，精难则观肇第一"，此中生即竺道生，为涅槃之圣，肇即僧肇，为三论宗的奠基者(《三论》指龙树《中论》、《十二门论》与提婆《百论》)。此外，罗什弟子僧导僧嵩又为成实宗的创始者，此宗在南朝极盛。

僧肇佛学思想的发展途径是由玄学而《般若》，复由《般若》而融贯《三论》。《高僧传》中说他早岁"家贫，以佣书为业，遂因缮写，乃历观经史，备尽坟籍，志好玄微，每以《庄》《老》为心要，尝读老子《道德章》，乃叹曰：'美则美矣，然期栖神冥累之方，犹未尽善。'"据此，僧肇最初便通习外典，于玄学有一定修养，在他后来的论著中，也时时援用玄学术语，而在中外思想的交融上远远超出"格义"的樊篱。以后，僧肇成为一个有声望的治《般若》、《方等》的佛教学者，"后见旧《维摩经》，欢喜顶受，披寻玩味，乃言始知所归矣。因此出家，学善《方等》，兼通三藏，及在冠年，而名振关辅，时竞誉之徒，莫不猜其早达，或千里负粮，入关抗辩，肇才思幽玄，又善谈说，承机挫锐，曾不流滞。时京兆宿儒，及关外英彦，莫不挹其锋辩，负气摧恓。"那时，僧肇对佛学已有颇高水平，而且表现出机智和辩才。他师事鸠摩罗什后，在佛学上当更有进展，罗什善《般若》、三论，僧肇当亦于此时吸取龙树学说以发挥般若义旨。传记中说："后罗什至姑臧，肇自远从之，什嗟赏无极。及什适长安，肇亦随入。及姚兴命肇与僧睿等入逍遥园，助详定经论，肇以去圣久远，文义舛杂，先旧所解，时有乖谬，及见什谘禀，所悟益多，因出《大品》之后，肇便著《般若无知论》，凡二千余言，意以呈什，什读之称善，乃谓肇曰：'吾解不谢子，辞当相挹。'时庐山刘遗民见肇此论，乃叹曰：'不意方袍，复有平叔'，因以呈远公，远乃抚几叹曰：'未尝有也'，因共披寻玩味，更存往复。……晋义熙十年，卒于长安，春秋三十有一矣。"他的主要著作有《物不迁论》、《不真空论》、《般若无知论》、《涅槃无名论》，均见现存之《肇论》一书。

《物不迁论》与《不真空论》都引征龙树《中论》，这是最能代表他融贯《般若》与三论的作品。

我们先来看《物不迁论》。这篇论著所论的对象是客观世界有无变化、生灭、运动的问题。在过去的中国佛学中,往往以事物的生灭、变迁,不能常住来论证事物的虚幻与空无,僧肇则提出一个新的命题:"物不迁"。他承认在现象上物是变迁的,"生死交谢,寒暑迭迁,有物流动",但若把这现象加以逻辑的分析,则可发见:现象所提供给人的这一流动、变迁的表象是不真实的。他论证"物不迁"时,就直接从现象的变迁上开始。

一切变迁、生灭、运动都是在时间内进行的,而时间本身的变迁便是变迁的显著例证;一切变迁、生灭、运动又表现为无限的因果联系,而由因至果的变迁便是变迁的显著例证。这两个问题又是和"有""无"、"色""空"问题相联结的:在事物的变迁中,当它还没有出现或已经消灭时,便是"空"、"无",而当它已经出现而尚未消灭时,便是"色""有";当甲还没有变成乙或乙已变成丙时,甲、丙为"色""有"而"乙"为"空""无",当甲已变成乙而乙尚未变成丙时,甲、丙为"空""无"而乙为"色""有"。因此,僧肇论证物不变,对于解决"有""无""动""寂"的问题是有紧密联系的。变迁以时间为前提,僧肇论"物不迁"亦以时间的不迁为前提,而这一方面的论证是龙树所已充分提供了的。

在龙树的论著中,我们到处可以看到"二律皆反"的运用,他提出相反的两方面论证,这两方面的论证又互相摧破,由此论证所论证的对象为虚幻不实,他在揭示矛盾的基础上,并没有发现真理,反而建立其两可而两非、兼取而兼遣的怀疑论。我们知道,发现矛盾或二律背反,可以通向辩证法,又可以通向怀疑论,龙树就是后者,而古代的怀疑论也常辛苦地去揭发矛盾或二律背反(参看列宁:《哲学笔记》,页93)。

在论证时间的虚妄性时,龙树所揭示的时间的矛盾之一便是:时间的绵延是不可能的,同时,时间的不绵延又是不可能的。《中论·观时品》说:

"若因过去时,有未来现在,未来及现在,应在过去时。"

"若过去时中,无未来现在,未来现在时,云何因过去?"

"不因过去时,则无未来时,亦无现在时,是故无二时。"

"以如是义故,则知余二时,上中下一异,是等法皆无。"

"时住不可得,时去亦叵得,时若不可得,因物故有时,物若无
所有,何况当有时?"

这一论证的结构是:(1)如果过去中有未来现在,则现在未来便不能成
立,因二者已蕴涵于过去中;同理,过去亦不能成立,因过去中既已表现
现在未来相,便不成其为过去(《百论》释此义说:"过去已堕未来相,云
何名过去?"),这样,"过去时有未来现在"这一命题既然不能成立,则
时间之绵延便是不可能的。(2)如果过去中没有未来现在,则过去、现
在、未来的三项便各自截然分立,不待相因。但此说亦不能成立,因时
间三相是相因的,青目释此段说:"今不因过去时,则未来现在时不成,
不因现在时,则过去未来时不成,不因未来时,则过去现在时不成",故
三时之中,缺少其中的任何一时,其他二时便不能成立。这样,"过去
时中无未来现在"的反命题既然亦不能成立,则时间的不绵延也是不
可能的。(3)由于时间的绵延与不绵延均不可能,即由于"时住不可
得"、"时去亦叵得"的二律背反,时间便是虚幻的,它只是假象,不过因
物而起,而物亦无所有,时更不可得。

僧肇在《物不迁论》中对时间的论证,截取了龙树破时间的绵延性
的一面,他说:

"今若至古,古应有今,古若至今,今应有古,今而无古,以知
不来,古而无今,以知不去,若古不至今,今亦不至古,事各性住于
一世,有何物而可去来?"

我们且对这段话作一简略的诠释:"今而无古","古而无今",乃是对
"过去中有未来现在"的否定,即对时间的绵延性的否定,僧肇进而认
为时间三相截然分立,不相往来,时间既然是不绵延的,故"古今常
存"。

相应于龙树"时住不可得,时去亦叵得"的命题,僧肇亦提出"言住
不必住"、"称去不必去"的物不迁的命题:

> "征文者闻不迁,则谓昔物不至今,聆流动者,而谓今物可至昔,既曰古今,而欲迁之者何也? 是以言住不必住,古今常存,以其不动;称去不必去,谓不从今至古,以至不来。不来,故不驰骋于古今,不动,故各性住于一世。"

这是由时间的不绵延性而否定事物在时间内的运动。在这里僧肇虽以"不住""不去"并提,而其主旨似仍重"不去",这从《物不迁论》的主题和举证看来,皆可证知。

由"古今常存"而论物不迁,僧肇提出如下论证:

> "求向物于向,于向未尝无,责向物于今,于今未尝有。于今未尝有,以明物不来,于向未尝无,以明物不去。复而求今,今亦不住,是谓昔物自在昔,不从今以至昔,今物自在今,不从昔以至今。故仲尼曰:'回也,见新,交臂非故',如此,则物不相往来明矣,既无往返之微朕,有何物而可动乎?"

这一论证是用形式逻辑的同一律,揭示矛盾的两面虚妄,进而推论出三时内事物之各自分立而不相往来。我们且根据这段话推衍其意如下:(1)若承认事物是变迁的,则必然导致时间上的三时分析,即以过去的事物甲变为现在的事物乙,或以现在的事物乙变为未来的事物丙。(2)但甲若变为乙时,则现在的乙便不是过去的甲,过去的甲也不复是现在的乙,若乙仍是甲,便无所谓变迁,因此,甲只存在于过去而不存在于现在,乙只存在于现在而不存在于过去,物各住于一世,在这里,找不到过去的甲和现在的乙有任何沟通往来的连续的可能。(3)现在事物与过去事物既截然分立而不互相往来,则变迁便是不可能的。

僧肇论证生灭为不可能,又见于《维摩诘经注》,其意和前面论断略同,今录之以资参证:

> "过去生已灭,已灭法不可谓之生也。"

> "未来生未至,则无法,无法何以为生?"

> "现法流连不住,以何为生耶? 若生灭一时,则二相俱坏,若生灭异时,则生时无灭,生时无灭,则法无三相。法无三相,则非有

为也。若尽有三相,则有无穷之咎。此无生之说亦备之诸论矣,三
世既无生,于何而得记乎?"(《大正藏》卷三八,页361)

以上三段释经文之"若过去生,过去生已灭","若未来生,未来生未
至","若现在生,现在生无住"。

僧肇认为,从事物的因果关系不能成立来看,亦可得出同样结论,
《物不迁论》有这样的论证:

"果不俱因,因因而果,因因而果,因不昔灭,果不俱因,因不
来今,不灭不来,则不迁之致明矣。"

这是说,因果不同处,果不由因而得。在他看来,若因起于过去,果见于
现在,则因存在于过去而不存在于现在,果存在于现在而不存在于过
去。由于时间三相的方立因果亦各住一世。因此,他以为,若承认因
果,则必导至因果关系的消失;若承认事物是变迁的,则必有前因后果
的联系,但分析的结果是因果不可得,因而物无变迁。按《中论破因果
品》论证繁复,《肇论》所取,仍是时间不迁的同语反复,无甚新义。

《物不迁论》的结论是动静一如,但僧肇认为,动是假象,"物不迁"
是真实,他说,"旋岚偃岳而常静,江河竞注而不流,野马飘鼓而不动,
日月历天而不周","四象风驰,璇玑电卷,得意毫微,虽速而不转"。在
这里,我们可以看到,僧肇持论的特色即在于从运动的洪流中抽出"不
迁"的绝对常理。这种凭借于逻辑的诡辩分析,有如下面他所说的:
"寻夫不动之作,岂释动以求静?必求静于诸动。必求静于诸动,故虽
动而常静,不释动以求静,故虽静而不离动,然则动静未始异,而惑者不
同"。这是他对自己的论证方法的玄妙的表述。然而诡辩论是不能从
事物上检证的,因此,他又解释说,"若动而静,似去而留,可以神会,难
以事求。是以言去不必去,闲人之常想,称住不必住,释人之所谓住耳,
岂曰去而可遣、住而可留也?"但似是而非之说毕竟难以立足,因此,去
留虽不可执,而去在他看来,"去"终为虚妄,"留"却为真实,他说:"故
谈真有不迁之称,导俗有流动之说,虽复千途异唱,会归同致矣"。这
样看来,去住之谈仍有真俗二谛之分,而真谛还是"物不迁"。

　　综观僧肇的《物不迁论》，我们可以作如下的评价：

　　(1)僧肇揭示了运动矛盾，但他并不理解这种矛盾之本身正是思维与思维对象之间的矛盾的辩证法。黑格尔曾说："从来造成困难的总是思维，因为思维把现实中联结在一起的一个对象的各个环节彼此分隔开来考察。"这是正确的，列宁曾就此点作了更确切的发挥："如果不把不间断的东西割断，不使活生生的东西简单化、粗糙化，不加以割碎，不使之僵化，那末我们就不能想像、表达、测量、描述运动。思维对运动的描述，总是粗糙化、僵化。不仅思维是这样，而且感觉也是这样；不仅对运动是这样，而且对任何概念也都是这样。"(列宁：《哲学笔记》，页262—263)他在另一处又说："康德有四种'二律背反'。事实上每个概念、每个范畴也都是二律背反的"。(见《哲学笔记》，页93)诚然，想象、表达、描述运动时，不可能不使之割碎、僵化，但僧肇正抓住这一点而否定运动，在揭示运动与不迁的矛盾时，他透露了辩证法，但由此而否定运动肯定物不迁时，他却是否定矛盾，用形式逻辑的同一律否定了辩证法，形而上学地认为运动就是运动，不迁就是不迁，二者不可能统一。虽然，他表面上承认动静一如，但通过真俗二谛的分野，把二者割裂开来，即就谈真而言，只能是不迁，而不能是运动。

　　(2)僧肇揭示了作为运动矛盾的时间与空间的间断性与点截性的矛盾，但他抓住了这矛盾的一面作为本质。他的时空三相的分析也是这样。关于这一些，黑格尔下面一段话是可以提供我们一种启示来批判僧肇的《物不迁论》：

　　　　"时间和空间的本质之所以是运动，就因为运动是普遍的；理解运动，就是用概念的形式来表达运动的本质。运动作为概念、作为思想来说，表达为否定性和不间断性的统一；但是不论不间断性或点截性，都不能被单独地当做本质。"

列宁曾对此评述说：

　　　　"'理解就是用概念的形式来表达'。运动是时间和空间的本质。表达这个本质的基本概念有两个：(无限的)不间断性

（Kontinuität）和‘点截性’（＝不间断性的否定，即间断性）。运动
是（时间和空间的）不间断性与（时间和空间的）间断性的统一。
运动是矛盾，是矛盾的统一。”（《哲学笔记》，页260—261）
显然，僧肇不能理解这种统一，而在分析时间三相与物不去来时，正抓
住了时空的点截性作为本质。他去分析矛盾时透露了辩证法而又用形
式逻辑的同一律加以否定，由分析矛盾而否定矛盾，与他论运动同。

我们再来看《不真空论》。这篇论著所论述的对象是“有”、“无”
和“色”、“空”问题。这一问题的提出，在龙树学说中是和运动、变迁、
事物是否有“自性”或“定性”的问题相联系的，《观行品中论》中说：

“问曰：‘云何知一切诸行皆是空？’答曰：‘一切诸行虚妄相，
故空。诸行生灭不住，无自性，故空。”

虚妄相即“不真”，“不真”故空，这就是僧肇“不真空”立名之所由，《注
维摩诘经》中说：“诸法如电，新新不停，一起一灭，不相待也，弹指顷有
六十念过，诸法乃无一念顷住，况欲久停？ 无住则如幻，如幻则不实，不
实为空。”（《大正藏》卷三八，页356）《中论》中对事物的虚妄相是这样
揭示的：（1）事物无定相，它是变迁不住的，“如婴儿时色非匍匐时色，
匍匐时色非行时色，行时色非童子时色，童子时色非壮年时色，壮年时
色非老年时色”；（2）但如果因为这种“不住”而认为“分别决定性不可
得”，则亦有过，理由是，“若婴儿色异匍匐色者，则婴儿不作匍匐，匍匐
不作婴儿，何以故，二色异故，如是童子、少年、壮年、老年色不应相
续”，但事实上婴儿可以匍匐，童子至老年的色相是相续的，因此，否认
决定性亦不能成立。正因为这种二律背反或正反两难的道理，故事物
现象都是虚妄不真而空。

其次，如果认为“色虽不定，婴儿色灭已，相续更生乃至老年色”，
这种看法也同样不能成立，因为“色相续生”只能有二义，一是灭已相
续生，一是不灭相续生，而此二义均不可能。若灭已相续生，则“婴儿
色灭，云何有相续”，若不灭相续生，则“婴儿色不灭，常住本相，亦无相
续”。因此，相续与不相续的二律背反，就证明事物是虚妄不真的。

龙树在偈文中说:

"诸法若无性,云何说婴儿,乃至于老年,而有种种异?"

"若诸法有性,云何而得异,若诸法无性,云何而有异?"(《中论观行品》)

这是从事物有性无性的正反两难论证事物的分别和转化都属虚妄。从因缘来说,(一)事物无自性,理由是"若诸法有性,不应从众缘出,何以故? 若从众缘出,即是作法无有定性";(二)事物亦无他性,理由是:"法若无自性,云何有他性,自性于他性,亦名为他性。"根据这两方面的论证,物既无自性,亦无他性,而"离自性他性何得更有法?"因此,结论是,诸法毕竟是空。换言之,龙树"空"的观念是离有无,离自性他性,"若人见有无,见自性他性,如是则不见,佛法真实义"(以上见《中论观有无品》)。

僧肇在《不真空论》中论有无,大体上即采取这一途径,以不真为"空",但所论多在概念上作同语反复,殊少新义。他说:

"《摩诃衍》论云:'诸法亦非有相,亦非无相。'《中论》云:'诸法不有不无者,第一真谛也。'寻夫不有不无者,岂谓涤除万物,杜塞视听,寂寥虚豁,然后为真谛者乎? 诚以即物顺通,故物莫之逆,即伪即真,故性莫之易,性莫之易,故虽无而有,物莫之逆,故虽有而无,虽有而无,所谓非有,虽无而有,所谓非无,如此,则非无物也,物非真物,物非真物,故于何而可物? 故经云:'色之性空,非色败空',以明夫圣人之于物也,即万物之自虚,岂待宰割以求通哉?"

在这里,僧肇认为"物非真物",既然不真,物就无,这是从有离有而证无;另一方面,既有不真之物,则物便不无,这是从无离无而证有。总而言之,"虽无而非无,无者不绝虚,虽有而非有,有者非真有",在这样的意义上,虽然在形式上是"有无异称,其致一也",而最后还是要证明"万物之自虚"!

僧肇又从因缘问题论证"有""无"说:

"《中观》云:'物从因缘,故不有,缘起,故不无',寻理即其然矣。所以然者,夫有若真有,有自常有,岂待缘而后有哉? 譬彼真无,无自常无,岂待缘而后无也? 若有不自有,待缘而后有者,故知有非真有,有非真有,虽有不可谓之有矣。不无者,夫无则湛然不动,可谓之无,万物若无,则不应起,起则非无,以明缘起故不无也。"

这是说,物待因缘而有,而不是自有,既非自有,便非真有,但因缘既起而有物,则物又不可谓无。他又说:

"欲言其有,有非真生,欲言其无,事象既形,象形不即无。非真非实有,然则不真空义显于兹矣。"

"譬如幻化人,非无幻化人,幻化人,非真人也。"

这是说,如果要谈有,则考察有的结果却是无,因此有是假有,有是幻化之有;如果要谈无,则考察无的结果却是有,因万物确实待缘而生。不论从正反两面来看,有无皆虚妄相,虚妄不真,故空。这样看来,物不迁论和空不真论的逻辑相似,都从诡辩方法,得出一个唯心主义世界观。僧肇还认为,就虚幻相而言,则万物纷然杂陈而异,就实相而言,则"物物斯净",既同为不真之空,何得有异? 因此,《不真空论》中说:

"万象虽殊,而不能自异,不能自异,故知象非真象,象非真象故,则虽象而非象,然则物我同根,是非一气,潜微幽隐,殆非群情之所尽。"

《注维摩诘经》中又说:

"若能空虚其怀,冥心真境,妙存环中,有无一观者,虽复智周万物,未始为有,幽鉴无照,未始为无,故能齐天地为一旨,而不乖其实,镜群有以玄通,而物我俱一,物我俱一,故智无照功,不乖其实,故物物自同。"(《大正藏》卷三八,页372)

在僧肇看来,不仅物我相异而自同,而且最后是"物我同根"、"物我俱一",这就是"无我",因物我"二者不殊为无我义也"(同上,页354)。由物我俱一的特种唯我主义出发,在认识论上就成为智无照功的直觉论,这就是所谓般若之智无知,此问题在《般若无知论》中有较详细的阐发。

统观《不真空论》所论,其主旨在于证明事物现象界不论是有是无,皆属不真。这里运用的推理方法仍然是二律背反的诡辩逻辑。它显然采取了龙树《中观》的手法,如论缘起故不有不无,取因缘说,论万象虽殊而不自异,则似取离自性他性说。此外,《不真空论》又着重在说明有无的相即相离的关联,而不在具体说明物如何从缘而有、从缘而无。僧肇即就此方面批评了般若学三派的持论,他评心无派说:"心无者,无心于万物,万物未尝无,此得在于神静,失在于物虚";评即色派说:"即色者明色不自色,故虽色而非色也。夫言色者,但当色即色,岂待色色而后为色哉? 此直语色不自色,未领色之非色也";评本无派说:"本无者,情尚于无,多触言以宾无,故非有,有即无,非无,无亦无,寻夫立文之本旨者,直以非有、非真有,非无、非真无耳,何必非有无此有,非无无彼无,此直好无之谈,岂谓顺通事实,即物之情哉!"他批评三派对有无的看法,以为他们都不明"不动真际而诸法立处"的义谛。

在事物的动与不迁、有与无的问题上,僧肇亦和一般的佛教学者一样,坚持唯心主义的世界观,主张外物依存于"心"而起,他在《答刘遗民书》中说:

"且夫心之有也,以其有有。有不自有,故圣心不有有,不有有,故有无有,有无有故,则无无,无无故,圣人不有不无,不有不无,其神乃虚。何者? 夫有也无也,心之影响也,言也象也,影响之所攀缘也。"(《肇论》,《大正藏》卷三八,页156)

这是说,外物的有无,归根到底,只是心之有"有"无"无"的结果。在《注维摩诘经》中,僧肇更露骨地表现了这种唯心主义的观点,并且以此论证外物之虚幻不真,他说:

"万法云云,皆由心起。"(《大正藏》卷三八,页356)

"夫有由心生,心因有起,是非之域,妄想所存,故有无殊论,纷然交竞者也。"(同上,页372)

但僧肇的主旨并不在于形式上灭绝有无,而是要在内容上阐明主观客观二者的合一("物我俱一"),从认识论讲来,心灵的作用是所谓非有非无,亦有亦无,非动非寂,即动即寂,是所谓"照无相,而不失抚会之功,睹动变,不乖无相之旨",主观便是绝对的精神体,而超时空地照睹了相对的客观。僧肇企图双遣有无而诠明本体(实相),然而,我们知道,"作为宗教,它是既无本体也无领域的"。(马克思、恩格斯:《论宗教》,页8)

僧肇的《般若无知论》主旨在于兼遣能知与所知、知与不知。他以为,物我俱一,便难以分别知识之真伪。因为万物虽有而无,故无"知"之对象,而"知"为"无知";但万物又虽无而有,故无知而有知。论中说:

> "言知不为知,欲以通其鉴,不知非不知,欲以辨其相,辨相不为无,通鉴不为有,非有,故知而无知,非无,故无知而知,是以知即无知,无知即知。"

然而僧肇不仅是不遣是非的知识论者,而且是否定世界可知性的怀疑论者。《注维摩诘经》说:

> "智之生也,起于分别,而诸法无相,故智无分别,智无分别,即智空也。诸法无相,即法空也。以智不分别于法即知法空已矣,岂别有智空假之以空法乎?然则智不分别法时,尔时智法俱同一空,无复异空。故曰:以无分别为智空,故智知法空矣,不别有智空以空法也。"(《大正藏》卷三八,页373)

《般若无知论》在《肇论》中具有独立的地位,同时又与《物不迁论》、《不真空论》相辅,在世界观上是诸法无相、诸法不真而空,在认识论上便是由"法空"而陷于"智空"。

除以上三论外,《肇论》载有《涅槃无名论》,汤用彤疑非僧肇作。但这一问题尚须作进一步的考证。论中有《九折十演》,即《开宗》、《核体》、《位体》、《征出》、《超境》、《搜玄》、《妙存》、《难差》、《辩差》、《责异》、《会异》、《诘渐》、《明渐》、《讥动》、《动寂》、《穷源》、《通古》、《考得》《玄得》，其主旨在于辨"有余涅槃"与"无余涅槃"乃"出处之异号，应物之假名"。按僧肇在有无动变问题上以不迁、空寂为谈真，以流动、幻有为导俗，有真俗二谛之分判，此论中似亦以顿悟之无余涅槃为谈真，以渐悟之有余涅槃为导俗，故作《诘渐》，又作《明渐》。有余涅槃是指对道"体而未尽"，文中加以诘辩说：

> "经曰：'是诸圣智，不相违背，不出不在，其实俱空'，又曰：'无为大道，平等不二。'既曰无二，则不容心异，不体则已，体应无穷，而曰体而未尽，是所未悟也。"

这当是就谈真而言。若就导俗而言，则又因智力不同，所乘亦不能一，故有所谓渐悟：《明渐》中说：

> "虚无之教，重玄之域，其道无涯，欲之顿尽耶？书不云乎：'为学者日益，为道者日损。'为道者为于无为者也，为于无为而曰日损，此岂顿得之谓？要'损之又损'之，以至于无损耳。"

又僧肇在《注维摩诘经》中对涅槃的理解是：

> "七使九结，恼乱群生，故名为烦恼，烦恼真性即是涅槃，慧力强者，观烦恼即是入涅槃，不待断而后入也。"（《大正藏》卷三八，页345）

由此可见，僧肇似以有余涅槃与无余涅槃为一，不断烦恼与入涅槃不背，其主旨固同于《涅槃无名论》中以二者为"出处之异号"的论点。

从僧肇的现存著作看来，他撷取龙树中观学说，发挥了中土般若学的玄学命题，在形式上是魏晋玄学的遗绪，而在内容上则更多地渗透着印度的佛学思想。

晋宋之际，佛教已开始在中土滋长，作为有教养的哲学形态的般若学与作为粗俗的宗教形态的教义便要求人们作理论上的调和，于是，与僧肇同时，出现了另一位著名的佛学大师竺道生。《高僧传》中说：

> "竺道生本姓魏，巨鹿人，寓居彭城，家世仕族，……后值沙门竺法汰，遂改俗归依。……初入庐山，幽栖七年，以求其志，常以入道之要，慧解为本，故钻仰群经，斟酌杂论，万里随法，不惮疲苦。

后与慧睿慧严同游长安,从什公受业,关中僧众,咸谓神悟。……
生既潜思日久,彻悟言外,……于是校阅真俗,研思因果,乃言善不
受报,顿悟成佛。……而守文之徒,多生嫌嫉,与夺之声,纷然竞
起。又六卷《泥洹》,先至京师,生剖析经理,洞入幽微,乃说一阐
提人皆得成佛,于时大本未传,孤明先发,独见忤众,于是旧学以为
邪说,讥愤滋甚,遂显大众,摈而遣之。"

道生的著作除经疏、经注外,有《善不受报义》,《顿悟成佛义》,《二谛
论》,《佛性当有论》,《法身无色论》,《佛无净土论》,《应有缘论》,《涅
槃三十六问》,《释八住初心欲取泥洹义》,《辩佛性义》,这些论著都已
佚失,其内容无可考见,但其所论的问题,显然都是宗教性的问题。现
存的关于道生学说的材料,较完整的只有《妙法莲华经疏》二卷(《续藏
经》一辑二编乙第二十三套第四册),《注维摩诘经》和《涅槃经集解》
中亦保留了道生学说的若干断片。由于道生所论以宗教问题为多,而
其著作又阙佚甚多,我们在这里只简略地论述他的哲学理论与宗教命
题之间的关联。

首先,应该指出,般若学与涅槃学是相通的,《涅槃经》北本且明言
涅槃源出般若(卷八、卷一四);道生曾受学于鸠摩罗什,《般若》、三论
的学说亦为他所撷取。因此,如果我们把僧肇的般若学与道生的涅槃
学作一对比,便不难看出,他们的基本论点上是并不相左的。

在有无问题上,道生和僧肇一样,以离有无为实相,他说:

"空似有空相也,然空若有空,则成有矣,非所以空也,故言无
相耳。"(《注维摩诘经》,《大正藏》卷三八,页 347)

"夫言空者,空相亦空,若空相不空,空为有矣。空既为有,有
岂无哉? 然则皆有而不空也,是以分别亦空,然后空耳。"(同上,
页 373)

扫除空有二相,则得非空非有之实相,僧肇以此为不真空义,道生以此
为"究竟都尽"的空义,但空有都尽,并不排除不实的幻有。道生说:

"非不有幻人,但无实人耳,既无实人,以悟幻人亦无实矣。"

（同上，页 383）

> "有是有矣，而曰非有，无则无也，岂可有哉？ 此为无有无无，
> 究竟都尽，乃所以是空之义也。"（同上，页 354）

在一与多、同与异的问题上，道生和僧肇一样，主张万物毕同毕异，僧肇认为"万物虽殊，而不能自异"，道生则认为"万物虽异，一如是同"（《法华疏》），"一如是同"的含义是：

> "如者，无所不如也，若有所随则异矣，不得随也，都无所随，
> 乃得随耳。"（《大正藏》卷三八，页 346）

> "心既不在三处，罪垢亦然也，反复皆不得异，诸法岂容有殊
> 耶，则无不如也。"（《大正藏》卷三八，页 356）

在生灭动常的问题上，道生和僧肇一样，采取处中不二的中观，他说：

> "缘生非实，故不出，缘散必灭，故不常，前后故不一，不离故
> 不二也。来去之义，类生灭也，非作因故非因，非因故非果也。"
> （《涅槃经集解》，《大正藏》卷三七，页 548）

> "常与无常，理本不偏，言兼可珍，而必是应获，由二乘漫修，
> 乖之为失也。"（《涅槃经集解》，页 406）

生灭与无生灭、常与不常，既"言兼可珍"，因此僧肇所以论物不迁之义亦即道生论法性、法身、涅槃之义。僧肇认为，谈真则不迁，导俗则流动，此不迁者，无生灭而可感应万端，亦正是道生所谓"法性"，道生说：

> "法者，无复非法之义也。性者，真极无变之义也。即真而无
> 变，岂有灭耶？ 今言灭是法性，盖无所灭耳。"（《涅槃经集解》，页
> 419）

> "法性圆照，理实常存，至于感应，岂暂废耶？"（《涅槃经集
> 解》，页 42）

这一常存的圆照的法性，亦即是佛的法身，而丈六体的佛色或佛的色身，则是由感应而现，二者谈真导俗，各不相背，正如有无真俗之相即，此法身与丈六体不二。由此，道生从般若学与涅槃学的理论，阐明

了这一宗教问题,他详细地阐述说:

　　"夫佛身者,丈六体也,丈六体者,从法身出也,以从出名之,故曰:即法身也。法者,无非法义也,无非法义者,即无相实也。身者,此义之体,法身真实,丈六应假,将何以明之哉? 悟夫法者,封惑永尽,仿佛亦除,妙绝三界之表,理冥无形之境,形既已无,故能无不形,三界既绝,故能无不界。无不形者,唯感是应,佛无为也。至于形之巨细,寿之修短,皆是接众生之影迹,非佛实也。众生若无感则不现矣。非佛不欲接,众生不致,故自绝耳。若不致而为现者,未之有也。譬日之丽天,而影在众器,万影万形,皆是器之所取,岂日为乎? 器若无水,则不现矣,非不欲现,器不致故自绝耳。然则丈六之与尺八,皆是众生心水中佛也。佛常无形,岂有二哉?以前众患皆由有身,故令乐佛身也,然佛道迹交在有,虽复精粗之殊,至于无常,不应有异。"(《注维摩诘经》,《大正藏》卷三八,页343)

　　"夫色身佛者,皆应现而有,无定实形,形苟不实,岂寿哉? 然则方形同致,古今为一,古亦今也,今亦古矣,无时不有,无处不在,若有时不有处不在者,于物然耳,圣不尔也。"(《法华疏》)

这样,归根到底,道生所谓的"佛",乃是指实相而非指"人佛",他说:"佛者,竟无人佛也,若有人佛者,便应从四大起而有也,夫从四大起而有者,是生死人也。佛不然矣,于应为有佛无常也。"(《大正藏》卷三八,页410)就谈真来说,佛是无相的实相,不生不灭,但它不妨有色身的幻有,而且感应万端。在这里,我们已经接触到道生的这一中心思想,归根到底,佛是这一实相,诸法也是这一实相,众生也是这一实相,一切差别性最后是不存在的,心、佛、众生是三位一体的。

　　《维摩诘经》中说:"佛即是法,法即是众。"道生注云:

　　"以体法为佛,不可离法有佛也。若不离法,有佛是法也,然则佛亦法矣。"

　　"亦以体法为众。"(《大正藏》卷三八,页398)

"法",一方面是幻有,但其实相则无生灭,佛之色身,同于幻有,而其涅槃,则同于无生灭之诸法实相。因此,道生论"法"说:"从他生,故无自性也,既无自性,岂有他性哉? 然则本不自然,何有灭乎? 故如幻"(同上,页348),涅槃亦然,"法既无常苦空,悟之则永尽泥洹,泥洹者不复然也,不然者,事之靖也,夫终得寂灭者,以其本无实然,然既不实,灭独实乎?"(同上,页354)

正如诸法之有"本不自然,今则无灭"(《维摩诘经》语)的法性,众生亦有佛性,而"诸法皆从妄想而有"(《注维摩诘经》,《大正藏》卷三八,页356),众生之佛性亦为妄想所蔽,因此,道生说:"良由众生本有佛知见分,但为垢障不现耳"(《法华疏》)。不宁唯是,诸法之幻有与实相本来不二,众生与佛亦本来不二,故说:"一切众生,莫不是佛,亦皆泥洹。"(同上)所谓人皆有佛性,人皆能成佛,当即由此义推出,此点因文献阙失,难以评论。

综观以上所论,道生的基本理论仍是离有无、去生灭的实相之论,并由此诠解佛性、佛身等宗教问题。但应该指出的是,道生以此佛性的"本有",为"自然",为"理",在形式上不是谈"空"而是谈"有",不是明"本无",而是明"本有",例如他说:

"即生死为中道者,明本有也。"(《涅槃经集解》,《大正藏》卷三七,页546)

"十二因缘为中道,明众生是本有也,若常则不应有苦,若断则无成佛之理,如是中道观者,则见佛性也。"(同上)

道生的"佛性"具有"自然"与"理"这两种涵义,今析言之如下:

(一)佛性本有,所谓"本有"是指佛性不因因生,无有作者,故即为"自然"。道生释《涅槃经》"非因非果,名为佛性","非因果故常恒无变"说:

"不从因有,又非更造也。"

"作有故起灭,得本自然,无起灭矣。"(《涅槃经集解》,《大正藏》卷三七,页548)

又释"佛者即是佛性"说：

"夫体法者,冥合自然,一切诸佛,莫不皆然,所以法为佛性
也。"(同上书,页549)

(二)此"自然"亦即是"理"：

"夫真理自然,悟亦冥符,真则无差,悟岂容易？不易之体,为
湛然常照,但从迷乖之,事未在我耳。苟能涉求,便反迷归极,归极
得本。"(同上书,页377)

"法性圆照,理实常存。"

"常与无常,理本不偏。"(见前引)

"智解十二因缘,是因佛性也,今分为二,以理由解得,解为理
因,从理故成佛果,理为佛因也,解既得理,是谓因之因也。"(《大
正藏》卷三七,页547)

"成佛得大涅槃,是佛性也。今亦分为二:成佛从理而至,是
果也,既成得大涅槃,义在于后,是谓果之果也。"(同上)

"理既不从我为空,岂有我能制之哉？则无我矣。无我本无
生死中我,非不有佛性我也。"(《注维摩诘经》,《大正藏》卷三八,
页354)

"本有"、"自然"或"真理"是绝对的东西,"性"与"理"的冥合,即是说
"悟"在一次而反本。

竺道生的这种"本有"的理论,结合他的离有无、即是非的处中不
二的基本理论来看,与僧肇的谈不真空并没有多大的差异,因为"本
有"与"不真空"都是绝对的无规定性的东西,所谓"真空""妙有",其
含义犹如黑格尔所谓纯有与纯无那样不可分别。我们且抄引《小逻
辑》中关于"纯有"的诠释,或可有助于说明：

"这种纯有乃是一纯粹的抽象,因此只是一绝对的否定。此
种否定,同样地就其直接性而言,即是'无'。"(重点号系原书所
有)

"因此便推演出对于绝对的第二界说:绝对即是'无'。其实,

这个界说所包含的意思，不啻说：物自身是无确定性的，因此纯全是形式而毫无内容的。或是说：上帝只是最高的本质，此外什么东西也不是。因这实无异于说上帝仍然只是同样的'否定'。彼佛教徒认作万事万物的普遍原则、究竟目的和最后归宿的'无'，也是同样的抽象体。"（《小逻辑》，页202—203）

"附释"中说：

"今'有'既只是纯全无确定性者，而'无'亦复同样的没有确定性。因此，两者间的区别只是一指谓上的区别，或完全抽象的区别，这种区别同时又是无区别。"（《小逻辑》，页204）

不用说，僧肇的"空"与道生的"有"，都是纯全的实相，同样无确定性，就此实相本身而言，即是本有，就实相之无相而言，则为"空"。二者在实质上是无差别的，但僧肇所论是要说明此"空"，道生所论是要说明此"有"，其间固存在着说明上的殊途。

"本有"既为纯全，故对此纯全的认识，在理论上必然要倾向于顿悟而非渐悟，刘虬《无量义经·序》说："生公曰：道品可以泥洹，非罗汉之名，六度可以至佛，非树王之谓，斩木之喻，木存故尺寸可渐，无生之证，生尽故其照必顿"（《出三藏记集》卷九），其意似同于《涅槃无名论》所谓"不体则已，体应无穷"。汤用彤曾搜辑遗文，证道生顿悟之义有二："（一）宗极妙一，理超象外，符理证体，自不容阶级，支道林等谓悟理在七住，自是支离之谈。（二）佛性本有，见性成佛，即反本之谓，众生禀此本以生，故阐提有性，反本者真性之自发自显，故悟者自悟，因悟者乃自悟，故与闻教而有信修者不同。"（《汉魏两晋南北朝佛教史》，页668）这样的顿悟，撇开宗教的实践，而仅从认识论讲来，是否定对象性的自我对语似的冥证，是唯我主义在黑夜里唯把自己的反照当做灯塔的写意。

前面我们考察了魏晋以来佛学与玄学交融合流的概况。以后的佛学思想尽管流注着玄学的血液，却已斩断了原来所胚胎它的魏晋玄学这一母体的脐带。然而当它离开了原来所倚存的魏晋玄学而真正独立时,它的社会意义也就削弱了,它只是当做宗教哲学而繁荣昌盛,而与作为宗教的佛学相辅流行。在这一意义上,哲学史的传统材料,便重新经过改造,凝成了中国思想与佛教哲学融合的各种宗教哲学的派别。宗教的教义发展成为中土的禅宗、天台宗、华严宗等"诸宗",然后又反过来影响了中国哲学的再改造,这一进程在隋唐时代还在潜移默化地进行着,而在宋代的道学中才完全透露出它的消息。

如所周知,宋代道学是受佛学(特别是禅宗)影响的,就其悠远的萌芽形态来说,我们实可溯源于魏晋间佛学与玄学的合流,虽则说这两个圈并不是直接相连的而是通过隋唐诸宗的发展而相衔接的。我们可以指出,宋代道学的若干思想与论述、甚至其借用的术语范畴,在魏晋、晋宋间的佛学中已不无痕迹可循:举例说,寂然不动、渊默而感应万端的本体,从安世高的禅观系统以至僧肇、道生的般若学与涅槃学,从来便是一个主要的论题,而在宋代则更以儒家的理论形式加以改造而提到道学的领域中来,如周敦颐谓:"寂然不动者,诚也,感而遂通者,神也。"(《通书》,《圣》第四)二程谓:"'寂然不动,感而遂通'者,天理具备,元无少见,不为尧存,不为桀亡。……因不动,故言寂然,虽不动,感便通,感非自外也。"(《二程遗书》卷二)又如以心本湛然,以有意欲所蔽而致昏乱,在魏晋以来的各派佛学中,为屡见的论题,在宋代亦以儒家理论形式加以改造而提到道学的领域中来,如邵康节谓:"任我则情,情则蔽,蔽则昏矣。因物则性,性则神,神则明矣。"(《皇极经世观物外篇》)杨慈湖以更多的佛学语调说:"人心自明,人心自灵,意起我立,必固碍塞,始丧其明,始失其灵。……不知方意念未作时,洞焉寂焉,无尚不立,何者为我?"(《慈湖遗书》卷二)至于陆象山以"宇宙便是吾心,吾心便是宇宙""万物森列于方寸之间,满心而发,充塞宇宙,无非是理",其义旨更接近佛学的论题。凡此种种,均可看出宋代道学与魏晋佛学与玄学的悠远的历史联系。

责任编辑:夏 青

图书在版编目(CIP)数据

中国思想通史(第三卷)/侯外庐等 著. —北京:人民出版社,2011.8
 (2021.4 重印)
 (人民文库)
ISBN 978－7－01－008955－3

Ⅰ.①中… Ⅱ.①侯… Ⅲ.①思想史-中国-古代 Ⅳ.①B2

中国版本图书馆 CIP 数据核字(2010)第 092470 号

中国思想通史
ZHONGGUO SIXIANG TONGSHI
(第三卷)

侯外庐 赵纪彬 杜国庠 邱汉生 著

人民出版社 出版发行
(100706 北京市东城区隆福寺街 99 号)

天津文林印务有限公司印刷 新华书店经销

2011 年 8 月第 1 版 2021 年 4 月北京第 2 次印刷
开本:710 毫米×1000 毫米 1/16 印张:26.75
字数:339 千字 印数:2,001-4,000 册

ISBN 978－7－01－008955－3 定价:68.00 元

邮购地址 100706 北京市东城区隆福寺街 99 号
人民东方图书销售中心 电话 (010)65250042 65289539